44

DAS ANDERE

IMPÉRIOS DO INDO

DAS ANDERE

Alice Albinia
Impérios do Indo
Empires of the Indus

© Editora Âyiné, 2022
© Alice Albinia, 2008

Tradução: Lucas Sant'Anna
Preparação: Tamara Sander
Revisão: Fernanda Alvares,
Paulo Sergio Fernandes, Andrea Stahel
Imagem de capa: Julia Geiser
Projeto gráfico: Luísa Rabello
Produção gráfica: Clarice G Lacerda

ISBN 978-65-5998-050-5

Âyiné

Direção editorial: Pedro Fonseca
Coordenação editorial: Luísa Rabello
Coordenação de comunicação: Clara Dias
Assistente de comunicação: Ana Carolina Romero
Assistente de design: Lila Bittencourt
Conselho editorial: Simone Cristoforetti,
Zuane Fabbris, Lucas Mendes

Praça Carlos Chagas, 49 — 2º andar
30170-140 Belo Horizonte, MG
+55 31 3291-4164
www.ayine.com.br
info@ayine.com.br

Alice Albinia

IMPÉRIOS DO INDO

TRADUÇÃO
Lucas Sant'Anna

Âyiné

SUMÁRIO

Prefácio	11
1. Ramadã em Carachi	15
2. Conquistando o rio clássico	53
3. O primo fruto da Etiópia	93
4. Santos do rio	131
5. O Exército do guru	171
6. Subir o Khyber	201
7. Buda na Rota da Seda	237
8. Alexandre encontra o Oceano Exterior	269
9. A beberagem de Indra	323
10. Cidades aluviais	361
11. Uma caçadora da Idade da Pedra	387
12. O rio que se dissipa	421
Glossário	455
Bibliografia selecionada	463
Agradecimentos	491
Caderno de imagens	495

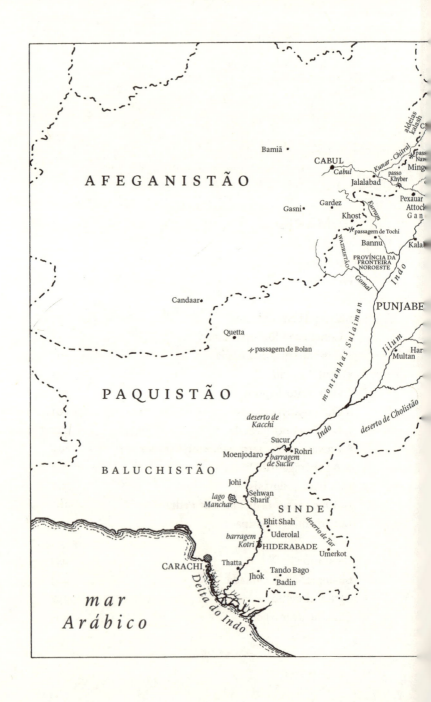

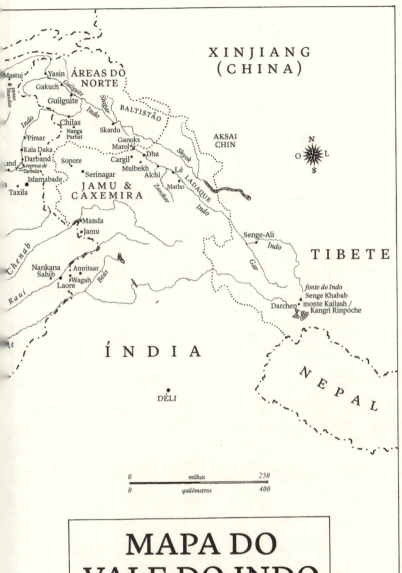

PREFÁCIO

Em uma terra onde a chuva é rara, um rio é tão precioso quanto o ouro. A água é potente: infiltra-se nos sonhos humanos, permeia vidas e dita a agricultura, a religião e a guerra. Desde que o *Homo sapiens* saiu pela primeira vez da África, o Indo atraiu conquistadores sedentos às suas margens. Algumas das primeiras cidades do mundo foram construídas aqui, a literatura em sânscrito mais antiga da Índia foi escrita sobre o rio, os santos sacerdotes do Islã vaguearam ao longo destas águas. O Paquistão é apenas o mais recente avatar político do vale do Indo.

Lembro-me da primeira vez que quis ver o Indo, com a mesma distinção de um fósforo que fosse riscado em um cômodo escuro. Eu tinha 23 anos, estava sentada no calor do meu terraço em Déli, lendo o Rig Veda e sentindo o suor escorrer nas minhas costas. Era abril de 2000, quase um ano desde que terminara a guerra entre o Paquistão e a Índia pela tomada de Cargil, na Caxemira, e os jornais que o entregador arremessava no meu terraço todas as manhãs ainda retratavam o vizinho Paquistão como um Estado réprobo, governado por vaqueiros militarizados, habitado por assassinos fundamentalistas: toda a retórica tinha a pátina da histeria. Mas como era, na realidade, a turbulenta nação ao lado?

Conforme eu passava os olhos pelos hinos de 3 mil anos, meio que ouvindo o chamado à prece, o *azan*, soprado da mesquita mais próxima sobre os terraços (mesclando-se a outros *azans*, todos levemente dessincronizados), lia sobre o rio louvado por sacerdotes em sânscrito, o Indo que eles então chamavam de «Indômito Sindhu», Rio dos Rios. A terra mãe do hinduísmo não fora a Índia, mas o Paquistão, seu demonizado vizinho.

Na época, eu estudava história indiana de um jeito eclético, onívoro e apressado, durante viagens de ônibus para o trabalho, nos fins de semana, deitada sob o ventilador de teto à noite. Mesmo assim, parecia que, para onde quer que eu me virasse, o Indo estaria lá. Seus mercadores fizeram negócios com a Mesopotâmia há 5 mil anos. Um imperador persa o mapeou no século VI a.C. O Buda viveu às suas margens em encarnações anteriores. Reis gregos e sultões afegãos patinharam sobre ele com seus exércitos. O fundador do siquismo teve sua iluminação enquanto se banhava em um de seus afluentes. E os britânicos invadiram-no à canhoneira, colonizaram-no por um século e então o arrancaram da Índia. O Indo foi parte da vida dos indianos até 1947.

O próprio nome da Índia vem do rio. Os ancestrais falantes do sânscrito chamaram o Indo de «*Sindhu*», os persas mudaram o nome para «*Hindu*» e os gregos abandonaram de todo o «h». Esse disse me disse criou o Indo e seus cognatos: Índia, Indo, Índios. Desde o tempo em que historiadores de Alexandre, o Grande, escreveram sobre o vale do Indo, tecendo relatos exóticos da indomável *Indika*, a Índia e seu rio têm tantalizado a imaginação do Ocidente.

Séculos depois, quando a Índia foi dividida, pareceu lógico para o novo Estado muçulmano do vale do Indo tomar o nome «Índia» (ou ainda «Indostão», como o vale fora chamado por um marujo inglês do século XVIII). Mas Muhammad Ali Jinnah rejeitou a denominação e, em vez dela, escolheu piamente o neologismo

PREFÁCIO 13

Paquistão, «Terra dos Puros». Ele acreditou que seus equivalentes em Déli fariam o mesmo, chamando seu país pelo nome sânscrito de *Bharat*. Quando não o fizeram, diz-se que Jinnah teria ficado furioso. Ele sentiu que, ao continuar a usar o nome britânico, a Índia apropriara-se do passado. O Paquistão, em contraste, parecia como se, uma vez fatiado, tivesse sido «jogado fora».[1] Durante os dois anos que vivi em Déli, eu elucubrava sobre estas coisas: as ironias, os equívocos e as reverberações da História. Mas talvez, para a minha imaginação tostada de sol, fosse o próprio rio o elemento mais sedutor. Eu sonhava com aquele rio, que começa no Tibete e termina perto de Carachi no cintilante mar Arábico. Eu tentava imaginar aquelas águas, em cujas margens imperadores haviam construído fortes, e que os poetas ainda cantam, o turbulento e aurífero lar de deusas-serpentes.

Quando finalmente cheguei ao Paquistão, foi para mapear essas camadas de História e suas impressões na sociedade moderna. Durante os últimos sessenta anos, os paquistaneses têm sido brutalizados pela violência de ditaduras militares, enganados e enfurecidos pela manipulação da religião pelo Estado e agora aterrorizados pela guerra ocidental contra o terrorismo. Mas o Paquistão é maior que a soma de seus generais e *jihadis*. O vale do Indo tem uma história perene como fermento político, religioso e literário que remonta a milhares de anos. Uma história que os paquistaneses compartilham com tibetanos e indianos. O entrelace dessas crônicas, memórias e mitos: essa é a herança do povo que vive no vale do Indo.

Este livro reconta uma jornada ao longo do Indo, rio acima e de volta no tempo, do mar à nascente, do momento em que o Paquistão veio à luz em Carachi até há milhões de anos no Tibete,

1 L. Collins; D. Lapierre, *Mountbatten and the Partition of India*, v. 1: *March 22-August 15, 1947*. Déli: Vikas, 1982, p. 70.

quando o próprio rio nasceu. Nesse caminho, o rio esteve sob mais nomes do que seus povos estiveram sob ditadores. Em sindi é chamado de *Purali*, significando «Caprichoso», uma descrição mais que apropriada para um rio que serpenteia livre pelo terreno, criando cidades e as destruindo. Os sindis também o conhecem por *Samunda* («Oceano»), um nome que evoca a vastidão do rio dentro de sua paisagem e civilização. Para os pachtos da fronteira com o Afeganistão, o Indo é ao mesmo tempo *Nilab* («Água Azul»), *Sher Darya* (o «Rio Leão») e *Abbassi* («Pai dos Rios»). Até a montante, tais nomes são repetidos por falantes de diferentes línguas e praticantes de diferentes religiões. Os baltis já o chamaram de *Gemtsuh* (o «Grande Dilúvio»), ou *Tsuh-Fo* (o «Rio Macho»). Aqui, como no Ladaque e no Tibete, é conhecido como *Senge Tsampo* (o «Rio Leão»). Hoje, apesar das fronteiras militarizadas que dividem os povos do rio uns dos outros, a interconexão ancestral do Indo ainda prevalece.

O rio deu uma lógica às minhas próprias explorações. Seu leito é o coração deste livro porque corre pela vida do seu povo como um feitiço. Dos desertos do Sinde às montanhas do Tibete, o Indo é adorado por camponeses e galardoado por poetas. Mais que quaisquer sacerdotes ou políticos, é o Indo que reverenciam. E, ainda assim, é um rio esvaziado. O poderoso Indo dos hinos em sânscrito e tratados coloniais foi maciçamente represado durante o século XX. A começar pelos britânicos e pela colonização movida a lucro do vale do baixo Indo, estendendo-se por sessenta anos de governo dominado pelo exército no Paquistão, grandes barragens estorvam o rio, transformando a vida de espécies humanas e não humanas às suas margens e em seu leito. Agora, quando penso no Indo, relembro as elegias dos sacerdotes védicos, dos guerreiros gregos e santos sufi. Suas palavras vêm até nós ao longo dos séculos, admoestando sobre tudo o que há a perder.

1.

RAMADÃ EM CARACHI

1947

Que terá pela frente o inferno,
onde lhe será dado a beber água putrefata.
Alcorão 14.16

Uma cabeça emerge de um buraco na estrada, pingando água. Ombros nus acompanham, e então um torso nu. Braços erguidos da água se apoiam com força no asfalto. E, com um grande esforço, o homem impulsiona-se de dentro do esgoto e deita na rua, ofegante por ar. Ele usa apenas um par de calças brancas de pijama, agora cinzentas e molhadas. O buraco de onde ele emergiu borbulha obscuro com água podre.

O dia está agradável, e ele descansa por um momento, nessa elegante área residencial ao sul de Carachi, aquecendo-se ao sol. Os minutos passam em silêncio, é uma tarde quieta naquelas horas lerdas que levam à quebra do jejum, ao pôr do sol. Por fim, ele se põe de pé e enfia-se no buraco novamente, até que a água atinja seu umbigo, e então suas axilas. Ele toma um longo fôlego, segura o nariz e mergulha abaixo da superfície.

Presenciei essa cena por acaso, enquanto fazia um atalho para casa por uma colônia habitacional. É a primeira vez que jejuo, me sinto fraca e cansada. A cidade hoje fora difícil de aturar: mesmo os não jejuantes estavam irritados ou combalidos com a exaustão coletiva do Ramadã. Eu desmaiara pela manhã, quando um obstetra em um hospital de favela descreveu o parto que acabara de fazer — «três dias inteiros a mãe passou em trabalho de parto, ministrado por uma *dai*, uma parteira sem treinamento. Até que a trouxessem ao hospital, o bebê já estava morto». Ele teve então de cortá-lo em partes para conseguir puxá-lo. («A mortalidade materna me preocupa mais, no entanto», disse, assim que me aproximei. «Elas morrem na estrada esburacada só de tentar chegar aqui.») Ao meio-dia, sentei-me no prédio do Tribunal construído pelos britânicos, um grandioso enclave de colunas, indiferente à cidade, onde dois terços dos oficiais zombavam das leis de jejum.

Meu último compromisso do dia se deu dentro de um atravancado *basti* ao norte de Carachi, num minúsculo apartamento pintado em turquesa, pertencente a seis imensas *hijras*. Ayesha, a chefe desse grupo de travestis usava lamê dourado e dançava ao ritmo de uma canção de Bollywood quando eu cheguei. O nauseabundo cheiro doce de maconha assentava-se em seu quarto enquanto ela me apresentava seu noivo, um rapaz magro metido numa jaqueta de couro. Ela rebolava ligeiramente ao som da música enquanto me contava a sórdida história de como, quando completara dezesseis anos, seu guru havia cortado fora o pênis com que ela nascera. (Teve de tomar quatro garrafas de álcool forte para anestesiar a dor. E quatro dias depois, quando eles retiraram os curativos, ela passou mal com o odor.) Enquanto eu saía, ela apalpava os seios: «Me dê uma graninha para a cirurgia».

Assim, ao fim da tarde eu só quero retornar à casa onde me hospedo, à beira-mar. Neste ponto, ao ver um ser humano emergir seminu do esgoto, penso por um instante que estou alucinando por causa da desidratação.

Sentado próximo dali, à sombra de uma árvore, há outro homem, completamente vestido, que me vê assistir àquilo. «Ele está limpando o esgoto?», pergunto e aponto para a água. «Tem uma obstrução», diz o homem. «Deve ser um trabalho difícil», digo. O homem limpa o suor da testa com a manga da camisa: «Eles sempre o fizeram». «Quem?», pergunto, imaginando por que raios ele acredita que eu saiba quem «eles» sejam. «Os *Banghis*», diz em sua resposta bastante direta. «Eu sou o capataz. Apenas não muçulmanos fazem esse trabalho no esgoto. É proibido para nós.»

No momento, me recusei a acreditar. Mas depois, quando entrevistei funcionários públicos do controle hídrico de Carachi, que traz água fresca dos lagos do Indo e canaliza o esgoto para os mangues, ficou evidente que é verdade. Por «*Banghi*» o capataz quis dizer hindus ou cristãos convertidos de castas inferiores, ambos ainda considerados «intocáveis» de acordo com o antigo e imutável sistema hindu de castas. «Não há sequer um muçulmano que faça este trabalho», dizem os servidores. «É uma situação muito antiga, desde o próprio início do Paquistão. Isto é água suja. Qualquer mancha de esgoto nas roupas torna difícil fazer as orações.»

Depois que o homem do esgoto reemerge, anoto seu número. Então, volto correndo para casa a fim de me lavar: o cheiro de esgoto ainda permanece nas minhas narinas, e naquela noite tenho orações *taravih* na mesquita. O hábito, de influência wahabita, de ouvir récitas do Alcorão durante o Ramadã é, para as mulheres, um artigo importado e recém-chegado a Carachi: mais uma camada de piedade adicionada àquelas que já abafam a maioria das vidas aqui.

Não sou muçulmana, mas a maioria dos paquistaneses me toma por cristã, portanto, de um dos *ahl-al-kitab*, os povos do livro. O islamismo inicial foi muito influenciado pelas Escrituras — e pelos profetas — do judaísmo e da cristandade, e os *ahl-al-kitab* têm vantagens nas políticas islâmicas. Como creem num Deus único, podem ir ao Paraíso. Caso sejam mulheres, podem casar com muçulmanos. E com certeza podem, de acordo com minha senhoria em Carachi, ir aos locais de adoração uns dos outros. Nesta noite, ela me levará à mesquita.

Em casa, comemos o *iftar*, a refeição com que se quebra o jejum. Então eu amarro minha *dupatta* de algodão branco bem apertada na cabeça de modo que nenhum fio de cabelo esteja à mostra, e andamos ao longo da costa marítima até a mesquita local. Minha senhoria é profunda e conscienciosamente religiosa: de muitas maneiras, ela é uma paquistanesa conforme a cartilha. Como muitos muçulmanos bem de vida, sua família alega laços sanguíneos com o Profeta. Tem ancestrais iranianos e da realeza afegã, cresceu em Lucnau (Índia) e Hiderabade (Paquistão), onde seu pai se tornou um popular homem santo sindi. É poliglota, fala sindi, pachto, persa e urdu. Reza cinco vezes ao dia, mas «a democracia é uma futilidade», «africanos são retrógrados» e «a Índia é suja». «Governo militar é o melhor, só os soldados conseguem manter o país unido.» Ela é um produto da ideologia do patriotismo? Ou a ideologia do patriotismo é que foi formada por gente da laia dela?

A mesquita está ofuscante com luzinhas decorativas. Centenas de pares de sapatos alinhados à calçada do lado de fora. As mulheres não costumam ir às mesquitas para rezar, então os homens, como de hábito, têm a espaçosa câmara principal para si. Nós somos apinhadas no pátio perto dos banheiros. Espremida sobre um tapete de orações entre uma senhora corpulenta toda em seda preta e uma adolescente magricela em algodão de estampa floral, de canto de olho vejo Arifa, a faxineira da casa à beira-mar onde tenho ficado. Sorrimos e viramos nossa cabeça para Meca (que fica além de uma parede branca e vazia) e, em nossas filas alinhadas à perfeição, começamos a rezar. *Allah-u-Akbar*, eu canto em uníssono com as centenas de vozes reverberando ao meu redor. Conforme tombamos de joelhos, pressionamos a testa no chão, levantamo-nos e tombamos de novo, sinto o aroma doce de suor feminino e o odor fresco de hena. Deus é grande. O sentimento de fazer parte dessa massa é euforizante.

Há algo acolhedor, até mesmo empoderador, em seguir a multidão, em conformar-se tão de perto a um ideal nacional em que cada virada de cabeça, cada movimento do corpo durante as orações já vem prescrito. No Ocidente, rejeitar a religião é uma questão pessoal — a sociedade nem sequer notará o fato. Aqui, rejeitar a religião é arriscar a própria vida, é trivializar os sacrifícios que pais e avós fizeram ao emigrar da Índia, é ser seduzido em vez disso pelo desalmado materialismo solipsista do Ocidente. Para a maioria dos paquistaneses, o roteiro de identidades religiosa e nacional combinadas já foi escrito. Foi roteirizado em 1947, quando o Paquistão foi criado em nome da religião e batizado no sangue daqueles que morreram tentando chegar aqui.

«Foram sacrifícios imensos envolvidos em criar este país», minha senhoria sussurra para mim quando nos sentamos após as orações. E assim, em quaisquer pecadilhos que os paquistaneses cometam, não importa quanto uísque bebam ou de quanta usura se aproveitem, eles demonstram uma crença profunda e sincera. Mostras exuberantes de piedade são esperadas. Quase todo mundo — generais e aristocratas, pescadores e trabalhadores de fábricas — usa roupas religiosamente aceitáveis, faz doações virtuosas e arremata cada enunciado com uma expressão sagrada. («Quem mantém com maior zelo a fé tradicional», um desdenhoso jornalista paquistanês me conta, «são as donas de casa.») Quando

20   ALICE ALBINIA

nos erguemos para a récita do Alcorão, meus olhos encontram os de Arifa. A récita é em árabe, nem ela nem eu entendemos uma palavra do que é dito.

Era Ramadã, no ano 610, quando Maomé teve consciência de que havia sido escolhido por Deus como seu mensageiro. Enquanto meditava numa caverna próxima a Meca, ouviu uma presença divina dizer-lhe «Recitai!»,[1] e Maomé concentrou-se, lembrou, e quando voltou para casa ditou o que ouvira para sua esposa e amigos. Os trechos do Alcorão que datam dessa era são extáticos, com frases de euforia mística. Mas o ditado de Deus continuou em um veio mais prosaico durante os sucessivos 23 anos, fazendo com que o livro sagrado se tornasse, de berço, um registro histórico, que abrange o crescimento do grupo de Maomé, sua mudança para Medina e seu triunfo final sobre os infiéis de Meca.

O Alcorão foi compilado pelo Terceiro Califa depois da morte de Maomé — não cronologicamente, mas em temas amplos, e de acordo com o tamanho decrescente de suas 114 suras, ou capítulos.[2] (Por coincidência, a organização do Rig Veda,[3] o texto em sânscrito mais antigo da Índia, é análoga a essa.) Todas as palavras foram proferidas pelo próprio Maomé, e nenhuma outra religião tem nada parecido. Quatro homens escreveram a missão de Jesus em seu lugar. Os textos sagrados do budismo foram escritos depois da morte de seu fundador. O cânone do hinduísmo foi composto a muitas mãos, ao longo de milhares de anos. Maomé, no entanto, proporcionou a seus seguidores a expressão completa de suas

---

1   B. Lawrence, *The Qur'an: A Biography*. Londres: Atlantic, 2006, p. 24. *Iqra'a* foi a primeira palavra da revelação; daí o Alcorão (*Qur'an*): recitação.

2   M. A. Haleem, *Understanding the Qur'an: Themes and Style*. Londres: I. B. Tauris, 1999, p. 6. Os muçulmanos geralmente acreditam que a ordem do Alcorão também é sagrada e faz parte da revelação divina.

3   E. Bryant, *The Quest for the Origins of Vedic Culture: The Indo-Aryan Migration Debate*. Oxford/Nova York: Oxford University Press, 2002, p. 66.

RAMADÃ EM CARACHI

intenções religiosas e sociais em um volume único, incomparável. O primeiro livro em prosa em árabe, surgido anacronicamente de uma sociedade oral, é poesia misturada à história, combinadas a considerações legais e ritualísticas — orientações do Altíssimo sobre como se comportar bem. Seus versos, trava-línguas ativados por assonâncias e acurácia verbal, foram compostos para serem lidos em voz alta.

Na mesquita, ouvimos a récita da sura *Ibraim* («Abraão»), com sua eloquente descrição do Paraíso como um jardim «abaixo do qual correm os rios». Esse é um tema recorrente no Alcorão. Depois de uma vida inteira de piedade e jejum no calor abrasador, «os fiéis que tiverem praticado o bem» devem poder adentrar um paraíso fluvial, abundante e verde, com árvores frutíferas envergando de tão carregadas. Os rios reemergem ao longo de todo o livro sagrado. Na terra sagrada do Islã, a água pura é um recurso precioso. Poluí-la é uma abominação.[4] Rios são o presente comunal de Deus e não devem ser sequestrados por alguns apenas — uma mensagem pertinente para uma cidade que nunca se sacia de sugar a água do Indo. Por contraste, aqueles que vão ao inferno serão forçados a beber «água pútrida». Muçulmanos dizem com frequência que as abluções requeridas antes das cinco preces diárias conduzem a limpeza pública e privada. O próprio nome da República Islâmica do Paquistão — que se traduz como «Terra dos puros» (*pak-i-stan*) — inscreve essa consciência em seu povo.

Nessa noite, me sento na praia e assisto ao passeio das famílias por ali após as orações. Esse trecho da costa não é utilizado pelas pessoas que moram nas redondezas. Os ricos nadam longe do esgoto (mas sob o olhar de uma estação de energia nuclear), em praias privadas distantes uma hora de carro dali. Para os pobres há a praia de Clifton, precisamente em frente à minha casa. Todas

4 Haleem, *Understanding the Qur'an*, op. cit., p. 40.

as noites, até tarde, ali é o parquinho deles. Imensos holofotes iluminam as ondas, há vendedores de sorvete, meninos afegãos com cara de anjo vendem rosas e homens oferecem passeios de camelo. As mulheres vêm com suas burcas ou *hijabs*, com seus maridos e filhos, caminhar na areia e respirar por uma noite alguma maresia de sanidade para dentro dos pulmões, longe de seus apartamentos apertados.

A Carachi moderna tem a reputação de ser uma cidade no limite, brutal. A cidade aguentou todo o impacto dos paradoxos políticos paquistaneses: a lei marcial, a violência étnica, os devaneios sectários dos mulás. Há protestos e tiroteios, bombardeios e sequestros. Quedas de energia são comuns, a corrupção é normal, cruzar o sinal vermelho é prudente. Para uma cidade de tantos extremos, as águas prateadas do mar Arábico são com frequência a única consolação.

A estratificação social de Carachi se irradia a partir da costa, com a distinção de um sistema de castas. Os aristocratas, industriais e militares dominam a vista para o mar. Um passo atrás da faixa salgada, vivem os comerciantes e servidores menores do governo. Mais ainda para o norte, em colônias habitacionais improvisadas e ilegais, estão as classes trabalhadoras. E nas franjas mais longínquas, ou nos interstícios indesejáveis, subsistem os limpadores de esgoto.

Distintas também são as histórias de 1947 que ainda sobrevivem dentro desses estratos. Quase toda família de Carachi tem alguém que ainda se lembra do início da nação, que foi testemunha ocular da dor, da tribulação e da euforia da criação do Paquistão. Se 1947 era o ponto zero — um Estado em branco para todo cidadão —, então para onde é que a nação os levou a partir dele? De onde vieram os que vivem à beira-mar e como chegaram lá? Que felicidade ou tragédia a Partição infligiu àqueles vivendo no norte empobrecido da cidade? Naquela noite, sentada em frente

RAMADÃ EM CARACHI

ao mar, decidi reunir as memórias da Partição dessas regiões diferentes da cidade.

Uma hora antes do nascer do sol, Arifa me acorda para o *sehri*, a última refeição antes que iniciemos o jejum (o oposto, portanto, de um desjejum). No momento em que ouvimos o chamado à mesquita, já é dia claro e o décimo quarto dia de Ramadã: nada de comer, beber, mamar, mastigar, fumar, fazer amor ou beijar de língua, até o pôr do sol. A depender de onde a lua nova é avistada pelos clérigos (todo ano, grupos esparsos de muçulmanos, geralmente aqueles na Província da Fronteira Noroeste, celebram o Eid um dia antes ou depois da maioria da nação), ainda haverá mais quinze ou dezesseis jejuns pela frente.

Depois, naquela manhã, me encontrei de novo com o homem do esgoto em Clifton. «Às vezes vamos à praia onde você mora, nos domingos», diz. «Onde você vive?», pergunto, e ele me explica que sua casa é no novíssimo assentamento da cidade, no seu perímetro mais distante, o esgarçado extremo norte de Carachi. «Você trabalha aqui», digo, «então por que vive tão longe?» Ele me conta que sua casa (assim como as de sua irmã, pais e 77 mil outras famílias) foi demolida no ano passado para abrir caminho para uma controversa estrada nova, a Lyari Expressway.[5]

O homem do esgoto me apresenta à sua irmã, que trabalha ali perto limpando banheiros de uma rica família hindu. É uma mulher bonita e orgulhosa, que não gosta do trabalho que o irmão faz. O marido limpa banheiros numa mesquita ao norte de Carachi, mas ela mesma se recusa a colocar as mãos nas sarjetas. Seus patrões hindus pensam que ela é uma *shudra* (uma hindu da casta mais inferior) e mantêm utensílios e talheres separados para ela — «mas eu sou cristã», ela me diz na conversa com eles. E mais tarde: «Os hindus fazem tanto *nafrat* (ódio) conosco quanto os

5   Ver: <http://www.urckarachi.org/Aquila.htm>.

muçulmanos». (E não só hindus: mesmo outros cristãos desprezam os convertidos de baixa casta. Nas igrejas católicas de Carachi, serviços religiosos são ministrados em paralelo no Natal: um em urdu no jardim externo para os cristãos «locais» e outro em inglês na igreja de construção britânica, para goanos desdenhosos e ocidentalizados.)

«Vou levá-la até os meus pais», ela me diz naquela tarde. «Eles vieram para Carachi durante a Partição, de Gujranwala, no oeste do Punjabe.»

Combinamos para depois do seu horário de trabalho, mas ainda que tenhamos deixado a costa quando o sol nem havia começado a se pôr, levou tanto tempo para lidarmos com a vastidão da cidade que já era noite escura quando atingimos o esquecido posto avançado onde ela vive. A essa altura, eu já passara um longo tempo explorando Carachi e, nos últimos meses, minhas explorações me levaram a muitos quarteirões imprevisíveis. Em Clifton (uma vez uma estação de águas, agora um distrito residencial radiante para distintas begumes em saltos altos), eu já entrevistara políticos de dia, e após escurecer — porque lúdicas são as noites do Ramadã — assistira a crianças jogarem críquete em vielas iluminadas pelos faróis dos carros. Em Defence, um conjunto habitacional para a elite coordenado pelo Exército paquistanês, eu já me vestira de homem e me infiltrara em uma festa gay ilícita. Em Saddar, o velho bazar de caserna indo-britânico, onde ônibus de muitas cores guincham e arrotam, já admirara as mansões decadentes do século XIX tão discutidas em uma turbulenta profusão de estilos arquitetônicos (clássico híbrido, indo-gótico, imperial vernacular, indo-sarraceno, anglo-mogol etc.,[6] é assim que um arquiteto paquistanês as descreve). Na estrada Burnes,

---

6   Y. Lari; M. S. Lari, *The Dual City: Karachi During the Raj*. Carachi: Heritage Foundation/ Oxford University Press, 1996, p. x.

onde viciados em heroína prostram-se injetando uns aos outros nas pernas, eu já comera *halwa* e *haleem* cozinhados por refugiados que chegaram em 1947, trazendo suas línguas, culturas e receitas do norte da Índia com eles. Já prestigiara um casamento em Liari, um assentamento que remonta a um tempo em que Carachi era um porto indiano, cujas ruas calorosas e tortuosas são habitadas por pescadores, ao lado de descendentes de africanos escravizados e dos teimosos comunistas do país. Já fizera refeições nas vastas colônias de concreto ao norte de Carachi, lar dos UMTs, os *Urdu-Medium Types* (tipos urdu-médios), como as classes médias foram apelidadas pela esnobe juventude anglofalante de Clifton. Na faixa noroeste da metrópole, onde o gradiente do Delta cruza os íngremes montes Baluchi, e os pachtos assentaram-se numa pálida imitação de sua terra natal, eu já conhecera tímidos mulás de vila e professores otimistas. Já guiara o carro no sentido oeste, cruzando a periferia sempre expandida de Carachi até as oficinas cheias de graxa onde chamativos caminhões tilintantes chegam após cruzar o país, e, mais longe ainda, até as praias particulares onde os ricos e famosos dão suas festas. Já passara a noite numa vila de pescadores no ponto mais ao extremo leste de Carachi. Ainda assim, esta jornada até onde os faxineiros cristãos vivem me leva mais longe do que eu jamais tinha estado na órbita inchada da cidade.

Duas horas depois de termos deixado o mar, quando qualquer lugar em que já estive antes está muito atrás de nós, começa a escurecer. Já viajamos cerca de 25 quilômetros da praia de Clifton até agora e, ainda assim, seguimos em frente. O ônibus acelera, cruza um rio assoreado, passa por quarteirões de concreto onde roupas desbotadas penduram-se com langor nas sacadas. Logo os assentamentos rareiam e depois somem. À frente, há uma grande planície no escuro. Chegamos ao ponto em que a eletricidade acaba. «Onde estamos?», pergunto, porque parece que caímos no abismo da borda do mundo. Conforme o ônibus sacoleja através da escuridão, o medo e a confusão se alternam em mim. Por fim, vejo luzes ao longe. Vinte minutos depois, o ônibus chega a uma paragem à boca de uma rua de chão batido cercada de grandes sobrados alinhados dos dois lados. A eletricidade esmorece de chofre. «Chegamos», diz a irmã do homem do esgoto, e, descendo, embrenhamo-nos na escuridão.

O homem do esgoto e sua irmã receberam nomes muçulmanos de seus pais, mas ela batizou seus próprios filhos de Arthur, Sylvester e Florence. As crianças esperam por ela na casa dos avós, sentados juntos no pátio, iluminado por uma lâmpada de parafina. Sentamo-nos em frente a eles numa velha banqueta encordoada, e o velho casal se apresenta. Enquanto o marido bafeja seu *hookah*, Saleemat Masih conta a história deles.

«Nós nos casamos em 1947», ela diz. «Naquele tempo meu marido fazia *khetibhari* (trabalho rural) em Gujranwala.» Eles estavam casados havia apenas alguns meses quando começaram a chegar à vila primeiro um, depois dois, depois um fluxo de muçulmanos que cruzavam a fronteira. Finalmente, chegou o dia em que o senhorio deixou uma mensagem: não havia mais trabalho, era melhor que eles fossem embora. «Então», diz Saleemat, «viemos para Carachi.» Mas a situação aqui não era nem um pouco melhor. Eles não tinham clientes nem referências, e todos os empregos já tinham sido tomados. Porém havia uma diferença: os novos moradores precisavam de limpadores de esgoto. «Trabalhávamos juntos nos esgotos», diz Saleemat Masih. «Com o Paquistão, nós começamos esse trabalho sujo. Os muçulmanos só davam empregos ao povo deles. O que o *Quaid-e-Azam* (Grande Líder) fez por nós?»

Quaid-e-Azam, ou Muhammad Ali Jinnah, voou para Carachi (seu local de nascimento e a nova capital do Paquistão) no dia 7 de agosto, uma semana antes que a Índia britânica fosse partilhada. Naquele tempo, Carachi era uma cidade organizada, quieta.

O local onde os faxineiros cristãos vivem hoje era uma distante mancha de mato no deserto. Naquele ano o Ramadã também caíra em agosto, e os dias longos e noites curtas do verão tornavam especialmente difícil o mês sagrado do jejum. Mas Jinnah, que não prestava atenção alguma a rituais religiosos, também não gastou um instante sequer para a abstinência islâmica. Sua vaga ideia de um novo país havia de repente se concretizado. As fronteiras estavam prestes a ser traçadas. E tudo o que ele tinha para fazer no momento era impor alguma ordem à fuzarca.

Alguns comentaristas sustentam que Jinnah foi pego de surpresa quando os britânicos cederam ao seu pedido de um Estado separado para os muçulmanos. Estaria ele usando a ideia de uma pátria islâmica à parte como uma alavanca política, um instrumento de barganha? Teria ele apostado no orgulho, tanto dos britânicos como do Congresso, de uma Índia sem divisões? A afirmação unânime é a de que ele foi desapontado pelo acordo britânico final — o cálice envenenado de um Punjabe e uma Bengala divididos —, um Paquistão «roído por traças, truncado», separado de si mesmo por uma imensidão de Índia.[7]

O sedutor Louis Mountbatten, ansioso para garantir para si um papel elegante na História, aceitou o emprego de vice-rei da Índia em fevereiro de 1947, sob uma condição: a de que até junho do ano seguinte os britânicos estivessem fora da Índia. O governo trabalhista do pós-guerra — ansioso para livrar a Grã-Bretanha de seu Império — deu o sinal verde para a agenda frenética do vice-rei. Mountbatten chegou à Índia em março. Em junho, fez o alarmante anúncio de que a Índia seria então dividida — não no ano seguinte, como ele havia concordado em Londres, mas dali

---

7   L. Ziring, *Pakistan in the Twentieth Century: A Political History*. Carachi: Oxford University Press, 1997, p. 98.

a dez semanas.[8] («A data que escolhi veio do nada», Mountbatten relembrou muitos anos depois. «Por quê? Apenas por ser o segundo aniversário da rendição do Japão.»[9]) Ele então indicou Cyril Radcliffe — um advogado britânico «imparcial», ou seja, sem sequer o menor conhecimento da Índia — para supervisionar a dissecção do país. Em julho, os dois homens traçaram as linhas sobre o mapa do subcontinente, com Mountbatten garantindo que a Índia ficasse com Calcutá, muitas províncias de maioria muçulmana no Punjabe, além do acesso à Caxemira.[10] Em agosto, sem querer estragar uma boa festa, Mountbatten atrasou o anúncio das prejudiciais fronteiras novas até dois dias depois da declaração da Independência. Somente depois que ele tivesse feito seus discursos, posado para as suas fotos e recebido seus agradecimentos é que a matança poderia começar.

Houve problemas durante todo o ano de 1946 — protestos religiosos em Calcutá, aumento da tensão entre hindus e muçulmanos — e o próprio Jinnah já alertara que a partição de Bengala e do Punjabe teria «terríveis consequências»: «confusão...

---

8   Em maio, Mountbatten concebeu o «Plano Balcânico», que visava transferir o poder para tantos quantos fossem os Estados separados, mas, depois que ele mostrou isso em particular para Nehru, que se opôs «com violência», o plano de junho foi inventado em seu lugar. O cronograma acelerado de forma criminosa foi iniciativa de Mountbatten, quase sua obsessão. Nehru repetidamente expressou sua preocupação com isso, Jinnah não foi sequer consultado. Ver S. Sarkar, *Modern India: 1885-1947*. Déli: Macmillan, 1985, p. 448; N. Mansergh (Org.), *Transfer of Power: The Mountbatten Viceroyalty*. Londres: Her Majesty's Stationery Office, 1982, v. x, pp. 714, 771.

9   Collins; Lapierre, *Mountbatten and the Partition of India*, v. 1, op. cit., p. 49

10   Ziring, *Pakistan in the Twentieth Century*, op. cit., p. 56. Todos os registros do processo de decisão de fronteiras foram destruídos — das notas oficiais da Comissão aos rascunhos de Radcliffe. A. Michel, *The Indus Rivers: A Study of the Effects of Partition*. New Haven/ Londres: Yale University Press, 1967, p. 169.

RAMADÃ EM CARACHI   29

derramamento de sangue».[11] Se a historiadora Ayesha Jalal estiver correta — na hipótese de Jinnah nunca ter querido uma divisão impermeável da Índia, de ter sido o Congresso que insistiu nisso —,[12] então o ano de 1947 só pode ser visto como um trágico erro crasso. Talvez, se Jinnah pudesse ter previsto que centenas de milhares de pessoas iriam perder a vida, ele até tivesse cancelado a coisa toda. Ele com certeza nunca imaginou que uma transferência tão maciça de populações fosse necessária. Não tinha imaginado que as fronteiras fossem desenhadas em tintas tão indeléveis, ou tão sanguíneas. Não foi capaz de carregar nem um par de meias sequer de sua mansão em Mumbai ou de seu bangalô colonial em Déli (imaginando com ternura seus retiros de fim de semana na Índia, com sua irmã, igualmente inocente, Fatima).[13] Parece ter tido em mente até o último instante uma vaga coabitação de Estados semiautônomos. Parece até ter convencido a si mesmo de que a nação que ele ganhara para os muçulmanos seria um domínio onde a religião não importaria. «Vocês são livres», ele disse três dias antes da Independência, em um discurso que se tornou o mantra dos combativos secularistas (e que pelos mesmos motivos é excluído das edições dos discursos de Jinnah pelos fiéis[14]), «vocês são livres para ir aos seus templos, vocês são livres para ir às suas mesquitas... Vocês podem pertencer a qualquer religião ou casta ou credo — isso não tem nada a ver com o princípio fundamental de que todos nós somos cidadãos, e cidadãos iguais de um Estado só.»

O próprio Jinnah tinha muitos amigos não muçulmanos, e muito pouca sensibilidade religiosa. Sua família era ismaelita e

11   A. Jalal, *The Sole Spokesman*. Cambridge: Cambridge University Press, 1985, p. 268.
12   Ibid., p. 262.
13   Conversa com Hamida Khuhro, Carachi, 17 de dezembro de 2004.
14   Por exemplo, daquela editada por M. Rafique Afzal. Nenhuma das edições de 1966, 1973 ou 1976 inclui esse discurso.

seu pai, Jinnahbhai Poonja, era um comerciante de caça guzerate (cujos pais, por sua vez, vieram de um vilarejo não muito distante do de Mahatma Gandhi[15]). Ao se mudar para Carachi na alvorada da explosão econômica colonial, Jinnahbhai com rapidez promoveu-se de pequeno comerciante a banqueiro próspero (um aspecto da ascendência de Jinnah nunca mencionado nas biografias sancionadas pelo governo[16]). Assim, Jinnah cresceu em Kharadar, no portal costeiro do forte indiano há muito desaparecido, sob um regime britânico, numa cidade comandada por comerciantes hindus e persas. Sua família era uma rara exceção à regra de que, no Sinde, muçulmanos eram ou latifundiários rurais ou camponeses sem um tostão.

Jinnah começou a vida política em Mumbai, onde já havia trabalhado como advogado bem-sucedido. A princípio, ele era um nacionalista inflamado e membro do Congresso Nacional Indiano. Juntou-se à Liga Islâmica em 1913, sete anos após sua fundação, e logo se tornou conhecido como o «embaixador da unidade indo-islâmica». Mas em 1930 ele já tinha se desiludido com a política indiana, em particular com Gandhi. Ao colaborar, no pós-guerra, com o movimento do Califado — uma campanha pan-islâmica para reinstaurar o Califa — e obter o apoio do clero islâmico, Gandhi, pensou Jinnah, incitava e encorajava o frenesi religioso. Apesar do sucesso político e do renome internacional, Jinnah renunciou de todo à política e se retirou para Londres.

Foi persuadido a retornar em 1934, época na qual já haviam sido propostas muitas variações do Estado muçulmano que ele por fim criaria. Mas ele ainda se recusava a abrasar paixões religiosas,

---

15   S. Wolpert, *Jinnah of Pakistan*. Nova York/Oxford: Oxford University Press, 1984, p. 4.

16   Ver, por exemplo, H. Bolitho, *Jinnah: Creator of Pakistan*. Londres: John Murray, 1954, p. 6: «O pai de Jinnah era um comerciante de peles».

RAMADÃ EM CARACHI

continuou a beber uísque, a comer sanduíches de presunto e a vestir-se como um britânico. Em 1937, fez um discurso em que descreveu os muçulmanos da Índia como uma «nação» à parte dos hindus. Mesmo assim, das vinte categorias distintivas que mencionou — cultura, linguagem, arquitetura —, nenhuma era explicitamente religiosa. Quando um homem santo lhe escreveu sugerindo que fosse a Meca, Jinnah respondeu que estava muito ocupado para tal.[17] Em 1947, de acordo com Mountbatten, Jinnah chegou até a agendar um almoço para celebrar a Independência, ainda que o Ramadã não tivesse terminado:[18] uma gafe desse tamanho teria sido um ultraje aos fiéis, e seus conselheiros tiveram de cancelar o evento. Se existia fé em Jinnah, era a do tipo relapsa. A profundidade das paixões populares foi o seu ponto cego fatal.

Em 1947, para desgosto de Jinnah, a violência religiosa, e não a celebração triunfante, foi o que inaugurou a Independência. Enquanto ele tomava assento na casa do governador-geral em Carachi, cada novo dia trazia crônicas frescas do derramamento de sangue no Punjabe. Dez milhões de homens e mulheres tiveram de sair de seus ancestrais vilarejos de nascença, forçados a ir a leste ou oeste de acordo com a sua religião. Entre 200 mil e um milhão de pessoas morreram no frenesi religioso que se seguiu — uma contagem oficial de mortos nunca foi feita,[19] e assim os números variam

17   Conversa com o dr. Z. H. Zaidi, Islamabade, 8 de dezembro de 2003.
18   L. Mountbatten, «Viceroy's Personal Report N. 17. Plus Appendix I: Summary of the Award of the Punjab and Bengal Boundary Commission and the Radcliffe Report». 16 ago. 1947 [*Listowel Collection*, India Office Records, British Library: L/PO/6/123], p. 258.
19   Moon estimou 200 mil (P. Moon, *Divide and Quit: An Eyewitness Account of the Partition of India*. Déli: Oxford University Press, 1998); Guha sugere que o total ficou entre 1 e 2 milhões (R. Guha, «Could Partition have been made less bloody?». *The Hindu*, Chenai, 28 ago. 2005); o periódico paquistanês *Defence Journal* estima o total em mais de 2 milhões (*Defence Journal*, Carachi, 2000, Disponível em: <http://www.defencejournal.com/2000/mar/wagah.htm>). Ver também

32 ALICE ALBINIA

bastante, com a estimativa britânica na época chegando a 500 mil. Winston Churchill acusou Mountbatten de ter matado «2 milhões de indianos».[20] Depois, comentaristas na Índia e no Paquistão fecharam a conta na ordem de dois ou até três milhões de mortos. Ninguém desde então foi capaz de explicar a escala pantagruélica da tragédia. Por que siques e hindus massacraram muçulmanos, por que muçulmanos destroçaram hindus e siques, por que aldeões que até então viviam em paz como vizinhos se voltaram uns contra os outros, por que as mulheres foram estupradas e sequestradas, por que as crianças foram separadas de seus pais? Em 1947, com a ajuda de sectários exércitos voluntários — milícias de assalto muçulmanas, siques e hindus treinadas em segredo e formadas para aquele propósito —, o massacre se espalhou como um contágio. Cada refugiado que sobreviveu tinha uma história terrível para contar e um rancor mortal para carregar.

As histórias contadas por aqueles que viveram 1947 costumam ser difíceis de identificar e dolorosas de ouvir, mas se tornaram parte integral da imagem que o Paquistão tem de si mesmo. Assim foi que, numa noite após o *iftar*, tomei um táxi sentido norte partindo da costa, para encontrar com uma mulher que sobreviveu à carnificina durante a Partição do Punjabe. Zohra Begum é hoje uma velha senhora, que se senta cercada de suas filhas e netos numa casa grande, fresca, numa rua tranquila onde moleques jogam críquete. Ela chegou a Carachi em 1947 como alguém que havia perdido quase tudo — família, posses, paz de espírito. Suas memórias daquele tempo são vívidas e agonizantes, e, conforme a escuto falar e então passar a protestar «Por que você faz todas essas

---

Mushirul Hasan, «The Partition Debate – II». *The Hindu*, Chenai, 3 jan. 2002; e G. Pandey, «India and Pakistan, 1947-2002: Statistics and Their Meaning». *Economic and Political Weekly*, Mumbai, v. 37, n. 11, 16 mar. 2002.

20 Collins; Lapierre, *Mountbatten and the Partition of India*, v. 1, op. cit., p. 50.

RAMADÃ EM CARACHI

perguntas?», eu me recordo da importância do esquecimento, quando o luto é pesado demais para suportar. «Mas também é importante para nós ouvirmos essas coisas», sua filha me diz depois. Em 1947, Zohra tinha apenas dezesseis anos. Uma noite, ela voltou dos campos para casa e encontrou suas primas mortas, deitadas no chão, com a língua e os seios mutilados ao lado. Ela permitiu que seu empregado hindu a levasse pela mão para fora daquele vilarejo para sempre. Naquela época, Zohra era, nas suas próprias palavras, «uma tabaroazinha sem educação». Casada aos quatorze anos, viúva aos quinze — então com um bebê de seis meses —, ela não tinha a menor ideia do que estava acontecendo quando a Partição foi declarada. Na verdade, muito poucos muçulmanos em Jalandar esperavam que aquele distrito do Punjabe fosse ficar com a Índia: a outorga de fronteiras de Radcliffe os pegou de surpresa. Prakash, o empregado hindu da família, salvou a vida de Zohra espalhando *sindoor* em seu cabelo como se ela fosse uma noiva hindu, amarrando a criança ao seu peito e declarando ser seu marido.

Descalça, coberta de pó, sem lenço algum que cobrisse os cabelos, Zohra já delirava quando eles se aproximavam da estação Atari na fronteira. «O mundo tinha enlouquecido», ela diz. «Muçulmanos brigavam entre si para entrar no trem. Mães jogavam os bebês nos trilhos para fugir.» Prakash encontrou lugar para os dois perto do motor escaldante. A viagem de vinte minutos levou dois dias. Os hindus paravam o trem para matar muçulmanos. Não havia comida nem água. «Era como na Batalha de Carbala», ela diz.[21]

---

21 Zohra Begum refere-se à Batalha de Carbala, quando o neto do Profeta, Hussain, foi morto, um evento que é lamentado todos os anos pelos xiitas durante o mês de *Muharram*.

Como num milagre, o irmão de Zohra a aguardava na estação em Laore. Ele voltava lá todos os dias desde 15 de agosto, e chamava o nome da irmã na esperança de que ela pudesse ter cruzado viva o caos. Ele a levou para Carachi, onde viveram em tendas nos limites da cidade. Prakash se converteu ao Islã.

Depois, o irmão de Zohra começou a indagar sobre o destino da família estendida. Os homens haviam sido mortos, as mulheres, mortas ou sequestradas. Ele chegou a fazer a difícil viagem até a Índia para tentar trazer as mulheres sequestradas de «volta para casa» — mas então elas já eram siques, casadas e com filhos. Era tarde demais para reuniões: o Paquistão se tornara um país estrangeiro.

Para mulheres como Zohra, que haviam presenciado o inferno, Jinnah se tornou uma figura odiosa. Ele forçara o Paquistão goela abaixo delas. Migrara para seu novo país «*jungli*» (inculto, sujo) no conforto de um avião. Autorizara que todos os melhores lugares fossem para a Índia. E arrancara mulheres como Zohra da cultura indo-islâmica que ela amava — e nesse ponto ela é insistente — para o seio desta cidade deplorável e superlotada.

Descendo a Carachi pelo norte da Índia em 1947, o governo central de Jinnah fez uma descoberta desagradável — o Paquistão pegara o palito mais curto. A Índia herdara a capital imperial, edifícios grandiosos e uma infraestrutura política robusta. Carachi era um balneário provinciano no Sinde, o menor dos estados da Índia britânica. Tinha tão pouca história muçulmana que quando, cinco dias depois da Independência, a nova nação celebrava o seu primeiro *Eid-ul-fitr* (marcando o fim do Ramadã) o governo percebeu, para seu constrangimento, que ao passo que a cidade ostentava um templo de fogo persa, sinagogas judaicas, igrejas da maioria das denominações cristãs e alguns dos mais antigos templos do subcontinente, não havia mesquitas suficientes para acomodar a aristocracia imigrante (as mesquitas na favela imunda

RAMADÃ EM CARACHI

de Liari estavam fora de questão). Em agosto de 1947, a classe dominante se espremeu dentro do *Eidgah* (local onde os muçulmanos se reúnem para as preces do Eid). Até 1948 o *Eidgah* já tinha se tornado um campo de refugiados. Naquele ano, as preces do Eid foram conduzidas no parque.

O Paquistão, de fato, «começava do zero» (como o obituário de Jinnah no *Times* diria depois[22]). De acordo com os termos do acordo de divórcio que foi a Partição, todo o espólio da Índia britânica — dinheiro e armas, clipes de papel e lápis — deveria ser dividido na razão de três para um, e ao Paquistão caberia a menor fatia.[23] Mas, depois que Déli se viu em convulsão por assassinatos e saques, os clérigos que deveriam ter ficado para trás para dividir os espólios fugiram para salvar a própria vida. Por anos, o Paquistão lutou contra a Índia (com resultados mistos) para que lhe fossem garantidos comida, mobiliário e arquivos que compunham sua parte. Em 1947, com quase nada com o que construir uma nação, o governo sacou as suas reservas externas e foi afiançado em lingotes de ouro pelo nizã do Estado de Hiderabade,[24] no sul da Índia. Os ministérios do governo central foram alojados em quartéis e em cabanas construídas às pressas, memorandos foram escritos às margens de folhas de jornal,[25] pregos foram usados como clipes de papel, ministros votaram por uma redução dos próprios salários. O jornal da Liga Islâmica, *Dawn*, falou de «um período inevitável

---

22   *The Times*, 13 set. 1948.

23   L. Mosley, *The Last Days of the British Raj*. Londres: Weidenfeld and Nicolson, 1962, p. 201.

24   Um homem rabugento proverbialmente mais rico do que a República da França, que não queria ficar para nenhum dos dois países com a Partição, embora, por fim, os soldados indianos o tenham forçado.

25   Conversa com Bhajia, Carachi, 17 de dezembro de 2004.

de austeridade».[26] Mas o moral estava alto, e o patriotismo necessário para construir um país do nada era revigorante.

Em 1947, Hameeda Akhtar Husain Raipuri era uma jovem mãe cuja história, descubro ao conhecê-la, ilustra bem as nobres ambições do movimento do Paquistão. Hoje, mora dez quilômetros ao norte da costa, em uma grande colônia habitacional pós-Partição — impenetravelmente grande, com suas ruas arborizadas numeradas de acordo com um sistema idiossincrático que nem mesmo meu motorista de táxi consegue decifrar. Ele para, faz o retorno e pragueja baixinho várias vezes antes de chegarmos ao nosso destino. Por fim, um empregado chega ao portão e me leva pela casa para uma sala nos fundos com vista para o jardim, onde Hameeda Begum está sentada em sua cama, escrevendo. Ela tem composto suas memórias, em urdu. Um empregado é despachado para trazer-me chá e biscoitos. Sento-me em um divã longo e baixo de madeira e a ouço relembrar.

Ela veio para Carachi durante a Partição com sua família de Aligarh — aquele bastião da intelectualidade islâmica no norte da Índia. O pai escreveu romances policiais populares em urdu. O marido tinha um PhD em dramaturgia sânscrita. Sua família é a quintessência da elite falante do urdu na Índia, «com sua famosa cultura sincrética, sem ser nem totalmente muçulmana nem hindu... flutuando sobre a sociedade como uma mancha de óleo sobre a água», como os historiadores Ayesha Jalal e Anil Seal descrevem em um ensaio intitulado «Alternativa à Partição».[27] Por que ela deixara sua vida plural na Índia? Fora estimulada pela retórica da Liga Islâmica ou perturbada pelo sectarismo hindu? «Nenhum dos dois», diz ela. «Chegou a hora em que nossos

---

26   *Dawn*, 1º jan. 1948.
27   A. Jalal; A. Seal, «Alternative to Partition: Muslim Politics Between the Wars». *Modern Asian Studies*, v. 15, n. 3, 1981, p. 419.

RAMADÃ EM CARACHI

vizinhos hindus sentiram que não podiam mais nos proteger, e por isso ficamos sem opção.»

Como esposa de um funcionário público do Ministério da Educação, até que a apresentação de Hameeda a Carachi foi ordenada, se comparada a outras. O trem que a trouxe de Déli foi um dos primeiros a serem atacados, mas, como estava cheio de funcionários do governo, foi também bem defendido pelo exército. «Um cavalheiro nos esperava na estação em Carachi com as chaves do nosso apartamento no quartel Napier», diz ela, «outro segurava um cartão de racionamento.» Então a família se estabeleceu em seu novo país, cheia de esperança.

Logo os refugiados começaram a chegar — como prova física das histórias de assassinato, estupro e pilhagem que se infiltraram no Punjabe, da «loucura que os dois países fizeram um ao outro». Deixando seus filhos pequenos em casa com os empregados, Hameeda Begum se alistou na ala feminina da Guarda Nacional do Paquistão. Recebeu do exército um curso de enfermagem e foi colocada para trabalhar nos campos de primeiros socorros de emergência. Atendia aos semimortos — os refugiados que chegavam sem roupa, sem comida, sem membros. Alguns em macas, outros arrastando-se a pé. Com até mil novos pacientes por dia, «não havia tempo para pensar». Para uma jovem mãe em uma cidade nova, era um trabalho árduo — mas pelo menos ela tinha algo para fazer.

O marido de Hameeda, entretanto, desiludia-se a cada dia com a corrupção envolvida no realojamento dos refugiados. Alguns meses após a Independência, ficou claro que a população de Carachi dobrara de tamanho.[28] Industriais ricos e banqueiros — aqueles que Jinnah convidara pessoalmente para ajudar a fundar a nação — voaram de Mumbai. Empresários, artesãos e empreendedores

28   *Dawn*, 22 maio 1948.

chegaram em massa das Províncias Unidas da Índia. Cerca de 44 mil funcionários muçulmanos do governo — meninos do chá e operários, servidores públicos e políticos, seus cônjuges, pais e filhos — tomaram trens de todas as partes da Índia e vieram para o Paquistão.[29] Naturalmente, exigiam habitação, acamparam nas escolas de Carachi e encheram suas adoráveis áreas verdes com sua existência clamorosa.

Até que começaram os boatos sobre a desonestidade e a sordidez que emanavam do Departamento de Controle de Aluguel e Reabilitação. Servidores do governo foram pegos recebendo propina, cidadãos ricos compravam cartas de acomodação de refugiados desesperados. Os muçulmanos viviam em casas de onde hindus foram expulsos à força. Uma crise matrimonial e nacional era fermentada. Hameeda trouxe seus documentos de acomodação com ela da Índia — a família tinha uma grande propriedade em uma área de luxo de Déli, e lhe era devido algo de tamanho equivalente em Carachi. Ela apresentou seus papéis às autoridades de habitação, e deram-lhe o direito a uma residência confortável na Bunder Road. Mas, quando voltou para casa e mostrou ao marido a justa compensação da família, ele ficou furioso. A corrupção na Autoridade Habitacional, ele sentia, comprometia a integridade da sociedade paquistanesa. Ele rasgou o papel e, como muitos outros paquistaneses decentes e valorosos, sacrificou o conforto de sua família pelo ideal de uma nação nobre.

Sessenta anos depois, quase todos os descendentes de Hameeda deram as costas para o caos da terra natal que ela adotara em troca da segurança relativa de Dubai, dos Estados Unidos ou da Inglaterra. Quando vou embora naquela noite, ela está serena, sentada com sua caixa de *paan* de prata nos joelhos, ouvindo em silêncio, enquanto um filho seu toca cítara.

---

29 *Dawn*, 21 jan. 1948.

RAMADÃ EM CARACHI

Durante os cinco meses seguintes à Partição, os líderes do Paquistão consolaram-se com o fato de que Carachi não tinha visto nenhum dos tumultos que desfiguraram Déli, a capital lavada em sangue da Índia. O Sinde tinha sido concedido sem divisões ao Paquistão. Os hindus não foram embora. O panorama parecia pacífico. Havia, porém, um problema intratável. A cidade transbordava de gente. Algo precisava mudar.

Em 6 de janeiro de 1948, quase duzentos siques chegaram de trem a Carachi a caminho da Índia, saindo de Nawabshah, uma pequena cidade no Sinde. A administração de Nawabshah enviou uma mensagem a Carachi: os siques deviam ser transportados direto para as docas. Na confusão, alguém se esqueceu de passar a comunicação adiante, ou talvez tenha sido um erro deliberado. Naquela manhã, os siques — usando os turbantes brilhantes distintivos de sua fé e, portanto, para muitos dos migrantes muçulmanos, símbolos dos terríveis tumultos do Punjabe — foram levados para o *gurdwara*, o templo sique no centro de Carachi. Era a chance que os refugiados esperavam. Eles cercaram o *gurdwara*, o apedrejaram e o incendiaram. Por toda a cidade, tumultos gigantescos, aparentemente espontâneos, estouraram. Hindus — até então seguros em suas casas e bairros de fé mista — agora se refugiavam em seus templos. Refugiados muçulmanos, muitos dos quais tiveram a mesma experiência alguns meses antes na Índia, ocuparam suas casas abandonadas. M. S. M. Sharma, editor hindu de um jornal em Carachi, afirmou que o tumulto foi organizado por funcionários descontentes do Secretariado do Paquistão.[30] Quem quer que fosse responsável, escreveu Sri Prakasa, primeiro Alto-Comissário

---

30 M. S. M. Sharma, *Peeps into Pakistan*. Patna: Pustak Bhandar, 1954, p. 151.

40 ALICE ALBINIA

da Índia para o Paquistão, dali em diante «nenhum hindu teria a coragem de continuar lá».[31]

O Sinde fora defendido como um paradigma da harmonia entre as religiões. Após os tumultos, o governo estimava que, a cada dia, três mil hindus levassem seus pertences para as docas para comprar uma passagem de ida para a Índia.[32] O governo indiano lançou a Operação Evacuação. Jinnah, que testemunhou a vergonha que Nehru havia passado na carnificina de Déli, admitiu que «os refugiados chamuscam meu rosto».[33] Ele era «o indivíduo mais chocado do Paquistão», Sharma escreveu mais tarde. Mas Sharma também sabia que Jinnah tinha de ser cuidadoso: a Partição causara tragédia para incontáveis muçulmanos, e muitos refugiados leram suas palavras conciliatórias às «minorias» como uma traição. O governo emitiu notas lamentando a saída dos hindus, mas pouco fez para impedi-los de partir.

O Paquistão era visto por muitos empresários muçulmanos do norte da Índia como uma oportunidade de ouro. Se a famosa classe mercantil hindu do Sinde, rica e «aventureira», partisse para a Índia, eles preencheriam o vácuo. Os agiotas hindus eram odiados pelos senhorios muçulmanos sindis (uma versão sindi de *O Mercador de Veneza*, escrita em 1890 por Mirza Qalich Beg, traz Shylock como um hindu[34]). Tanto para o empresariado oportunista quanto para a nobreza endividada, havia muito a ganhar com a

---

31 S. Prakasa, *Pakistan: Birth and Early Days*. Meerut/Déli: Meenakshi Prakashan, 1965, p. 68.

32 *Dawn*, 16 jan. 1948; *Dawn*, 6 fev. 1948. O governo indiano estimava que entre «cinco mil e oito mil» hindus deixassem o Paquistão diariamente; ver S. K. Kirpalani, *Fifty Years with the British*. Londres: Sangam, 1993, p. 358.

33 H. Khuhro, *Mohammed Ayub Khuhro: a Life of Courage in Politics*. Laore: Ferozsons, 1998, p. 327.

34 A. Schimmel, *Pearls from the Indus*. Jamshoro (Paquistão): Sindhi Adabi Board, 1986, p. 181.

RAMADÃ EM CARACHI

partida dos hindus.[35] Os motins de 6 de janeiro — intencionalmente ou não — deram a resposta.

O *Dawn*, hoje o principal jornal em língua inglesa do Paquistão e porta-voz do governo na mídia, desempenhou um papel importante ao fomentar um clima de suspeita e má vontade, o que fez os hindus se sentirem forasteiros em seu próprio país, e que, por sua vez, apressou sua partida. Em janeiro de 1948, reclamou que hindus foram vistos no convés de um barco que partia, enquanto gritavam «*Jai Hind*!» (Viva a Índia!) e jogavam seus gorros de caracul (como o de Jinnah) ao mar.[36] Em fevereiro, lamentou a política do governo de restaurar as propriedades roubadas aos hindus: «a única oportunidade que eles vão aproveitar», lamentou-se o jornal, «é a de espancar os muçulmanos». Em março, deu um brilho sinistro ao pedido de Jinnah para que os hindus «cooperassem como paquistaneses». Em abril, apoiou com sucesso uma moção para derrubar o estatuto, consagrado na Convenção Corporativa de Carachi na pré--Partição, de que o prefeito deveria ser eleito em alternância entre as comunidades muçulmanas e não muçulmanas. Em maio, endossou a demissão do editor hindu do *Sind Observer*. Em junho, afirmava que os hindus emigravam «apenas para afrontar o Paquistão».[37] Em julho, quando os hindus começavam a retornar — e os refugiados sindis descobriam-se indesejados em muitas regiões da Índia —, questionou «quão sábio era o governo em permitir que esses não muçulmanos» voltassem ao país. Em agosto, alegou que os hindus «invadiam» a fronteira do Sinde para perturbar o Paquistão.[38] Em setembro, denominou os refugiados de «desertores hindus».

35 Ver D. Cheesman, «The Omnipresent Bania: Rural Moneylenders In Nineteenth-Century Sind». *Modern Asian Studies*, Cambridge, v. 16, n. 3, 1982, p. 448; Khuhro, *Mohammed Ayub Khuhro*, op. cit., p. 171.
36 *Dawn*, 13 jan. 1948; *Dawn*, 18 jan. 1948.
37 *Dawn*, 8 out. 1948.
38 *Dawn*, 25 set. 1948.

Muitas dessas táticas espelhavam aquelas empregadas pelos provincianos jornais indianos. Mas o *Dawn* — fundado por Jinnah e representante das opiniões dos políticos nacionais — deveria ter sido mais circunspecto. No final de 1948, quatro quintos da população hindu do Sinde — até um milhão de pessoas — emigraram para a Índia.[39]

Um mês depois dos motins, o governo percebeu, para seu espanto, que algo totalmente inesperado acontecia: entre os fugitivos hindus estavam os varredores e limpadores de esgoto da cidade. O *Dawn* começou a publicar cartas e artigos de moradores indignados de Carachi que, arrependidos e insidiosos, reclamavam que «a cidade mais limpa da Ásia» tornara-se uma calamidade anti-higiênica. As ruas — lavadas todos os dias durante a administração britânica — enchiam-se de lixo fedorento, os *nalas* (riachos), que antes corriam com água tão limpa que os meninos podiam nadar ou pescar neles, tornavam-se esgotos rançosos. Havia empregos suficientes para 2 mil faxineiros, mas não as pessoas para ocupá-los.

Ao longo de fevereiro de 1948, o governo do Paquistão publicou no *Dawn* uma recensão diária de três páginas das políticas e realizações de cada um de seus ministérios desde a Independência. A vez do Ministério do Interior chegou em 23 de fevereiro:

> Ultimamente, tendo em vista o impacto sentido na estrutura social e econômica da província, como resultado da migração em massa de classes deprimidas, o Governo do Sinde foi obrigado a tomar ações legais para retardar a migração de tais pessoas, que em sua opinião constituem os serviços essenciais da província.

---

39   Kirpalani, *Fifty Years with the British*, op. cit., p. 359.

RAMADÃ EM CARACHI

«Classes deprimidas» significava hindus de casta inferior e cristãos convertidos. «Serviços essenciais» significava varrer e limpar o esgoto. O Paquistão não vinha correspondendo à pureza de seu nome, então o governo passou a responder ao coro de demandas por uma capital mais limpa com uma espécie de *apartheid* social.

Em 1948, os hindus reagiram com horror. Sri Prakasa, o Alto--Comissário da Índia, agendou uma reunião com o primeiro-ministro do Paquistão para reclamar: «certamente Deus não criou os hindus... para limpar as ruas e latrinas de Carachi!».[40] «Mas quem», o primeiro-ministro teria respondido, «haverá de limpar as ruas e latrinas de Carachi caso eles não voltem?» Uma das principais campanhas de Gandhi era para que cada classe e casta limpasse seus próprios banheiros. Mas, no Paquistão, a atitude da classe dominante indicava que grandes camadas da população eram cidadãos de segunda classe.

O jejum ainda não foi quebrado quando chego a um loteamento habitacional construído pelo governo em Saddar, lar de muitos faxineiros hindus que optaram por ficar no Paquistão. Por acaso, por engano, chego no meio de um funeral. O corpo de um faxineiro de noventa anos, envolto em panos, calêndulas espalhadas, está deitado sob um ventilador em uma sala no andar térreo, onde um padre canta orações. Lá fora, sentados sob um dossel de pano no pátio, estão seus amigos e parentes — todos eles trabalharam, ou ainda trabalham, para o governo como varredores, limpadores de esgoto ou inspetores sanitários.

Enquanto as filhas do faxineiro, vestidas em sáris, choram ao redor de seu corpo, irrompe no pátio uma discussão entre os varredores mais velhos e a geração mais nova, sobre a extensão da discriminação ainda praticada hoje no Paquistão. Um velho expõe,

40 Prakasa, *Pakistan*, op. cit., pp. 75-6.

com cansaço, o seu ponto de vista de que a inimizade dos antigos brâmanes é a culpada por suas desgraças. Um homem mais jovem, vestido com camisa e calças impecáveis, responde com raiva que não há «ninguém que nos impeça, nossa comunidade tem progredido!». Outro homem interrompe e diz que muitos de seus filhos, pelo menos, arrumaram um emprego um pouco melhor, como camareiras em hotéis cinco estrelas ou limpadores de banheiros em shopping centers com ar-condicionado. Finalmente, o velho pândita fala. Um homem emaciado, com voz alta e clara, ele se lembra de como Jinnah ordenou que seu líder, Magsi Bhagwan, fosse para a Índia e trouxesse os limpadores de volta. «Jinnah disse a Magsi Bhagwan: 'Seu povo não deve ir para a Índia. Aqueles que partiram devem voltar ao Paquistão. Nós lhes daremos tudo de que vocês precisam, moradia, emprego, educação para seus filhos'.»

O pândita se vira para mim. «Não há nada de errado com este trabalho», ele diz. «Tenho visto castas proscritas em sua Europa também.» (Ele se referia ao fato de que existem limpadores no Ocidente, de que nós também temos uma subclasse para fazer o nosso serviço sujo.) «Até mesmo os muçulmanos trabalham com limpeza quando vão para o exterior. Mas eles não fariam isso no Paquistão, de modo algum. Principalmente os muhajires.»

O que os muhajires fariam ou não fariam era o cerne do problema. *Muhajir* é uma palavra árabe que significa «migrante». Tem uma conotação religiosa, designando os fiéis que seguiram Maomé de Meca a Medina no ano 622 para escapar da perseguição religiosa. Vários dos muçulmanos do norte da Índia que vieram para cá em 1947 como refugiados batizaram-se assim para evocar o sofrimento que passaram por causa do Paquistão. Eles acreditavam que lhes fosse devido o direito a alguma compensação — uma casa desocupada por um hindu, um emprego no governo central, um privilégio de algum tipo.

RAMADÃ EM CARACHI

Para muitos refugiados, havia segurança — bem como continuidade cultural — nos números. Apenas 6% da população de Carachi falava urdu — a língua muhajir — antes da Partição.[41] Mas em 1947 tantos refugiados vieram para a cidade, que foram os sindis, os baluchis e outros que foram obrigados a aprender a língua dos imigrantes, e não vice-versa. Ruas inteiras da velha Déli — professores, comerciantes, estudantes — partiram para Carachi. Durante os meses que antecederam a Partição, os jornais da Índia estavam repletos de anúncios classificados que ofereciam a permuta de negócios, lojas ou residências por semelhantes nos países vizinhos. Para muitos refugiados, especialmente os mais jovens, a transição de um país para o outro foi quase indolor. Para os empresários muhajires, muitas vezes era bem mais fácil obter contratos lucrativos aqui do que havia sido na Índia. No Paquistão, alguns migrantes ficaram muito ricos bem depressa.[42]

Mas tal fortuna não visitou todos no Paquistão. Em 1948, os sindis chegavam com rapidez à conclusão de que haviam ganhado menos com a criação do país, e começaram a se ressentir da compra por atacado de sua terra natal. O *Dawn* percebeu esse ressentimento e repreendeu os habitantes indígenas: «Se o Paquistão não tivesse sido estabelecido, onde estariam o Sinde e os sindis?». Sindis e muhajires foram convocados a abandonar os «ciúmes e brigas» e a «viver como irmãos». Quanto aos refugiados do Punjabe, todos deviam entender que eles «sofreram muito» e não devem ser julgados coletivamente em função do comportamento abismal de alguns «maus-caracteres».

41 A. Hasan, *Understanding Karachi: Planning and Reform for the Future*. Carachi: City Press, 1999, p. 24.

42 H. Feldman, *Karachi through a Hundred Years: The Centenary History of the Karachi Chamber of Commerce and Industry 1860-1960*. Carachi: Oxford University Press, 1960, p. 219.

Mas, assim como com o povo, também acontecia com o governo. Para políticos vindos da Índia, havia um empecilho para a consolidação suave do poder: a atual administração sindi, dirigida por Muhammad Ayub Khuhro. Proprietário rural sindi, Khuhro era também um político consumado. Possuía vasta experiência na Liga Islâmica (estava na política local desde os 21 anos), tinha ligações muito próximas com seu eleitorado local e o Sinde era sua base de poder. Infelizmente, brigou com Jinnah sobre a questão de se Carachi devia ou não ser separada do Sinde — uma sugestão à qual toda a administração sindi se opôs.[43] Em 26 de abril de 1948, Khuhro foi demitido por «grave corrupção e má administração». As acusações levantadas contra ele foram tão numerosas, que o caso começou a parecer ridículo e o governo, ditatorial.

Mas o governo do Paquistão, ao que parecia, não tinha estômago para a dissidência. Em 15 de junho, seis semanas após a prisão de Khuhro, o (não eleito) governo central colocou G. M. Syed — outro incisivo político sindi — em prisão domiciliar.[44] Seis dias depois, um funcionário da embaixada americana escreveu, em uma carta confidencial a Washington, que os paquistaneses «continuam a se apoiar nas estruturas autoritárias sobre as quais se assentava o Raj britânico [...] os atuais métodos autoritários de governo se tornarão procedimentos operacionais padrão».[45] Foi uma profecia perturbadoramente precisa dos problemas por vir.

---

43   A. Khan, *Politics of Identity: Ethnic Nationalism and the State in Pakistan*. Nova Déli/Londres: Sage, 2005, p. 140.

44   No mesmo dia em que Syed foi colocado em prisão domiciliar, o governo prendeu Khan Abdul Ghaffar Khan, o popular líder pachto que se opôs pacificamente ao movimento do Paquistão e fez campanha por um Paquistão independente.

45   Z. H. Zaidi (Org.), *Quaid-i-Azam Mohammad Ali Jinnah Papers*, 10 v. Islamabade: National Archives of Pakistan, Quaid-I-Azam Papers Project, 1993-, v. VII: *Pakistan: Struggling for Survival, 1 January-30 September 1948*, 2002, p. 450.

RAMADÃ EM CARACHI

Hamida, a formidável filha de Muhammad Ayub Khuhro, vive nos *Khuhro Apartments*, um empreendimento alto e imponente, cercado por palmeiras, em Clifton — a parte mais elegante de Carachi. Hamida Khuhro é uma figura estabelecida no Paquistão, e fala comigo em sua agradável sala de estar cheia de fotos, do vantajoso ponto de vista da elite da nação. Os Khuhros deram certo no Paquistão, no final. Muhammad Ayub Khuhro era muito poderoso (ou muito popular) para ser mantido fora do poder por muito tempo. Sua filha «obediente» tornou-se professora de história, escreveu um livro para limpar seu nome e o sucedeu na política. Mas Hamida não tem escrúpulos em falar abertamente da «bagunça» que o Paquistão se tornou. Embora, ao contrário de outros aristocratas sindis, não sinta saudade do Raj, ainda assim culpa o governo do Paquistão por encorajar um «declínio perigoso nos padrões administrativos». Acima de tudo, ela acusa Jinnah de ser o arquiteto da «cultura autoritária» do Paquistão.

Para Hamida, como para muitos dos habitantes de Carachi em 1947, o Paquistão foi um choque desagradável («um erro crasso no Himalaia», como um muhajir desiludido me diz com melancolia). O próprio pai «nunca admitiria que estava errado», mas Hamida, quando criança, lamentou a criação do Paquistão. Ela tinha onze anos em 1947. A «sonolenta» cidade litorânea, com suas praias desertas, sólida arquitetura de pedra e linhas de bonde para crianças, foi seu berçário — e ela, descendente da nobreza local, era o centro de seu mundo. Então a Partição aconteceu. De um dia para outro, a «confortável e segura» Carachi foi levada embora e em seu lugar surgiu uma cidade de crises sem fim, de humanidade desesperada e lamuriosa, de políticos ambiciosos de Déli e suas glamourosas socialites begumes. Khuhro lembra-se de seus colegas de escola hindus que sumiam para a Índia sem nenhuma explicação, e os muhajires que tomaram seu lugar gabando-se

48 ALICE ALBINIA

das cidades «exóticas e fervilhantes» de onde vieram, na Índia.[46] Muito pior do que essas brigas infantis foi a discrepância sombria que surgiu entre a visão grandiloquente da Liga Islâmica, uma pátria islâmica, e a realidade gritante do Paquistão, com sua «miséria e problemas insolúveis». A nação que era para tê-los arrebatado com sua visão islâmica devota e suas ruas pavimentadas com ouro, mostrou-se disfuncional desde o início.

Como país novo, o Paquistão buscava seu significado. Seus escribas, nomeados pelo governo, de imediato começaram a reescrever uma história indo-muçulmana que condissesse com a nova pátria. Mas era preciso ter heróis, e todos olharam para o fundador da nação. Mesmo antes de sua morte, Jinnah foi promovido a ideal nacional: abnegado, autorregulado — e islâmico. Hoje, crianças em todo o país aprendem seu «*Alif, Bay, Pay*» em um pôster chamado «Heróis Nacionais», que mostra Jinnah à frente de um exército de camponeses em direção à terra prometida. O verdadeiro Jinnah foi convenientemente esquecido. Ardeshir Cowasjee, o colunista parsi do *Dawn*, mostra uma foto de Jinnah tirada em um momento raro e informal: impecavelmente vestido, como de costume, em um terno da *Savile Row*, agachado no gramado com seus cachorros (cachorros são considerados impuros no Islã), um cigarro preso em sua boca sorridente. Cowasjee afirma que essa fotografia também está pendurada no gabinete do general-presidente Musharraf. Que irônico, então, que a maioria dos cidadãos paquistaneses só conheça o Jinnah oficialmente sancionado: costas retas, cara de pau, da cabeça aos pés no que seria uma veste considerada islâmica.

Jinnah pode não ter fabricado a imagem legada à nação, mas com certeza consentiu em sua própria beatificação. Em 1938, concordou com seus colegas que doravante ele deveria ser conhecido

46 H. Khuhro, «Another Kind of Migration». In: M. Shamsie (Org.), *Leaving Home*. Carachi: Oxford University Press, 2001, p. 107.

RAMADÃ EM CARACHI

de maneira imperial como *Quaid-e-Azam* (Grande Líder).[47] Na abertura do Banco do Estado do Paquistão em 1948, ele viajou para a cerimônia — o então biógrafo autorizado pelo Estado escreveu, de forma elogiosa — em «um dos velhos coches do vice-reinado [...] a escolta vestia uniformes no imponente vermelho dos guarda-costas que acompanhavam os vice-reis, nos grandiosos velhos tempos de antes da Partição».[48] Ele encorajou o agrupamento de poder ao seu redor, sem nada fazer para evitar ser tratado por seus asseclas como um semirrei. Era quase como se Jinnah tivesse esquecido que a luta pela independência não era apenas pela liberdade do domínio estrangeiro, mas também pela libertação do totalitarismo. E foi assim, precisamente por um medo da democracia — o poder de voto da maioria hindu e um pavor de que os muçulmanos, como minoria na Índia independente, fossem privados de direitos — que o Paquistão veio a existir.

Naqueles meses após a declaração da Independência, Jinnah foi confrontado com um dilema de sua própria criação — que o porto seguro para os muçulmanos fosse salvaguardado por ele de ser islamizado pelos mulás. Foi necessária uma arguta mente legalista para guiar o novo país à estabilidade política. Também exigia tempo. Naquele momento, Jinnah estava temerariamente doente em segredo, com tuberculose e câncer de pulmão. Escondido na grandeza da Casa do Governador, isolado de seu povo por seu estado de saúde caprichoso e traiçoeiro, bem ciente da natureza inescrupulosa e oportunista dos políticos que o cercavam, ele deve ter sentido que não tinha escolha a não ser implementar, tão logo fosse possível, medidas para salvaguardar a existência continuada de sua nação.[49]

---

47   Id., *Mohammed Ayub Khuhro*, op. cit., p. 315.
48   Bolitho, *Jinnah*, op. cit., p. 218.
49   Ziring, *Pakistan in the Twentieth Century*, op. cit., p. 71.

Como advogado, ele sabia da importância de uma constituição escrita. Sua irmã, Fatima, mais tarde descreveu como isso se tornou sua maior prioridade. «Ele trabalhou», escreveu ela, «em um frenesi para consolidar o Paquistão.»[50] Em junho de 1948, menos de um ano após a criação do Estado, Jinnah refugiou-se nas colinas. Ele estava morrendo. Três meses depois, em 11 de setembro, foi levado de avião de volta a Carachi para tratamento de emergência. A ambulância enviada para recebê-lo no aeroporto quebrou no caminho de casa. Por uma hora, ele ficou na beira da estrada ao lado de um campo de refugiados, na periferia da cidade que considerava sinônimo de sua pessoa.[51] Morreu naquela noite — se não um homem destruído, pelo menos em profunda desilusão. Ele queria um Punjabe e uma Bengala sem divisões. Esperava ganhar a Caxemira e Junagadh.[52] Lutara pelo elevado padrão moral. Seu povo, em 1948, estava desabrigado, desorientado e furioso. O governo central discutia com o sindis, os muhajires com os habitantes locais, o país como um todo com seu vizinho.

Todo mundo que se lembra da Partição, se lembra da histeria e do choro quando Jinnah morreu. O país entrou em luto por quarenta dias. Quarenta edições do *Dawn* foram impressas com uma grossa borda negra. A causa oficial da morte foi «insuficiência cardíaca» (tuberculose era considerada uma vergonhosa doença de favela).[53] Jinnah morreu, e seu país — para grande surpresa do mundo — seguiu vivo. A Índia antecipava com alegria a morte rápida e dramática do Paquistão. Mas havia muito a ganhar em manter viva aquela criança queixosa. Como o *Dawn* escreveu

---

50   Citado em Wolpert, *Jinnah of Pakistan*, op. cit., p. 343.
51   Ziring, *Pakistan in the Twentieth Century*, op. cit., p. 80.
52   Dois Estados principescos contíguos ao Paquistão; o primeiro, governado por hindus com uma população de maioria muçulmana; o segundo, governado por muçulmanos, com uma população de maioria hindu.
53   *Dawn*, 12 set. 1948.

RAMADÃ EM CARACHI

regiamente, «O *Quaid-e-Azam* está morto. Viva o Paquistão!».
E o primeiro-ministro, dando voz a outro paradoxo frágil, declarou: «Eu acredito que minha nação é uma nação viva e sacrifi-
cará sua vida para defender e manter o Paquistão».[54] Após a morte
de Jinnah, Carachi continuou a crescer como um filho rebelde.
No final do século xx, era a cidade que mais crescia no mundo.
À medida que os trabalhadores chegavam de todo o país, colônias
habitacionais e indústrias cresciam com rapidez. Instalações civis
planejadas pelos britânicos encheram-se a ponto de explodir —até
que explodiram completamente. Esgoto e efluentes vazaram para
o Delta, envenenando a água e matando os manguezais. Nas praias
de areia e ruas movimentadas de Carachi, novas e velhas etnias,
línguas e culturas confrontam umas às outras.

Ainda assim, Carachi cresce. Mais e mais água é retirada do
Indo. E as pessoas do esgoto ainda mergulham no fluxo dos riachos fétidos da cidade, segregadas e exploradas, indispensáveis
e desprezadas.

54 *Dawn*, 13 set. 1948.

2.

CONQUISTANDO O RIO CLÁSSICO

1831

> *O Indo é um rio malsão e perturbador.*
> Tenente John Wood, 9 de fevereiro de 1836[1]

No fim do Ramadã, na manhã seguinte à celebração do Eid com «fervor religioso por todo o país» (como o *Dawn* escreve, ano após ano), enquanto o resto de Carachi ainda dorme para digerir o banquete de ontem, eu desço até o porto. Tenho um encontro com um pescador. Seu nome é Baboo.

Um homem encarquilhado com um gorro de malha azul, Baboo assume um ar de profunda tristeza quando lhe peço pela

---

[1] John Wood, em East India Company, *Abstract of Proceedings Relative to the Trade and Navigation of the Indus, Since the Settlement of the Last Treaty Regarding That River*. Londres: J. Unwin, 1837, p. 6.

primeira vez para me transportar de Carachi (o antigo Delta do Indo,[2] onde o Paquistão começou), ao longo do mangue costeiro, e rio acima até Thatta (o principal porto da região até os tempos britânicos). «Mas não há água», diz ele em um urdu cheio da melodia e cadência, música e tristeza do sindi, sua língua materna. «Não há água?» «Os punjabis levam toda a água. Entre Hiderabade e o Delta o rio está seco. A única água é *namkeen* (salgada, marítima).» Ele coça a cabeça e olha para o céu. «Se você quiser mesmo ir a Thatta, deveria ir de ônibus.» Ele desembrulha um pacote de *gutka*, um tabaco de mascar perniciosamente barato, e o enfia na boca. E engole. E cospe. «Ou táxi», diz, enquanto parece pensar. «Que tal um avião?», e, com um enorme sorriso, acrescenta: «Isso seria *zabardast* (incrível)!».

«Mas quero atravessar o Delta de barco», digo, e viro-me para partir. Baboo grita quando já estou de costas: «Vou levá-la o mais longe possível!». «Quão longe é isso?» «Ao longo da costa até a foz, uns 150 quilômetros. O mar sobe o rio por mais cem. Depois disso a água é tão baixa que meu barco não vai conseguir.» Sua expressão desanimada retorna: «Vai demorar pelo menos dois dias para chegar tão longe de barco. Ou três...».

Só dois dias. A viagem do Delta para Carachi demorou, para a Companhia das Índias Orientais, duzentos anos.

Zarpamos de Carachi, em meio a uma miríade de barcos de pescadores de madeira pintada, em uma radiante manhã de novembro. A equipe de cinco pessoas de Baboo tira as roupas assim que deixamos o porto e vai descansar no convés em finíssimas calças de algodão, remendando redes, cantando em sindi ou rindo

---

2   O antigo delta ficava no que hoje é Carachi, e certos bairros da cidade — Gizri, Korangi — ainda levam os nomes dos ativos riachos de maré que um dia foram. Ver M. Ahmed, «Animal and Plant Communities of the Present and Former Indus Delta». In: A. Meadows; P. S. Meadows (Orgs.), *The Indus River: Biodiversity, Resources, Humankind*. Carachi: Oxford University Press, 1999, p. 13.

CONQUISTANDO O RIO CLÁSSICO

entre si (provavelmente às minhas custas). Mas Baboo permanece totalmente vestido enquanto o sol castiga o barco. Funga sem vontade, olha o horizonte e, de vez em quando, fornece um sombrio prognóstico do nosso progresso.

Descubro rápido por que o barco dele era o mais barato para alugar em Kiamari: é tão decrépito quanto seu dono é desalentado. Nos dois dias seguintes, sempre que a hélice quebra, a correia do ventilador arrebenta e o motor inunda, a equipe de Baboo conserta quase tudo com algumas gotas de cuspe e uma pequena bola de barbante.

Na tripulação — três adolescentes e dois tios curtidos — são todos parentes, todos de uma aldeia no Delta. Nenhum deles jamais foi à escola. Ali Nawaz tem dezessete anos e não consegue sequer soletrar o nome. Enquanto sentamos para conversar em uma pilha de redes de pesca de náilon (eu já me acostumei ao cheiro de peixe), Ali Nawaz observa curioso sempre que escrevo no meu caderno o que ele diz. Ele ri quando, no meio do dia — o sol alto no céu, a água atraente, e os pescadores tendo entrado e saído do rio durante toda a manhã —, eu pulo do barco (totalmente vestida, é óbvio) na água fria e marrom. Eu também o observo, quando ele sai para nadar com as redes em busca da nossa ceia. Observamo-nos e nos intrigamos.

A família de Ali Nawaz vem do rio — do lago Kinjhar (alimentado pelo Indo), que hoje fornece água doce para Carachi. Conforme o lago secava, junto com o negócio da família, eles foram forçados a sair para o mar à procura de peixes. O rio era generoso, a vida no mar é difícil. Pescadores como Baboo às vezes passam dez dias de uma vez sem terra à vista. Os mais azarados vão parar em águas indianas — e são capturados, sujeitos a anos de prisão, por guardas costeiros zelosos demais.[3] Há também o clima implacável.

---

3   Ver A. Sanghur, «Pakistan's fishermen cast around for a solution». *Pakistan Fisherfolk Forum*. Carachi, 24 fev. 2006.

O irmão mais velho de Ali Nawaz morreu afogado durante o ciclone de 1999 — nenhum desses pequenos barcos de madeira tem coletes salva-vidas, rádios ou sinalizadores — e nunca encontraram seu corpo. Assim é, com o estoicismo dado pela falta de escolha, que Baboo e seus homens vagam por dias na superfície do mar Arábico, puxando as redes a cada duas horas e jogando a captura em caixas de gelo no porão.

Quando seus ancestrais pescavam no Indo, o tio de Ali Nawaz me disse, eles adoravam Uderolal — o santo do rio Indo —, mas, depois de se mudarem para o mar, eles se sentiram obrigados a mudar a aliança espiritual. Nos dias de hoje, se autodenominam filhos de Moro (o mítico pescador sindi que foi engolido por uma baleia). Uma vez por ano eles fazem uma peregrinação ao templo de Pir Datar, o santo mais popular do Delta, cujo *urs* (celebração de aniversário da morte), com grande satisfação, acontece no mesmo dia do aniversário do Profeta.

Nem Baboo nem sua tripulação têm pressa. O trabalho duro vai começar assim que me largarem nas margens do Indo, em algum lugar rio acima. Então, prosseguimos em um ritmo lento, serpenteando devagar dentro e fora dos riachos do Delta que se espraiam entre Carachi e a foz do Indo, parando para consertar partes quebradas ou para que eu possa fazer xixi na privacidade dos manguezais. A cada duas horas, eles reaquecem um chá com leite doce. Para o almoço, Ali Nawaz frita um pouco de um peixe branco, escamoso e picante, em pasta de coentro, e trocamos alguns peixes por camarões com um barco que cruza o nosso, e naquela noite jantamos omelete *jheenga*. A rota costeira é bem frequentada, quase um portão de colégio: pessoas das ilhas do Delta passam por nós a caminho de Carachi. Barcos de pesca mais elegantes do que o nosso param ao lado e compartilham nosso jantar. Um barco com um sistema de som mal-ajambrado, tocando canções pirateadas de filmes indianos, nos reboca por três horas depois que Ali Nawaz, sonolento, deixa a hélice cair na lama espessa de um riacho e uma lâmina se solta.

O Delta do Indo é lento, sereno e vasto. É espesso e marrom, pelo lodo que nutriu a terra que atravessa e que aqui no Delta dá à luz os anfíbios manguezais. Com seus galhos retorcidos e raízes protusas, seus caules verde-brilhantes e folhas opacas e manchadas, essa vegetação de água salobra se assemelha a uma multidão de velhos pescadores, fofocando para sempre nas margens do rio, observando suas cheias e vazantes, à medida que descem e sobem.

Tantas coisas quebram — tantas horas ociosas são gastas no remanso — que é fim de tarde quando chegamos a Keti Bunder (um pequenino e miserável porto, praticamente extinto pela dessecação do rio) e já é noite quando chegamos ao canal principal do Indo. Baboo havia planejado estarmos já três horas adiante, na cidade em decomposição de Kharochan (a «Veneza do Delta», foi-me dito por um amigo em Carachi, que evidentemente nunca esteve lá). Em vez disso, passamos a noite em uma ilha no Indo.

É o breu da noite quando chegamos, e a aldeia está absolutamente silenciosa, à moda dos lugares sem eletricidade. Eu tiro meus sapatos e amarro minha bolsa nas costas. Ali Nawaz equilibra uma prancha na borda do barco e, um a um, descemos na lama para a escuridão. Três homens sonolentos com a cabeça envolta em lenço descem para nos receber. Somos convidados a passar a noite em um grande prédio térreo — a escola, tenho vergonha de descobrir pela manhã (todas as escolas sindis também funcionam como quartos de hóspedes e salas de reunião, algumas nem sequer têm utilidade como escolas). Uma criança traz água para lavarmos os pés e depois nos sentamos tomando chá à luz de velas, enquanto os homens trocam notícias graves em voz solene. No meio do inescrutável sindi, ouço um nome que reconheço. «Sim, Alexander Burnes veio aqui em seu passeio pelo Delta», Ali Nawaz diz, traduzindo para mim em urdu o que os homens disseram sobre o funcionário (e espião) da Companhia das Índias Orientais do século XIX. «O Delta já foi ótimo», conta Baboo.

De manhã, só os meninos chegam para as aulas na escola. As meninas gastam o dia todo pegando água na bomba manual a quase um quilômetro de distância. Há um ano, os governantes construíram um grande reservatório na orla da aldeia — mas nunca o encheram. Irrigação pesada a montante significa que a água *mitha* (doce, potável) é escassa a jusante, no Delta. A água que os rodeia é *namkeen*, salina. Sou levada a um passeio pela vila. Caminhamos pelas ruas de lama, entrando e saindo de suas cabanas idênticas (um quarto com basculantes de ventilação, uma cozinha conjugada e o banheiro). A aldeia é tão pobre que está imaculadamente limpa: não há lixo (nada do usual plástico azul esvoaçante nos arbustos, embalagens de doces empoeiradas ou montes de papéis prateados de cigarro). Nada é comprado, nada é eliminado. Não vejo nenhum animal (o chá que bebemos na noite passada foi doce, mas sem leite). Os adultos parecem exaustos, derrotados. As crianças parecem desnutridas.

Nós avançamos pela lama até o barco. É uma manhã fria e o vento chicoteia a água, mas Baboo tem uma súbita onda de entusiasmo: ele deseja que eu veja as ruínas imemoriais da metrópole de sua infância, como no *Ozymandias*.[4] Soki Bunder é agora um lamaçal com quilômetros de extensão plana, debruado de manguezais, como qualquer outro no Delta. Mas este guarda um segredo. *Soki* significa rico em sindi, e, sessenta anos atrás, Baboo diz, era uma cidade famosa em todo o mar Arábico por seus tecidos finos e comerciantes ricos. A mãe de Baboo foi trazida aqui quando criança para ser tratada por um dos famosos *hakims* (médicos) de Soki Bunder. Sua avó está enterrada no agora soterrado cemitério. Não sobrou nada. O mar levou tudo, menos as fundações.

---

4 Soneto de Percy Bysshe Shelley, publicado em 1818. [N. T.]

CONQUISTANDO O RIO CLÁSSICO

A lama é lisa e densa, e trombamos os pés nas lascas de arenito dourado, que é tudo o que resta das lápides. Baboo se agacha com reverência em frente ao túmulo de sua avó, murmurando orações. Mais à frente, ele aponta os restos do bazar, o moinho de arroz de cem cavalos de potência e o tribunal. Nós nos reunimos em torno de uma pequena fundação de tijolo quadrado. «Um banheiro», diz Baboo. «Uma *masjid* [mesquita]», diz um membro de sua tripulação. «Um templo», diz o tio de Ali Nawaz. «O Delta já foi ótimo», Baboo diz novamente. «Antes da Partição, o Sinde era uma nação rica e próspera.»

De Soki Bunder navegamos rio acima para Kharochan, uma das poucas cidades ainda em funcionamento neste mundo insular decadente. A prisão — certa vez o orgulho do lugar — está caindo. O bosque de tamareiras morreu pelo sal que a terra suga da costa. Um maluco chamado *Monday* [segunda-feira] costura redes o dia todo e as desamarra toda noite. Os homens sentam-se do lado de fora do dispensário, tomando chá e lamentando o estado de sua herança. Quando paro para comprar um doce de cana na mercearia, um velho com uma camisa suja e óculos grossos e encardidos grita comigo, gesticulando com raiva. «O que ele está dizendo?», pergunto. «Ele está furioso», diz Baboo sem ouvir. «Ele acha que os britânicos foram maus.» Mas um médico discorda: «Ele está elogiando seu povo». «Por quê?», pergunto envergonhada. «O Raj administrava bem a justiça», diz o médico. «Olhe para nós agora», intervém um pescador. «Tudo era barato nos tempos britânicos» concorda Baboo. «O açúcar japonês custava dez *paise* o quilo!», diz um fazendeiro octogenário. «Mas por que os britânicos enviaram nossos irmãos hindus para a Índia?», diz o médico, e Baboo bate na mesa: «E por que eles deixaram o Punjabe roubar o nosso Indo?».

Enquanto nos sentamos juntos no evanescente crepúsculo, penso na mudança dramática sofrida por este antigo rio nas últimas décadas. Imagine a descrença, se você dissesse aos oficiais britânicos, que cobiçavam o Indo desde o início do século XVII, que um dia aquele escuro rio-turbilhão iria se esgotar. Se tivesse profetizado na época que o esgotamento deste rio no século XXI seria em parte um legado de seus projetos de irrigação. Por trezentos anos, desde que os britânicos o admiraram pela primeira vez, o Indo foi o «rio poderoso», caprichoso, frustrante, cobiçado. Ninguém adivinharia que um dia, aqui no Delta, poderia não haver mais água doce alguma.

Sir Thomas Roe foi o primeiro embaixador da Inglaterra na corte mogol, enviado a pedido da Companhia das Índias Orientais. Na primeira carta de volta para a Companhia, escrita em 24 de novembro de 1615, ele os alertou sobre as perspectivas comerciais no «longânime rio Syndhu».[5] Nos cinco anos seguintes, Roe mencionou com frequência o «famoso» e «mui necessário» Indo, cujas águas eram navegáveis e cujos habitantes teciam alguns dos melhores tecidos da região. Mas, infelizmente, como ele observou de forma queixosa em 1618: «Devemos arrancá-lo de Portugal». Em 1613, os portugueses ameaçaram queimar o porto de Thatta se os ingleses fossem autorizados a fazer negócios lá. Eles controlavam todo o comércio europeu do Delta, e a Companhia das Índias Orientais, que só recebeu seu foral da rainha Elizabeth I em 1601, ainda não era poderosa o suficiente para enfrentá-los.

Em 1635, no entanto, os ingleses haviam derrotado os portugueses[6] de Bombaim (hoje Mumbai) e negociaram uma posição mais favorável na corte mogol.[7] Ainda não tinham nada para

---

5   W. Foster (Org.), *The Embassy of Sir Thomas Roe to India 1615-1619, as Narrated in his Journal and Correspondence*. Londres: Oxford University Press, 1926, pp. 75-6.

6   J. Keay, *The Honourable Company: History of the English East India Company*. Londres: Harper Collins, 1993, p. 108.

7   Referência ao Império Mogol, supostamente formado por descendentes dos mongóis da Ásia Central. [N. T.]

CONQUISTANDO O RIO CLÁSSICO

vender que os indianos quisessem comprar. Roe se encolheu de vergonha depois que seus bens foram rejeitados:

> todos aqueles espelhos com douração, e outros em estojos de couro com alças, sói mesquinhos, sói mal embalados, que homem algum anuir-lhos-ia receber nem como regalia, nem comprar. O mofo os apodrece por fora e deteriora por dentro [...] vossas pinturas todas valem aqui nem um penique [...] de que se estime, aqui não há nada, exceto dos melhores tipos: bons tecidos e belos e luxuosos retratos, estes saindo da Itália por terra [...] eles riem-se de nós para como trazemos os nossos.[8]

Por enquanto, tudo estava a favor da Índia. Os ingleses estavam preparados para pagar prata pura em troca de tecido do Sinde. Como os comerciantes da empresa escreveram para Londres em 1636:

> de todos os tipos de produtos indianos, nenhum tem tanta demanda como os de Synda, nem encontra venda mais apta, por considerar-se de suas substâncias e cores as mais desejadas.[9]

Os esforços iniciais da Companhia para estabelecer um entreposto em Thatta, no entanto, foram desmantelados pelas «depredações» de um pirata inglês, William Cobb, que «a desgraça no-la deu». Mas em 1639 o caso tinha sido «sobrepujado» o suficiente para permitir que a Companhia acomodasse alguns negociantes em Thatta. De Londres, os diretores instavam seus mercadores

---

8   Foster (Org.), *The Embassy of Sir Thomas Roe to India 1615-1619...*, op. cit., pp. 76-7.
9   Id., *The English Factories in India 1634-1636*. Oxford: Clarendon, 1911, p. 191.

a «continuar aquela residência sinda», posto que «os bens de lá recebidos são a fina flor de todo o pacote».[10]

Foi o corte de custos da Companhia que resultou no fechamento do entreposto em 1662 (junto com aqueles de Agra, Ahmedabad e Basra).[11] Quase cem anos depois, em 1758, a Companhia tentou uma segunda vez, abrindo outro armazém para exportar arroz branco e vermelho e fazendo um comércio limitado de veludo carmesim inglês e tecidos de lã das cores mais sombrias: «cravo, canela, roxo e os verde-escuros».[12] Os Kalhoras, uma família local que tinha acabado de tomar dos mogóis o controle do Sinde, pagara seus tributos a um conquistador afegão, em parte, em têxteis da Companhia.

Mas os Kalhoras não confiavam nos britânicos, cuja posição na Índia havia se fortalecido consideravelmente nessa época, e em 1775 expulsaram os negociantes da Companhia.[13] Logo depois, os Kalhoras foram sucedidos pela família Talpur como governantes do Sinde, e novamente os britânicos tentaram retornar. Dessa vez, eram mercadores locais hindus — fundadores de «Kolachi» (Carachi), agora um porto emergente — que impunham embargos à presença britânica lá. Mas no final a família Talpur cedeu à persuasão da Companhia, e Nathan Crow foi enviado como agente britânico para Carachi e Thatta.

Nesse ponto, os britânicos queriam que seu agente atuasse não apenas como um corretor comercial, mas também como

10   Id., *The English Factories in India 1637-41*. Oxford: Clarendon, 1912, p. 274.
11   A. Duarte, *A History of British Relations with Sind 1613-1843*. Carachi: National Book Foundation, 1976, p. 34.
12   *Scindy Diary* [Lambrick Collection, India Office, British Library: MssEurF208/106], p. 8.
13   M. Ali, *The English Factory in Sind: Extracts Regarding Sind from William Foster's «The English Factories in India»*. Jamshoro, Paquistão: Institute of Sindhology, University of Sind, 1983, p. 13.

CONQUISTANDO O RIO CLÁSSICO

espião para a Companhia. Os Talpures eram muito desconfiados e, por sua vez, contraespionavam Crow e monitoravam sua correspondência, vida social e exportações. Em maio de 1799, alguns meses após a chegada de Crow a Carachi, o sultão Tipu, o grande líder muçulmano do sul da Índia, foi derrotado e morto por um exército britânico. Imediatamente depois, poderes muçulmanos de toda a região — Candaar, Mascate, Índia — escreveram aos Talpures, alertando-os sobre a perfídia britânica. Em 1800, Crow foi expulso.[14]

Para a Companhia das Índias Orientais, o Sinde provava-se uma província turbulenta e intratável. Isso chocou os comerciantes britânicos, contrastando como contrastava com a situação no resto da Índia, uma vez que ao longo do século XVIII os britânicos adquiriram direitos de receita de terras em todo o subcontinente — e um exército. Com pólvora, navios e livros-caixa, eles fundaram Madras (hoje Chennai) (1639) e Calcutá (hoje Kolkata) (1690), tomaram o controle da Bengala (1757), subjugaram os franceses (1763) e o império marata (1775-1818) e tomaram a cidade mogol de Déli (1803). Na alvorada do século XIX, os britânicos tornavam-se os reis *de facto* da Índia. Ainda assim, na ala oeste do subcontinente — no intransigente vale do Indo — os renitentes nativos recusavam-se a ceder sua liberdade. Excluídos do Sinde pelos portugueses no início do século XVII, três vezes expulsos de Thatta depois, o «intercurso sexual britânico com o Sinde», como James Burnes comentou sem rodeios em 1831, «tem sido bastante raro e, na maioria das vezes, insatisfatório».[15]

Os homens que encabeçavam a Companhia das Índias Orientais possuíam uma educação clássica. Eles sabiam, pela leitura de

14 Duarte, *A History of British Relations with Sind...*, op. cit., pp. 66-8.
15 J. Burnes, *A Narrative of a Visit to the Court of the Ameers of Sinde*. Edimburgo: John Stark, 1831, p. 27.

Arriano, Estrabão e Plínio, que, para Alexandre da Macedônia, ter chegado à Índia (ou ao vale do Indo) foi o ápice de sua conquista mundial. O autor de *O périplo do mar da Eritreia*, um manual de navegação grego, havia chamado o Indo de «o maior de todos os rios que deságuam no mar da Eritreia».[16] Plínio, o Velho, descreveu o Indo (*Indus, incolis Sindhus appellatus*: «o Indo, chamado localmente de Sindhus»)[17] como sendo a fronteira ocidental da Índia (*ad Indum amnem qui est ab occidente finis Indiae*).[18] Para uma Companhia com o desejo de endossar sua presença no Oriente com analogias régias ao glorioso Alexandre, a conquista do «rio clássico» passou a parecer o corolário natural (e, na verdade, indispensável) para a tomada da Índia propriamente dita.[19] Houve alguns obstáculos básicos para tomar o Sinde. No início do século XIX, os britânicos ainda sabiam abissalmente pouco sobre o vale do Indo. Tudo era boato. Já há cinco séculos, os poetas e dramaturgos da Inglaterra descreviam os dois maiores rios da Índia. O maravilhoso Ganges, com seus grandes *fysshes* [peixes], é mencionado pela primeira vez numa versão em inglês-médio do *Romance de Alexandre*. O Indo, cognato da Índia, foi cantado por Andrew de Wyntoun em seu *Original Chronicle*, do início do século XV:

> *betuix Ynde and Paradiss*
> *Mony dissert landis lyiss...*
> *Out of a hill callit Calkasus*
> *The watter is rynnand of Indus,*

---

16   Anônimo; trad. ingl. *The Periplus of the Erythraean Sea*. Trad. W. Schoff. Nova York: Longmans, 1912, p. 37.

17   Citado em J.-B. Bourguignon d'Anville, *Éclaircissemens géographiques sur la carte de l'Inde*. Paris: Imprimerie royale, 1753, p. 8.

18   A. Wink, *Al-Hind: The Making of the Indo-Islamic World*, v. 1: *Early Medieval India and the Expansion of Islam 7th-11th centuries*. Oxford, 1999, p. 132.

19   J. Burnes, *A Narrative of a Visit to the Court...*, op. cit., p. 11.

And efter that watter, as we fynd,
The kinrik is callit of Ynde.[20]

Foi no século XVII, no entanto, que o Indo e o Ganges tornaram-se populares como símbolos do exotismo oriental. O rei Jaime I da Inglaterra mencionou o «oriental Indo» e suas «correntes cristálicas» em um poema não publicado. «Encontrar o velho Nereu com suas cinquenta ninfas/ no atávico Indo, lar repleto de pérolas», escreveu Ben Jonson em uma mascarada que fez para a Noite de Reis de 1626. «Tu, ao lado do *Ganges indiano*/ Rubis devias encontrar», respondeu Andrew Marvell em «To His Coy Mistress» («À Sua Amante Oculta», por volta de 1646). Enquanto o Ganges sempre foi emblemático do exuberante glamour oriental, o Indo era versátil, e vários dramaturgos ligaram-no ao Nilo, para sugerir a vasta extensão da Ásia. O Indo podia tanto evocar o mistério estrangeiro da Índia como a história e a política de civilizações clássicas.

No entanto, o conhecimento de onde o Indo fluía de verdade era vago, na melhor das hipóteses. Em suas cartas para casa, Sir Thomas Roe repetidamente apontou a falsidade de nossos mapas, que mostravam o Indo esvaziando-se no mar no golfo de Cambaia, no Guzerate. Um século depois, os mapas da Companhia ainda não eram melhores. A cartografia foi um dos grandes avanços do Iluminismo europeu, mas, quando o cartógrafo francês Jean-Baptiste D'Anville começou a publicar suas «memórias cartográficas» da Índia, em meados do século XVIII, ele confiou na Antiguidade, nas histórias mogol e persa e nas memórias de viagens europeias contemporâneas. D'Anville nunca visitou a Índia,

20   «entre a Índia e o Paraíso/ Encontram-se muitos desertos.../ De um monte chamado Cáucaso/ A água corre para o Indo,/ E. depois dessa água, descobrimos,/ O reino é chamado de Índia».

e ele foi perfeitamente honesto sobre a escassez de suas fontes. Ele se desculpou alegando que, embora pessoalmente visse o Indo como a mais importante das fronteiras da Índia, *la première connue* (o primeiro conhecido) de seus rios, restava o fato de não ter sido explorado pelos europeus nos últimos anos, e, assim, seu conhecimento atual era — arrependia-se — lamentavelmente impreciso.[21]

O cartógrafo-chefe da Grã-Bretanha na Índia, James Rennell, viajou a Bengala para inspecionar a província entre 1765 e 1771. No entanto, quando desenhou seu mapa de toda a Índia após a aposentadoria, também confiou em fontes literárias (e em particular em registros das marchas e manobras militares da Companhia) para preencher as lacunas. Grandes áreas, incluindo o vale do Indo, permaneciam *terra incognita*.

Em 1774, a costa foi por fim mapeada por um esquadrão da Companhia. Mas até 1831, pelo menos (quando a Companhia esquadrinhou o Indo até Attock, cerca de metade de seu comprimento), os mapas da região do Sinde ainda eram compilados principalmente a partir de suposições. E, mesmo que o montanhoso e «furiosamente veloz» alto curso do rio tenha sido mapeado em 1842 por G. T. Vigne,[22] os britânicos jamais conseguiram mapear sua origem, e, por muito tempo, pensaram que o Indo nascesse na Caxemira.[23]

Se a cartografia era uma arte imprecisa, a visão turva do rio tida pela Companhia das Índias Orientais tornou-se um pouco

---

21 D'Anville, *Éclaircissemens géographiques...*, op. cit., p. 15.

22 G. T. Vigne, *Travels in Kashmir, Ladak, Iskardo, the Countries Adjoining the Mountain-Course of the Indus, and the Himalaya, North of the Punjab*. Londres: Colburn, 1842, p. 123.

23 E. Thornton, *A Gazetteer of the Countries Adjacent to India on the North-West*, I. Londres: W. H. Allen, 1844, p. 264. Ainda em 1951, David Lilienthal, que intermediou o Tratado das Águas do Indo, escreveu que o Indo nascia na Caxemira (D. E. Lilienthal, «Another 'Korea' in the Making?». *Collier's Magazine*, Nova York, 4 ago. 1951, p. 58).

CONQUISTANDO O RIO CLÁSSICO

mais cristalina pelos relatos de viajantes pioneiros. Em 1638, por exemplo, um inglês chamado Henry Bornford conseguiu ir de Laore para Thatta navegando uma chata. Mas foi o livre-mercador e aventureiro, o capitão Alexander Hamilton, quem deu à Companhia a maior esperança, com seu *Novo Relato das Índias Orientais*, publicado em 1727, que atestava que o Indo era navegável «até a Caxemira».

Hamilton desprezava o «tribunal dos viajantes-de-mapas», cujo «estoque de conhecimento é todo fiado». Sua descrição detalhada dos «Domínios Mogóis no Rio *Indus*» — longe de ser um temível relato da história clássica do rio — abordava suas vantagens práticas. «Este País», ele escreveu, «é abundante em trigo, arroz e feijões [...] a miséria da fome é desconhecida, posto que nos meses de *abril*, *maio* e *junho*, o *Indus* inunda todas as baixadas. E, quando a enchente passa, deixa um lodo sobre o solo que eles lavram com facilidade antes de secar, e, sendo semeado e arado, nunca deixa de produzir uma colheita abundante.»[24] (Mesmo hoje, no Sinde, a fértil *kaccha*, a terra às margens do rio, pode render três safras em um bom ano.) Além disso, Hamilton escreveu que certos trechos do rio «poderiam receber navios de duzentas toneladas». Essa mentalidade otimista inspiraria os oficiais da Companhia das Índias Orientais, ansiosos para explorar o Indo para o comércio e a agricultura, durante todo o século XIX.

O guia de Hamilton a respeito do potencial comercial do rio foi igualado em importância, para a Companhia, pelo muito lido *Viagem de Bengala à Inglaterra* (1798), de George Forster. Foi Forster quem popularizou o potente conceito de que «o Indo constitui uma forte barreira para o Hindustão a oeste [...] Os exércitos em

---

24 A. Hamilton, *A New Account of the East Indies*. Edimburgo: J. Mosman, 1727, pp. 121, xii-xiii, 125.

todos os tempos sofreram dificuldades e danos ao cruzar o Indo».[25] Para uma Companhia que agora ansiava defender seu território indiano do ataque de tribos hostis das montanhas — ou, mais provavelmente, de potências europeias rivais, como a Rússia —, a noção de Forster, do Indo como uma barreira militar, foi um fator decisivo no avanço da Companhia em direção ao rio.

Mais uma vez, o fato de as defesas naturais do rio já terem sido violadas no passado também era fonte de grande ansiedade. Como um funcionário da Companhia escreveu: «Foi observado que as dificuldades coadunadas à invasão da Índia *devem* ser estimadas, posto que o país já *fora* invadido com sucesso outras vezes».[26] Foi esse medo que encorajou a Companhia das Índias Orientais a reivindicar sua parte não apenas no Indo, mas também nos países além dele, Sinde e Afeganistão.

Em 1830 deu-se o primeiro passo para a anexação do Sinde, com a compilação de um dossiê de inteligência sobre o Indo. Este, o conjunto dos *Memorandos acerca da Fronteira Noroeste da Índia Britânica e da importância do rio Indo em relação à sua defesa*, expôs as duas principais preocupações da Grã-Bretanha: a defesa da invasão do Sinde e o medo de um avanço russo sobre a Índia. Até agora, a Companhia tinha chegado a um acordo com a maioria dos poderes ao longo do rio. Em 1809, havia feito um acordo de tributo com os siques a leste do Indo. As negociações com as potências do oeste começaram já em 1800, em resposta ao temido avanço de Napoleão sobre a Índia (ele tinha acabado de tomar o Egito). Embaixadas foram despachadas para a Pérsia e depois para o Afeganistão. Restou o Sinde — uma província pequena, mas

---

25 G. Forster, *A Journey from Bengal to England*. Londres: Faulder, 1798, p. 47.

26 East India Company, «Memoranda on the N.W. Frontier of British India and on the importance of the river Indus as connected with its defence, drawn up by the desire of Sir J. Malcolm», 1830 [European Manuscripts Collection, Biblioteca Britânica: Add. 21178], f.27v.

CONQUISTANDO O RIO CLÁSSICO

estratégica, no baixo Indo. Governada pela família Talpur, sem um exército permanente e bem treinado, o Sinde era considerado o ponto fraco.

Os governantes do Sinde sabiam disso. Sabiam também que os ingleses eram uma raça enganosa. E, tanto quanto puderam, seguiram uma política de isolamento: expulsar os mercadores da empresa quando eles se tornavam muito arrogantes, e apenas relutantemente aceitar os escorregadios termos dos tratados da Companhia.

O primeiro tratado desse tipo, assinado em 1809, foi extremamente curto. Seu único objetivo era manter a «tribo dos franceses» afastada: não era a garantia de interesses comerciais que a Companhia esperava.[27] Em 1819, quando a Companhia tomou a província adjacente de Kutch, esperava que os direitos comerciais no Sinde viessem na sequência, mas, como escreveu James Burnes, aqueles «chefetes arrogantes e ciumentos [...] viram com desconfiança e apreensão a extensão do nosso Império nesta direção». Como os avanços comerciais no Sinde foram negados à Companhia, a conquista total era então sua única resposta. Felizmente, o Sinde — os Memorandos de 1830 deixaram isso bem claro — seria uma província fácil de conquistar.

Como na maioria dos prelúdios a uma anexação, os Memorandos chamaram a atenção para os «princípios tirânicos» pelos quais o Sinde era governado. A razão moral para a invasão foi estabelecida, com detalhes de preconceito e «devassidão» dos governantes sindis. Entre os crimes sindis, os Memorandos observaram que «muito do solo fértil e cultivável» ao longo do rio tinha sido deliberadamente deixado estéril como terreno de caça

---

27   Id., «Treaty with the Ameers of Sinde, 22nd August, 1809». In: Great Britain, Foreign Office, *Correspondence Relating to Persia and Affghanistan*. Londres: J. Harrison & Son, 1839, p. 315.

para os governantes Talpures. Um «governo suave e benéfico», o documento conclui com astúcia, seria o melhor para o povo.

Os Memorandos delinearam a facilidade com que um ataque poderia ser empreendido. Em termos práticos, as «únicas fortificações do Sinde dignas de nota são Hiderabade e Omerkote». Politicamente, todo o necessário era uma dose rápida de «dividir para governar»: «a textura desarticulada entre a Força Sindi e o Governo [...] nos daria amplos meios de coagir quaisquer chefes refratários e de converter muitos em gratos aliados». O objetivo desse esforço especulativo era proteger o Indo, cuja navegação era crucial «no caso da ocorrência de tal evento de consequência vital para a defesa do país». O evento em questão era a temida invasão da Índia britânica pela Rússia.

A última metade dos Memorandos abordou esse problema aparentemente urgente. Os oficiais-especialistas divergiam quanto à sua gravidade, mas todos concordaram que controlar o Indo era a chave para a segurança da Índia britânica. Sir John Malcolm admitiu que «a Rússia já conjeturou, e ainda conjetura, planos de invadir a Índia». Mas ele acreditava que o Tesouro russo não sustentaria uma invasão em tamanha escala, por meio de terreno tão pouco povoado e inóspito. Sir John McDonald era mais alarmista. Ele aconselhou o envio de espiões para adquirir «um conhecimento preciso da natureza e dos recursos dos territórios imediatamente a oeste do Indo: os vaus, as balsas e as características militares daquela vasta fronteira do nosso Império». Então, a Companhia se arrojou a seguir em frente, com a fantasmagoria dos «30 mil russos» rastejando pelo Indocuche em direção à Índia.

O resultado imediato dos Memorandos foi o despacho de um jovem oficial entusiasmado, Alexander Burnes, para navegar pelos cursos sindi e sique do rio. Dado o «ciúme» dos governantes Talpures, o verdadeiro propósito da viagem (inspecionar a largura, a profundidade e a adequação do rio para navegação, além de examinar

CONQUISTANDO O RIO CLÁSSICO

as defesas dos fortes sindis ao longo de suas margens) foi ocultado. O estratagema usado: ostensivamente, Burnes deveria usar o rio para transportar cinco cavalos de carga para o marajá Ranjit Singh, mil quilômetros rio acima, em Laore. (Estes são «Cavalos da Raça Gigante, que é peculiar à Inglaterra», Burnes gabara-se em carta ao governante sique.[28]) Sob o disfarce desse presente de Troia, ele exploraria o rio e aumentaria o conhecimento da Grã-Bretanha sobre ele, naquele momento tão «vago e insatisfatório».

Desde o início de sua jornada, o jovem Burnes foi inflamado de zelo pela missão. Com talento, negociou com os vários governantes Talpures, que, supondo (corretamente) que «fomos os precursores de um exército», a princípio recusaram-se a permitir que ele viajasse via rio para Laore. Por três meses o colocaram sob detenção embarcado no Delta, negando-lhe até mesmo água potável. O Talpur na vizinha Thatta respondeu aos apelos de Burnes com cartas dizendo-lhe que «magnificasse as dificuldades de navegar no Indo», listando suas rochas, areias movediças, redemoinhos e vaus em toda comunicação, afirmando que a viagem pelo rio para Laore «nunca fora realizada na memória humana». Burnes devia saber que isso era mentira, mas levou os exageros a sério, doravante considerando-se um pioneiro do Indo. Ele também usou esse tempo para explorar e mapear o sinuoso Delta do Indo. Por fim, quando já não podia tolerar atrasos, viajou por terra para Thatta, a fim de encontrar o governante em pessoa e persuadi-lo a ceder.

É provável que a mudança de ideia dos Talpures só tenha acontecido depois da pesquisa completa que seus soldados fizeram na bagagem de Burnes enquanto ele esperava no Delta. Eles

28 A. Burnes, «Extracts of Narrative and Journal of a voyage by the Rivers Indus and Punjnud to Lahore by Lieut: Alex Burnes, Ass. Resident, Cutch, On a Mission to Lahore In 1831 and Memoir on the Indus, and Sinde country by L. Burnes of the Bombay Army. 1831. Addressed to the Bombay Govt». 1831 [Dalhousie Muniments, National Archives of Scotland: G45/5/8 o], Folha 11.

72

procuravam por armas, e não as encontraram. Em prejuízo próprio, falharam em avaliar a importância dos modernos «instrumentos de levantamento» que Burnes carregava consigo.

Agora que já não era considerado uma ameaça, Burnes passou a receber tratamento especial. Ele viajara pelo Delta em um esquife de fundo chato, mas de Thatta em diante teve uma barcaça estatal cedida pelos Talpures. Subia o rio jantando ensopados de carneiro preparados pelos cozinheiros reais e admirando com inocência a esplêndida paisagem, que em breve faria parte da Grã-Bretanha. Apenas à noite, sob o manto de escuridão, ele desempacotava seus instrumentos e anotava, calculava e media, com diligência. Em seu livro *Memórias sobre o Indo e os rios do Punjabe*, Burnes declarou o rio como perfeito para o comércio e pronto para anexação:

> O governo britânico pode, sem dificuldade, comandar a navegação do Indo [...] a fortaleza isolada de Bukkur é, por si só, uma importante posição — protegendo-a [...] os britânicos comandariam toda a navegação de um país dos mais férteis.[29]

Naturalmente, os chefes da Companhia ficaram maravilhados. No ano seguinte, usando a ameaça da conquista pelo marajá Ranjit Singh no Punjabe, eles coagiram os governantes Talpures a assinar novos tratados concedendo «que aquela porção do Indo que flui através do Sinde seja aberta para todos os mercadores e comerciantes».[30] Haveria mais dois tratados, em 1834 e 1838, cada qual mais favorável aos interesses britânicos do que o anterior. Em 1837, Burnes já pôde escrever: «Os arrogantes Senhores do SINDE

29 Ibid., p. 2.
30 Tratados assinados pelos governantes de Hiderabade e Khairpur, ver L. Mount-batten, «Appendix 1: Colonel Pottinger's Arrangements for the Navigation of the Indus' East India Company». In: Id., *Abstract of Proceedings Relative to the Trade and Navigation of the Indus...*, op. cit., p. 11.

CONQUISTANDO O RIO CLÁSSICO

foram de fato humilhados [...] nós finalmente [...] asseguramos nossa influência no Indo».[31]

Animado com o próprio sucesso, nesse meio-tempo Burnes persuadiu seus superiores a apoiá-lo em uma jornada ainda mais ambiciosa. Ele deixou a Índia em 1832 e viajou pelo Indo para a Ásia Central, disfarçado de mercador armênio. Viveu uma sequência de aventuras e, em seu retorno à Inglaterra em 1834, relatou suas duas expedições como uma obra em três volumes, *Viagens a Bucara*. Burnes tinha um pendor popular, e suas façanhas no Indo, em particular, atiçaram a imaginação da Grã-Bretanha.

Um dos temas centrais era o paralelo entre as próprias façanhas de Burnes e as de seu homônimo, Alexandre, o Grande. Burnes lançou a afirmação, francamente imprecisa, de que ele seria «o primeiro europeu dos tempos modernos a ter navegado o Indo». Chegou a ponto de dizer, com modéstia, que em Laore «fomos informados todos os dias de que éramos os 'segundos Alexandres', '*Sikandar sanee*', por termos completado viagem tão perigosa». Acima de tudo, ele enfatizava o poder e o potencial latentes de sua missão no Indo:

Enquanto subíamos o rio, os habitantes percorriam quilômetros para nos ver. Um Syud[32] estava na beira da água e olhou-nos com espanto. Virou-se para seu companheiro quando nós passamos e, pelo que um dos nossos ouviu, disse: «Ai de mim! O Sinde

---

31 Carta de A. Burnes a John McNeil, 6 de junho de 1837, em A. Burnes, Holograph Letter written by Capt. Alexander Burnes, 21st Bombay Native Infantry, from «On the Indus above Moultan» to H.E. John McNeil Minister at the Court of Persia, dated 6 June 1837 [MssEurD1165/2].

32 Saíde, da elite local. [N. T.]

agora se foi, pois os ingleses viram o rio, que é o caminho para sua conquista».[33]

Em Londres, Burnes e sua jornada tornaram-se o assunto da cidade. Ele foi homenageado em todos os salões, apelidado de *Indus Burnes* na imprensa, e teve uma audiência com o rei em Brighton.[34] As Sociedades Geográficas francesa e inglesa lhe concederam medalhas, a Sociedade Asiática de Paris aplaudiu a «linha luminosa» que ele traçara «sobre a região mais obscura da Ásia».[35] A mídia estava igualmente entusiasmada: «O Indo, com o Ganges, dobra-se como se abraçassem o nosso poderoso império da Índia britânica», vibrou a *Monthly Review*.[36] «O antigo ALEXANDRE desceu o Indo e seus afluentes de Laore para o oceano, o moderno ALEXANDER o subiu», ronronou o *Spectator*.[37] O livro foi um grande sucesso para seu editor, John Murray, esgotando imediatamente. Foi reimpresso em 1835 e 1839 e nos vinte anos seguintes foi traduzido em alemão, italiano, francês e espanhol.[38]

Subjacente aos relatos e aventuras do livro de Burnes, havia uma proposta econômica: que o Indo deveria ser «aberto» ao comércio e à navegação. Burnes fez suas leituras sobre o tema e foi particularmente inspirado pela *História da América*, de William

---

33 A. Burnes, *Travels in Bokhara: Together with Narrative of A Voyage on the Indus*. Londres: Murray, 1834, v. I, pp. ix; v. III, pp. 136-7, 37-8.

34 O *Times* comentou que «Nenhum livro de viagens apresentou, nos últimos anos, apelos mais fortes de nota do que a narrativa publicada pelo tenente Alexander Burnes» (*Times*, 20 ago. 1834, p. 2, col. f). Ver J. Kaye, *Lives of Indian Officers: Illustrative of the History of the Civil and Military Services in India*. Londres: Strahan, 1867, II, p. 26.

35 Ver W. A. Laurie, *Memoir of James Burnes*. Edimburgo, 1850, p. 6, n. 1.

36 *Monthly Review*, 1834 (agosto, II: 4), p. 456.

37 *Spectator*, 5 jul. 1834, p. 637.

38 Para o alemão em 1835, italiano em 1842, francês em 1855, e uma tradução resumida para o espanhol com um título diferente em 1860.

CONQUISTANDO O RIO CLÁSSICO 75

Robertson, que instituiu de forma geral as possibilidades comerciais e de prospecção disponíveis para os espertos pioneiros europeus numa terra «virgem».[39] Os navios a vapor usados na navegação fluvial na América do Norte foram uma inspiração para os oficiais da Companhia das Índias Orientais, e o Indo ocupou uma existência fértil em sua imaginação como um Mississippi ou um Hudson indiano.

Entre eles, os Memorandos de Malcolm e as *Viagens* de Burnes mantinham a tentadora promessa do Indo a uma Companhia ávida por engrandecimento territorial. Como Burnes insinuou, o Indo era um bom partido em si, mas também era o caminho principal para uma glória maior. Na verdade, a prosa esplendidamente confiante de Burnes e a trajetória aparentemente simples no sentido oeste que seu livro recomendava devem ser parcialmente responsabilizadas pela primeira das desastrosas incursões da Grã-Bretanha no Afeganistão.

Após os arroubos que saudaram a publicação das *Viagens* de Burnes, não demorou muito para que Auckland, o governador--geral, o promovesse a agente político da Companhia em Cabul. Durante sua segunda morada em Cabul, Burnes ficou obcecado com a ideia de que a chegada de *Vilkivitsch*, um agente russo, pressagiava uma invasão russo-afegã da Índia. Mas as cartas que ele enviou para Calcutá, pedindo ao governo a conciliação com Dost Muhammad, rei de Cabul, foram ignoradas por Auckland, que, em vez disso, sancionou uma invasão do Afeganistão.

Auckland deu suas razões: os afegãos, ele proclamou, conspiravam para estender a «influência e autoridade persas às margens, e mesmo além, do Indo».[40] Claro, essa intriga hipotética era apenas

39 A. Burnes, *Travels in Bokhara*, op. cit., v. II, p. 395.
40 «Manifesto *Simlah*» de 1º de outubro de 1838, citado em J. Kaye, *History of the War in Afghanistan*. 3. ed. Londres: W.H. Allen & Co., 1874, v. I, pp. 369-74.

a imagem espelhada dos próprios projetos de Auckland. A força que deixou a Índia no outono de 1838 recebeu o nome de uma terra que os britânicos ainda nem possuíam. Os exércitos de Bombaim e Bengala foram rebatizados de «Exército do Indo».

Quando os soldados começaram sua marcha para o oeste — quebrando assim a proibição dos Talpures sobre a transferência de militares e provisões através do Indo no Tratado de 1834 —, as palavras de Burnes estavam em todas as bocas. A maioria dos oficiais havia lido *Viagens a Bucara*, e suas imagens os impulsionavam pelos desertos do Sinde, através do «nobre» Indo, e na passagem de Bolan. Aqui, as rações acabaram, baluchis com rifles começaram a matar soldados e camelos, enfim, como um oficial bem o disse, Burnes os havia enganado com sua «imaginação floreada».[41]

A paisagem do Baluchistão — seus áridos vales e arenosas colinas — era desconhecida para os britânicos. Centenas de soldados morreram de fome. Quando eles finalmente alcançaram o «desolador» e «estéril» país do Afeganistão — tão distante da «terra encantada» que Burnes os fizera esperar — e invadiram as cidades de Gasni e Cabul, ficaram chocados com a recepção fria e hostil que receberam da população local. Os soldados foram levados por seus oficiais a esperar arrebatadoras multidões agradecidas. As virgens de Cabul, pensaram eles, cobririam seus caminhos com flores. Em vez disso, como atestam tantas e tantas memórias britânicas, os afegãos pareciam ingratos — até mesmo zangados — com todos os esforços que os britânicos tinham feito

---

41 *Recollections of the First Campaign West of the Indus, and of the Subsequent Operations of the Candahar Force under Major-General Sir W. Nott*. Londres: Smith, Elder and Co., 1845, p. 12. Ver também J. H. W. Hall, *Scenes in a Soldier's Life*. Londres, 1848, pp. 54-9.

CONQUISTANDO O RIO CLÁSSICO

para depor seu governante.[42] Em 1840, o Exército do Indo estava completamente desiludido.

De volta à Inglaterra, no entanto, a invasão foi aplaudida como um triunfo pelo novo vitorianismo imperial. Um comentarista escreveu que Alexandre, o Grande, meramente «cogitou sobre a invasão da Índia [...], mas a conquista daquele país estava destinada a uma nação quase desconhecida nos dias de Alexandre».[43] A nova rainha, Vitória, fez de Burnes seu cavaleiro, bem como os outros participantes de destaque, pelos serviços prestados a seu império. As Casas dos Comuns e dos Lordes deram votos de agradecimento ao Exército do Indo, e Sir John Hobhouse fez um discurso patriótico em que exaltou a «conquista audaciosa e brilhante» de levar «civilização» às «margens do Indo», pela primeira vez, já que o «grande Alexandre» marchara com seu exército rio abaixo.[44]

A euforia, porém, durou pouco. Em novembro de 1841, os afegãos expulsos retaliaram. A primeira vítima do golpe foi o próprio jovem herói Burnes. Assim os «Cãs de Cabul» escreveram em carta para seus aliados:

> agitando-nos como Leões, feito uma Tempestade tomamos a casa de Sickender (Alexander) Burnes [...] os Bravos Guerreiros, correndo para a direita e para a esquerda de suas tocaias, mataram Sikender Burnes junto com vários outros Estrangeiros de

42   *Recollections of the First Campaign West of the Indus...*, op. cit., pp. 15-6; T. W. E. Holdsworth, *Campaign of the Indus: In a Series of Letters from an Officer of the Bombay Division.* Londres, 1840, p. 72; K. A. Jackson, *Views in Affghaunistaun, &c. &c. &c. from Sketches taken during the Campaign of the Army of the Indus.* Londres: M.A. Nattali, 1842, p. 3. Já Kaye chamou a entrada do Xá em Cabul de «procissão fúnebre» (Kaye, *History of the War in Afghanistan*, op. cit., I, p. 479).

43   A. H. Holdsworth, Prefácio. In: T. W. E. Holdsworth, *Campaign of the Indus*, op. cit., pp. v-viii.

44   *Hansard's Parliamentary Debates*, 1840 (v. LI: col.1169ss., 1321 ss.).

Estima [...] colocando-os totalmente sob a espada e consignando--os à perdição.[45]

Foi demais para o entendimento britânico dos afegãos. O exército fugiu confuso. Dos 4.500 soldados e 12 mil seguidores do acampamento que deixaram Cabul em janeiro de 1842, apenas um homem chegou a salvo a Jalalabad. Um punhado de oficiais e suas esposas foram feitos reféns. Todos os outros foram mortos — por atiradores afegãos, pela fome ou pelo frio.

À medida que a notícia do desastre se espalhava por Londres e Calcutá, as atitudes em relação ao empreendimento afegão de Auckland mudaram. O Tribunal de Diretores da Companhia das Índias Orientais, soube-se agora, sempre fora «fortemente contra a guerra» e a «inconveniência de interferir nos Estados além do Indo».[46] Sir Henry Fane, comandante em chefe do exército até 1838, aparentemente havia renunciado por desgosto pela «injustiça» da expedição afegã. Foi dito que ele avisara em 1837: «Cada avanço feito para além do Sutle no sentido oeste [...] adiciona à sua fraqueza militar [...] Tornem-se soberanos completos de todos dentro de seus próprios limites. *Mas deixem o extremo oriente em paz*».

O governo, forçado a defender a ação do exército na Câmara dos Comuns, precisava de um bode expiatório. Eles escolheram o falecido e pranteado Burnes.[47] Em discursos à Câmara, lorde Palmerston e Sir John Hobhouse agora insinuavam os maus

---

45   Citado em J. Burnes, Letter by James Burnes on the death of his brother, 1842 [Wellesley Papers, European Manuscripts Collection, British Library: Add. 37313, Series II, Volume XL], f. 135.

46   Kaye, *History of the War in Afghanistan*, op. cit., v. I, pp. 380, 177n.

47   Kaye expressou sua «repulsa» pela maneira como o funcionalismo «deturpara a correspondência dos homens públicos» (Ibid., p. 203). James Burnes também protestou contra os maus-tratos póstumos a seu irmão.

CONQUISTANDO O RIO CLÁSSICO

julgamentos e a insensatez de Burnes. No «Livro Azul» oficial do Parlamento, os relatórios e cartas de Burnes foram editados para sugeri-lo como propugnador — em vez de opositor — da invasão fatal. Charles Napier, o futuro conquistador do Sinde, juntou-se ao coro: «a principal causa de nossos desastres é esta — quando um rapaz sabe falar hindustâni e persa, é *transformado em agente político* e é *tido por um estadista e general*».[48]

Mas mesmo essa ação de retaguarda não aliviaria o sentimento de desgraça britânico. O novo governador-geral, Ellenborough, interpretou mal o humor público quando, em 1842, enviou uma segunda força para saquear Cabul e Gasni. Em uma incitação direta ao sentimento antimuçulmano, ele escreveu uma carta aberta ao «Povo da Índia» na qual descrevia a guerra como uma retaliação histórica pela invasão da Índia hindu por um afegão do século XI, o sultão Mahmud de Gasni. O exército orgulhava-se de ter saqueado a tumba do sultão, declarou Ellenborough, pois agora «o insulto de oitocentos anos foi finalmente vingado». Ellenborough até ordenou que os portões de sândalo do templo Somnath no Guzerate, levados ao Afeganistão como um troféu de vitória em 1025 pelo sultão, «por tanto tempo o memorial de sua humilhação», deviam ser devolvidos à Índia.[49]

Na Grã-Bretanha, isso foi visto pelo que realmente era — uma tentativa cínica de incitar paixões religiosas e justificar uma brutal invasão do Afeganistão. Na Índia, poucos hindus deram bola naquela época, embora muito mais tarde isso tenha se tornado uma questão sensível, no período da Partição. (Mais tarde ainda, descobriu-se que os portões não eram guzerates, mas egípcios.[50])

48   W. F. P. Napier, *The Conquest of Scinde*. Londres: T. & W. Boone, 1845, p. 11.
49   Kaye, *History of the War in Afghanistan*, op. cit., III, pp. 380-1.
50   R. Thapar, *Narratives and the Making of History: Two Lectures*. Nova Déli: Oxford University Press, 2000, p. 44.

80 ALICE ALBINIA

Já tendo provado o poder das armas britânicas, Ellenborough então ordenou que o exército voltasse à Índia. Emitiu outra declaração explicando que o governo estava «satisfeito com os limites que a natureza parece ter imposto ao seu império». Os limites da natureza agora incluíam «os rios do Punjabe e do Indo». Tendo enfrentado os afegãos, Ellenborough seguia rumo ao Sinde.

Sir Charles Napier — um general de sessenta anos que nunca tinha estado na Índia, mas queria ganhar algum dinheiro antes de se aposentar — foi contratado para tocar a guerra.[51] Napier chegou ao Sinde no outono de 1842. Ele subiu o Indo num barco a vapor, lendo o livro de Burnes e escrevendo cartas tolas e ameaçadoras para os Talpures como um prelúdio à batalha:

> pois, assim como existem os dois lados do seu rio, assim existem dois lados nos argumentos de Vossa Alteza. Agora, o governador-geral ocupou os dois lados do rio de Vossa Alteza, porque considerou os dois lados dos argumentos de Vossa Alteza.

Napier esperava impaciente no Indo que os Talpures, que ele retratava como vilões déspotas e imigrantes — por terem vindo do vizinho Baluchistão —, fossem ludibriados a trair os termos comerciais de seu tratado. Por fim, em fevereiro e março de 1843, ele travou duas batalhas decisivas. Os Talpures preparavam-se para um casamento em família e seu exército estava desorganizado, e assim os britânicos venceram facilmente, ao bombardear os fortes ribeirinhos com navios a vapor armados (um teste da colonização britânica da África à canhoneira). Napier prendeu os Talpures, confiscou seu país e despachou-os rio abaixo com uma

---

51 H. T. Lambrick, *Sir Charles Napier and Sind*. Oxford: Clarendon, 1952, p. 149.

CONQUISTANDO O RIO CLÁSSICO

pensão. O saque do forte na capital do Sinde, Hiderabade, chegou a 1 milhão de libras esterlinas.[52]

A conquista do Sinde recebeu condenação quase universal na Índia e na Inglaterra. Os jornais indianos atacaram duramente a invasão. Na Inglaterra, o *Punch* exibia sua desaprovação com o trocadilho latino *Peccavi*.[53] O Comitê Secreto da Companhia das Índias Orientais pediu uma investigação. Em 1844, não convencido pela defesa de Ellenborough, o Comitê o chamou de volta à Inglaterra. Quanto ao Exército Britânico, se em 1841 recuara para o Indo com o rabo entre as pernas e a reputação militar em frangalhos, em 1843 sua aprovação pública raramente fora tão baixa.[54]

Seria necessário o «Motim» de 1857 para reacender na Grã-Bretanha o apoio à política da Companhia. Concomitantemente, a «lealdade» crítica exibida em 1857 pelos governantes do Sinde, do Punjabe recém-anexado e do Afeganistão recentemente «pacificado» muito fez para reabilitar a reputação das províncias que cruzam o Indo no imaginário popular britânico.[55] Agora, ninguém

52   A. W. Hughes, *A Gazetteer of the Province of Sindh*. Londres: G. Bell and Sons, 1874, p. 43.
53   Interjeição latina bíblica que significa «Pequei», ou em inglês «*I have sinned*». É um trocadilho pela homofonia de *sinned* (pequei) e *Sindh* (*Sinde*). [N. T.]
54   Ver Kaye, *History of the War in Afghanistan*, op. cit., I, pp. 380 ss., para um resumo das principais objeções. Comerciantes britânicos também condenaram a «demolição desenfreada do Grande Bazar em Cabul» como um obstáculo ao progresso da própria política comercial de Ellenborough na região (ver Napier Papers: British Prospectus of North of India, Guzerat, and Indus Commercial Company, 1843 [European Manuscripts Collection, British Library: Add. 49115], p. 39v).
55   As atitudes britânicas para com as «tribos bárbaras» do vale do Indo mudaram de hostilidade e suspeita para gratidão e até admiração; ver, por exemplo, H. H. Greathed, *Letters written during the Siege of Delhi*. Londres: Longman, Brown, Green, Longmans & Roberts, 1858, p. x; também E. Bell, *The Oxus and the Indus*. 2. ed. rev. e ampliada. Londres: Trübner, 1874, pp. iii, 2; e E. A. Aitken, *Gazetteer of the Province of Sind*. Carachi, 1907, p. 142.

podia negar que conquistar o Sinde — como Charles Napier disse — fora «uma útil obra de picardia».

Uma das acusações mais contundentes do interlúdio de Cabul veio de Charles Masson — um desertor do Exército Britânico que se tornou explorador e espião —, que em 1842 publicou um texto difamatório conta Burnes. Masson afirmou que Sir Alexander havia interpretado mal os afegãos e os russos, deu a entender que ele indevidamente enamorou-se das «donzelas de olhos pretos» locais e despejou seu desprezo nas metas «principalmente comerciais» da segunda jornada de Burnes Indo acima. Tirando proveito dos complexos britânicos sobre serem conhecidos como uma «nação de lojistas» pelos príncipes orientais, Masson zombou que os afegãos escarneciam de toda a ânsia da Grã-Bretanha em assinar tratados comerciais.[56] Na verdade, a situação era mais deprimente do que até mesmo Masson podia imaginar.

Sete anos antes, em 1835, tendo assinado um tratado comercial com os Talpures, os britânicos grandiosamente «abriram o rio». Mas, embora os comerciantes locais por muito tempo usassem o rio como rota comercial, os britânicos tiveram dificuldade em persuadir os comerciantes indianos a fazê-lo. Assim, em 1836, quatro funcionários da Companhia — Carless, Leech, Wood e Heddle — foram despachados para testar as afirmações anteriores de Burnes. Esses homens, a maioria engenheiros de profissão, mostraram que navegar no Indo era muito mais problemático do que até então esperado. Conforme mostrava uma comparação dos mapas feitos em 1817 e 1837, o Indo era muito instável, sujeito a frequentes inundações e mudanças de curso, especialmente na foz. Os primeiros cem quilômetros de rio a partir do mar foram

---

56 C. Masson, *Narrative of Various Journeys in Balochistan, Afghanistan, and the Panjab, including a Residence in those Countries from 1826 to 1838*. 3 v. Londres: Bentley, 1842, v. III, p. 453; v. I, pp. v-xii; v. III, pp. 430-3.

CONQUISTANDO O RIO CLÁSSICO

considerados inadequados para «barcos com quilha mais profunda que quatro pés [1,20 m aproximadamente]».[57] Os mercadores havia muito tinham «abandonado o Indo e agora usavam o camelo para transportar suas mercadorias».[58]

No topo da lista de soluções dos agrimensores para esse problema estava a introdução de barcos a vapor (seguindo o modelo norte-americano). Em 1836, portanto, Wood e Heddle navegaram em triunfo para a foz do Indo e tiveram «a orgulhosa satisfação de desfraldar a bandeira de nosso país [...] do primeiro barco a vapor que flutuou em suas célebres águas». Mas Wood também expressou sua ansiedade: «O Indo», escreveu ele desolado, «é um rio malsão e perturbador.»[59] Em 1838, ele criticou o prospecto de uma empresa de barcos a vapor que a Companhia das Índias Orientais anexara ao seu «Resumo» sobre o Indo, chamando-o de «crasso» e «errôneo». É «adequado», escreveu ele, «aos riachos estáveis do Novo Mundo, mas não se aplica aos canais em constante mudança dos nossos rios indianos».[60] O Indo, baixo no outono e transbordado na primavera pelo degelo das montanhas, crescia e minguava como nenhum outro rio que esses homens já tivessem visto.

---

57   East India Company, *Abstract of Proceedings Relative to the Trade and Navigation of the Indus...*, op. cit., p. 3. Tavernier havia apontado este problema muito antes: «O comércio de Tatta, que antes era considerável, diminui rapidamente, porque a entrada do rio piora a cada dia e as areias, que se acumularam, quase fecham a passagem» (J.-B. Tavernier, *Les six voyages de Jean Baptiste Tavernier*. Trad. ingl. V. Ball. Londres, 1889, p. 9.

58   J. F. Heddle, «Memoir on the River Indus», 1836 [*Selections from the Records of the Bombay Government, New Series*, India Office Records, British Library: V/23/214, Fiche n. 1066-7], p. 442.

59   Wood, 9 de fevereiro de 1836, em East India Company, *Abstract of Proceedings Relative to the Trade and Navigation of the Indus...*, op. cit., p. 6.

60   J. Wood, «Report upon the River Indus», 1838 [*Selections from the Records of the Bombay Government*, India Office Records, British Library: V/23/212, Fiche n. 1068-9, A28-9], Mf.1068, p. 549.

84 ALICE ALBINIA

Depois de ter conquistado o Sinde, Napier perseguia a ambição britânica já de 250 anos de negociar Indo acima e abaixo, a despeito dos contratempos. Em seu *Memorando sobre o Sinde*, de 1846, Napier descreve como «os mercadores em Kurrachee agora clamam por Barcos a Vapor rio acima». Atestando que «de cada *sete* navios descendo o rio [...] *seis* deram perda total ou tiveram seus bens destruídos», implorava ao governador-geral «que transferisse quatro dos navios de guerra a vapor no Indo para o governo do Sinde, para fins mercantis».[61] Mas a frustração de Napier apenas indicava a atitude do governo em Calcutá: a ganância agora dera lugar à apatia. O Sinde era um remanso pobre e provinciano e a imagem do Indo — encantadora nas histórias gregas, no *Romance de Alexandre* e na poesia renascentista, divulgada em despachos da Companhia e nos relatos de viagens mais vendidos — era muito diferente da realidade. Demorou mais dez anos para os barcos a vapor prometidos a Napier arribarem. E então, na década de 1860, a navegação fluvial tornou-se redundante por causa das ferrovias.

De início, os administradores apegaram-se à ideia de que o Indo era «peculiarmente adequado para o sistema combinado de ferrovias e barcos a vapor».[62] Em 1861, os passageiros da viagem de 38 dias de Marselha a Multan (na fronteira superior entre o Sinde e o Punjabe) pegavam barcos da Europa para Carachi, onde pegavam o trem até Kotri, perto de Hiderabade, e de lá tomavam um vapor do Indo.[63]

---

61 C. Napier, Memorandum on Sind [1846], p. 26, in «Correspondence concerning India» [National Archives, Londres: PRO/30/12/14/5], 1845-58.

62 W. P. Andrew, *The Indus and Its Provinces, Their Political and Commercial Importance Considered in Connexion with Improved Means of Communication*. Londres: W.H. Allen & Co, 1859, p. 1.

63 Governo de Bombaim, *Handbook for Passengers from Bombay to Mooltan, Via Kurrachee, Kotree, and Sukkur, by the Steamers of The Bombay Steam Navigation Company, and Steamers of the Indus Flotilla*. Bombaim, 1861.

CONQUISTANDO O RIO CLÁSSICO

Mas a nova ferrovia logo se mostrou tão rápida, eficiente e popular que o transporte fluvial começou a parecer antiquado — para não dizer perigoso.[64] Em 1867, o *Our Paper*, uma publicação quinzenal de Carachi, referia-se à navegação a vapor como «o problema que nos últimos vinte anos tem intrigado os arquitetos navais mais hábeis que já chegaram a este país».[65] Enquanto a Scinde Railway dos trens relatava tráfego e receita sempre crescentes, a Indus Flotilla registrava destroços de navios e a morte de seus passageiros.

W. P. Andrew, presidente da Indus Steam Flotilla [Flotilha a Vapor do Indo] e da Scinde and Punjaub Railways [Via Férrea do Sinde e do Punjabe] agora pedia ao governo que construísse uma linha do Sinde ao Punjab: «a natureza rasa, inconstante e traiçoeira do rio Indo», escreveu ele, «torna-o ineficiente, incerto, inseguro, caro».[66] O governo concordou, e em 1878 uma linha foi aberta passando pelo Sinde, ao longo das margens do rio — acabando assim para sempre com as ambições de uma sucessão de funcionários da Companhia, de Sir Thomas Roe até Sir Charles Napier.

Homens como Burnes retrataram o Indo como um lucrativo golpe de sorte, e o fato de não ter enriquecido a Companhia de imediato foi uma decepção para os oficiais coloniais. Por décadas, os contadores fizeram malabarismos com os livros, compensando o déficit do Sinde com os lucros do tráfico de ópio na China. Napier implorou ao governo por dinheiro para construir

---

64   Acidentes fluviais impulsionaram a construção da linha férrea de Carachi a Kotri; ver Aitken, *Gazetteer of the Province of Sind*, op. cit., p. 356.

65   *Our Paper*, 19 fev. 1867, p. 57.

66   W. P. Andrew, *On the completion of the Railway System of the Valley of the Indus*. Londres: W.H. Allen & Co, 1869, p. 3. Em 1886, a ferrovia Sinde-Punjabe acabou sendo incluída na nova «North-Western Railway imperial»: Aitken, *Gazetteer of the Province of Sind*, op. cit., p. 345; também I. Kerr, *Building the Railways of the Raj: 1850-1900*. Déli: Oxford University Press, 1995, pp. 44, 76.

a infraestrutura — estradas, portos — de que o Sinde precisava desesperadamente. Mas projetos como esses consumiam tempo, eram caros e demoravam a gerar retornos. Nem mesmo as ferrovias — que transformaram o Sinde de uma província «difícil» em uma administração «regular» — tornavam o país rico, apenas mais fácil de administrar.

Em 1727, Alexander Hamilton elogiara a extrema fertilidade do vale do Indo, rico em lodo. Por fim, foi a irrigação que salvou do desastre financeiro a conquista do Indo pela Grã-Bretanha.

Depois que a Companhia conquistou o Punjabe em 1849, os britânicos começaram a trabalhar em um sistema de canais no vale do Indo. Os Kalhoras, Talpures e siques foram competentes construtores de canais, mas os britânicos planejavam melhorar os canais sazonais já existentes, enquanto também instalassem irrigação perene para permitir o cultivo de zonas áridas. Essa era uma nova área de especialização técnica. A irrigação excessiva a partir de canais no norte da Índia causara alagamento e salinização, tornando a terra inadequada para a agricultura, de modo que os britânicos sabiam dos potenciais perigos. A construção de barragens — obrigatória caso uma grande quantidade de água deva ser armazenada para uso durante todo o ano — era conhecida por causar uma série de problemas estruturais e relacionados ao assoreamento. Mas em 1878 a fome estourou no norte da Índia, o que fez o governo apressar as propostas de irrigação do Punjabe. Criar lavouras onde havia mato tinha muitas vantagens no papel. Aumentava a produção agrícola para alimentar a população crescente e lidava — pelo despejo — com os nômades e bandoleiros não tributáveis que usavam o deserto para pastejo de baixa intensidade ou refúgio da lei.

Em 1901, quatro dos cinco rios do Punjabe foram «canalizados» ou represados. Os grãos jorravam do Punjabe, alimentando bocas famintas na Índia e enviando novos tributos para Londres.

CONQUISTANDO O RIO CLÁSSICO

O Punjabe tornara-se uma «província modelo» na Índia britânica: produtiva e pacífica.

Mas com o Sinde era mais difícil de lidar. O rio, recebendo a força combinada dos afluentes punjabis e afegãos, estava sujeito a enchentes. Sem grandes projetos de canais de irrigação já implementados, enormes quantidades de água do rio fluíam, portanto, «incautamente» rio abaixo, sem serem usadas. Como o *Relatório da Comissão de Irrigação da Índia* afirmou com pesar em 1903, «60% da água superficial ainda será desperdiçada no mar».[67] Os britânicos, agora ansiosos para fornecer matéria-prima às fábricas de algodão de Lancashire, começaram a estudar como irrigar os desertos sem a chuva do Sinde.

Como se fossem Cassandras, alguns sindis olharam alarmados tanto para os projetos de irrigação em andamento rio acima no Punjabe quanto para aqueles planejados para o Sinde. (Eles temiam que, se o nível da água baixasse, a navegação fosse prejudicada, sem considerar sequer o impacto na pesca e na agricultura.) Mas as autoridades britânicas descartaram tais preocupações, acreditando que havia água mais do que suficiente para todos. Um lugar foi escolhido para a primeira barragem do Sinde, em Sucur, no norte da província, e após algum atraso o trabalho começou. Em 1932, a barragem estava completa.

A barragem de Sucur mudou a sociedade sindi para sempre. Enormes áreas devastadas foram transformadas em regiões agrícolas férteis, quase da noite para o dia. As exportações de grãos e algodão, por sua vez, ajudaram a transformar Carachi em um porto de nível mundial. Latifundiários e administradores louvavam aquele que era o maior projeto de irrigação do mundo. Os britânicos, quando deixaram a Índia em 1947, proclamavam que haviam

---

67 Citado em Michel, *The Indus Rivers*, op. cit., pp. 74, 84-8.

transformado o Sinde de um deserto em uma província excedente. Apenas os lavradores do Delta olhavam Sucur de soslaio.

Ao permitir o armazenamento de grandes quantidades de água do rio e enxergar cada gota que ia para o mar como «desperdício», o que os engenheiros ignoravam era a necessidade da abundância de água doce a jusante no Delta, a fim de manter um equilíbrio saudável com a água salgada do mar e assim salvaguardar o ecossistema único de manguezais, camarões, peixes e agricultores.

As terras do Delta, dizem hoje, já foram «as mais férteis de todo o Paquistão».[68] Mas os ingleses não as viam assim. Alexander Burnes havia passado três meses frustrantes esperando no Delta e o descreveu com dureza, como uma terra estéril e desabitada.[69] A imagem ficou. Quase um século depois, o influente jornal sindi *Gazetteer* notou as idiossincrasias dos métodos de cultivo do Delta e o fato de que o arroz (e somente o arroz) crescia em abundância. Com seus arrozais frequentemente inundados, assentamentos impermanentes e agricultores seminômades, o Delta «insalubre» não se encaixava na imagem de um modelo agrícola viável ou desejável. Para os britânicos, que desejavam transportar grãos rapidamente para o norte da Índia, fazia mais sentido econômico desenvolver o Punjabe e o alto Sinde do que defender a estranha cultura agrária dos manguezais. Onde a Grã-Bretanha deu o passo, com seus projetos de irrigação intensiva e de infraestrutura pesada, o Paquistão foi atrás.

A necessidade de construir mais barragens no Indo foi trazida à força para o Paquistão em 1º de abril de 1948 — exatamente oito meses após a Independência e na manhã seguinte ao fechamento

---

68 A. Hasan, *The Unplanned Revolution: Observations on the Process of Socio-Economic Change in Pakistan*. Carachi: City Press, 2002, p. 130.

69 A. Burnes, *Travels in Bokhara*, op. cit., v. III, p. 37.

CONQUISTANDO O RIO CLÁSSICO

do Tribunal Arbitral (o órgão convocado para julgar as disputas da Partição).[70] Naquela manhã, a Índia bloqueou os canais partindo de suas terras ao Paquistão. Era o início do plantio, toda uma colheita dependia dessa água e a Índia não podia ter escolhido uma forma mais devastadora de demonstrar sua superioridade e poder de barganha.

O incidente não passou despercebido na América do Norte, onde estava sediado o novo Banco Mundial. Em 1951, David Lilienthal, ex-chefe da Comissão Atômica, visitou a Índia e o Paquistão e, em agosto, relatou suas pesquisas em um artigo de revista, no qual identificou a controvérsia da água do Indo como uma das questões mais sérias enfrentadas pelos países independentes. Sem temer a polêmica, ele a vinculou à nascente disputa da Caxemira. Argumentando que a grande quantidade de água do rio que fluía para o mar simplesmente precisava ser desviada e distribuída de maneira adequada, Lilienthal sugeriu a construção de represas ao longo do rio. Em 20 de agosto de 1951, Eugene R. Black, presidente do Banco Mundial, escreveu aos primeiros-ministros da Índia e do Paquistão, anexando uma cópia do artigo de Lilienthal e oferecendo os «bons ofícios» do Banco para o desenvolvimento da infraestrutura do Indo «seguindo, em linhas gerais, o sugerido pelo sr. Lilienthal».

Como revelou um memorando confidencial do Ministério das Relações Exteriores britânico escrito em 1º de novembro de 1951, Lilienthal «recentemente tornou-se da Lazards» — uma empresa internacional de consultoria financeira e gestão de ativos — e, portanto, seu «principal interesse no momento» é «que haveria muito dinheiro nisso».[71] Apesar da baixeza da motivação pelo lucro, os

---

70 Michel, *The Indus Rivers*, op. cit, pp. 197 ss.
71 «Indus Waters Dispute», Governo Britânico: Ministério das Relações Exteriores, 1º de novembro de 1951.

britânicos leram e comentaram toda a correspondência do Banco, e assim foi traçado o plano para a divisão da bacia do Indo — uma «Cortina de Ferro ribeirinha».

O Paquistão, por sua vez, começou a construir a barragem Kotri, logo ao norte de Thatta. Essa barragem, como as seguintes, deveria resolver os problemas do país. Mas, embora tenha facilitado a produção em massa de safras comerciais, Kotri também deu início à tendência dos sessenta anos seguintes: dívidas crescentes com bancos, consultores e firmas de construção ocidentais. O Paquistão não está só em sua mania de grandeza estrutural hidráulica como resposta para a escassez de alimentos e água. Nem está só ao descobrir que a irrigação em excesso leva à salinização das terras agrícolas rio acima e à rápida morte dos deltas dos rios. Após a construção da barragem Kotri em 1958, o Delta encolheu de 3.500 para 250 quilômetros quadrados.[72] Quase sem água fluindo ao sul para o mar, a água salgada foi sugada para os manguezais. Os campos de arroz vermelho se transformaram em incrustações de sal branco, e os fazendeiros não tiveram escolha a não ser pescar.

«Os fazendeiros daqui votaram contra a barragem de Sucur», Baboo diz enquanto estamos juntos no cemitério de Soki Bunder. Os velhos em Kharochan concordam: «Depois que Sucur abriu, os lavradores viraram pescadores», diz o médico. «E, com Kotri, todos os campos de arroz ficaram salinos. Depois disso, veio Tarbela [a maior barragem de todas, ao norte do Punjabe]. Mas ninguém nos ouve quando dizemos que o Delta precisa de mais água.»

Enquanto o barco de Baboo bate o motor devagar no sentido norte de Kharochan, os golfinhos saltam na água. Não os famosos golfinhos cegos de água doce do alto Sinde, mas mamíferos oceânicos que vagaram até este rio salgado vindos do mar Arábico. Navegamos até o mais longe que podemos no barco alquebrado

---

72   A. Hasan, *Understanding Karachi*, op. cit., p. 27.

CONQUISTANDO O RIO CLÁSSICO

de Baboo, mas chega um ponto em que este rio outrora grande e magnífico é muito raso e perigoso para que um pescador arrisque sua embarcação. Mais tarde, a hélice trava mais uma vez em outra coisa e estrala. À medida que o dia vira noite, derivamos de volta rio abaixo até um lugar onde Baboo tinha visto uma aldeia. Enquanto Ali Nawaz desce à terra para pedir acomodações, nos sentamos no barco silencioso, balançando gentil para a frente e para trás sob as estrelas, e ouvimos os murmúrios do rio. É impossível agora fazer a jornada que gerações de pescadores, mercadores e estrangeiros — incluindo os «Alexandres»: o macedônio, Hamilton e Burnes — certa vez fizeram ao longo do Indo.

Passo aquela noite em outra aldeia abandonada do Delta, e, na manhã seguinte, inicio de táxi uma lenta jornada para o norte ao longo da margem do rio, parando sempre que possível para descer e verificar o nível do rio. Uma ração de água é permitida a jusante de Kotri durante as épocas de plantio da primavera e do verão e também durante as épocas de grandes enchentes rio acima, mas, agora que é outono, tudo o que resta são algumas poças de água: estagnada e não potável. Em Sondoo, uma pequena aldeia perto de Thatta, o leito do rio sopra areia branquíssima em meus olhos e a faixa cinza de água tem apenas alguns centímetros de profundidade. Observo um carro de boi e, em seguida, uma fila de camelos cruzar o rio, e, por fim, também tiro os sapatos e patinho através do poderoso Indo.

Mais ao norte, logo abaixo da barragem Kotri, as autoridades locais usam o glorioso Indo como canal de esgoto. Abaixo da barragem não há vazão (contrariando as especificações técnicas e comprometendo a estrutura da barragem, segundo o engenheiro que há cinquenta anos ajudou a projetá-la). Os pescadores com famílias que pescam aqui há séculos mostram-me o que capturam: peixes tão exaustos de nadar no esgoto, que repousam débeis na água, mal se movendo. «Dançamos de alegria quando o governo deixou a água descer no verão passado durante as enchentes», conta-me Fátima, uma pescadora que viveu aqui toda a sua vida. «Mas daí o rio secou novamente. Enviamos esta água em garrafas para os senadores em Islamabade e dissemos a eles: 'Querem beber isso?'»

É igual em todos os lugares no Sinde: camponeses, lavradores e pescadores protestando contra a escassez de água. Quase diariamente, em alguma pequena cidade ou vila, há uma marcha antirrepresamento. Na outrora ilustre cidade de Thatta, às margens do outrora «vastíssimo» rio Indo, participo de um protesto hidráulico. Um velho magro se levanta, ergue as mãos para o alto e canta uma canção em sindi:

> Musharraf seu grande trapaceiro,
> Que vergonha cem vezes,
> O Paquistão se curvou diante da América,
> E você tenta violar nosso rio.

Mas o governo comandado pelo exército, distante, no norte do Punjabe, não dá ouvidos aos agricultores do Delta. O dinheiro está nos campos de algodão do Punjabe e do norte do Sinde — e o poder de controlar o país está em uma política de irrigação centralizada ditada cem anos atrás por engenheiros imperiais.

3.

O PRIMO FRUTO DA ETIÓPIA
1793

> *O estado dos meus irmãos sidis[1] no Sinde*
> *deixa meu coração como que cravado por espinhos.*
> Muhammad Siddiq «Mussafir», *Ghulami ain Azadi Ja Ibratnak*
> *Nazara* (Relatos reveladores de escravidão e liberdade), 1952[2]

É dezembro, a ruidosa temporada de casamentos muçulmanos está em plena mostra, e uma noite, logo após chegar a Thatta, me vejo em uma van, seguindo a leste do Indo por pequenas estradas rurais para assistir a um casamento aldeão. A terra quente do deserto pela qual dirigimos é escura e silenciosa, as estrelas estão nítidas no céu e a lua cheia banha os campos com uma luz branca e

---

1 Os sidis são um grupo étnico do subcontinente indiano, de ascendência negra africana. Já os sindis são um grupo étnico originário do Sinde, Paquistão, que fala uma língua indo-ariana: o sindi. [N. T.]

2 M. S. Mussafir, Prefácio. In: Id., *Ghulami ain Azadi Ja Ibratnak Nazara*. Hiderabade, 1952.

fria — o que é muito bom, pois os faróis da van estão quebrados. As outras três mulheres no carro, vestidas em burcas pretas, cantam timidamente: velhas canções folclóricas sindis sobre amantes amorosos e paixonetas perdidas.

Os sexos são segregados no casamento, e, quando chegamos, as mulheres cantam dentro de casa. Mas sou levada ao pátio da frente, onde os homens dançam em círculo à luz de uma fogueira. A essa altura, já estive em muitos casamentos paquistaneses — longas procissões de convidados vestidos com excessos carregando pratos cheios demais. Nada, portanto, me preparou para isso. Homens dançando em torno de um tambor de madeira na altura do peito, seus pés descalços batendo no chão enquanto as mãos do percussionista se movem cada vez mais rápido. «*Ya Ali!*», eles gritam, em louvor ao primeiro líder xiita. A luz da fogueira cintila em suas vestes brancas esvoaçantes, sua pele escura e seu cabelo crespo. Sinto como se tivesse me desviado até um rito da África Oriental. E, de fato, é exatamente isso.

Esses são os sidis, descendentes de escravizados trazidos da África para o Sinde por mercadores muçulmanos. «Eles estão dançando o *leva*», diz Iqbal, o amigo sidi com quem vim aqui esta noite. «Nossos ancestrais trouxeram o *leva* com eles de Zanzibar.» O *leva* foi dançado pelos sidis numa tradição cultural ininterrupta desde que os primeiros escravizados desembarcaram nessas praias no século VII ou VIII. Eles chamam seu distinto tambor de quatro pés de *maseendo*, ou *mugarman*, que é também uma relíquia de sua herança africana.

Naquela noite, conforme o clima fica mais selvagem, os homens espalham brasas acesas no chão e andam por cima delas. «Os sidis se converteram ao Islã depois de chegar ao Paquistão?», pergunto ao tio de Iqbal, que os vigia de perto, hoje muito velho para participar. «Mas nós somos os muçulmanos originais», diz ele, e relata a história de como, treze séculos atrás, na Arábia, o

O PRIMO FRUTO DA ETIÓPIA

95

primeiro homem convertido do profeta Maomé foi Bilal, um escravo etíope alto com uma voz sonora. «E nosso Profeta honrou Bilal», diz o tio de Iqbal, «pedindo-lhe que convocasse os fiéis para a primeira prece do Islã.»

Bilal é uma figura famosa na arte islâmica: muitas vezes representado em pé no topo do cubo sagrado de pedra negra da Caaba em Meca e levando as mãos em concha à boca (naqueles dias idílicos antes dos alto-falantes). E assim, enquanto assisto a essa dança vigorosa e alegre, me admiro da ironia de, apesar do papel de Bilal no início da história do Islã, os sidis serem ignorados por seus correligionários, considerados por outros muçulmanos paquistaneses como *jahil* (ignorantes) e *jungli* (selvagens) por causa de seus genes africanos. Pouco foi escrito sobre sua história e cultura pelos intelectuais do Paquistão. Durante os últimos sessenta anos, houve alguns músicos, jogadores de futebol e boxeadores sidis famosos, mas nenhum político, latifundiário, general ou clérigo — os tradicionais detentores do poder na sociedade paquistanesa. Em vez disso, a maioria dos cerca de um milhão de sidis do Paquistão ainda vive nas pequenas cidades e vilarejos para os quais seus ancestrais foram trazidos escravizados, e a maioria ainda trabalha como operário.

Na manhã seguinte, estou no escritório de Iqbal na cidadela de Badin — que também funciona como um ponto de encontro dos sidis e parada para beber chá — olhando para a fotografia de uma tumba que há lá pendurada. Guirlandas de rosas vermelhas foram colocadas ao longo do túmulo, a rocha amarelo-clara, hoje muito lascada, foi cuidadosamente esculpida com arquitraves detalhadas e redemoinhos florais. Diante do túmulo está uma criança gordinha vestida em calças largas e túnica brancas, sua pele escura e lisa como um caroço de lichia.

A fotografia foi tirada em Hiderabade, dezoito anos atrás. Hoje, o garotinho, Awais, está ao meu lado: ainda usando calças

96 ALICE ALBINIA

largas e túnica, mas agora tem vinte anos e 1,80m de altura. Quanto ao túmulo, ele mudou até ficar irreconhecível, após uma reforma insossa para refletir a nova fama de seu ocupante como o herói da luta pela liberdade do Sinde. Hoje em dia, está dentro de um galpão de concreto, e as flores de pedra amarela foram aplainadas em cinza com cimento. Na placa em preto e branco afixada sobre a pedra há uma pista para a nova importância do túmulo. Diz:

Shahid Sindh General Hosh Mohammed Sheedi ko khirayitah Sindh
[Mártir do Sinde, general Hosh Muhammad Sheedi, o Sinde o saúda]

O general Hosh Muhammad Sheedi foi morto em 24 de março de 1843,[3] no amargo confronto final entre os Talpures e os britânicos. Foi enterrado onde caiu, num campo de batalha ao norte de Hiderabade, e por mais de cem anos seu túmulo ficou abandonado e sem ser notado pela população local, ao lado dos outros mortos na batalha, incluindo os britânicos. Então, em meados da década de 1980, quando os nacionalistas sindis procuravam em sua história por campeões nativos para uni-los contra os imigrantes de língua urdu muhajires, alguém pensou em homenagear o último defensor anti-imperialista do Sinde. Aproveitaram-se de Hosh Muhammad e promoveram-no a herói local.

O que os sindis pareciam não notar é que, assim como seus inimigos muhajires, Hosh Muhammad também era descendente de imigrantes: da África.

Pouco se sabe sobre a vida de Hosh Muhammad Sheedi.[4] Ele nasceu escravizado pela família governante Talpur, juntou-se ao

---

3   Esta é a data indicada na placa pela Young Sheedi Welfare Organization (Badin). Outros dizem 23 de março, e outros, ainda, 26 de março.

4   Burton o descrevera como «o assistente favorito de Shere Mahomed» (o governante Talpur de Mirpur Khas), mas parece que ele, por nascimento, deveria estar a serviço dos governantes Talpures de Hiderabade e só se juntou a Sher

O PRIMO FRUTO DA ETIÓPIA 97

exército sindi e foi rapidamente promovido a general. Quando os britânicos invadiram e as forças dos Talpures no alto Sinde capitularam, foi Hosh Muhammad que reuniu o Exército do Sinde no sul com o grito patriótico: «*Marveso marveso par Sindh na deso*» — «Lutarei e lutarei, mas nunca desistirei do Sinde». Em um país onde, desde 1947, nenhum sidi torna-se oficial do exército, a história da ascensão de Hosh Muhammad de escravizado a comandante do exército é uma prova contundente do fato de que, antes do domínio britânico, os africanos escravizados eram altamente considerados e lhes eram dadas posições de poder.

Hoje, o baixo Sinde, ou *Lar*, a terra entre Hiderabade e Thatta, é o lar da maior população afrodescendente da Ásia Meridional, e, na época em que Hosh Muhammad Sheedi morreu, foi o centro de um comércio marítimo, de negros escravizados e outros bens, entre a África e a Índia durante séculos. Os povos do vale do baixo Indo comercializavam com a Mesopotâmia há 5 mil anos e com a África pelo menos desde a época de Plínio (no século I da nossa era). O próprio comércio de escravos era antigo na África, mas foram os árabes que, mesmo antes da época do profeta Maomé, desenvolveram o comércio para fora do país. Então veio o Islã, com suas conquistas obstinadas e redes mercantis transoceânicas, e o negócio se espalhou da Arábia à costa ibérica, da África Oriental à Ásia Meridional.

O Islã tinha uma relação complexa com a escravidão. Como na Bíblia, os escravizados eram uma parte importante do sistema

---

Muhammad quando todos os outros governantes Talpures capitularam ante os britânicos (R. Burton; J. E. Stocks, «Notes relative to the population of Sind; and the customs, language, and literature of the people etc.», 1848 [*Selections from the Records of the Bombay Government*, New Series, India Office Records, British Library: Fiche n. 1069-70]. Ver também F. Ahmed, «Africa on the Coast of Pakistan». *New Directions: The Howard University Magazine*, Washington, DC, v. 16, n. 4, out. 1989, p. 25.

social corânico — o próprio Maomé escravizou e vendeu as mulheres judias de Medina —, e o Alcorão, que tem uma regra para tudo, criou um código estrito sobre o seu tratamento. Os escravizados não eram objetos, mas seres humanos, e deviam ser considerados parte da família.[5] Embora o comércio escravagista da África Oriental fosse vicioso e brutal, mesmo no cruel século XIX parece não ter atingido os extremos do comércio atlântico da África Ocidental para as Américas, conduzido pelos cristãos. Uma razão para isso pode ter sido que os vendedores e compradores eram muçulmanos. No Islã, o bom tratamento dado aos escravizados trazia benefícios celestiais para o proprietário. Libertar um «escravo religioso» era considerado tanta piedade que anulava o pecado de matar um muçulmano por acidente.[6] O profeta Maomé deu o exemplo, venerando Bilal com o apelido — de certo modo, um quê de menosprezo à terra natal de Bilal — «o primo fruto da Etiópia».

Como resultado dessa relação estreita e paternal entre proprietários e escravizados, as sociedades islâmicas, onde quer que tenham florescido, tornaram a escravização uma característica central sua. Eles não eram apenas uma subclasse silenciosa, como na Grécia antiga ou nas Américas, mas com frequência tornavam-se uma elite, com responsabilidades como soldados, conselheiros ou generais, exercendo poder sobre pessoas livres.[7] A partir do século IX, os exércitos e as administrações de escravizados tornaram-se uma das características definidoras da política islâmica.[8]

Os exércitos do Islã escravizaram novos recrutas por toda a vastidão por onde os soldados muçulmanos marchavam — baixo

5   R. Segal, *Islam's Black Slaves: The History of Africa's Other Black Diaspora*. Londres: Atlantic, 2001, pp. 5 ss.
6   Alcorão 4.92.
7   M. Toru; J. E. Philips (Orgs.), *Slave Elites in the Middle East and Africa*. Londres: Kegan Paul International, 2000, p. ix.
8   Wink, *Al-Hind*, op. cit., v. I, p. 13.

O PRIMO FRUTO DA ETIÓPIA

Sinde, estepes da Eurásia, África. Os africanos, em particular, tornaram-se muito populares nos territórios islâmicos, da Espanha à Pérsia. O califa de Bagdá do século X tinha 7 mil eunucos pretos (e 4 mil brancos). As mulheres africanas eram conhecidas como boas cozinheiras; os eunucos, como servos confiáveis. Depois, havia a consideração estética: estar cercado por criados negros deixava a tez dos senhores mais pálida. Os pretos escravizados desempenhavam um papel semelhante na Europa, onde, como disse um escritor inglês em 1675: «[Uma cortesã] tem sempre dois complementos necessários com ela, um mouro e um cãozinho, pois sem eles ela não seria nem clara, nem doce».[9]

À medida que o alcance do Islã na África se aprofundava e o número de negros escravizados exportados para a Arábia aumentava, também aumentava o racismo árabe contra os africanos. Alguns historiadores atribuem isso à revolta dos escravizados que trabalhavam nas minas e plantações da Mesopotâmia, no ano de 883.[10] Mas, em seu último sermão, o Profeta fizera o duvidoso comentário de que «nenhum branco tem [prioridade] sobre um negro, exceto na retidão» — e talvez tenha sido isso o que autorizara os árabes a exportar 2 milhões de africanos subsaarianos entre os anos de 900 e 1100.

Como os comerciantes de escravos cristãos — que devassaram a Bíblia em busca de passagens derrogatórias aos negros —, os comerciantes islâmicos encontraram justificativa na «hipótese hamítica» de que Noé havia amaldiçoado seu filho Ham a ter descendentes de pele preta que seriam para sempre servos dos não

---

9   Citado em S. Aravamudan, *Tropicopolitans: Colonialism and Agency, 1688-1804*. Durham: Duke University Press, 1999, p. 34.

10 E. Alpers, «The African Diaspora in the Indian Ocean: a Comparative Perspective». In: S. de S. Jayasuriya; R. Pankhurst (Orgs.), *The African Diaspora in the Indian Ocean*. Trenton, NJ: Africa World Press, 2003, p. 22.

pretos.[11] Os árabes também adotaram o racismo dos lugares que conquistaram. O zoroastrismo persa opôs a luz à escuridão de um modo que facilmente se mutava do abstrato para o epidérmico. Categorias pejorativas como «bárbaros» foram arroladas do grego, e traduziram-se para o árabe as obras de Galeno, o médico romano que escreveu que o homem negro tinha um «cérebro defeituoso». Importantes pensadores muçulmanos, como al-Masudi e Avicena, parecem ter levado suas palavras a sério.[12] É a visão de um escravo negro sobre sua bela rainha que leva ao feminicídio do rei Shahryar em *As Mil e Uma Noites* — a justaposição entre preto e branco se tornou uma estética favorita da literatura árabe.

Quando o primeiro exército árabe-islâmico chegou às costas do Sinde no ano de 711, veio com muitos africanos tornados escravos e tais estereótipos intactos. Mas na Índia — um continente com uma enorme variedade de tipos de pele humana — a polarização não funcionaria tão suavemente. A Índia tinha sua própria população de pele escura e seus próprios escravizados não africanos. Os preconceitos árabes, às vezes, eram reforçados pelas condições locais, outras vezes dissolvidos.

Quatro séculos depois, quando o Islã se expandiu permanentemente para a Índia, reis muçulmanos imigrantes — eles próprios descendentes de turcos escravizados — governaram uma população nativa de hindus. Agora, era o hindu que se tornava negativamente associado à negritude, em comparação com o belo guerreiro turco. Enquanto os comentaristas judeus e cristãos assumiam que os filhos escravizados que Ham, o infeliz filho de Noé, gerara eram

---

11   H. Basu, «Slave, Soldier, Trader, Faqir: Fragments of African Histories in Western India (Gujarat)». In: Jayasuriya; Pankhurst (Orgs.), *The African Diaspora in the Indian Ocean*, op. cit., p. 230.

12   Segal, *Islam's Black Slaves*, op. cit., pp. 47-9.

O PRIMO FRUTO DA ETIÓPIA

africanos, Ferichta, o historiador persa, acrescentou-lhes os povos do «*Hind*» e do «*Sind*» também.[13]

Os indianos, por sua vez, às vezes achavam a coloração de seus conquistadores repugnante. Um hindu da Caxemira recuou de horror ao ver o pálido embaixador de Ghurid, um muçulmano do Afeganistão:

> era quase como se a cor preta o tivesse evitado por medo de ser manchada por sua má reputação [...] tão branco era ele, mais branco do que um pano alvejado, mais branco do que a neve da região do Himalaia onde nasceu.[14]

A diferença da cor da pele entre os reis muçulmanos no comando e a população nativa persistiu durante a era mogol, de tal forma que, quando os viajantes europeus começaram a explorar a Índia no século XVII, entenderam que a palavra «mogol» significasse branco: «A palavra mogol na sua língua é o mesmo [que] dizer o grande rei branco», escreveu Robert Coverte em 1612.[15]

Enquanto isso, na Índia, os governantes muçulmanos imigrantes, considerando os africanos mais leais do que os servos nativos, incentivaram as galés a trazer cada vez mais africanos agrilhoados. Em contraste direto com o comércio escravagista no Atlântico — onde muitos homens africanos foram comprados para trabalhar nas plantações de açúcar nas Américas —, a Ásia, que já tinha uma grande população agrária, precisava de duas vezes mais mulheres que homens.[16] Presumivelmente, essas mulheres

13   K. Friese, «The Aryan Handshake: Blood and Belonging in India». *Transition 83: An International Review.* Durham, NC, v. 9, n. 3, pp. 4-35, 2000.

14   Ver S. Pollock, «Ramayana and Political Imagination in India». *Journal of Asian Studies*, Ann Arbor, Michigan, v. 52, n. 2, 1993, p. 277.

15   R. Coverte, *A true and almost incredible report.* Londres, 1612, p. 39.

16   Segal, *Islam's Black Slaves*, op. cit., p. 4.

africanas foram usadas como concubinas, criadas, amas de leite e cozinheiras. Mas o registro é silencioso sobre o que aconteceu com elas (um exemplo, talvez, da assimilação muito maior da raça escravizada aqui do que nas Américas).

Os homens africanos da elite, no entanto, eram altamente visíveis. Em Déli, a convenção de escravizados africanos com cargos na corte atingiu seu clímax dramático em 1240, quando Razia — a primeira e única sultã da cidade — foi deposta por ter um caso com seu ministro escravo etíope, Yaqut.

Razia, ela mesma produto de uma dinastia turca escravizada, era uma mulher incomum que se recusava a casar, usava «vestes masculinas» e montava a cavalo, o que chocava os clérigos conservadores. Foi seu caso extraconjugal com um africano escravizado, porém, o que a levou à deposição. No início do século XIV, Ibn Battuta, um comerciante e escritor marroquino que permaneceu na cidade após sua morte, repetiu a fofoca de Déli, de que «ela era suspeita de relações com um escravo seu, um dos abissínios, então o povo concordou em destituí-la e casá-la com um marido».[17] Os africanos podiam ocupar lugares de honra, mas havia uma linha além da qual não podiam passar. Yaqut foi executado.

No entanto, depois de Yaqut, houve muito mais governantes africanos na Índia. Um sultão de Déli do século XIV tinha um vizir negro que fora eleito governador no leste da Índia. O filho adotivo negro do governador tornou-se então um governante independente que lançou suas próprias moedas. Ao longo do século XV, havia soldados africanos escravizados por toda a Índia, do Deccan a Bengala. Duzentos anos depois, o marinheiro português João de Castro constatou que os soldados etíopes eram proverbialmente confiáveis em todo o país e que os exércitos indianos

---

17   I. Battuta, *Ibn Battuta: Travels in Asia and Africa 1325-1354*. Trad. ingl. H. A. R. Gibb. Nova Déli: Manohar, 2001, p. 632.

O PRIMO FRUTO DA ETIÓPIA

eram sempre comandados por africanos.[18] No início do século XVII, Malik Ambar, um etíope escravizado, tornou-se tão poderoso no centro-sul da Índia que montou seu próprio exército e derrotou com sucesso a tentativa do imperador mogol Akbar de assumir o controle da região. (Em Liari, disseram-me até que o governante do sul da Índia, Tipu Sultan, era um sidi.) E em 1858, quando os britânicos sitiaram a cidade amotinada de Lucnau, foram alvejados pelos eunucos africanos luxuosamente vestidos do nababo, e cuja «habilidade como atiradores», escreveu William Russell, correspondente de guerra para *The Times*, «causou-nos uma grande perda».

Na Índia mogol, os africanos também eram marinheiros de renome. Ibn Battuta já observara que eles eram conhecidos como os «fiadores da segurança» no oceano Índico, e, até o século XVII, almirantes africanos trabalharam para o império mogol com prestigiosos salários.[19] Janjira, uma ilha perto de Mumbai, foi colonizada por marinheiros africanos no ano 1100, e eles continuaram a controlar grande parte do comércio na costa oeste pelos seiscentos anos seguintes. No século XVII, os maratas no oeste da Índia tentaram, sem sucesso, derrotá-los.[20] Os britânicos demoraram até o início do século XIX para impedir que a presença africana prejudicasse seus projetos coloniais. Seth Naomal, o comerciante hindu que ajudou os britânicos a tomarem Carachi, referiu-se ao período de «governo sidi» em Mumbai — indicando que os africanos exerciam um poder não desprezível, pelo menos na memória local, até o século XIX.[21]

---

18   R. Pankhurst, «The Ethiopian Diaspora to India: The Role of Habshis and Sidis from Medieval Times to the End of the Eighteenth Century». In: Jayasuriya; Pankhurst (Orgs.), *The African Diaspora in the Indian Ocean*, op. cit, p. 200.

19   Segal, *Islam's Black Slaves*, op. cit., p. 72.

20   Pankhurst, «The Ethiopian Diaspora to India...», op. cit., p. 213.

21   S. N. Hotchand, *A forgotten chapter of Indian history as described in the memoirs of Seth Naomal Hotchand*. Carachi, 1982, pp. 94-101.

Os primeiros viajantes ingleses observaram o fenômeno da influência africana na Índia com certo horror. Em 1698, John Fryer notou que os africanos recebiam alguns dos «principais empregos» na Índia. «Pretos de carapinhas torradas», escreveu ele, receberam «grandiosas preferências».[22] Em 1772, John Henry Grose observou que os escravos etíopes eram «altamente valorizados» pelos governantes indo-islâmicos «por sua coragem, fidelidade e astúcia, em que eles até agora se destacam, muitas vezes a ponto de ascender a cargos de grande confiança e honra, e serem constituídos governadores de regiões». Como muitos reis muçulmanos na Índia vinham eles próprios de dinastias de escravizados, Grose observou, tratam os africanos com «grande humanidade e os vinculam a um serviço fiel e até afetuoso, por ternura e com um cuidado próximo do paternal».[23] Mas durante o século XIX, depois que os britânicos tomaram o controle de grandes partes da Índia, esse legado foi suprimido. «Historiadores europeus», observou E. Denison Ross em sua *História Árabe do Guzerate* (1910), «não conseguiram atribuir importância significativa ao papel desempenhado pelos *habshis* (abissínios) na história daquele país.»[24]

Isso é corroborado pelos escritos etnográficos britânicos sobre o Sinde. Quando os britânicos começaram a explorar o que hoje é o sul do Paquistão, descobriram que ao longo da costa «não havia família de estima que não possuísse escravos e escravas, e o maior número de sidis, ou negroides, vinha de Mascate».[25] Os Talpures — que os ingleses acabavam de expulsar — foram muitas e muitas vezes apresentados como a justificativa para o

---

22   J. Fryer, *A new account of East-India and Persia in eight letters*. Londres, 1698, pp. 147, 168.

23   J. H. Grose, *A Voyage to the East Indies*. Londres, 1772, p. 149.

24   E. D. Ross, *An Arabic History of Gujarat*. Londres, 1910-28, v. II, pp. xxii, xxxviii.

25   R. W. Beachey, *The Slave Trade of Eastern Africa*. Londres: Rex Collings, 1976, p. 50.

O PRIMO FRUTO DA ETIÓPIA

105

colonialismo, e sua grande cruzada moral, uma distração do crime maior de tomarem o país.

Com a Grã-Bretanha como a governante da vez, no entanto, a percepção dos africanos piorou. Richard Burton, o viajante e explorador, foi um jovem soldado durante os primeiros dias do Sinde sob domínio britânico. Em 1848, ele escreveu um relatório para o Governo de Mumbai no qual anotou na seção «Escravos» que, «Antigamente, um grande número de zanzibaritas (Zanzibarus), mombaçanos (Bombases) e abissínios (Hubshees) etc. encontraram seu caminho para o Sinde. [...] Todos eles são celebrados por suas propensões à ladroagem, à beberagem e aos combates».[26] Três anos depois, em seu livro sobre o Sinde, *The Unhappy Valley* [O Vale Infeliz], ele descreveu uma dança sidi no santuário muçulmano em Manghopir (agora ao norte de Carachi). O «bando de damas africanas», escreveu ele, tem «membros malparecidos» e dançam com «toda a graça de um urso do Punjabe», os homens uivam «como maníacos» e tamborilam com «todo o peso de seus braços musculosos monstruosos».[27] Os preconceitos de Burton emergiram de novo em seu livro *Sind Revisited* ([O Sinde Revisitado], 1877), no qual considerou os almirantes africanos de Janjira como «piratas» e «bandidos do mar».[28]

As anotações de Burton eram típicas da intragável reação colonial britânica aos africanos na Índia. Enquanto um indiano poderia associar um aristocrata ou africano escravizado com a longa história da presença africana ali, os servos do império

26 Burton; Stocks, «Notes relative to the population of Sind 1848...», op. cit., p. 646.
27 R. Burton, *Scinde; or, the Unhappy Valley.* Londres: R. Bentley, 1851, pp. 52-3. Burton mudou algumas palavras dessa descrição na edição atualizada de 1877: «monstruosos» tornou-se «poderosos», «malparecidos» tornou-se «como de búfalos».
28 Id., *Sind Revisited: With Notices of The Anglo-Indian Army; Railroads; Past, Present, and Future, etc.* Londres: R. Bentley, 1877, pp. 13-4.

britânico — vendo-os como ameaças, ou talvez simplesmente como engrenagens em um empreendimento colonial racista — expressaram seu preconceito e suspeita. Os britânicos aboliram a escravidão, mas é possível que um dos efeitos dos seus cem anos de domínio tenha sido o declínio do status dos negros na Índia.

Essa deterioração é evidente na forma como a palavra «sidi» (que não tem etimologia clara em árabe nem em nenhuma língua indiana) foi interpretada ao longo dos séculos. No século XVIII, John Henry Grose explicou que *Siddee* era o título dado pelos governantes muçulmanos indianos aos escravos etíopes que elegiam como governadores — um título honorífico. Mas a grafia de Burton da palavra em 1851 — *Seedy* [em inglês, «sujo», «desonesto»] — já é, de partida, pouco elogiosa. E em 1877, ao usar a grafia variante *Sidi*, ele deu a entender que era um termo pejorativo. Hoje, no Sinde, a maioria das pessoas dirá que sidi significa «negro» ou «africano» ou mesmo «escravo». Um acadêmico ocidental especulou que deriva do árabe *shaydâ*, «tolo» ou «sem sentido».[29] O Al-Habsh, um grupo cultural sidi semiextinto em Hiderabade, talvez envergonhado pelas conotações negativas atribuídas à palavra, afirma em um panfleto em idioma sindi que ela não significa nada. Em Badin, no entanto, o tio de Iqbal me dá uma etimologia orgulhosa e evocativa. Sidi, diz ele, é uma mutação da palavra árabe *Sahabi*: amigo ou companheiro do Profeta. Isso é controverso, pois uma associação com o Profeta é geralmente privilégio da aristocracia social e religiosa do Sinde. Mas os sidis se consideram parentes de Bilal e foi para ele, afinal, que o Profeta disse «*Ya Sahabi*», meu companheiro.

29 J. During, «African Winds and Muslim Djinns. Trance, Healing, and Devotion in Baluchistan». *Yearbook for Traditional Music*, v. 39, 1997, p. 54. Uma etimologia alternativa sugere que «Sheedi (Sidi)» deriva do árabe *Syed* (Saíde), cujo significado literal é Mestre / Senhor / *Sir* (embora tenha passado a ser associado aos descendentes do Profeta). No Marrocos, por exemplo, essa palavra árabe é pronunciada «Sidi».

O PRIMO FRUTO DA ETIÓPIA

Mesmo depois de os britânicos terem conquistado o Sinde e banido a escravidão, o comércio persistiu. Ainda em 1890, quando Alexander Baillie escreveu seu livro sobre Carachi, um barco inglês capturou um navio de guerra com 25 escravizados a bordo.[30] Em sua autobiografia, o comerciante hindu Seth Naomal lembrou como se oferecera para encontrar 4 mil guerreiros de Zanzibar para complementar as tropas britânicas em Carachi durante o «Motim» de 1857 no norte da Índia.[31] Se os zanzibaritas eram escravizados ou mercenários, ele não disse. Mas seu comentário é um exemplo de quão estreitamente os comerciantes sindis e guzerates, como Naomal, estavam envolvidos nesse negócio como intermediários, e assim o fizeram por séculos.

Enquanto nas sociedades islâmicas os africanos eram assimilados, não havia lugar para eles no hinduísmo e muito poucos africanos escravizados se tornaram hindus. Qualquer pessoa fora do sistema de castas — especialmente alguém com pele escura e cabelo crespo — era um *mleccha*, um bárbaro.[32] Hoje, como qualquer mãe indiana ou paquistanesa com uma filha em idade de casar pode confirmar, o subcontinente norte é uma sociedade com um colorismo doentio. É assim que o creme clareador de pele *Fair & Lovely* está à venda em todo o Paquistão, em aldeias aonde não chegam as estradas e os ônibus e mesmo nas tendas de chá mais paupérrimas. Nos anúncios classificados dos jornais nacionais da Índia, garotas e garotos de tez «clara» ou «trigueira» são demandados e oferecidos. «*Gori gori gori*» (garota de pele clara)

30 A. Baillie, *Kurrachee: Past, Present and Future*. Calcutá, 1890, p. 36.
31 Hotchand, *A forgotten chapter of Indian history...*, op. cit., p. 175.
32 P. Obeng, «African Indian Culture Articulation: Mediation and Negotiation in Uttara Kannada». In: A. Catlin-Jairazbhoy; E. A. Alpers (Orgs.), *Sidis and Scholars: Essays on African Indians*. Trenton, NJ/Déli: Red Sea/ Rainbow, 2004, pp. 143-7.

cantam os heróis dos filmes de Bollywood, e meninas em todo o Paquistão sentam e tomam nota.

Lembro-me com vivacidade da primeira vez que vi Bollywood fazendo piada com o racismo. Há seis anos, estava sentada no cinema Eros em Déli assistindo a *Hadh kar di apne*, um filme B de Bollywood, com um amigo indiano, quando no cenário surgiram dois africanos paródicos. Maquiados porcamente com tinta facial preta e perucas afro, erguiam-se ameaçadores sobre a minúscula atriz indiana e tentavam estuprá-la. Os gritos dela trouxeram correndo em seu socorro o fornido herói indiano que, enquanto o público aplaudia, jogava os africanos no chão e os chutava até a submissão. O herói e a heroína desmaiavam nos braços um do outro e voltavam para a narrativa principal: os «africanos» desapareciam tão repentinamente como surgiram.

Na indústria cinematográfica de Mumbai, os estereótipos do primitivismo sempre foram um ingrediente básico. Números de música e dança usam «tribos» africanas ou indianas como objetos de paródia e exotismo. Mesmo no século XXI, «africanos» (quase sempre atores indianos pintados) fazem aparições de pantomima. A indústria do cinema do Paquistão é atualmente ainda mais crua, mas os filmes feitos lá são no geral tão ruins — e o domínio de Bollywood sobre os canais de TV a cabo do Paquistão tão completo — que passam em salas quase vazias.

Mais popular no Paquistão do que os próprios filmes feitos em Laore é o filme de 1983 do diretor indiano Kamal Amrohi, sobre a história da sultana Razia. Assistindo a uma cópia pirata comprada no Rainbow Bazaar de Carachi, me surpreendo ao ver que o astro do cinema punjabi Dharmendra foi escalado como Yaqut, o etíope. Durante o filme, a famosa tez pálida de Dharmendra vem e vai. Em cenas de amor terno, ele é claro e adorável[33] como sempre,

---

33 *Fair & Lovely*, como o creme. [N. T.]

O PRIMO FRUTO DA ETIÓPIA

e só quando seu personagem está com raiva ou ansioso é que sua pele escurece. É quase como se os cineastas não pudessem aceitar um protagonista romântico negro, apenas o personagem negro como vítima ou ameaça. No final do filme, o ministro de Razia denuncia seu relacionamento com Yaqut como uma «mácula para os turcos. Nós, turcos, somos brancos. Nosso sangue também é branco. Os turcos jamais concordarão em uma aliança com um negro. Esta garota turca pensa que Yaqut é um ser humano». O filme em tese era para ser uma crítica a tal racismo, mas, com seu retrato ambivalente de Yaqut, pouco fez para neutralizar o estereótipo bollywoodiano.

A estética de Bollywood em tons pálidos, é claro, apenas reflete o preconceito ancestral da Índia. Os livros de leis sânscritas do hinduísmo clássico e os dos jainistas e budistas proíbem o contato entre castas superiores e castas «escuras» inferiores.[34] No século XIX, quando estudiosos europeus começaram a traduzir o texto sânscrito mais antigo da Índia, o Rig Veda, alguns interpretaram nele um conflito primordial entre os autores imigrantes (os *arya*, portanto arianos) e a população indígena. Em sua *História da Índia* (1920), Vincent Smith canonizou essa imagem com uma descrição típica do racismo imperial, que contrasta os colonizadores arianos («altos, louros, de nariz longo e bonitos») com os «aborígines» («baixos, de pele escura, de nariz achatado e feios»).

A teoria do Rig Veda já foi há muito desacreditada, em parte porque esse texto antigo é tão velado e confuso que não fornece hipóteses óbvias, mas também porque os europeus pareciam ler seu próprio racismo e projeto colonialista em uma literatura indiscutivelmente inocente de tais intenções. Mesmo no século XIX,

---

34 V. Jha, «Stages in the History of Untouchables». *Indian Historical Review, Biannual Journal of the Indian Council of Historical Research*, Déli, v. 2, n. 1, jul. 1975, p. 22.

110 ALICE ALBINIA

havia alguns estudiosos que não tinham certeza de que as referências à «escuridão» do inimigo falassem da sua pele. Estariam os autores do Rig Veda se referindo às nuvens, ou à noite, ou aos «espíritos das trevas»?[35] Talvez estivessem pedindo ao seu deus para afugentar as nuvens de chuva de seus pastos. Mas o estrago estava feito: o presumido conflito de cores de pele entre dois setores da população da Índia invadiu a psique nacional. Com o antigo colorismo hindu, a superioridade dos imigrantes muçulmanos e os estereótipos raciais britânicos, as atitudes em relação à cor da pele na Índia nunca foram simples.

Não é surpreendente, então, que no sul da Índia, onde a população fala línguas não baseadas no sânscrito e o tom de pele é geralmente mais escuro do que no norte, tenha crescido um movimento retratando a história indiana naqueles antigos termos coloniais, como um confronto entre invasores brancos e aborígines negros. Os «dravidianos», como se autodenominam no sul, traçam paralelos explícitos entre sua própria situação percebida há 2 mil anos e a dos escravizados africanos nas Américas. Uma página polêmica da internet, *The Bible of Aryan Invasions* [*A Bíblia das Invasões Arianas*], apela aos «dravidianos de todo o mundo [...] para que percebam que seu sofrimento nas mãos dos caucasoides não começou no século XVIII, com o surgimento da escravidão nas plantações no Sul, mas remonta a vários séculos, com a invasão ariana da Índia».

Se o racismo indiano era enraizado no sistema de castas e adubado pelo colonialismo britânico, era de imaginar que a criação de um país islâmico independente e sem castas em 1947 fosse simplificar a vida dos sidis. Mas muitos dos muhajires que migraram para o país na Partição consideravam-se descendentes de

35   Citado em J. Muir, *Original Sanskrit Texts on the origin and history of the people of India, their religions and institutions.* Londres, 1868-73, v. II, pp. 391 ss.

O PRIMO FRUTO DA ETIÓPIA

turcos, árabes ou persas, e o racismo com que consideravam as populações locais — os bengalis mais numerosos, longe a leste da Índia, bem como os sindis locais — está bem documentado. Enquanto, como muçulmanos em um país islâmico, o processo de assimilação deveria ter sido bem fácil para os sidis do Paquistão, com frequência, por causa de suas características africanas, eles eram tratados com deboche.

Hoje, os sidis se dividem sobre a questão de sua ascendência africana. No Sinde, onde um movimento Black Power floresceu brevemente na década de 1960, os sidis têm orgulho de ser negros. Orgulhosos, como diz Iqbal, de sua aparência física os ligar a uma comunidade mundial de «irmãos e irmãs africanos».

As coisas são bem diferentes para a população negroide Makrani ao longo da costa do Baluchistão, a oeste de Carachi. A pesquisa científica inicial em um pequeno grupo de amostra dessas pessoas mostrou um elo fraco — 12% dos cromossomos Y paternos — com a África Subsaariana.[36] (Se for verdade, no entanto, que as mulheres eram a maioria escravizada no subcontinente e que os sidis «mistos» muitas vezes têm uma herança paterna não sidi, a análise do DNA mitocondrial materno teria feito mais sentido.) Qualquer que seja sua composição genética exata, os negroides Makranis que se casaram com tribos locais, assumiram nomes locais e adotaram costumes locais, preferem esquecer, ignorar ou negar as origens de seus ancestrais. Em parte, isso reflete até que ponto eles foram assimilados pela sociedade baluchi. Mas também é sintomático do estigma que as características negroides carregam nessa sociedade.

Em Carachi, um amigo baluchi-sidi, Khuda Ganj, se oferece para me ajudar a investigar a história africana da cidade. Ele me

---

36 R. Qamar et al., «Y-Chromosomal DNA Variation in Pakistan». *American Journal of Human Genetics*, v. 70, n. 5, pp. 1107-24, 2002.

leva na garupa de sua Vespa turquesa por Liari, onde mora, para encontrar um jornalista local. «A mãe dele», diz Khuda Ganj, «era uma sidi. Talvez ele possa lhe falar sobre a cultura sidi.» Os próprios interesses de Khuda Ganj estão mais na emancipação econômica do que racial. «Há quinze anos, minha casa era uma célula comunista», ele grita de volta enquanto dobramos uma esquina, desviamos de um frango e planamos sobre um esgoto aberto.

Chegamos à apropriadamente chamada rua Mombasa, onde mora o jornalista, e somos conduzidos ao seu escritório. Mas logo fica claro que o jornalista não se considera um sidi, apesar de sua herança materna. Ele logo perde a paciência com minhas perguntas. «Nunca usámos a palavra *sidi*», diz. «Culturalmente, linguisticamente, essas pessoas são baluchis. No Sinde, eles se autodenominam sindis. A cultura africana não tem relevância. Algumas pessoas têm interesse em ser *sidi* para obter benefícios do governo. Esse é o esquema deles. Por que você está estudando isso? Por que está destacando os negros? Estou farto de questões negras.»

Descartando minha pergunta sobre a rua Mombasa com um impaciente aceno com a mão, ele diz: «Toda esta área de Liari é chamada de *Baghdadi*. Meu povo migrou de Bagdá, da Síria, do Oriente Médio. Não da África».

Subo de volta na moto de Khuda Ganj e seguimos em frente para visitar outro amigo dele, um membro do Partido Comunista com fotos de Che Guevara por todas as paredes de sua sala de estar. «Você deve ir para o interior», diz o comunista (nomeando a área rural do Sinde, como é conhecida pelos moradores da cidade). «Na cidade de Badin você encontrará sidis que têm orgulho de sua herança africana. Lá você pode encontrar os descendentes de Muhammad Siddiq, um escritor e educador sidi conhecido em sua comunidade por seu pseudônimo, Mussafir.»

É assim que, certa manhã, por fim, me despeço dos pescadores com quem estive hospedada em Thatta e dirijo-me a leste

O PRIMO FRUTO DA ETIÓPIA

cruzando povoados esfarrapados que margeiam a estrada para o deserto. Meu táxi chega ao meio-dia a Badin, cidade de miudeza tão agradável que carroças puxadas por burros e carruagens puxadas a cavalo são o único transporte público e a padaria Mubarak (com seus biscoitos agridoces de cominho, garrafas de refrigerante e trouxas de sabão) é a loja mais elegante. É para Badin que converge uma moderna rede de sidis, sob os auspícios da Organização pelo Bem-Estar Social do Jovem Sidi (Young Sheedi Welfare Organization, ou YSWO), dirigida por Iqbal e fundada por Faiz Muhammad Bilali, um advogado sério e alto, com um rosto tão grave quanto o sorriso da esposa é amplo.

O YSWO foi fundado há vinte anos para melhorar as perspectivas educacionais das crianças sidis da região. Naquela época, apenas treze no distrito de Badin iam à escola (Iqbal era uma delas). Há pouco tempo, o que mede o sucesso da iniciativa, o YSWO ampliou seu campo para incluir qualquer grupo social carente na vizinhança, e há muitos. Em particular, apoia os aldeões muçulmanos e hindus cujos meios de subsistência foram arruinados depois que o canal de drenagem do Indo, de cara e má fama, destroçou seus bancos de lama em 2003 e despejou efluentes industriais e esgoto em seus campos e casas. Aqui em Badin, o Indo não é conhecido por sua fecundidade. É mais conhecido por sua falta: pelo pobre gotejar de água fornecida aos fazendeiros por canais de concreto e pelo dilúvio infernal de águas residuais que atravessa o distrito a caminho do mar (fazendo cada casa em Badin, incluindo a nossa, receber esgoto diluído como água potável).

Quando chego a Badin, planejo ficar longe de Thatta por um dia. Os sidis do YSWO, no entanto, presumem que vou ficar durante toda a temporada de casamentos, ou pelo menos até que todas as meninas em idade de casar no escritório tenham sido prometidas. Eles me presenteiam com túnica e calças tingidas de vermelho, despedem-se do meu motorista de táxi e sou conduzida pelas ruas secundárias da cidade até minha nova acomodação. «Mas todo o meu dinheiro extra está em Thatta», digo a Iqbal. «Podemos emprestar-lhe algum dinheiro», diz ele. «Precisa de mais alguma coisa?» Assim começa minha residência em Badin, que durará cinco semanas, até o início do mês islâmico de *Muharram*.

Sou acomodada na casa de Faiz Muhammad Bilali, com sua família de 44 pessoas: madrasta, irmãos, cônjuges, filhos e prole dos filhos. Faiz Muhammad é o mais velho de três irmãos, cada um com um sobrenome diferente, em homenagem aos famosos africanos do início do Islã. Faiz Muhammad é «Bilali» (de Bilal), seu irmão do meio é «Qambrani» (em homenagem a Qambar, o escravo libertado por Ali), e o mais novo é «Sheedi» (Sidi, amigo do Profeta).

É nesta casa que descubro quão fundamentais são as relações familiares para a vida das pessoas no Sinde. Cada vez que um visitante ou amigo da cidade é apresentado a mim, os vários graus de separação da casa Bilali são dispostos como um mapa («marido da filha do irmão da esposa do meu tio»). Se a casa é o ponto focal da vida social de 44 pessoas, o centro calmo desse torvelinho é a avó, Addi Vilayat, cujo nome significa literalmente «Irmã do Exterior». Ela fica sentada o dia todo no grande pátio central, enquanto prepara comida, bebe chá e cumprimenta os recém-chegados, e suas três noras e todos os filhos giram em torno dela. Algumas das mulheres da família trabalham como donas de casa, outras cobrem a cabeça e saem pelas ruas de Badin para ir à escola, ao trabalho no escritório do YSWO ou a um centro de costura feminino. Os homens vêm e vão. Na hora das refeições, pairam como assombrações famintas e esquecidas, embora uma vez eu tenha testemunhado um jovem pai cozinhando o jantar de seus filhos (uma coisa tão rara no Paquistão quanto uma eleição livre e justa).

No meu primeiro dia na casa, um colchão fino é desenrolado da pilha na varanda e colocado para mim no quarto onde Addi

O PRIMO FRUTO DA ETIÓPIA

Vilayat e quatro das filhas de Faiz Muhammad também dormem, entre o guarda-roupa (onde o ouro e a seda dos enxovais de casamento das meninas são trancados) e a porta do banheiro, tamanha é a pressão por espaço nesta casa em constante expansão. Então, essas adolescentes e mulheres de vinte e poucos anos me sentam na sombra na beira do pátio, de modo que nossos dedos dos pés mergulhem no sol, e explicam. «Os sidis», elas dizem, usando a expressão em inglês, «têm *gender balance* [equilíbrio de gênero].» Os homens são conhecidos como «o marido de fulana», não o contrário. As crianças podem optar por usar o sobrenome da mãe. «Meu marido e eu», diz Baby, uma mulher magra como uma vara e com o cabelo arrumado em pentes e grampos de lantejoulas, «vivemos aqui na casa dos meus pais.» Seu marido é o mais fantasmagórico dos fantasmas: divide o quarto com Baby, três portas depois do meu, mas, nas semanas que passei na casa, jamais o encontrei.

Em outras partes do mundo, a proverbial alegria dos negros — o «cantor e dançarino avoado» — foi ridicularizada como um estereótipo, mas é em termos semelhantes que as filhas de Faiz Muhammad se descrevem para mim. «*Leva* é algo muito importante para nós», elas dizem. «Veio da África. *Humein dukh nahin lagta*, nunca sentimos tristeza, apenas risos. A cultura sindi é tão triste e sombria, há muitos problemas para as mulheres, *karokari* (homicídio por honra), dote, mas não há nada disso aqui. Conseguimos ignorar essas coisas e ser felizes.»

No entanto, esta também é uma casa de interesses divergentes, às vezes conflitantes. Faiz Muhammad Bilali trabalhou a vida inteira pela emancipação social de seu povo e é enfático sobre a importância da ligação entre os sidis e os africanos em outras partes do mundo. «Toda a nossa educação e melhorias no status se devem ao trabalho de Mussafir», diz ele, referindo-se ao homem de quem me falaram em Liari. «Ele nos instruiu a ter orgulho de nossa cultura africana. Nossos avós conheciam algumas palavras africanas. Ainda temos nosso tambor *mugarman* e nossas canções. Apoiamos as Índias Ocidentais no críquete e lemos o livro de Nelson Mandela na tradução para o sindi. Muhammad Ali, *America ka King Luther* [Martin Luther King], Booker T. Washington, Kofi Annan: pensamos nesses sidis americanos como nossos irmãos. Mas os sidis na América seguiram em frente e nós ficamos para trás. Se não fosse pela injustiça social, o povo sidi teria subido mais alto. Esta é a nossa grande tristeza.»

Seu irmão do meio, no entanto, que passou muitos anos trabalhando como funcionário do governo, tornou-se recentemente um devoto muçulmano wahabita. Para o wahabita e seus filhos, essa forma purista de islamismo é seu marcador social mais importante. Todas as manhãs, acordo antes do amanhecer, enquanto o wahabita marcha pela casa, batendo na porta de cada dormitório a fim de acordar a família para as orações (e todas as manhãs as mulheres no meu dormitório rolam e voltam a dormir).

Para alguns dos oito filhos do wahabita, a africanidade é uma fonte de vergonha, não de orgulho. Desde que a filha mais nova tinha onze anos, ela e as irmãs usam creme clareador, aspirando a transcender as fronteiras da sociedade paquistanesa pela mudança de cor de pele. O irmão delas, que tem um emprego relativamente lucrativo em um campo petrolífero da British Petroleum nas proximidades, deu o exemplo ao se casar com uma garota de pele clara que não era sidi: «Não quero ter vergonha de minha esposa, aonde quer que eu vá», teria dito, de acordo com as primas. Há uma exclamação geral entre essas garotas quando digo que os «sidis» na América e na Europa se autodenominam «negros»: «Para nós é um insulto». Elas admiram Michael Jackson, um «sidi mundialmente famoso», mas também um sidi que conseguiu obliterar sua imagem africana.

O PRIMO FRUTO DA ETIÓPIA

Ainda que as filhas de Faiz Muhammad tenham orgulho de sua negritude, mesmo elas às vezes sucumbem ao ideal monolítico de beleza do Paquistão. Quando a filha mais velha vai se casar, todas as noites, durante as semanas que antecedem as cerimônias, ela clareia a pele do rosto, mãos e pés (as partes de seu corpo que ficarão visíveis sob as vestes de casamento). Uma noiva pálida é uma obrigação para a família, mesmo que todos saibam que é falsa. «É apenas para as fotos do casamento», diz ela, desculpando-se. «Caso contrário, rirão de mim por causa da minha negritude.»

Durante todo o mês, em preparação para o casamento, as meninas desfilam pelo pátio, praticando números de dança de Bollywood. Embora Faiz Muhammad fale com entusiasmo sobre o tambor *mugarman*, não há planos de ter um no casamento de sua filha. Nem vão dançar o *leva*, como no casamento da aldeia a que fui com Iqbal. A família não possui um tambor *mugarman*. Como ninguém em Badin. «Você terá que ir a Tando Bago para encontrar um», diz Iqbal. Em seguida, acrescenta: «Você pode visitar o túmulo de Mussafir enquanto estiver lá. É tão importante para sidis como o de Hosh Muhammad em Hiderabade».

A rural Tando Bago, uma vila trinta quilômetros a nordeste, está na extremidade oposta à da urbana Badin no espectro do avanço social sidi. Aqui, há homens e mulheres idosos que ainda se lembram de palavras e canções em línguas africanas, há quem toque o *mugarman* e quem conte histórias das viagens de seus ancestrais. No entanto, o sistema de castas está arraigado: os sidis de Tando Bago trabalham apenas como operários e vivem em Kandri Paro, um gueto separado das casas de seus patrões de pele clara.

Eu viajo até Tando Bago com Kulsoom, a esposa de Iqbal, que nasceu lá. As casas em Kandri Paro são pequenas e apertadas, feitas de tijolos velhos e sem os pátios espaçosos que vemos no resto da aldeia. Elas se abrem diretamente para a rua: as mulheres sentam-se na porta da frente, descascando legumes e chamando seus vizinhos. Não demoro muito para encontrar o único homem em Kandri Paro com um *mugarman*. Ele toca para mim, mas sem entusiasmo: a pele de búfalo no topo está rasgada, e eles vão levar meses para levantar os fundos para consertá-la.

Kulsoom me leva ao longo da rua principal para visitar o residente mais antigo e venerável de Tando Bago. Mianji Phoota afirma ter cem anos. Ele está sentado ereto do lado de fora de sua frágil casinha de tijolos, com seu telhado de palha malcuidado, em uma *charpai* (tipo de cama acordoada da região). Kulsoom e eu sentamos em uma *charpai* de frente para ele. «Nossa comunidade começou», diz ele, «com uma esposa e um marido que vieram da África como escravos. Tudo o que eles tinham era um tambor. Eles não sabem de onde vieram, apenas que foram comprados pelos Talpures. A esposa se tornou a ama de leite dos filhos de Talpur. Eles eram nossos ancestrais.»

Da casa vizinha, a octogenária Papu intervém: «Meu povo sabia de onde vinha! Zanzibar». E disse depois: «Naqueles dias, a negritude era um sinal de pobreza». Os sidis casaram-se apenas com as outras castas pobres: os *Mallahs* (pescadores), *Khaskeli* (trabalhadores), *Katri* (casta de tingimento) e *Kori* (fabricantes de tecidos); vêm daí os sidis «misturados», como a esposa de Iqbal, com nariz reto e pele mais clara. «Mas dizemos que, enquanto seu cabelo estiver enrolado, você é um sidi», diz Papu, acariciando os cachos de Kulsoom.

A afirmação de Papu, de que seus ancestrais vieram de Zanzibar, é seguida por vários estudos acadêmicos que ligam a cultura da África oriental e austral com as comunidades sidi do subcontinente. Uma musicóloga norte-americana descobriu que uma família africana em Deccan, Índia, cantava uma velha canção folclórica idêntica a uma que ela havia gravado na Tanzânia.[37]

---

37   Alpers, «The African Diaspora in the Indian Ocean...», op. cit., p. 35.

O PRIMO FRUTO DA ETIÓPIA

Existem alguns sobreviventes conhecidos da língua suaíli entre os «sidis pretos» do Guzerate, na Índia, e os nomes tribais sidis do Sinde, registrados por Richard Burton no século XIX, foram associados a tribos de língua suaíli.[38] O tambor *mugarman* de quatro pés, único no subcontinente, é considerado um parente do tambor *ngoma* do Zimbábue.[39] Até o Mali entra em cena. Em Liari, Khuda Ganj tocou para mim a música de Ali Farka Touré, que recentemente se tornou popular entre os sidis de lá porque seus ritmos são considerados semelhantes aos tocados por músicos sidis famosos do Paquistão, como o falecido Bilawal Beljium.

Kulsoom tenta encorajar Papu a falar em *boli* (idioma) africano. «Quando eu era pequena, nossos mais velhos falavam assim», diz ela. «*Makoti* significava pão, *magera* significava dinheiro. *Magera hakoona*, diziam, quando alguém ia às lojas, 'não há dinheiro'.» (Algumas dessas palavras são puro suaíli — *kate*: pão; *hakuna*: não há nenhum.) Em vez disso, Papu começa a cantar. É uma canção em sindi sobre uma mulher chamada Mai Maisira:

> *Mai Maisira bagh banaya,*
> *Lima archaar le*
> *Heman manga hera thera*
> *Heman manga re.*

No Guzerate, Mai Mishra é reverenciada pelos sidis como uma santa, uma mulher que viajou da África a Meca e à Índia com seus dois irmãos para fazer o que eles foram incapazes e derrotar uma

---

38 G. S. P. Freeman-Grenville, «The Sidi and Swahili». *Bulletin of the British Association of Orientalists*. Londres, v. 6, pp. 3-18, 1971.

39 A. Catlin-Jairazbhoy, «A Sidi CD? Globalization of Music and the Sacred». In: Catlin-Jairazbhoy; Alpers (Orgs.), *Sidis and Scholars*, op. cit., pp. 189-90.

demônia.[40] Mas a história parece ter sido esquecida no Paquistão. Quando Kulsoom pergunta a Papu o que a música significa, a velha puxa o xale de algodão estampado sobre a cabeça e diz: «Ninguém consegue se lembrar».

Também vim para Tando Bago para descobrir mais sobre Mussafir, o escritor e professor a quem Faiz Muhammad Bilali e todos os outros sidis com voz em Badin chamam de «o verdadeiro libertador de nossa comunidade». Faiz Muhammad recebeu de Mussafir uma vaga no colégio que ele dirigia em Tando Bago. «Ele permitiu que meus pais atrasassem as taxas de quatro *annas* por mês», contou-me Faiz Muhammad. «Nós sidis devemos tudo a Mussafir. Ele não só nos deu uma boa educação, também nos deu consciência. Sem ele, ainda estaríamos trabalhando nos campos para os saídes.»

Mussafir viveu e morreu em Tando Bago, e Kulsoom e eu caminhamos até o cemitério coberto de vegetação da vila para visitar sua tumba de azulejos brancos e azuis. Ninguém de Kandri Paro tem tempo para vir conosco. «Onde estão os descendentes dele?», pergunto quando partimos, e eles respondem de modo evasivo: «Foram embora para a cidade de Hiderabade».

Naquela noite, Kulsoom e eu viajamos de volta para Badin. Assim que chegamos em casa, pergunto a Faiz Muhammad: «Por favor, posso ver os livros de Mussafir?». Mas Faiz Muhammad vira as palmas para cima em um gesto de tristeza: ele não possui mais nenhum. Nem os há, descubro no dia seguinte, na biblioteca local. Iqbal finalmente encontra em um de seus armários uma primeira edição do influente estudo de 1952 de Mussafir sobre a escravidão, mas foi mordido na margem direita por ratos e deformado pelas monções. No entanto, já me haviam dito o suficiente para

---

40 H. Basu, «Redefining Boundaries: Twenty Years at the Shrine of Gori Pir». In: Catlin-Jairazbhoy; Alpers (Orgs.), *Sidis and Scholars*, op. cit., p. 67.

O PRIMO FRUTO DA ETIÓPIA

eu saber que esse livro — impresso em papel amarelo esfarrapado, na apertada escrita sindi — é a chave para compreender a evolução da cultura dos sidis. Lentamente, começamos a trabalhar em uma tradução rudimentar. Os dias passam, e, então, um dia, Ali Akbar, que trabalha no escritório, me vê curvada sobre o frágil volume. «Quer conhecer o filho de Mussafir?», pergunta. «Ele é casado com minha irmã.» Olho para cima com espanto: é como se eu tivesse sido deixada no santuário interno dos sidis. Por fim, a chance de encontrar alguém com memórias de Mussafir, o arquiteto da identidade sidi, o homem a quem todos os sidis atribuem «a criação de nosso povo». Muito animada, embarco no ônibus para Hiderabade, a antiga capital do Sinde, cem quilômetros ao norte.

Já estive na cidade várias vezes, mas nunca neste bairro antigo e complicado com suas ruas minúsculas demais para que passem carros, ladeadas por bueiros pretos pontilhados de pilhas de lixo tão brilhantes quanto guirlandas de calêndula. Talos de coentro, sacos de leite, cascas de manga esperando, descubro mais tarde, que o orgulhoso varredor hindu que se autodenomina «Flor» venha buscá-los. À medida que nos aproximamos da casa, ouço um canto rítmico e hipnótico vindo da mesquita. É um som que conhecerei bem nas semanas seguintes: uma canção fúnebre do *Muharram*, o mês de luto para os xiitas. Bazmi, o único filho de Mussafir (sua única filha já morreu), vive com suas duas esposas e seus nove filhos em uma casa modesta e parcamente mobiliada, um santuário de limpeza e luz no final de um longo e claustrofóbico beco.

Quando chegamos à casa, fico chocada ao descobrir que Bazmi não pode falar, ler ou escrever. Durante anos, trabalhou como professor e poeta, mas há uma década sofreu um derrame que o deixou incapaz de se comunicar verbalmente. Sentamos em seu quarto trocando gestos e palavras de frustração e simpatia. Bazmi manda que sua filha Ani — uma mulher esguia e autoconfiante que, como seus pais, é professora — destranque sua biblioteca. «Meu pai desejaria poder lhe contar os contos e a história de nosso povo sidi», ela diz, interpretando para mim os grunhidos mudos de Bazmi e os sinais com as mãos. «Ele lamenta não poder falar com você sobre meu avô. Mas estes», ela me entrega dois livros, «contêm um pouco da história de nossa família.»

A biblioteca original de Bazmi foi mantida na aldeia, mas foi destruída por um ciclone e quase todas as cópias das obras de seu pai foram perdidas. Hoje, apenas uma biblioteca no Paquistão tem uma cópia do estudo de Mussafir sobre a escravidão, e parece que apenas Bazmi possui uma edição da autobiografia de Mussafir. Olho para os dois livros que Ani colocou em minhas mãos. Eles são como uma memória esquecida ou um sonho que se desvanece rapidamente: vestígios de uma história que em breve pode ser totalmente perdida.

As duas esposas e quatro filhas de Bazmi, surpresas e contentes por conhecer alguém que deseja saber sobre Mussafir, me convidam para ficar, e, grata pela chance de falar sobre a história da escravidão negra no Paquistão, aceito. Durante as três semanas que passei na casa de Bazmi, Ani e suas irmãs afetaram-me de maneiras significativas: no momento em que deixo a casa deles para viajar rio acima, minha desordem vestuária foi corrigida por compras táticas da Silk Bazaar, aprendi a cozinhar um *dal* simples com limão, sei que Ani usa sua burca para visitar o alfaiate, mas não quando vai para a faculdade, e entendo mais sobre as prioridades de uma família educada, mas economicamente limitada, no Paquistão. Também tenho uma compreensão mais profunda do mundo das garotas muçulmanas boas, bem-comportadas e tementes a Deus.

Fiz amizade com Ani na primeira noite, quando nos sentamos juntas, lendo a autobiografia de Mussafir. Bazmi normalmente mantém seus livros trancados, triste demais até mesmo para olhar para eles, agora que não pode mais ler, e Ani nunca teve a chance de explorar a história de sua família. Ela está tão apreensiva quanto eu

O PRIMO FRUTO DA ETIÓPIA 123

sobre o que a autobiografia de seu avô pode conter. Como todos os livros de Mussafir, a autobiografia foi escrita em sindi e, como todos, nunca foi traduzida para o urdu, inglês nem nenhuma outra língua antes. Mas por volta da meia-noite, com Ani lendo para si em sindi, ditando sua tradução para urdu e eu traduzindo por escrito em inglês, conseguimos ler a história de Mussafir sobre a transição de seu pai da escravidão para a liberdade, pela qual a autobiografia começa.

«Mussafir» era o pseudônimo de Muhammad Siddiq — a palavra significa «viajante»: uma alusão velada à emigração forçada de seu próprio pai da África. Tanto Mussafir quanto Bazmi nasceram quando seus pais eram muito velhos. Encapsulada na autobiografia de Mussafir, então, está a história dos últimos duzentos anos — «desde a época da escravidão», como escreve Mussafir, «até a época da liberdade».

O pai de Mussafir nasceu em Zanzibar, mais ou menos em 1793. Quando ele tinha cinco ou seis anos, toda a sua família foi morta por uma tribo rival e só ele foi vendido como escravo. Ele se lembrava de ter sido levado ao mar pelos vencedores e colocado em um navio. Por fim, a embarcação atracou em Mascate, na costa da Arábia, onde um comerciante, o xeque Hussain, comprou toda a carga humana. O xeque vendeu todos os outros escravizados, exceto o pai de Mussafir — «e esta», escreveu Mussafir, «foi sua sorte».

O xeque deu a seu menino escravo zanzibarita um novo e significativo nome: Bilal. (Presumivelmente, isso também marcou o momento da conversão de Bilal ao Islã.[41]) Dois anos depois, o xeque Hussain vendeu Bilal a um comerciante do Sinde, que o levou de barco ao longo da costa e subiu o Indo até Thatta. Lá, foi comprado por um pedreiro que tinha acabado de ser contratado para construir um forte para um membro do clã governante Talpur,

41 Mais tarde, o nome de Bilal foi mudado mais uma vez, durante uma doença, para Gulab.

em Tando Bago (um edifício que mais tarde se tornou a escola secundária de Mussafir). Assim que chegaram à aldeia, o pedreiro vendeu Bilal para Hour Ali, um nobre sem filhos.

Então começou a vida de Bilal como sindi. «Pela primeira vez desde que deixara Zanzibar», escreveu Mussafir, «meu pai estava feliz.» A esposa de Hour Ali educou Bilal, ensinando-o a jejuar e orar. Quando Bilal cresceu, Hour Ali comprou uma mulher africana para ser sua esposa.

Então, em 1843, os britânicos baniram a escravidão. Hour Ali libertou Bilal, mas gostava tanto de seu ex-escravo que construiu uma casa para ele no fundo de seu jardim e pediu-lhe que ficasse. A essa altura, Bilal estava com cinquenta anos. Ele foi eleito líder do *panchayat* sidi local, o órgão deliberativo da comunidade, com sete aldeias próximas sob seu comando. O único aborrecimento era sua prole: sua esposa dera à luz dezoito filhos, todos mortos na infância. Logo depois, sua esposa morreu também. Quando tinha sessenta anos, Bilal se casou novamente, e sua segunda esposa teve doze filhos. Destes, apenas o mais jovem sobreviveu. Era Mussafir.

A história que Mussafir conta sobre a vida de seu pai é cheia de esperança, sorte e triunfo. Mussafir também teve uma vida feliz. Nascido em 1879, quando seu pai já tinha 86 anos, fez amizade na infância com Mir Ghulam Muhammad, herdeiro do clã Talpur local. Juntos, eles mudariam as perspectivas sociais dos sidis de Badin. Mir Ghulam não tinha filhos e tinha muito dinheiro, e Mussafir o convenceu a abrir uma escola para os sidis, incluindo, pela primeira vez na história do Paquistão, educação para meninas sidi.

Mussafir sentiu profundamente o sofrimento de seu povo. Em seu livro de 1952 sobre a escravidão, publicado em sindi como *Ghulami ain Azadi Ja Ibratnak Nazara* (*Relatos reveladores de escravidão e liberdade*), ele descreveu como «os sidis sofreram tal perseguição, que todas as janelas de ternura e bondade foram fechadas para eles». O livro é polêmico, baseado tanto nos «contos arrepiantes

O PRIMO FRUTO DA ETIÓPIA

e miseráveis da escravidão» que Mussafir ouviu em primeira mão dos mais velhos quanto em sua própria leitura mais ampla sobre o comércio global de escravizados.

A história dos negros na América foi uma grande influência para Mussafir. Ele escreveu sobre abolicionistas como William Wilberforce, e incluiu histórias comoventes dos líderes escravizados americanos Frederick Douglass e Booker T. Washington. Os sidis no Paquistão, apontou, deveriam ser gratos: «é fato que a crueldade e o ódio sofridos pelos escravos sidis da América não foram impostos aos sidis do Sinde».

As histórias que Mussafir coletou de seu povo, porém, não poderiam ser mais angustiantes. Um relato particularmente horroroso foi contado a ele por dois escravizados de Tando Bago, que escaparam da mutilação, do canibalismo forçado e da morte em Mascate. Eles contaram ter sido desviados para uma fábrica de escravos, onde os homens mais saudáveis eram apanhados e mortos na frente dos outros com um golpe na cabeça. Seus corpos eram colocados em caldeirões enormes e cozidos para extrair um «remédio especial», e a carne descartada era dada aos escravizados restantes para comer. Os dois homens de Tando Bago foram salvos da morte quando um guarda teve pena deles, alimentando-os com um punhado de sal para causar-lhes enjoos. Em vez de serem mortos, foram vendidos a um comerciante do Indo.

Outros sidis contaram histórias mais mundanas de humilhação ritual. Uma mulher em Tando Bago descreveu a Mussafir como, quando jovem, ela fora obrigada a ficar o dia todo com uma panela de comida na cabeça para que o camelo favorito de seu mestre pudesse comer sem abaixar a cabeça no chão. A maioria dos sidis tinha um trabalho «severo» nos campos, independentemente do clima. Alguns sortudos, como o pai de Mussafir, encontraram um mestre gentil. Ao contrário da imagem acadêmica dos escravagistas hindus, Mussafir enfatizou que os homens de negócios hindus cuidavam de seus escravos com particular «suavidade e bondade».

Por ser pobre, Mussafir escreveu livros de encomenda para um empresário rico, mas um total de 25 livros foi publicado em seu próprio nome: textos sobre o Islã, traduções de romances em urdu e farsi, uma biografia do escritor sindi Mirza Qalich Beg e um livro, *Sughar Zaloon*, sobre mulheres sábias.

Foi seu livro sobre os sidis, porém, que o tornou bem conhecido. Foi um esforço audacioso e terminou com uma série de apelos — à comunidade sidi, aos muçulmanos do Paquistão, ministros, editores de jornais e educadores — propondo uma agenda para tirar os sidis da pobreza e do analfabetismo. O Profeta havia demonstrado respeito pelos sidis, escreveu Mussafir, assim como deveria todo muçulmano neste país.

A ênfase de Mussafir na educação como meio de emancipação social foi uma bênção, mas também causou uma divisão entre os descendentes de Mussafir e os sidis em Tando Bago. Como seu pai e avô, Bazmi era o líder comunitário dos sidis. Na década de 1970, cunhou um slogan em sindi, «*Paro ya Maro*»: «Leia ou morra». Os sidis são renomados no Sinde como músicos, lutadores e dançarinos. Eles também fazem dinheiro como comediantes, ou «mestres da piada», em casamentos. Bazmi sentia que isso era humilhante — ele queria que os sidis fossem conhecidos por mais do que apenas esportes ou entretenimento — e então convocou uma reunião na qual os exortou a não trabalhar como criados na casa de outras pessoas, a não «comer sem convite para casamentos» (isto é, não ir como dançarinos contratados, ou fazer fila para receber comida de graça) e a educar seus filhos. Os outros sidis enraiveceram-se. «Nossos pais eram escravos», disseram. «Somos pobres e precisamos trabalhar como criados. Qual é o sentido de educar nossos filhos?» Isso é, pelo menos, como a neta de Mussafir, Ani, me conta. Mas talvez os

O PRIMO FRUTO DA ETIÓPIA 127

sidis de Tando Bago também tenham se frustrado com a rejeição de Bazmi por sua música, seu *leva*, sua cultura africana.

Em Tando Bago, houve incompreensão mútua entre os sidis e seu líder, e, por fim, Bazmi mudou-se com sua jovem família para Hiderabade, protestando que a comunidade sidi rural não fazia esforços suficientes para se emancipar de sua origem escrava. Mas ele continuava a ser o chefe do *panchayat* e os sidis, diz Ani, costumavam telefonar para consultá-lo. Então, há dez anos, surgiu um desentendimento sobre um terreno pertencente à comunidade. Bazmi acreditava que deveria ser usado para construir uma escola secundária. Outros queriam um salão de casamento. Outros, ainda, argumentavam que a terra deveria ser vendida porque precisavam do dinheiro. As discussões foram amargas, e, naquela noite, quando Bazmi voltava de Tando Bago, teve um derrame. Quando se recuperou, viu-se incapaz de se comunicar linguisticamente. A alfabetização, a única coisa que ele sempre viu como o caminho para a melhoria social, o havia abandonado.

Ani me conta com dificuldade essa perturbadora história do derrame de seu pai, depois de eu estar na casa de Bazmi há algumas semanas. Desde a doença do pai, ela e suas irmãs não voltaram a Tando Bago. Em vez disso, mergulharam em uma vida urbana pacata e inter-racial: estudam com diligência, participam de grupos de oração na vizinhança e são tias atenciosas de seus sobrinhos e sobrinhas. São mulheres sérias e doces, indiferentes às preocupações com cosméticos e maridos que incomodam a maioria das outras garotas paquistanesas em idade de casar. Apenas na deficiência do pai permanece a triste memória da desconfiança de uma comunidade em relação a si mesma.

Uma tarde, no final de dezembro, estou sentada no terraço sob o sol frio do inverno, lendo a tradução em inglês do livro de Mussafir sobre a escravidão, preparada para mim por um amigo do genro de Bazmi. Cheguei à seção final.

No final de seu livro, Mussafir receitou o remédio para os males — analfabetismo, pobreza e falta de coesão social — de seus companheiros sidis. Exortou o seu povo a se organizar, a se educar e a serem bons muçulmanos, mas, acima de tudo, a abraçar a cultura africana. O tambor do *mugarman*, escreveu ele, não era incompatível com o Islã, como alguns clérigos vinham reclamando. Pelo contrário: o próprio Profeta, afirmou Mussafir, costumava levar sua esposa favorita, Ayesha, para ouvir o *mugarman* sendo tocado. Cada nação, apontou ele, tem seu próprio «instrumento espiritual», que «usam para adoração e também para o entretenimento de sua alma». Os pachtos têm seu *rabab*, os árabes seu *duff* e os ingleses seu piano. Para os sidis, eis o *mugarman*. Os velhos sidis ouviam a batida do tambor e choravam, lembrando-se das terras de onde foram arrancados. Quando o tambor tocava e a dança começava, a «língua antiga» tomava-os novamente. Mussafir exortou os pais sidis a tocar o *mugarman* para os filhos, a ensinar-lhes a língua antiga e a transmitir a cultura africana que haviam herdado. Os sidis não deviam sentir «vergonha e desgraça» por tocar o *mugarman*. Seu «instrumento ancestral» era uma «arma» para construir a solidariedade sidi, uma das principais coisas, ele sentia, que os sidis haviam perdido desde a época da liberdade.

Para Mussafir, o tempo de «liberdade» não era 1947, mas 1843, quando os britânicos assumiram. Foi uma época feliz, pois os sidis estavam tão gratos por sua liberdade que trabalhavam com entusiasmo, formavam redes sociais vigorosas e, embora tivessem poucas posses, estavam sempre «dançando e rindo» (ao contrário da caracterização de Richard Burton da emancipação como «um verdadeiro mal para eles»[42]). Por causa de sua «natureza alegre», eles foram chamados de «*Sheedi Badshah*» por

---

42   R. Burton, *Sindh and the Races that Inhabit the Valley of the Indus: with notices of the topography and history of the province.* Londres: W.H. Allen & Co, 1851, p. 253.

O PRIMO FRUTO DA ETIÓPIA 129

outros sindis. Embora signifique literalmente «Sidi é o rei», para Mussafir isso descreveu a euforia do povo sidi com sua liberdade:

> A maioria dos ricos observava com inveja sua natureza alegre, porque agora não podiam forçá-los a trabalhar ameaçando-os com espadas ou paus.

As duas esposas de Bazmi subiram para sentar comigo no terraço enquanto leio. Zubeida, a primeira esposa de Bazmi, tinha apenas doze anos quando se casou e se lembra bem do sogro. Ela sempre me falou que ele era um muçulmano sério e piedoso. Então lhe pergunto: «Mussafir falou sobre '*Sheedi Badshah*' com você?». «Comigo?» Ela balança a cabeça tristemente. Mas Zarina, a serena esposa mais jovem de Bazmi por quem ele se apaixonou e se casou muito depois da morte de seu pai, leu todos os livros da biblioteca do marido. Ela sorri brevemente e diz: «Você não ouviu falar do Mombasa Art Club?».

No dia seguinte, Ani e eu pegamos um riquixá até o *Jungli* [Selvagem] *Sheedi Paro*, onde Vikee Jackson (pseudônimo usado por Khuda Baksh) está nos esperando. Pelo nome escolhido por Vikee, fica claro em que residem seus gostos musicais, mas o nome da casa é um retrocesso: recebeu-o há cem anos, em memória da viagem desde a «selvagem» África. Nos anos 1960, o pai de Vikee Jackson fundou o Mombasa Art Club aqui. Viemos ouvir Vikee cantar uma canção escrita em sindi por seu pai e seu tio.

Quando chegamos à casa, Vikee pede desculpas: ele não tem um *mugarman*, vai ter de bater o ritmo na mesa. Sentamo-nos em frente a ele e, agora que estamos dentro da casa, Ani puxa a burca para trás. Eu a observo enquanto Vikee começa a cantar. Enquanto ela escuta a música, seu lindo rosto sério se abre em um sorriso, e eu sorrio também, quando ela traduz para mim do sindi para o urdu:

Sheedi Badshah, hum Badshah: Sidi é rei, eu sou rei,
Onde ele põe o pé, há paz.
Nossos lábios são como os do papagaio,[43]
E temos orgulho do nosso nariz.

Naquela noite, Ani e eu voltamos para casa juntas. «Quando você se casar», digo, «eles podem cantar essa canção no seu casamento.» Ani ri. Não consigo ver seu rosto por baixo da burca, mas sei que ela contrai os lábios e franze a testa. «Não tenho expectativa de me casar», diz ela. Caminhamos em silêncio, pela alameda aonde os burros que transportam cargas em torno de Hiderabade são trazidos à noite, com as costas cortadas e sangrando, para suas estrebarias. Quando chegamos à alfaiataria no fim de sua viela, ela se vira para mim e diz: «Mas sobre uma coisa você está certa: vou cantar essa canção».

---

43 Em algumas partes do subcontinente, o papagaio é proverbialmente um pássaro sábio (e a coruja é estúpida) [nota do original].

4.

SANTOS DO RIO
1718-1752

*Cada onda está cheia de rubis, a água, perfumada com almíscar,
do rio sopram ares de ambergris.*
Shah Abdul Latif (1689-1752)

Margeando o rio por todo o Sinde, no deserto e no topo de colinas,
ao lado de nascentes e lagos, existem santuários de santos sufis.
Incontáveis homens santos vaguearam ao longo do rio nos últimos
onze séculos. Diz-se que 125 mil deles estão enterrados somente
na necrópole de arenito amarelo em Thatta. Aldeias, feiras e comunidades de peregrinos congregam-se sedentos ao redor de suas
tumbas. O sufismo é a veia mística que percorre o Islã: os próprios
sufis pregam a unidade da humanidade, e os santuários dos santos
são de fato a única área da vida social sindi em que todas as religiões, ideologias e etnias — sidis e soldados, comunistas e hindus,
camponeses e ditadores — são bem-vindas. Mas, como assim os
permite, o santo reverenciado por Iqbal Sheedi, seu amigo Fida

e milhares de outros sindis é o ícone da reforma social radical, o sufi Shah Inayat. Foi Shah Inayat quem, no início do século XVIII, fundou uma comuna agrária em Jhok, ensaiando uma rebelião contra o sistema de posse de terras com o slogan «*Jo kheray so khai*» («Quem semeia deve comer»).

A posição de Shah Inayat contra a aristocracia é lembrada com lágrimas no Sinde atual, como um movimento à frente de seu tempo. A fim de me iniciar no que eles consideram o melhor da cultura sindi, Iqbal, Fida e eu viajamos para o *urs* de Shah Inayat, a celebração do aniversário de morte realizada todos os anos em seu túmulo, com Mashkoor, um poeta alegre de recursos limitados e um ardor sem limites pela música e pela história sindis. À medida que chacoalhamos sobre a estrada poeirenta para Jhok, uma aldeia naquele sertão indeterminado entre o Indo e o deserto, Mashkoor me diz que o movimento de Shah Inayat foi um precursor da Revolução Francesa: «Ele foi o primeiro socialista do mundo. Antes dos franceses e antes de Marx. Mas, devido à natureza do Sinde na época, sua mensagem não se espalhou. Essa é a nossa tragédia».

Essa ideia é repetida na mesma noite por um membro da família de Shah Inayat, sufi Huzoor Bux, um homem cuja casa vazia na aldeia (ou, antes, sua hospedaria masculina) se tornou um local de peregrinação para sindis descontentes com o Estado, com o exército, com os punjabis e com os *pirs*, os homens sagrados. Nós nos juntamos a um grupo de homens sentados em círculo ao redor de sufi Huzoor Bux no escuro (nesta pequena vila, a rede de transmissão elétrica é apenas uma turista passageira). «Se o mundo tivesse ouvido o Sinde e vindo em nosso auxílio, poderíamos ter mudado a sociedade», diz sufi Huzoor Bux. «Shah Inayat era um grande socialista sufi, mas sua mensagem foi manipulada de acordo com os interesses de outras pessoas.» Shah Inayat era um pensador político, diz ele. Não como aqueles líderes sufi fraudulentos que vendem cordões negros aos camponeses pobres.

SANTOS DO RIO 133

Sufi Huzoor Bux foi proibido de frequentar os *urs* e até mesmo de entrar no santuário por seu primo, o *Sajjada Nasheen*, ou Guardião do Santuário. A razão ostensiva é o desrespeito implícito na alegação de sufi Huzoor de que a família não é de saídes, mas baluchis de linhagem tribal não árabe. A crítica, entretanto, vai além da acusação de esnobismo. O *Sajjada* é um latifundiário. Como em outras fazendas no Sinde, seus trezentos *haris* — trabalhadores sem terra — são forçados a dar a ele metade da safra cultivada, como aluguel. O proprietário compra a outra metade deles a preços não negociáveis (geralmente abaixo da taxa de mercado). Se o dinheiro que ganham com a safra não cobre suas despesas de subsistência, eles pedem dinheiro emprestado ao proprietário da terra em condições extorsivas e se endividam. Para os trabalhadores analfabetos, é um sistema perigoso. Existe atualmente aproximadamente 1,7 milhão de *haris* apenas no sul do Sinde, a maioria deles em «servidão por dívida».[1] Famílias inteiras são escravizadas pelos proprietários e a dívida é passada de geração a geração, aumentando à medida que avança. É exatamente contra esse sistema que Shah Inayat protestou. Foi exatamente esse protesto que o fez perder a cabeça.

No início, a posição de Shah Inayat era apenas uma preocupação local. Depois de chamar os camponeses para cultivar suas terras de graça, estabelecendo assim o que um historiador sindi chama de «a primeira comuna do subcontinente», os vizinhos saídes, com inveja da sua popularidade entre seus servos, apelaram ao governador mogol de Thatta por ajuda. *Pirs* locais, que haviam

---

1   Ver Anti-Slavery International; Human Rights Commission of Pakistan, «Bonded Agricultural Labourers in Lower Sindh Province – Pakistan», Submission to the United Nations High Commission on Human Rights. Genebra, 27-31 maio 2002.

perdido *murids* (devotos) para Jhok,[2] acrescentaram sua voz ao apelo para que lidassem com Shah Inayat, então um ataque foi sancionado. Inicialmente, a disputa parecia pender para Shah Inayat. Seus camponeses defenderam Jhok, os agressores recuaram e, quando Shah Inayat reclamou em Déli que vários de seus dervixes haviam sido mortos, a corte mogol ordenou que os assassinos doassem suas terras em compensação. Assim, a comuna cresceu e ainda mais camponeses chegaram a Jhok, ansiosos pela remissão do ciclo sombrio de suas vidas regidas pelos proprietários de terras.

A pequena nobreza local nas proximidades de Thatta, acostumada a ver os camponeses na penúria, indignou-se com a revolução social fomentada nessa vila remota e insignificante. Um poeta com simpatias aristocráticas escreveu um verso reclamando da vida confortável vivida pelas classes inferiores, que terminava com um chamado às armas: «O Sinde não terá descanso enquanto o inimigo se sentar em Jhok». Então, em 1716, um novo governador mogol foi nomeado em Thatta, e os nobres aproveitaram a oportunidade. Eles o convenceram de que os faquires de Jhok invadiriam o império mogol, e o governador os levou a sério. Ele alertou os governadores de Bukkur, Sehwan e Multan, as três outras cidades comerciais importantes ao longo do Indo, sobre a possibilidade de uma rebelião em todo o Sinde e escreveu a Déli pedindo tropas. Um exército se formou.

Os soldados cercaram a comuna de Jhok por dois meses. Os nobres escreveram cartas uns para os outros em persa inflamado, vangloriando-se de como, «com balas de canhão e pólvora, as pedras da cidadela do malfeitor voarão pelos ares como os flocos do cardador de algodão, e a espada em brasa colocará fogo na

---

2   Havia um precedente local: dois séculos antes, Mian Adam Shah Kalhora viu a força do exército mogol abater-se fatalmente sobre ele depois que seu experimento na agricultura comunal irritara a aristocracia local.

SANTOS DO RIO   135

colheita de sua vida».[3] Mas, para surpresa do exército, os faquires foram resistentes, e, assim, achando difícil tirar Shah Inayat de sua fortaleza, o exército finalmente concedeu a trégua e o convidou para um acordo. Sua segurança foi garantida por um nobre local, Yar Muhammad Kalhora, sobre uma cópia do Alcorão. Mas foi uma armadilha. Shah Inayat foi apreendido, julgado e executado no décimo sétimo dia do mês islâmico de Safar, 1130 A.H. (7 de janeiro de 1718). Sua cabeça foi enviada para Déli.

Isso é tudo o que se pode vislumbrar do esparso material contemporâneo sobre Shah Inayat — três cartas escritas por inimigos Kalhoras e mogóis, uma história favorável composta em persa pelo poeta Qani 44 anos após o evento e duas histórias virulentamente hostis. Mas, se os arquivos são mirrados, a história oral é rica em contos comoventes dessa utopia perdida. «Vinte e cinco mil faquires morreram», diz sufi Huzoor, «o exército que cercava Jhok era como formigas.» O cerco durou «seis meses»; o exército mogol queimou os registros da comuna depois que Shah Inayat foi decapitado; e, enquanto a cabeça cortada do santo viajava para Déli, recitavam um longo poema, «*Besar Nama*» ("Livro dos Sem Cabeça").

Além do desafiador *Besar Nama*, Shah Inayat não deixou nenhuma outra poesia mística e nenhuma declaração de sua filosofia. Mas todo sufi tem uma *silsila* — literalmente, o «fio» que os associa a uma escola ou mestre sufi em particular. Shah Inayat, fugindo às convenções, tinha duas *silsilas*, e também há outras indicações de que ele não era exatamente conformista em seu pensamento religioso.

Segundo Qani, o poeta de Thatta, Shah Inayat deixou o Sinde ainda jovem para viajar pela Índia em busca de um guia religioso.

---

3   A. Schimmel, «Shah Inayat of Jhok, a Sindhi Mystic». In: *Liber Amicorum: Studies in Honor of Professor Dr. C. J. Bleeker.* Leiden: Brill, 1969, p. 160.

Ele foi para o Decão e depois para Déli, onde encontrou um professor que ficou tão impressionado com seu aluno sindi que o seguiu de volta a Thatta. Lá, pios teólogos locais — que vinham fazendo campanha para banir as práticas «pagãs» do Islã sindi e, em particular, para proibir as festas de dança sufi em Makli — os rotularam de hereges. A razão usual dada é que o professor de Shah Inayat se prostrou respeitosamente diante de seu pupilo: os humanos só deveriam se prostrar diante de Deus. Mas, enquanto estamos sentados ouvindo o sufi Huzoor Bux falar da comuna Jhok, Mashkoor sussurra para mim no escuro: «Shah Inayat também era um seguidor de Sarmad».

Esse relato intrigante liga Shah Inayat à tradição sufi mais heterodoxa da Índia. Sarmad era um comerciante persa-judeu que viajou no início do século XVII para Thatta a negócios. Lá, apaixonou-se por um lindo menino hindu, Aabay Chand. Thatta vivia seu apogeu como centro cosmopolita do comércio de tecidos à beira-rio no Sinde e, de acordo com o frei Sebastião Manrique (um atormentado frade português que lá esteve em 1641): «Tão grande, de fato, é a depravação neste poço de iniquidade que [...] catamitas vestidos e adornados como mulheres desfilam pelas ruas, solicitando outros homens tão abandonados quanto eles».[4] Sarmad e Aabay Chand viajaram para Déli, onde, se sua homossexualidade (e a tradução de Aabay Chand para o persa do Pentateuco) passou despercebida, a nudez de Sarmad não passou.[5] Mas foi sua insistência em pronunciar apenas a primeira frase do credo muçulmano, «Não há Deus», que derramou sobre sua cabeça a ira dos clérigos. Quando o pressionaram a terminar

4   Frei S. Manrique, *Travels of Fray Sebastien Manrique 1629-1643: A Translation of the Itinerario de las Missiones Orientales*, v. II: *China, India, etc.* Oxford: Hakluyt Society, 1927, p. 240.

5   I. Singer; L. H. Gray, «Sarmad, Mohammed Sa'id». In: *Jewish Encyclopedia*. 2002. Disponível em: <www.jewishencyclopedia.com/view.jsp?artid+257&letter+S>.

SANTOS DO RIO 137

a frase com as palavras cruciais «senão Alá», Sarmad declinou, dizendo: «Sigo totalmente absorvido nas conotações negativas: como posso mentir?».[6]

Havia hereges a granel na Índia, mas Sarmad atraiu a devoção do filho do imperador, e isso o levou à morte. Dara Shikoh, herdeiro aparente do imperador governante, o xá Jahan, tinha profundo interesse nas tradições islâmico-hindus sincréticas e até mandou traduzir os sagrados Upanishads hindus para satisfazer sua curiosidade. Aurangzeb, seu irmão mais novo, considerando Dara Shikoh um herege e um impedimento para sua própria glória imperial, mandou matá-lo em 1659 após uma dramática batalha no rio Indo. Sarmad foi executado logo em seguida por blasfêmia. Após sua morte, Sarmad foi referido reverentemente como o «Mansur da Índia»[7] — uma referência a Mansur Al-Hallaj, um santo sufi que peregrinou ao longo do Indo no ano 905 e foi executado em 922 em seu retorno a Bagdá porque seus sermões tornaram-se muito esotéricos.

Shah Inayat tinha apenas sete anos quando Sarmad foi morto. No entanto, durante sua visita a Déli, vinte anos depois, ele conheceu os discípulos de Sarmad e visitou seu túmulo. De Sarmad, diz Mashkoor, Shah Inayat aprendeu a desrespeitar as leis humanas, rir de jejuns e orações e confessar em face de protestos clericais que hindus e muçulmanos «*ek hi hain*» («são um só»). Há poucas evidências reais de que Shah Inayat tenha pensado qualquer uma dessas coisas, mas o fato de essas suas imagens icônicas sobreviverem no Sinde é o suficiente. O status de Shah Inayat como rebelde definitivo perdura.

6 Seth. Uma história semelhante é contada sobre o excêntrico / extático Baghdadi Sufi Shebli; ver F. a. Attar, *Muslim Saints and Mystics: Episodes from the Tadhkirat al-Auliya. (Memorial of the Saints)*. Trad. ingl. A. J. Arberry. Londres: Routledge & Kegan Paul, 1979, p. 286.

7 Ibid., p. 5.

138 ALICE ALBINIA

Como herói não apenas de todo protesto antifeudal, mas também de um tipo completamente antifundamentalista de islamismo sindi, Shah Inayat passou a corporificar a marca distinta de nacionalismo sindi: politicamente socialista e religiosamente sincrético. G. M. Syed, o falecido pai do nacionalismo sindi, dedicou um livro a Shah Inayat: «Ele sacrificou tudo o que possuía e travou uma guerra contra os preconceitos religiosos».[8] Mas o Sinde também merece seus aplausos. Em toda a Índia, o Sinde tem a mais longa história de interação contínua entre muçulmanos e hindus, e é significativo que o trio sufi que perdeu a cabeça por causa de sua não conformidade — Al-Hallaj, Sarmad e Shah Inayat — tenha passado algum tempo aqui.

Shah Inayat pode ser muito querido pelos socialistas sindis, mas o efeito imediato de sua execução, há trezentos anos, foi a ascensão da família local que o levou à morte, os Kalhoras. Tendo mostrado sua força para anular o levante, logo aumentaram seu domínio sobre o Sinde e se tornaram seus senhores. Com Shah Inayat, morreu a esperança de reforma agrária no Sinde.

A distribuição de terras sob os mogóis baseava-se no sistema de honras *mansabdari*: as terras eram arrendadas aos nobres e devolvidas ao Estado com a morte do titular. Os Kalhoras, por outro lado, recompensaram a lealdade de *pirs* e saídes concedendo-lhes terras imediatamente. O resultado foi um sistema feudal que foi ampliado pelos Talpures e definido legalmente pelos britânicos (que precisavam de colaboradores no interior para serem poderosos).[9] A Partição aumentou o poder econômico dos proprietários de terras porque muitos dos agiotas hindus a quem deviam fugiram

8   G. M. Syed, *Religion and Reality*. Carachi, 1986.
9   Ver Sarah Ansari sobre «a prática britânica de distribuir patronatos com base na preservação dos interesses fundiários»: «a relação entre os britânicos e a elite religiosa do Sinde passou a fazer parte da 'ação moderadora' que as autoridades exibiram a fim de manter o controle geral no interior sindi» (S. F. D. Ansari, *Sufi*

SANTOS DO RIO   139

para a Índia a fim de salvar suas vidas. «Feudalismo» é um termo altamente contestado na Índia e no Paquistão modernos, mas a forma de propriedade de terras que existe no Sinde hoje, seja qual for o nome, mantém o campesinato analfabeto, assolado pela pobreza e sem a esperança mais mínima. Os latifundiários, que também são os políticos, ditam o voto rural por meio de uma rede de agentes. Um agente rural me explica abertamente: «Em troca de acesso ao político, que é vital para mim, para garantir empregos a meus filhos e parentes no governo local, me certifico de que os aldeões votem como eu mando». «E se não votarem?», pergunto. «Se não o fizerem, mandamos os *ghoondas* (bandidos).» Os *haris* sofreram nos dias de Shah Inayat, mas a democracia moderna os privou de direitos mais uma vez.

Os Kalhoras que inauguraram esse sistema são, no entanto, elogiados como patriotas pelo Estado, pois durante seu meio século de governo libertaram o Sinde dos grilhões do império mogol em declínio, melhoraram a agricultura, abrindo canais, e promoveram as artes na corte. A poesia persa prosperou sob os Kalhoras. (Quando foram finalmente usurpados, em 1782, foram naturalmente seus antigos discípulos, os Talpures, que os derrotaram.)

Depois de conversar com sufi Huzoor, caminhamos pela estrada de terra até o santuário, passando pelas barracas barulhentas e coloridas que vendem suco de manga, elaborados apliques de cabelo para mulheres, pulseiras e doces de leite. Uma vez dentro dos portões, o mundo muda. A maioria dos santuários sufis são lugares tranquilos, mas aqui há um cultuado ar de ordem. Caminhamos entre simétricos canteiros de flores e entregamos nossos pertences a atendentes rigorosos e preocupados com a segurança. Durante o concerto público realizado na presença do *Sajjada*

Saints and State Power: the Pirs of Sind, 1843-1947. Cambridge: Cambridge University Press, 1992, p. 36).

Nasheen, homens e mulheres sentam-se separados (os homens tomam o jardim de flores em frente ao palco, as mulheres se contentam com alto-falantes em um cercado enlameado).

Isto é o mais próximo que a maioria das pessoas chega do *Sajjada*: vendo-o à distância enquanto ele senta-se sobre um fardo de feno para indicar sua «pobreza». Em todos os anos em que visitaram Jhok, Iqbal e Fida nunca o encontraram. No Sinde, esses homens (eles são sempre homens) são tratados como deuses, esperam reverência régia e normalmente se encontram apenas com devotos ricos, políticos — ou estrangeiros.

Enviamos uma mensagem para o *Sajjada*, e a permissão para vê-lo é logo concedida. À medida que subimos os degraus do complexo de mármore branco afastado da tumba, meus amigos murmuram entre si sobre sua opulência. Os sufis valorizam a pobreza, mas o prédio é infundido com o luxo descolado de um xeque da Arábia Saudita. É intitulado, aparentemente sem ironia, *Qasr-e Qalandar*, «Palácio do Andarilho». O próprio *Sajjada* — vestido de branco deslumbrante — tem quatro esposas, um sinal de imensa riqueza no Paquistão. A primeira é sua parente (um casamento arranjado), a segunda é francesa («Gosto de dominá-la», ele me diz como provocação), a terceira mora na capital, Islamabade, e a quarta é especial e mantida em «local secreto».

O *Sajjada* admite abertamente ser um «senhorio», como aqueles que flagelaram seu antepassado. Ele diz que possui 1.400 acres (o limite legal no Paquistão é de 150 acres irrigados ou 300 acres sem irrigação) e que se as pessoas são pobres é porque os punjabis e o exército tomaram todos os empregos. Os problemas do Sinde foram causados pelas «pessoas criminosas e procuradas» que vieram para cá na Partição, os direitos dos camponeses não o preocupam. Em vez disso, o que ele exercita dentro de seu palácio é a «separação homem-mulher». «O homem é como o fogo, a mulher como o algodão», ele dá como explicação. E, se no

SANTOS DO RIO

momento a tessitura dessa afirmação me toca como demasiado esgarçada, mais tarde, parece-me lógico que a crença masculina na *purdah* deve aumentar gradativamente com o número de mulheres que se tenha. Nos centros que estabeleceu na Inglaterra, Alemanha, África e Índia, esse é o principal objetivo do *Sajjada*. «Há muitas meninas em Londres», ele me disse naquela noite, «que pararam de comer carne de porco e de usar biquínis.»

É triste que a mensagem de um grande reformador sufi tenha desembocado nisso, e Fida e Iqbal se desapontam. Mas a lição que aprendo no Sinde é que os descendentes dos santos são universalmente não confiáveis. Alguns *sajjadas* se gabam docemente para mim de suas roupas italianas caras, frotas de carros Mercedes e cartões de crédito da American Express. Outros descrevem os «djins[10] pequenos e incorpóreos» com os quais comungaram ou fofocam sobre a maldade de seus companheiros *sajjadas* (a competição pelos devotos rurais é intensa). Todos exigem *izzat* (honra e respeito) de seus seguidores camponeses analfabetos. Espera-se que os devotos que visitam os santuários deem dinheiro, gado ou mesmo sua prole em serviço vitalício para o *sajjada*. Existem histórias sinistras sobre o *droit de seigneur*[11] que os *sajjadas* exercem sobre as lindas filhas de seus *murids*. Um *sajjada* me mostra os filhos de seus *murids*, que ele acolheu como trabalhadores não remunerados pelo resto da vida, enquanto nos servem chá. É uma forma de escravidão voluntária, uma medida do desespero econômico do campesinato sindi e uma indicação de sua devoção espiritual.

Eu questiono o *Sajjada* sobre a contradição entre a mensagem de Shah Inayat e sua própria posição como latifundiário: «Se Shah

10 *Djinn* é também traduzido como gênio. [N. T.]
11 Instituição que permitia ao senhor feudal, no âmbito de seus domínios, desvirginar uma noiva na sua noite de núpcias. [N. T.]

Inayat estivesse vivo hoje, o que diria sobre o estado do Sinde? Os camponeses ainda são pobres, ainda existem grandes propriedades...». Mas o *Sajjada* simplesmente sorri: «Shah Inayat está vivo. O que quer que eu diga, é Shah Inayat quem o diz. Eu sou Shah Inayat».

Somente Mashkoor não parece nem um pouco perturbado com as palavras do *Sajjada*: «Esses *sajjadas* são todos iguais», me diz depois. «Eles são feudais.» Mashkoor não está aqui pela política. Ele veio pela música.

Os descendentes dos santos podem ter pouca ou nenhuma semelhança filosófica com seus antepassados, a devoção estendida a eles por um campesinato sem direitos pode ser totalmente desconcertante, mas há uma coisa que torna os santuários lugares inspiradores: a música. As festas de aniversário da morte dos santos mais populares reúnem os melhores músicos de todo o Sinde.

Depois de serem relegadas para um descampado durante o concerto do dia, as mulheres foram, é claro, banidas das 65 apresentações musicais realizadas simultaneamente nesta noite nas dependências do complexo de santuários, o *dargah*. Mas, como uma estrangeira sem véu, não sou vista realmente como mulher, e, assim, com Mashkoor empolgado na liderança, passamos de uma reunião musical a outra, ouvindo flautistas do norte do Sinde, velhos tocando *surando* (um instrumento parecido com um violino de cordas), dançarinos saltando e quicando enquanto dedilham o *yaktora* de uma corda. Em uma pequena tenda na extremidade do *dargah* há um cantor de Umerkot, a cidade deserta onde o imperador Akbar nasceu. Ele está sentado no chão, tocando harmônio acompanhado de um tocador de tabla e cantando composições poéticas de todo o Indo — as de Bulleh Shah (um poeta punjabi do século XVIII), de Aijaz Shah (um poeta sindi) e até mesmo a ode recém-cunhada de um estudante de farmácia à sua amada universidade de Jamshoro. À medida que cada apresentação chega

SANTOS DO RIO

ao fim, o público enche o ar da noite com seu grito intraduzível de aprovação: «*Wah wah!*».

Deixamos Jhok Sharif ao amanhecer. Sufi Huzoor Bux está esperando por nós em frente à sua casa, com um humor desafiador: «*Raag* e música são muito bons», ele diz, «mas não são nada mais do que escapismo. Não dão aos pobres o que lhes falta».

Pondero sobre esse comentário nos dois meses seguintes, conforme viajo rio Indo acima, de santuário em santuário. A caracterização de sufi Huzoor Bux, da música como escapismo, é verdadeira, mas os camponeses do Sinde têm mesmo muito do que escapar. Além de oferecer concertos musicais gratuitos e feriados para os pobres, os santuários também dão abrigo aos reprimidos. Em cidades onde boates, danças e bebidas alcoólicas são proibidas, o *Qawwali* de quinta-feira à noite oferece uma festa legalizada. No santuário de Abdullah Shah Ghazi em Carachi, homens de classe trabalhadora e de classe média baixa dançam em grupos ao redor de pequenas fogueiras, flertando com *hijras* e fumando maconha. Mais ao norte, ao longo do rio, dentro do magnífico santuário do santo rebelde do século XIII, Lal Shahbaz Qalandar, o batuque ao anoitecer parece uma *rave*, pelo modo como as mulheres (algumas envoltas em burcas, outras com seus longos cabelos soltos e emaranhados de suor) balançam o tronco ao ritmo de enormes tambores, jogam a cabeça para trás e para a frente e gastam o máximo de energia reprimida possível antes de caírem no chão, esgotadas. Em Hiderabade, na tumba de Makki Shah no meio do desmoronado forte construído pelos Kalhoras, o Kaccha Qila, mulheres presas à *purdah*, de todas as classes sociais, dão ainda mais vazão às suas emoções. Elas vêm para gritar, urrar, rasgar as vestes e bater no peito no recinto ao ar livre exclusivo para mulheres, formado por duas das paredes de tijolo do forte, que aos poucos se desmancham. Toda vez que visito o túmulo de Makki Shah, há mulheres que correm para frente e para trás, sob as árvores, soltando gritos sem palavras ou balançando-se freneticamente em um canto. Uma jovem dona de casa que conheci em Makki Shah me explica que ela vem aqui todos os meses, mais ou menos, «quando sinto meu djin me controlando». Havia chegado esta manhã, e agora, às 15h (depois de um dia correndo e gritando), ela se sentia melhor e estava prestes a ir para casa. (Meses depois, tenho minha própria experiência de ser confinada sem descanso, em uma casa pachto de aldeia. Enquanto a família observa, pego a bicicleta do servo e dou voltas e voltas no pátio em uma tentativa de superar minha frustração, lembrando as mulheres de Makki Shah.)

Algumas mulheres neste santuário claramente sofrem de sérios problemas de saúde mental, mas, para a maioria, o santuário oferece uma trégua temporária de sua pobreza, repressão e falta de autonomia. Pesquisas realizadas no Paquistão por revistas médicas internacionais corroboram essa impressão: mais da metade da população de donas de casa de baixa renda sofre de ansiedade e desespero.[12] Cuidados em saúde mental adequados para as classes mais baixas do Paquistão são inexistentes, e, para os doentes, tristes e solitários, os santuários são com frequência o único recurso.

Cada santuário, então, tem uma função um pouco diferente: Makki Shah para os desequilibrados, Sehwan Sharif para os *ravers* reprimidos e Sachal Sarmast para os amantes da poesia extática. Mas é em Bhit Shah, a casa de Shah Abdul Latif, que tudo isso se combina e é aqui que vivencio o maior evento musical e social do Paquistão.

Shah Abdul Latif tinha 28 anos quando Shah Inayat foi executado, e talvez por isso nunca tenha desafiado os poderes

---

12   I. Mirza; R. Jenkins, «Risk factors, prevalence and treatment of anxiety and depressive disorders in Pakistan: systematic review». *British Medical Journal*, Londres, v. 328, n. 7443, 3 abr. 2004, p. 796; e N. Husain et al., «Depression and Social Stress in Pakistan». *Psychological Medicine*, v. 30, n. 2, mar. 2000, p. 5.

SANTOS DO RIO   145

feudais diretamente. No entanto, sua perspectiva era popular e ele a expressou linguisticamente, em poemas cantados que se entrelaçaram com a alma do Sinde. Como me disse um professor de literatura sindi, foi ele «quem fez o Sinde viver. Depois do Indo, Latif».

Até Shah Abdul Latif começar a compor sua poesia, poetas muçulmanos e santos versadores na Índia escreviam em persa. Os antecedentes dessa língua eram grandiosos (Rumi, Hafiz), suas metáforas importadas (rouxinóis, rosas), e ambos, a persona do poeta e seu tema (o Amado), eram corteses e masculinos. Shah Abdul Latif, como Lutero, falou ao povo em sua própria língua. Ele leu e citou Rumi assim como leu e citou o Alcorão, mas seu tema era todo local. Cantou os fazendeiros e pescadores, camelos e crocodilos, as estações e as estrelas — o ser da vida campesina em si. Mas foi o Indo, o rio no coração da vida sindi, o protagonista silencioso de muitas de suas canções. No século XVIII, o Indo era muito mais usado do que é hoje — para viagens, transporte de mercadorias, recreação e irrigação —, e Latif o descreve em todos os seus humores: suas ondas altas, redemoinhos e areias movediças traiçoeiras, os barcos que o navegam e os peregrinos e mercadores que o atravessam. Ele viaja, em suas canções, pelo Delta e avante em alto-mar, por pequenos riachos e lagos de água doce. A água é uma bênção, e a chuva, como o Profeta, é *rahmat*: Graça Divina.[13] Mas o rio também é perigoso, e cruzá-lo é uma alegoria da torturante passagem da vida para a morte.

O *Risalo* (o nome genérico em sindi para uma coleção de poesia) de Latif é dividido em trinta *surs* (capítulos de canções), a maioria dos quais reconta as histórias e lendas que foram transmitidas ao longo das margens do Indo por gerações. Talvez o afastamento mais significativo de Latif da tradição persa tenha

13   Schimmel, *Pearls from the Indus*, op. cit., p. 14.

sido seguir o costume indiano local de ter protagonistas mulheres, não homens. São vozes femininas as ouvidas em suas canções. Em uma terra onde as mulheres são inibidas e restringidas por noções tribais de honra e conceitos quase religiosos de *purdah*, a atenção que Latif deu às mulheres foi revolucionária.

Os poemas começam no momento em que a heroína se debate com a grande prova moral que a define e que representa, em nível alegórico, o anseio de Deus pela Alma. Cada aldeão sindi sabe como cantar as canções de Latif, e, muitas vezes, quando me sento em uma aldeia sindi tendo as estrelas no céu índigo como única luz, a brisa quente soprando em minha pele, o farfalhar do milho nos campos e o mugido de búfalo os únicos outros sons, e ouço um fazendeiro cantando «*Sur Sohni*» ou «*Sur Sassui*», é fácil confundir os séculos e ser lançada de volta à noite escura na qual Sohni afoga-se no tempestuoso e traiçoeiro Indo.

Filha de um oleiro, Sohni casa-se contra sua vontade com um primo, mas sempre amou Mehar, um comerciante que começa a pastorear búfalos e tocar flauta para cortejá-la. Todas as noites, Sohni cruza o rio para encontrá-lo. Uma noite, sua cunhada, tendo observado seus encontros, substitui a panela queimada que Sohni usa como boia, por uma não cozida, e, quando Sohni mergulha no rio como de costume, as águas do Indo encharcam na argila mole e o pote dissolve-se no meio do rio. Latif começa seu poema nesse momento, enquanto Sohni é arrastada para a morte:

> Pote na mão, fé em Deus, ela entra na água.
> A perna na boca do cação, a cabeça na do tubarão,
> Tranças retorcidas, seu cabelo flutua n'água,

SANTOS DO RIO

Peixes, grandes e pequenos, em congregação,
Crocodilos à espreita, para devorá-la.[14]

O Indo também é central na história de Sassui, a outra heroína favorita de Latif, uma órfã hindu descoberta no Indo por um lavandeiro muçulmano e criada como sua filha. Quando cresce, Sassui se apaixona por Punhu, um nobre baluchi que finge ter um nascimento humilde para cortejá-la. Sua família aristocrática fica furiosa com essa loucura e o sequestra uma noite enquanto Sassui está dormindo. Latif relata a longa jornada a pé de Sassui no rastro de seu amante através do deserto do Baluchistão, onde ela morre, longe das terras do Indo, que eram seu lar.

No deserto, a oeste do Indo, existem várias constelações de túmulos do século XVIII, o descanso derradeiro de muitos Kalhoras e de seus *murids*, os Talpures. Essas tumbas claras, cor de areia, com seus enormes domos em forma de cebola e finos pináculos que agora se erguem assustadoramente isolados do deserto, cercam como dedos apontados um retrato raro e delicado da vida do século XVIII no Sinde. Mas eles ficam tão distantes que eu jamais os teria encontrado se não fosse pelo diretor de uma escola local, o único homem no distrito que sabe onde estão, e leva três dias para visitá-los todos, de tão dispersos. Depois de horas de estrada no deserto, um aglomerado de cúpulas brilha à distância. Às vezes encontramos cinco, às vezes dez, às vezes vinte cúpulas de nove metros de altura em um grupo, recortadas contra o céu azul-pálido em grandeza silente, e, ao redor delas,

14 Esta tradução [isto é, o texto do original inglês (N. E.)] é uma mistura entre a de Elsa Kazi (Latif, Shah Abdul, *Risalo of Shah Abdul Latif*. Trad. ingl. E. Kazi. Hiderabade, 1996) e a de Amena Khamisani (Id., *The Risalo of Shah Abdul Latif Bhitai: Translated In Verse*. Trad. ingl. A. Khamisani. 2. ed. Hiderabade: Bitshah Cultural Centre Committee, 2003).

espalhadas como seixos, dezenas, ou mesmo centenas, de tumbas menores de pedra.

Esta é uma terra abandonada, pois os fazendeiros foram incentivados há muito tempo a abandonar a irrigação tradicional fornecida pelas torrentes das colinas e migrar para leste, para o cinturão verde do Indo, administrado por barragens. O diretor gesticula para a areia que se estende sem fim em todas as direções, até onde a vista alcança. «Esta área já foi exuberante e fértil», diz ele. Cruzamos uma longa crista de terra. «Este é o antigo sistema de canais dos Kalhoras», diz. «Irrigava toda essa área. Mas hoje não podemos nem mesmo fazer o que os Kalhoras fizeram no século XVIII.» Abaixa-se e passa um pouco de areia entre os dedos. «Apenas camelos sobrevivem aqui agora.»

Derrubada pelo calor escaldante do deserto, entro em uma tumba. Ouço um bater de asas de pombo e perco o fôlego ao olhar em volta. Dentro há uma torrente de cor e vida. Afrescos cobrem cada centímetro das paredes curvas e tetos em abóbada. Nos cantos, e seguindo ao longo da arquitrave, há romãs com pontas pontiagudas, berinjelas roxas e mangas amarelas rechonchudas. O teto é um redemoinho denso de flores ocres, azuis, vermelhas e verdes. As bordas entre as pinturas estão repletas de animais, peixes e pássaros: pelicanos com peixes listrados em seus bicos, macacos escalando uma tamareira, gado de aspecto satisfeito.

As principais composições em cada uma das quatro paredes retratam o folclore, a história e a sociedade locais do século XVIII. A religião é representada por mesquitas, rosários, potes de água para abluções e Alcorões abertos em suportes com as palavras voando das páginas para o ar como que enfeitiçadas. Há ilustrações da vida doméstica: marido e mulher sentam-se juntos em uma *charpai* com uma espada e um mosquete cuidadosamente colocados sob a cama, uma senhora é abanada por sua empregada. Existem imagens do mundo exterior: um barco navega pelo Indo, homens perseguem tigres, um camelo desfila com langor pelo deserto. No alto da parede de uma das tumbas, uma batalha feroz é travada entre cavaleiros empunhando espadas e guerreiros em elefantes. Em todos os lugares há evidências da água desaparecida que uma vez manteve essas pessoas, plantas e animais vivos. As tumbas permanecem aqui na areia como uma profecia inaudita — um aviso sombrio a um país onde as terras agrícolas têm rapidamente se desintegrado em pântanos salgados ou areia do deserto.

Como o rio, os túmulos estão desprotegidos, e esta rica cultura está a ponto de se perder. Na Europa, tal tesouro sustentaria uma indústria turística. Aqui, estão em um deserto varrido pelo vento, soprados pela areia, visitados apenas por um porco-espinho ocasional ou invasores de tumbas que erroneamente cavam as sepulturas na esperança de encontrar um tesouro (os Kalhoras nunca enterraram bens com seus mortos). As atitudes islâmicas em relação à representação de humanos variaram, e no Sinde do século XVIII havia claramente pouca preocupação sobre a representação humana (para não falar da «separação homem-mulher»), mas, infelizmente, vários dos rostos, sobretudo os das mulheres, foram recentemente riscados por iconoclastas com a intenção de impor sua própria censura ao passado. As estruturas também estão caindo aos pedaços. Rachaduras correm com obstinação através de cada cúpula, e, em muitas das mais grandiosas, o topo desabou, deixando entrar o céu.

De todas as cenas pintadas nestas paredes, as mais comoventes são as tiradas das canções de Latif. Sassui está aqui, desesperadamente atrás de seu Punhu sequestrado, ao longo da margem do rio. Sohni aperta uma panela contra o peito enquanto nada pelo rio, perseguida por um crocodilo e um cardume de peixes. Seu marido está de um lado, girando um rosário nos dedos; do outro, esperando no meio de sua manada de búfalos, está Mehar, segurando seu cachimbo de junco. No calor moderno do deserto, imagens como essas auguram o desaparecimento do Indo, que outrora nutriu essa botânica verdejante do século XVIII, foi o berço desses gordos peixes *palla* (agora praticamente extintos) e forneceu um cenário tranquilo e ameaçador para o *Risalo* de Latif.

Todos os anos, durante três dias, essas cenas do século XVIII também são homenageadas na música durante a época do *urs* de Shah Abdul Latif. Homens e mulheres, aldeões, habitantes da cidade, profissionais da cidade, sunitas, hindus e xiitas, vêm de todas as partes do Sinde para Bhit Shah, a vila ao norte de Hiderabade que Latif transformou em seu retiro musical. Todas as noites do ano, do crepúsculo à alvorada, músicos locais cantam todo o *Risalo* em frente ao santuário de Latif. Durante o *urs*, a vila de Bhit Shah abre os braços e recebe multidões de grupos de devotos, cada um com sua própria cozinha de acampamento, tendas e fogo, cada um com seu time de cantores. Por toda a aldeia, dentro do santuário, ao longo das ruas estreitas e até os campos além, a música de Latif enche o ar.

Latif inventou um instrumento, o *tambooro*, e um novo verso musical, o *vai*.[15] Suas canções, com protagonistas femininas, são recitadas por grupos de músicos em um falsete cru e assustador. Elas são tecnicamente difíceis de cantar, e o sindi é arcaico e árduo até mesmo para falantes nativos. Mas há algo na perfeição de sua forma, ou na sinceridade com que são cantadas, que as torna compreensíveis para todos.

Eu perambulo a noite toda, enquanto círculos de espectadores se formam e se dispersam: ao redor de uma *hijra* dançando com sinos tilintantes em seus tornozelos, de um flautista sentado no chão, de dançarinos encenando as histórias de Latif com gestos e também com palavras. No *chillah* de paredes de barro de Latif, a

---

15   O coronel Todd acreditava que a escala musical indiana fora inventada às margens do Indo. Ver T. Hotechand, «The Risalo: Its Musical Compositions». In: A. H. Akhund (Org.), *Shah Abdul Latif, his Mystical Poetry*. [S.l.: s.n., *c.* 1991], p. 160.

SANTOS DO RIO   151

sala onde ele se sentou e meditou, músicos da vila local, vestidos de preto, estão executando calmamente o «*Sur Sohni*». Na rua abaixo da casa lotada de devotos do *Sajjada Nasheen*, faquires estão fumando maconha juntos e contando as novidades. No espaço antes do santuário, tambores tocam para a dança extática do *dhammal*. Em Bhit Shah, o melhor da sociedade sindi se reúne. Há liberdade aqui, durante os três dias de música e festa, uma resistência teimosa à hierarquia social e à homogeneidade religiosa do Paquistão. Talvez porque a organização social não seja dominada nem pelo *Sajjada Nasheen* — como em Jhok — nem pelo governo (os eventos oficiais acontecem na outra ponta da vila), o ambiente é o de um carnaval ou de uma parada momesca medieval.

Na manhã do aniversário da morte de Latif, o *Sajjada Nasheen* coloca a boina e a capa de Latif e avança em direção ao santuário, enquanto seus devotos urbanos choram. Naquela tarde, um grupo de jovens missionários de turbante verde e barbas ralas correu em direção ao santuário, gritando «*Allah-hu, Allah-hu*». Mais tarde naquela noite, em meio ao barulho do *urs*, ouço a batida de um *mugarman* e corro em direção ao santuário, para descobrir que um grupo de sidis paralisou o pátio lotado com seus agachados e pulos enérgicos, enquanto dançam em direção ao túmulo de Latif e batucam de seus altos tambores de madeira. Todo o Sinde está aqui e todos têm um lugar.

A harmonia não sectária oferecida em Bhit Shah apavoraria os setores recém-conservadores wahabizados. Tarde da noite, encontro um jornalista baluchi que me diz que vem aqui todos os anos, «deixando meus preconceitos de classe média para trás em Carachi». Ele escreveu um artigo sobre o *urs* uma vez, cuja primeira linha foi cortada: «Uma família de intocáveis hindus dorme na mesquita sunita de um santuário sufi dominado por xiitas». Entro na mesquita para verificar e é verdade: na sala de orações, passo por cima de famílias adormecidas, homens e mulheres.

É como se a sociedade tivesse suspendido sua mesquinhez de costume e compreendido esta mesquita pelo que ela é: um espaço para acomodar devotos. Na segunda noite, entro em um anexo do santuário e encontro uma série de funcionários do governo do Departamento de Auqaf, que lida com assuntos religiosos, sentados em volta de uma gigantesca pilha verde de notas de rúpias de pequeno valor, todas misturadas com róseas pétalas de rosa, enquanto contam, sonolentos, o dinheiro doado pelos peregrinos. (Funcionários dizem que *urs* bem atendidos podem render «Rs30 lakh», ou 30 mil libras.) Passo a segunda noite ouvindo músicos cantando o *Risalo* e, ao amanhecer, volto para a casa saíde, onde estou hospedada com parentes do santo falecido.

As mulheres saídes ainda estão vestidas de preto porque o *Muharram*, o mês de luto pelos heróis xiitas, acabou recentemente. Elas nunca saem de casa, nunca limpam ou cozinham: seus *murids* fazem isso. Elas apenas ficam sentadas o dia todo em suas cadeiras de balanço laqueadas, tombando para a frente e para trás e fofocando, como aranhas rechonchudas em uma teia.

Parece perverso que as mulheres permaneçam dentro de casa enquanto esse desfile de homenagens a seu ancestral cresce à sua porta. Mas, quando converso com os parentes de Latif — incluindo o *Sajjada Nasheen* —, descubro que eles não o consideram um sufi inclusivo e acolhedor. Para eles, ele era «completamente xiita». Desejando reclamá-lo para sua seita particular, alguns dos parentes de Latif veem com ambivalência os *urs* não regulamentados. Enquanto o festival literário na aldeia celebra Latif como um poeta e as massas que festejam do lado de fora consideram Latif a voz ecumênica do Sinde, para o *Sajjada Nasheen* o *Risalo* é principalmente um texto religioso: uma versão sindi do Alcorão. Na maioria dos lares muçulmanos, o Alcorão é separado de outros livros, tal é a sua sagrada importância. Mas, na casa do *Sajjada*, o *Risalo* é, em verdade, colocado no mesmo nível do livro sagrado do Islã. Ambos

SANTOS DO RIO   153

os textos são embrulhados em tecido dourado e colocados como bebês — como o Kṛṣṇa[16] Bebê — em um berço.

O que quer que Latif fosse, seu *Risalo* não é a obra de um dogmático. Contém muito poucos princípios de qualquer tipo, sejam sufis, xiitas ou sunitas. Certamente é obra de um muçulmano — mas não mais gritantemente do que as peças de Shakespeare são coloridas pelo cristianismo. Assim como Shakespeare foi chamado de protestante, católico, ateu e inventor do amor romântico, também, de acordo com o historiador sindi Hussamuddin Rashdi, o mesmo destino se abateu sobre Latif:

> Shah era a coroa dos sufis, Shah era um poeta popular, Shah era o mestre das ragas, Shah era um patriota, Shah era um congressista, Shah era um delegado muçulmano, Shah era Rumi, Shah era Goethe... enfim, Shah é o remédio para todas as doenças.[17]

Shah Abdul Latif sempre foi tão amado pelos hindus sindis quanto pelos muçulmanos sindis, e todos os anos estudiosos hindus da Índia são convidados para o festival literário patrocinado pelo governo, realizado durante o *urs*. O próprio Latif passou cerca de três anos na companhia de iogues hindus, e os elogia em sua poesia:

> Não encontro hoje meus amigos iogues em suas casas,
> Derramei lágrimas toda a noite, fustigado pela dor da separação,
> Os Santos por quem meu coração anseia, todos se foram.

16 Divindades hindus estão grafadas conforme o *International Alphabet of Sanskrit Transliteration* [IAST] (Alfabeto internacional para a transliteração do sânscrito), como Kṛṣṇa, Viṣṇu, Śiva, Rādhā e Gaṇeśa, e não como *Krishna, Vishnu, Shiva, Radha* e *Ganesha*, conforme a língua inglesa e diversas línguas europeias. [N. T.]

17 Citado por A. Schimmel, *Pain and Grace: A Study of Two Mystical Writers of Eighteenth Century Muslim India*. Leiden: Brill, 1976, p. 153.

(Esses versos também são interpretados como uma dedicatória secreta ao martirizado Shah Inayat.[18]) O *Risalo* de Latif, portanto, exemplifica a tranquila interação espiritual que existe entre as duas religiões, uma tranquilidade que foi adquirida após séculos de coabitação. O legado é uma ironia em um país baseado na separação entre muçulmanos e hindus, e é maravilhoso que esse sincretismo tenha sobrevivido.

Com suas estruturas fragmentadas de autoridade e sua atitude idiossincrática para com as religiões canônicas, o Sinde é um lugar fecundo, e durante o último milênio houve períodos em que a proximidade do hinduísmo e do islamismo resultou até mesmo na identificação entre as duas religiões. No livro sagrado dos ismaelitas, uma seita dissidente do xiismo que chegou ao Sinde no século IX, o profeta Maomé (ou, alternativamente, seu genro Ali) é aclamado como o décimo avatar do deus hindu Viṣṇu. Naquele momento, o ismaelismo estava sob o ataque de radicais sunitas bem como de hindus recalcitrantes, e, para esconder a sua religião da censura, eles desenvolveram uma forma de camuflar a sua atividade missionária em uma embalagem hindu. Assim é, pelo menos, como os xiitas sempre explicaram essas doutrinas potencialmente heréticas: como uma forma de *taqiyya* — a ocultação legítima da fé interior de alguém para escapar da perseguição — ou como um método de proselitismo astuto, de tornar sua pregação aceitável para o ouvido hindu. Os primeiros missionários jesuítas na Índia praticavam uma forma semelhante de «acomodação» quando se vestiam como *sadhus* — homens sagrados hindus — e se autodenominavam brâmanes de Roma.[19]

18   K. B. Advani, *Shah Latif*. Déli: Sahitya Akademi, 1970, p. 16.
19   T. Stuart, *The Bloodless Revolution: Radical Vegetarians and the Discovery of India*. Londres: HarperPress, 2006, pp. 259-63.

SANTOS DO RIO   155

Mas os textos sagrados da comunidade ismaelita Satpanthi, publicados por volta de 1757 e armazenados em sua sede em Carachi, não dão essa impressão. O sagrado *Dasa Avatara* começa convencionalmente com uma exegese dos dez avatares de Viṣṇu. Por volta da nona encarnação, no entanto, o hinduísmo convencional foi transformado em um burlesco surreal, dado que um «Buda» independente — de pernas tortas, rosto deformado e falando persa — prega aos hindus que o profeta Maomé era o avatar do deus hindu Brahma. Buda convence os Pandavas — heróis do antigo épico sânscrito, o *Mahabharata* — de que eles deviam violar sua religião matando uma vaca. Os Pandavas são convertidos e desfilam até o bazar usando como chapéus a cabeça e as pernas de uma vaca morta. Lá, as partes da vaca desmembrada se transformam em «coroas de ouro reluzentes»; e a raiva dos brâmanes no mercado, em inveja. Eles também correm para se embrulhar nos intestinos da vaca. Quem acreditar, afirma o *Dasa Avatara*, irá para *Amarpuri*, a Morada Eterna repleta de joias.

Esse é um texto extremamente transgressivo, que quebra os principais tabus do Islã, do hinduísmo e do budismo. No entanto, até pouco tempo atrás, a comunidade ismaelita Satpanthi em Carachi cantava-o «em pé», em todos os festivais, ao som de «*Kedara*», o *raag* que Shah Abdul Latif usava para sua poesia do *Muharram*.[20]

É claro que, para um muçulmano ortodoxo, a noção de reencarnação é um anátema. Mas no Sinde, como o *Sajjada* de Jhok demonstrou, essa ambivalência é comum. Quão diferente é a filosofia hindu de reencarnação da ideia de que um neto de décima primeira geração de Shah Inayat possa realmente ser Shah Inayat? Maomé é louvado pelos muçulmanos como o último e maior de todos os profetas. Se você inclui aí os «profetas» hindus, então

20   G. Khakee, *The Dasa Avatara of the Satpanthi Ismailis and the Imam Shahis of Indo-Pakistan*. Harvard, Cambridge (Mass.), 1972.

Maomé é também o último e maior dos avatares de Viṣṇu. Ideias aparentemente irreconciliáveis fundem-se pelo simples processo osmótico de estar em contato próximo umas com as outras.

Muitos dos santos proselitistas que chegaram ao Sinde vindos do Irã ou do Oriente Médio deram um impulso à sua missão criando raízes em antigos locais de culto hindus ou mesmo permitindo-se ser identificados com deuses hindus. Sehwan Sharif, onde se situa a tumba de Lal Shahbaz Qalandar, é o local de um importante centro de adoração a Śiva. O nome Sehwanistan, como era conhecida até recentemente, deriva de Sivistan, cidade de Śiva, e os faquires modernos ainda se vestem como iogues xivaístas, com roupas rasgadas e cabelos emaranhados. Lal Shahbaz Qalandar também costumava ser chamado de Raja Bhartari pelos hindus, e quando visito seu santuário vejo, piscando em neon vermelho em escrita urdu acima de sua tumba, as palavras *Jhule Lal*, um dos muitos nomes hindus para o deus da água. Pelo menos até o século XIX, os muçulmanos e hindus acreditavam que o Indo aumentava e diminuía de acordo com os caprichos de Lal Shahbaz Qalandar.[21]

Muitas vezes, durante essa jornada rio acima, descobri que o Indo ainda é — como tem sido há séculos — um lugar onde pessoas, ideias e religiões se encontram e se misturam. Em um deserto, um rio é um centro inato, ponto de passagem e recurso natural, e, com tantas pessoas congregando em torno de suas águas, nem o hinduísmo nem o islamismo conseguiram manter sua pureza original. Nunca houve muitos brâmanes no Sinde — o centro do hinduísmo, seu clero e textos mudaram-se para o Ganges há dois milênios — e as seitas sempre se multiplicaram e prosperaram aqui. Uma delas é a Daryapanthi, cujos adeptos reverenciam o próprio Indo. Ainda hoje, o Indo é adorado por muçulmanos e também por hindus em

---

21 A. Burnes, *Travels in Bokhara*, op. cit., v. III, p. 57.

SANTOS DO RIO   157

dois lugares no Sinde: na aldeia de Uderolal, perto de Bhit Shah, e, muito mais ao norte, perto da famosa cidade ribeirinha de Sucur.[22]

Chego a Uderolal quando a noite cai. Ao descer do ônibus, posso ouvir que a *mela*, a feira, já começou: pelos alto-falantes obrigatórios em qualquer evento religioso no subcontinente, *bhajans* — canções devocionais hindus — são entoadas e ao fundo há uma massa constante de barulho, o vaivém de peregrinos. A aldeia de Uderolal, ocupada por muçulmanos, ergue-se da planície, um aglomerado de casas rurais simples reunidas por nenhuma outra razão a não ser a de que o Indo uma vez fluiu nas proximidades. Então viro a curva da estrada e vejo o enorme forte mogol, com suas paredes de um metro e meio de espessura, que envolvem uma mesquita, um templo e a tumba de um homem a quem os muçulmanos chamam de Shaikh Tahir e os hindus chamam de Jhulelal ou Uderolal — e a quem todos chamam de Zindapir (Santo Vivo). Hoje é o aniversário de Zindapir.

Para os hindus, a tumba realmente representa o *asthana* de Zindapir, seu assento, pois ele nunca morreu, é um deus. Para os muçulmanos, ele foi um grande santo nascido no ano de 952. A lenda muçulmana — contada a mim pelo *Sajjada Nasheen* muçulmano — é elástica: estende-se por sete séculos. Pescado quando bebê, como Sassui, do Indo, Zindapir foi criado por pais hindus, mas seu grande poder espiritual só foi exposto por acaso durante sua infância, quando (tecnicamente duzentos anos mais tarde) quatro santos muçulmanos do século XIII — Lal Shahbaz Qalandar e seus amigos — o conheceram quando ele jogava bola às margens do Indo. Percebendo que sua *shakti* («poder»: em si, uma palavra do sânscrito-hindu) estava sendo sufocada por sua criação hindu,

---

22   Arif Hasan escreve que em Carachi já houve «uma mesquita e um templo dedicado a Daryalal, a divindade da água» (A. Hasan, «Another Time, Another Place: A journey through Karachi's pre-British past». *Herald*, Carachi, ago. 1986, p. 76).

eles o readotaram. Quatro séculos se passaram, entretanto, antes que Zindapir realmente deixasse sua marca, depois de convencer o puritano imperador Aurangzeb a cessar a opressão aos hindus. Ele assim se destaca como uma figura clássica na coexistência harmoniosa dos hindus e muçulmanos do Sinde.

Em 1938, talvez encorajados por demandas separatistas em outras partes da Índia britânica, hindus e muçulmanos que adoravam aqui entraram em conflito. «Os hindus colocaram um *bhoot* (fantasma) no santuário», diz o *Sajjada* muçulmano, e tira de sua carteira um documento dobrado. É uma cópia da ordem judicial com carimbo britânico de 1938, que encerrou o debate sobre qual comunidade (hindu ou muçulmana) poderia embolsar as doações provenientes da *mela*. A corte colonial decidiu a favor dos latifundiários muçulmanos, e, desde então, toda rúpia depositada nas caixas de coleta durante a *mela* é levada pelo *Sajjada* muçulmano.

O tribunal também decidiu que os hindus deveriam ter instalações separadas para comer, dormir e adorar, e assim foi construído um complexo adjacente ao forte, incluindo o poço sagrado de Zindapir. Todo o dinheiro que os peregrinos hindus deixam lá vai para a *Sajjada* hindu, atualmente uma mulher conhecida como «*Mata*» (mãe). O resultado líquido do firmão foi uma perda de renda para os muçulmanos.

Apesar dessa divisão, ninguém jamais sugeriu a criação de dois festivais diferentes, e a festa de aniversário em homenagem a Zindapir ainda é realizada na data de Cheti Chand, de acordo com o calendário hindu, não o muçulmano. O *Sajjada Nasheen* pode casmurrar-se em sua hospedaria, a *Mata* pode espreitar detrás de seu poço sagrado, mas o forte pertence a peregrinos de ambas as religiões.

O santuário passa por uma ampla reforma, financiada por um comerciante hindu de Carachi. Como sempre no Paquistão, o antigo, porém instigante, vem sendo destruído para dar lugar ao

SANTOS DO RIO

novo e reluzente. Afrescos (pintados, suponho, há um século, por alguém com gosto deveras eclético, já que há moinhos de vento holandeses, cenas de barco com o padrão do salgueiro chinês, bem como vistas *mogolescas*) já foram desfigurados além de qualquer restauro possível pela cal espirrada no teto abobadado, e logo desaparecerão completamente sob uma chacina de mármore caro e ladrilhos espelhados.

Enquanto orbito a tumba de Zindapir junto com a multidão, uma família hindu chega carregando um tradicional pano muçulmano verde, inscrito com versos do Alcorão, que coloca sobre a tumba em ação de graças. Na sala adjacente, os devotos fazem fila para orar em uma sala cheia de imagens hindus. Na sala ao lado estão os túmulos dos quatro xeques muçulmanos que (segundo a lenda hindu) cederam o terreno a Zindapir, de graça, para construir um templo no século X. Do lado de fora, no pátio, há uma árvore com galhos nos quais se penduram, com pedaços de pano colorido, os desejos de suplicantes de ambas as religiões. (A árvore cresceu a partir da escova de dente jogada fora por Zindapir, que, seja hindu ou muçulmano, estabeleceu padrões bem altos de higiene dental.)

Fui convidada para as festividades reservadas aos hindus por Diwan Lekraj, um membro do Conselho da Coalizão pelo Patrimônio dos Exilados, criado após a Partição para proteger os monumentos das «minorias» ausentes. Diwan é hindu, mas mal se pode diferenciá-lo dos muçulmanos ao redor. Não há nada em suas vestes ou sua língua (urdu) ou carro ou casa que chame a atenção para sua fé «minoritária». Talvez os horrores da Partição tenham ensinado aos hindus do Paquistão que era mais sábio agir assim. Ou talvez não haja mesmo muito que os distinga, afinal, como a história das duas fés de Zindapir sugere.

De Uderolal é uma longa jornada sentido norte, ao longo da rodovia do Indo até Sucur, o outro santuário sindi de Zindapir. Situado em uma pequena ilha no meio do rio, esse é o menor, menos frequentado e mais agradável de todos os enclaves sufis do Sinde. Com a cidade de Sucur de um lado, Rohri do outro, e a ilha maior de Bukkur poucos metros além na água, o santuário existe em isolamento aquático, uma indiferente síntese de todas as culturas do Sinde, como um golfinho em salto sobre o rio, em contravenção à gravidade do tempo.

O Indo é mais estreito aqui, cercado por calcário, e, ao contrário de todos os assentamentos ao sul — constantemente em perigo de inundação —, a comparativa estabilidade ribeirinha deu a essas cidades a oportunidade de deleitarem-se em seu caráter semiaquático. Os mohanas, os barqueiros do Indo, ainda vivem no rio, em barcos à vela de madeira. Durante todo o dia, chatas passam pela ilha de Zindapir, levando trabalhadores para as plantações rio acima, ou peregrinos ao santuário da ilha, ou sacas de arroz e sacolas de especiarias do bazar para a cozinha do santuário. Durante o *urs* em um santuário à margem do rio em Rohri, até eu recebo minha própria *silsila* sufi: «*Zabardast kism ka naam*», ouço o filho do *Sajjada* comentar com um amigo quando ele ouve o meu nome: um nome de tipo admirável. E ele o escande, fazendo as duas últimas letras soarem como a palavra urdu «*se*» («de»), dando-lhe assim uma etimologia islâmica: *Ali-se*, «vinda de Ali», o pai sufi de todos eles. (Quando conto isso a um amigo, ele faz piada: «Ele poupou você dos custos de uma árvore genealógica. Agora que você é uma saíde, onde estão seus *murids*?».)

O filho do *Sajjada* também me conta que, até recentemente, peixes *palla* nadavam rio acima, vindos do mar, a fim de saudar a panóplia de santos do rio Indo em Sucur. Cada sindi tem memórias afetivas do *palla*, *Tenualosa ilisha*, ou *hilsa*, como é conhecido em Bengala: da família do arenque, no Sinde o peixe é o antigo símbolo de um paraíso ribeirinho evanescido e seu prato nacional, agora ameaçado (porque represas no rio impedem que ele migre Indo acima e abaixo para desovar). Ao sul do santuário, e visível

SANTOS DO RIO   161

a partir da ilha de Zindapir, está a causa da morte do *palla*: a barragem Sucur, construída pelos britânicos em 1932 para alimentar uma rede de canais de irrigação. A barragem aumentou muito o potencial agrícola do Sinde — e também prendeu o golfinho cego do Indo acima de Sucur. Residente local desde que o rio foi formado há milhões de anos, esse glorioso mamífero só agora está ameaçado de extinção.

As ilhas são uma parte intrínseca do caráter de tais cidades. Um majestoso templo hindu de mármore branco domina a ilha mais ao sul no rio. Entre ela e o santuário de Zindapir ao norte, fica o forte insular de Bukkur, o assentamento militar mais importante da região até os tempos britânicos. Dessas três ilhas, o santuário de Zindapir ao norte é o menor — mal há espaço para o *asthana* de pedra lisa de Zindapir, algumas palmeiras e uma cabana feita de folhas sob a qual os faquires ficam sentados o dia todo, preparando o *bhang*, a infusão espessa de maconha que eles, por educação, me dizem ser «chá verde». E, no entanto, durante séculos, esse pequeno pedaço de terra no meio do Indo esteve apinhado de sindis, congregados aqui para reverenciar o rio.

Passo muitos dias na ilha de Zindapir, conversando com os faquires, sem dúvida os paquistaneses mais descontraídos que já conheci. Eles têm suas próprias histórias sobre as origens de Zindapir, mas, apesar das datas históricas atribuídas às histórias pelo folclore, é impossível calcular qual é a idade real do culto ao santo do rio. Há uma teoria entre alguns muçulmanos atuais de que a versão hindu só foi inventada após a Partição, mas as biografias da era colonial de Zindapir, escritas por sindis, refutam isso. A variante hindu simplesmente dá um rosto humano ao culto primordial do rio e pode ter suas raízes na época rigvédica, ou antes. A versão muçulmana é comparativamente antiga, em termos da história do Islã, pois de poucos outros santos alega-se terem chegado aqui antes do ano de 952.

162 ALICE ALBINIA

Os faquires de Zindapir dão à sua versão da história uma reviravolta inteligente ao declarar que o santo que apareceu na ilha era Khwaja Khizr. Essa pessoa, cujo nome significa «Senhor Verde», é encontrada em todo o mundo islâmico, quase sempre em associação com cultos à água. Seus antecedentes são misteriosos, pois, enquanto os muçulmanos devotos (como o novo *Sajjada Nasheen*) afirmam que ele é um profeta do Alcorão, na verdade Khwaja Khizr nunca é mencionado pelo nome no livro sagrado. Ele foi inserido posteriormente pelos escritores do Hadiz (ditos do Profeta) como o até então inominado amigo de Moisés.[23]

Esse foi o início (ou talvez um modo subsequente de justificação) da onipresença de Khwaja Khizr no mundo islâmico. Richard Carnac Temple, um funcionário público do Sinde britânico do século XIX, pesquisou, mas nunca publicou, uma monografia sobre o santo, intitulada *Zinda Peer: Everliving Saint of India* [Zinda Peer: O Santo Imortal da Índia]. Khwaja Khizr, escreveu ele, é «conhecido por todas as crianças, do Marrocos à península malaia, como o ajudante em todos os problemas de qualquer tipo e, ao mesmo tempo, o zombeteiro por excelência e o mais conhecido dos deuses ou santos modernos de todos os mares e rios».[24] Em versões islâmicas do *Romance de Alexandre* (as lendas medievais sobre Alexandre, o Grande, populares na Europa e na Ásia), Khwaja Khizr tornou-se amigo do herói epônimo, acompanhando-o em uma busca da Fonte da Vida Eterna. A qual Khizr descobriu por acaso, quando um peixe seco que ele carregava caiu em uma nascente e ele assistiu surpreso a seu almoço balançar as nadadeiras e flutuar para longe. Khizr bebeu profundamente da fonte e correu para buscar Alexandre, mas, quando

23 Mais tarde, ele assumiria um papel importante nos círculos sufis como o iniciador místico de novos discípulos sem mestre. Ver Schimmel, *Pain and Grace*, op. cit., p. 22.

24 Sir R. C. Temple, *A general view of Indian Muslim saints*, 1931.

SANTOS DO RIO   163

voltaram, a fonte já havia desaparecido (felizmente para a humanidade, ou então Alexandre estaria até hoje marchando ao redor do
mundo, conquistando países aleatórios de acordo com seu capricho). No lugar dele, é o «tímido e retraído» Khwaja Khizr que vive.
O patrono dos viajantes, o ajudante daqueles em extrema necessidade, que se manifesta para aqueles que o invocam com sinceridade.

Sua primeira aparição registrada no Sinde ocorreu no ano de
952 da nossa era, quando um comerciante de Déli descia o rio com
sua filha, uma garota cuja beleza incomum chamou a atenção do
rajá hindu local. O homem perverso tentou violá-la, mas a garota
chamou Khwaja Khizr, que desviou o Indo de passar pela sede do
rajá em Alor e, em vez disso, pousou o barco em segurança na ilha do
rio. (O atual *Sajjada Nasheen*, que passou sua vida trabalhando para
a infame e todo-poderosa Autoridade de Desenvolvimento de Água
e Energia do Paquistão [WAPDA], sente-se na obrigação de apontar
para mim que, embora seja verdade que o Indo mudou de curso há
vários séculos, como engenheiro ele é incapaz de confirmar que essa
ocorrência foi criação do próprio Khwaja Khizr. Até mesmo os profetas do Alcorão que beberam profundamente do elixir da juventude
eterna têm seus limites.)

Em Sucur, hindus e muçulmanos adoravam juntos no santuário de Zindapir na ilha até o final do século XIX. O *Gazetteer of
Sindh* em 1874 atestava o caráter não antagônico do culto comum
ali, mas, na época em que o *Gazetteer* de 1919 foi publicado, os
hindus já haviam se mudado da ilha.

Quando peço ao *Sajjada Nasheen* que explique as razões da
cisão na comunidade, ele me conta que, durante a década de 1880,
os hindus moveram uma ação contra os muçulmanos, argumentando que a ausência de uma tumba na ilha significava que aquele
deve ter sido sempre o local de culto de um deus hindu imortal.
Os muçulmanos responderam que não havia tumba porque
Khwaja Khizr ainda estava vivo. A corte colonial, convocada para

determinar em lei exatamente o que aquele local de culto na ilha representava, deu prioridade aos muçulmanos, e os hindus voltaram-se para a água e construíram um novo templo onde ela atinge a costa. Se você estiver na ilha de Zindapir, poderá ver o grande templo hindu pintado de amarelo do outro lado do rio. Quaisquer vestígios do templo original que um dia poderiam ter existido aqui na ilha desapareceram na enchente de 1956, que também destruiu a mesquita, o «trono das serpentes» e os imensos portões prateados.[25] Tudo o que o rio deixou para trás, apropriadamente, foi a pedra lisa da *asthana* do santo.

Estou ansiosa para ler os documentos judiciais de que o *Sajjada* falou, mas infelizmente seu primeiro advogado, segundo me disseram, recentemente os deu a alguns visitantes estrangeiros cujos nomes ele não consegue lembrar. Muito menos consegue lembrar se eram escritos em inglês, sindi, sânscrito ou persa. O advogado acha que pode haver outro exemplar no Tribunal Civil, a um pulo — ou pelo menos a um curto passeio de barco — da ilha de Zindapir, e então lá vamos juntos.

O tribunal da era britânica é uma construção pitoresca, a única construção no topo de uma colina à beira do rio, construída ali, pode-se supor, para protegê-la da devastação das massas furiosas (ou do rio furioso). Sou apresentada à magistrada, que, com seu batom e seus cabelos ondulados, está empoleirada de maneira incongruente nesse edifício em ruínas de outra época. Ela gentilmente nos permite pesquisar os registros. Mas eles estão em um estado deplorável: há três meses, uma série de explosões (detonações aparentemente aleatórias de armamentos confiscados e esquecidos) destruiu o lado norte do prédio e matou tragicamente o escrivão-chefe «que sabia de tudo». Embora

---

25 Arif Hasan, 2002.

SANTOS DO RIO 165

procuremos em todos os pacotes da década de 1880, não conseguimos encontrar a sentença.

Para os britânicos, que governavam o Sinde na época, a disputa de Zindapir era de importância local limitada, e a notificação direta do divórcio religioso da comunidade, pelo visto, nunca foi enviada a Londres. O caso só aparece duas vezes nos registros britânicos. O primeiro está em uma Resolução do Departamento de Obras Públicas de 1894, determinando que a terra que os hindus tomaram do outro lado do rio ao saírem da ilha não tinha utilidade para o governo e poderia ser vendida a eles, os «faquires Jind Pir», por mil rúpias. O segundo está no *Gazetteer of Sindh* de 1919, onde se observa que «há cerca de vinte anos [...] os hindus abandonaram sua reivindicação e montaram um santuário próprio para Jinda Pirna às margens do rio, em Sucur». Além disso, entre os papéis que formam as notas e o manuscrito do livro de Richard Carnac Temple sobre Zindapir, encontrei uma transcrição datilografada dessa passagem do *Gazetteer*, na qual Temple havia anotado a data: «1886». Isso corrobora o que o *Sajjada* lembrava sobre o julgamento. Mas nem Temple nem o *Gazetteer* revelaram as causas originais dessa disputa.

Os hindus ainda vão todas as sextas-feiras ao templo para adorar Zindapir — mas eles não têm ideia de quando o templo foi construído (aparentemente não há registros lá), nem do processo judicial que levou ao cisma. Acima da entrada para a parte interna do templo há uma pintura de Zindapir, usando regiamente um vestido mogol azul e carmesim, um turbante verde na cabeça, navegando o Indo montado em um peixe *palla*. Na sexta-feira à noite, sigo um grupo de devotos hindus pelo templo e descemos alguns degraus de pedra até uma caverna subterrânea onde uma chama está sempre acesa e a água do Indo lambe nossos pés. Cantando *bhajans*, os homens acendem lamparinas de manteiga e sobem com elas de volta ao rio principal, onde são colocadas em

166 ALICE ALBINIA

barquinhos de papel. Os *diyas* flutuam noite adentro, pontinhos luminosos na água negra como tinta, lânguidos memoriais.

Um dos motivos que contribuíram para a ruptura de Zindapir parece ter sido a piedade reacionária hindu. Em 1823, quando o missionário nepalês Swami Bankhandi chegou a Sucur, descobriu que os hindus haviam esquecido sua tradição ancestral e fez de sua missão de vida «despertá-los» para a santidade do rio. Ele também desejava demovê-los de seu apego aos santuários sufis. Para isso, colonizou a ilha Sadhubela no meio do rio, o local perfeito para um empreendimento tão isolacionista (e um desafio direto ao santuário de Zindapir, menos de dois quilômetros rio acima).

Na época, os movimentos reformistas hindus em outras partes do Sinde e da Índia encorajavam o segundo casamento de viúvas e outras tendências modernizadoras, mas em Sucur a administração do templo de Sadhubela acreditava que tais projetos «minariam toda a organização social hindu».[26] O foco de Sadhubela estava no fortalecimento dos antigos valores hindus. (Os sacerdotes até tentaram ressuscitar o *Kumbh Mela* em Sadhubela, alegando que «nos tempos antigos» esse gigantesco encontro hindu foi realizado aqui, não no Ganges, que os budistas tinham erradicado a prática havia dois milênios e que os muçulmanos sufocaram seu retorno.[27])

Sessenta anos após o início do projeto missionário de Swami Bankhandi, os hindus já haviam abandonado o santuário de Zindapir por completo. Ao longo do século seguinte, a administração

---

26 H. G. Ajwani, *A Short Account of the Rise and Growth of the Shri Sadhbella Tirath, at Sukkur.* Sucur: Swami Harnamdasji, 1924, p. 89.

27 Ibid., p. 3. Claude Markovits observa que essa tendência foi exacerbada pela Partição: as crenças dos hindus sindis que deixaram o Paquistão para viver na Índia «sofreram uma redefinição», escreve ele, a fim de «se encaixarem na 'corrente principal' do hinduísmo». O sufismo foi abandonado, o culto de Jhule Lal foi promovido (C. Markovits, *The Global World of Indian Merchants, 1750-1947: Traders of Sind from Bukhara to Panama.* Cambridge: Cambridge University Press, 2000, p. 285).

do templo Sadhubela empreendeu uma série de ambiciosos projetos de construção na ilha, financiados por «chefes, nobres e ricos mercadores» hindus, com o objetivo de articular em fino mármore branco a divisão que havia entre sua comunidade e a maioria muçulmana. No atracadouro do templo, dois *tableaux* de mármore branco ainda ilustram aos fiéis as opções diante deles: um mostra um rio de pecadores nus se afogando — alguns sendo espetados e assados e pelo menos um muçulmano rezando namaz; contígua há uma cena dos justos: totalmente vestidos, fazendo fila humildemente para entrar no céu. O mármore branco foi complementado, no início do século XX, por uma enxurrada de publicações devotas sobre «Uderolal», como Zindapir passou a ser conhecido pelos hindus. Em 1924, foi publicado um livro em inglês sobre a história do templo Sadhubela e outro em sindi, gurmukhi e sânscrito sobre a santidade do Indo. Todos os esforços — arquitetônicos, literários, financeiros — enfatizaram a cisão.

Sediado com certo pesar rio acima, no quase deserto santuário de Khwaja Khizr, o *Sajjada* muçulmano admite que foram os muçulmanos que mais perderam com a disputa de Zindapir: «Agora muito poucas pessoas vêm para a ilha», diz ele. «Os hindus eram os mais ricos e fizeram um santuário separado, e os muçulmanos são pobres, e então, na enchente de 1956, tudo se foi.» Ele trouxe consigo uma cópia de sua árvore genealógica, para ilustrar como «minha família árabe, com o tempo, se fundiu com a cultura local». A árvore genealógica começa, é claro, com Adão e desce por meio do primeiro califa. Mas, durante o século XVIII, os ancestrais do *Sajjada* abandonaram seus títulos religiosos e adotaram nomes essencialmente sindis, como «Nimbundo». Eles se tornaram, diz ele, «verdadeiros sindis».

Como os muçulmanos não tinham nada a ganhar com a partida dos hindus, e os hindus desejavam recuperar sua pureza original perdida, parece provável que a disputa por Zindapir tenha sido motivada por um movimento reformista hindu interno. No entanto, quanto mais procuro nos monumentos, registros e memórias de Sucur, mais me pergunto por que a corte colonial permitiu que uma comunidade que havia cultuado junto por oitocentos anos fosse dividida, por que conspirou na prestação legalisticamente inequívoca daquilo que era harmoniosamente anfíbio? Foi com incidentes como esses que o movimento do Paquistão foi alimentado, e, em retrospecto, a disputa por Zindapir parece ser uma precursora da Partição. Talvez o que a corte colonial fomentou aqui na década de 1880 tenha sido um caso clássico de dividir para conquistar. Enquanto me sento sob uma palmeira na ilha, observando o eterno movimento dos barcos de madeira flamulando suas volumosas velas brancas e os faquires chapados servindo-se outro copo de *bhang*, parece lamentável terem permitido que sentimentos separatistas de curto prazo prevalecessem sobre centenas de anos de cultura compartilhada.

Os Mohanas, povo barqueiro do Indo, ainda vivem no rio, perto do santuário de Khwaja Khizr e da ilha-templo de Sadhubela. Os barcos de madeira não mecanizados que navegam pelo Indo — impulsionados por velas, lemes e mastros — são idênticos em contorno aos barcos gravados nos sinetes de 5 mil anos da civilização da cidade de Moenjodaro. Os Mohanas são uma conexão direta com o culto pré-histórico ao rio Indo, e, se alguém tem a resposta para o mistério de suas origens, são eles. Em 1940, a revista *Sindhian World* relatou que «o dever especial de *Zinda Pir* é ajudar os barqueiros do Indo na época das cheias».[28] Ainda hoje, faquires da ilha e os Mohanas que aqui vivem dizem que Zindapir é o «*pani ka badshah*» (Rei da Água). Ele vive sob a água e o rio flui «*unke hukum se*»: sob sua regra e prazer.

---

28   C. L. Mariwalla, «The Tri-islets in the Indus». *Sindhian World*, Carachi, (1:3), 1940, p. 136.

SANTOS DO RIO 169

Nos últimos sessenta anos, a vida dos Mohanas mudou significativamente. As represas reduziram a distância que eles podem viajar pelo rio, e a construção de estradas criou competição na forma de caminhões multicoloridos que agora transportam a maioria das mercadorias em todo o país. Os porta-vozes dos Mohanas também culpam os dias dos *mujahidin* do general Zia no Afeganistão por exacerbar a heroína e a cultura kalashnikov no Sinde e tornar o rio inseguro. Todas essas mudanças os afastaram ainda mais da água. Mesmo agora, as terras kaccha selvagens e arborizadas ao longo da margem do rio são o domínio de poderosos proprietários e seus capangas armados, e a maioria dos Mohanas tem medo de viajar muito rio acima ou rio abaixo de Sucur. Recentemente, porém, alguns Mohanas começaram a fazer de novo a jornada de oito dias ao norte para coletar madeira das terras kaccha. Na margem do rio em frente a Sadhubela, enormes veleiros de madeira com proas em forma de meia-lua voltam a ser construídos para fazer esse trabalho. Todos os dias, durante uma semana, venho à beira do rio para observar a construção do barco, e então, quando o barco está pronto, chego para encontrar os Mohanas dando uma festa: soltando o barco na água e mergulhando de sua proa no rio.

Os barqueiros do Indo têm quatro sobrenomes: Mohana, Mallah, Mirbah e Mirani. «Quando os pescadores vestem algodão branco e carregam notas de dinheiro, eles são Mirani», me disse um Mohana que mora perto da ilha de Khwaja Khizr. Miranis são ricos, não vivem mais em barcos. Hoje, a maioria dos Mohanas aspira a ser Miranis: enviar seus filhos à escola, sair do rio e ir para uma casa *pukka*. Quanto mais longe do rio os Mohanas vivem, mais ortodoxo é seu Islã, e mais rápido sua crença no poder do rio e em Zindapir se dissolve.

Mas ainda há paquistaneses para os quais o poder do Indo e o poder do Islã coexistem. Certa manhã, estou sentada à margem do rio em frente ao santuário de Khwaja Khizr, bebendo chá com uma família de Mohanas, quando vejo uma mulher parada no rio. Ela acabou de tomar banho no canal tranquilo entre Bukkur e a ilha de Khwaja Khizr, e suas roupas e longos cabelos escuros estão molhados e emaranhados. Ela torce o cabelo, veste roupas secas e chama um dos Mohanas para levá-la até o meio do rio. Pervez, um jovem Mohana cujo trabalho é transportar peregrinos de Bukkur na curta distância até a ilha de Zindapir, se oferece para levá-la, e a vejo subir no barco e sentar-se na popa. Pervez fica na proa, empurrando a margem com uma longa vara de madeira, e o barco se move lentamente além da borda da ilha. Ao chegarem ao canal principal do rio, a mulher se levanta repentinamente no barco e joga um trouxo de pano no rio. Ele se contorce na superfície em um borrão de vermelho e dourado, antes de afundar. Em seguida, a mulher se ajoelha na beira do barco, pegando água em uma garrafa.

«O que você estava fazendo?», pergunto a ela quando eles voltam. Pervez fala por ela em urdu: «Seu filho está doente, fomos para o meio do rio onde a água é mais pura». Ele acrescenta ao que me disse antes: «Nossa água do Indo vale quatro de sua *namkeen sarkaari* (água salobra engarrafada pelo governo)». Ele ri da expressão perplexa em meu rosto quando a mulher me interrompe.

«*Darya main phenkne se sawab milta hai*», diz ela: Você joga no rio para receber uma bênção.

«Joga o quê?», pergunto.

«O Alcorão», diz Pervez.

«O Alcorão? No rio?» Estou chocada. Mesmo agora, depois de me deparar com uma pluralidade de práticas fundindo o Islã e a antiga adoração ao rio, a ideia de jogar o livro sagrado no ventre do rio parece inacreditável. Começo a fazer outra pergunta, quando a mulher me olha, do barco, com desprezo.

«*Aap parne, likhne walli hain*», diz ela, «*aur nahi samjhi hain.*» Você pode ler e escrever — e ainda assim não entende.

5.

O EXÉRCITO DO GURU
1499

> *Senhor, Tu és o rio poderoso,*
> *Tu sabes e vês todas as coisas.*
> *Como posso eu, pobre peixe, conhecer*
> *Tua profundidade e vastidão?*
> Guru Nanak (1469-1539)

Rios fantasmagóricos assombram o Punjabe — rios represados e desviados, rios desaparecidos cantados em hinos sânscritos, rios onde gurus siques iluminaram-se e morreram, rios fluindo como fossos passando pelos fortes mogóis, rios atravessados por aventureiros afegãos e macedônios, rios pelos quais as nações entram em guerras.

Punjabe significa «cinco águas». Os cinco rios do nome são os afluentes que correm para o oeste da Índia até o Indo — Beás, Sutle, Rauí, Chenab e Jilum — definindo e moldando a terra fecunda que irrigam. Onde os cinco rios se juntam ao Indo, os hindus adotam o número cinco em seus rituais. «Cinco rios, cinco preces, cinco santos», um advogado hindu me disse, «e cinco luzes acesas em nossos templos.» No Punjabe, o culto camponês sufi de Panj Peer venerava os cinco heróis xiitas.[1] Também para os siques, cuja pátria é o Punjabe, *paanch* (cinco) tornou-se um número sagrado. «Sou composto de cinco elementos», cantou o guru Nanak, o fundador do siquismo. O último guru sique, Gobind, escolheu cinco bravos siques para inaugurar seu núcleo militante Khalsa e, em seguida, deu à maior comunidade Khalsa os cinco símbolos distintivos do siquismo. É uma lacuna cultural que no Punjabe moderno três dos cinco rios tenham sido represados e não existam mais.

Se o Punjabe paquistanês é assombrado por seus rios ausentes, também o é por seus siques mortos. Em 1947, os siques do oeste do Punjabe trocaram o Paquistão pela Índia. O novo mapa deu à Índia a sede sique em Amritsar, mas outros grandes centros de peregrinação — como a tumba de Ranjit Singh em Laore e o local de nascimento do guru Nanak, que os indianos argumentaram que deveria ser transformado em «uma espécie de Vaticano»[2] — foram para o Paquistão. Desde então, os siques na Índia adicionaram uma sentença lamentosa aos *ardaas*, sua ladainha formal:

> Conceda aos Khalsa o benemérito da visita desobstruída e da gestão livre de Nankana Sahib e outros santuários e locais do Guru dos quais o *Panth*[3] foi separado.[4]

---

1   Y. Husain, *L'Inde Mystique au Moyen Âge: Hindous et Musulmans*. Paris: Maisonneuve, 1929, pp. 31-2.

2   Citado em Mosley, *The Last Days of the British Raj*, op. cit., pp. 211-2.

3   Grupo ou seita, liderados por um mestre. [N. T.]

4   Shiromani Gurdwara Parbandhak Committee [Comitê Shiromani Gurdwara Parbandhak], *Sikh Reht Maryada: The Code of Sikh Conduct and Conventions*. Amritsar, 2004, p. 10.

O EXÉRCITO DO GURU

Eles se consolam com o aforismo do guru Nanak de que «união e separação são parte do deleite e da dor da vida».

Embora muito poucos siques permaneçam nessa República Islâmica, monumentos e memórias do seu tempo ainda pontuam a paisagem. Há siques em Pexauar, na fronteira com o Afeganistão, onde os *gurdwaras*, os templos siques, estão a desmoronar. Em Quetta, mais ao sul ao longo da fronteira afegã, fico em uma rua, Gordat Singh Road, que leva o nome de um filantropo sique do século XIX. E no Punjabe estão os siques indianos, que aqui vêm em peregrinação.

Em uma tranquila manhã de sexta-feira em fevereiro, pouco antes de deixar o Sinde para trás e viajar sentido norte para o Punjabe, estou na biblioteca hindu da ilha de Sadhubela, em Sucur, admirando as pinturas do século XIX aqui preservadas, de cores reluzentes, de deuses e deusas hindus. Posso ver os amantes divinos Rādhā e Kr̥ṣṇa, Gaṇeśa com cabeça de elefante e até Zindapir (deslizando sobre o Indo em quatro peixes *palla*). Mas as pinturas maiores, mais resplandecentes e proeminentes são de um homem de barba branca sentado no chão de pernas cruzadas ouvindo seus discípulos. «Quem é?», pergunto ao jovem bibliotecário hindu. «Nosso Mestre Espiritual», diz o bibliotecário, «guru Nanak Sahib.»

A maioria dos hindus do Sinde são *Nanakpanthis*, seguidores do guru Nanak. A fronteira entre siquismo e hinduísmo é menos definida no Sinde do que em qualquer outro lugar no subcontinente, e, durante os censos de 1881 e 1891, os *Nanakpanthis* não conseguiam decidir se eram «hindus» ou «siques», e deram respostas diferentes a cada vez.[5] Até hoje no Paquistão, muitos templos e *gurdwaras* são combinados de uma forma que não se vê na Índia (onde as relações hindu-siques deterioraram-se gravemente

5   Markovits, *The Global World of Indian Merchants...*, op. cit., p. 255.

nos anos 1980 e os siques ainda protestam contra a Constituição indiana de 1950, que os define como uma subcasta hindu). Em Sucur, cada templo tem uma sala reservada para a veneração do Adi Granth, o livro sagrado sique. O barqueiro que me levava a remo pelo rio contou-me uma história que entrelaça as tradições sique e hindu: de acordo com a lenda local, o guru Nanak veio para Sadhubela «para falar com Varuna, nosso Deus da Água». (Os hindus da década de 1920, por outro lado, alegaram que ele veio repreender os guardiões muçulmanos do santuário de Zindapir.)

«Os siques entenderam tudo errado», diz o bibliotecário. «O guru Nanak não pretendia que uma nova religião fosse criada, assim como não acreditava que hindus e muçulmanos devessem ser separados. Ele foi um reformista hindu.»

O guru Nanak nasceu em 1469 de pais de alta casta na aldeia de Talwandi, no oeste do Punjabe, agora chamada de Nankana Sahib no Paquistão. Quando criança, exibia todas as inclinações usuais dos místicos: períodos de silêncio, aversão à educação, pronunciamentos transcendentes repentinos. Enviado primeiro a um sacerdote hindu para a educação primária, depois a outro para obter uma base em sânscrito e, finalmente, ao maulvi muçulmano para aulas de persa (a língua da corte e da administração), Nanak surpreendeu cada um deles com sua erudição espiritual especial. Também tentou várias carreiras antes de se tornar um místico. Trabalhou como pastor (no que era péssimo, pois permitia que as ovelhas escapassem), como balconista de loja (quando distribuía cotas para os pobres) e, por fim, como secretário do nababo local.

Até que, numa manhã de 1499, enquanto se banhava em um rio, ele desapareceu. Aflitos, sua família e amigos o procuraram por três dias. O nababo ordenou que o rio fosse dragado, mas sem sucesso. Por fim, no quarto dia, Nanak reapareceu misteriosamente. Não disse onde estivera (mais tarde hagiógrafos siques afirmaram que ele havia ascendido ao céu para comungar com

O EXÉRCITO DO GURU

Deus), mas, o que quer que tenha acontecido, estava claro que ele havia mudado. Sua primeira ação foi doar suas roupas. Então falou: «Não há hindu, não há muçulmano». As pessoas maldavam que o tempo que passara no rio congelara seu cérebro.[6] Mas Nanak ignorou os rumores e, a partir desse momento — para desespero de seus sogros —, embarcou em uma busca pela harmonia espiritual.

Até o nascimento de Nanak, Talwandi era um vilarejo modesto e ordinário entre dois rios. Quatro séculos e meio depois, quando visito Nankana Sahib, perambulo por seis *gurdwaras* diferentes, comemorando cada detalhe da infância famosa de Nanak. Há um *gurdwara* onde ele nasceu, outro onde ele estudou, um terceiro no beco onde brincava quando criança, um quarto perto da árvore sob a qual se sentava, um quinto no campo onde cuidava dos búfalos, e um sexto marca o local onde foi protegido do sol por uma naja.

Há também uma árvore sagrada, um *sarovar* (tanque de banho) de concreto vazio — e vários milhares de peregrinos siques da Índia. O governo do Paquistão permite que grupos de peregrinação da Índia cuidadosamente monitorados visitem três lugares sagrados: Nankana Sahib, Laore e Panja Sahib no extremo oeste do Punjabe. As visitas são escrutinadas até o último detalhe: «Até os números dos nossos quartos de hotel são escritos em nossos vistos», uma velha senhora sique me disse. Enquanto converso com os peregrinos siques no gramado do lado de fora do *gurdwara* central de Nankana Sahib, assombrosamente grande, pintado de amarelo, com seu domo e pináculo, eles apontam para seus agentes da Inteligência Paquistanesa — homens de aparência desconfortável descansando na grama, não exatamente fora do alcance da voz, bebericando refrigerantes melados.

---

6   K. Singh, *A History of the Sikhs*, v. 1: *1469-1839*. Déli: Oxford University Press, 2005, p. 31.

Em uma grande casa pré-Partição em frente ao local de nascimento de Nanak, conheço outra raça híbrida do Paquistão. Alto, o robusto Pathan Sahab (como é conhecido por seus vizinhos) usa um turbante sique vermelho-escuro, mas ele vem de Parachinar, uma das «agências tribais» que fazem fronteira com o Afeganistão. Em 1947, os punjabis massacraram uns aos outros enquanto migravam em diferentes direções para seus respectivos novos países, e por isso é com certa apreensão que os siques indianos viajam pelo Paquistão hoje («A segurança é rigorosa, no caso de maus elementos»). Mas os Pathan, ou siques pachtos, nascidos na Província da Fronteira Noroeste,[7] beirando o Afeganistão, não foram para a Índia na Partição. Ouço repetidas vezes que «os muçulmanos nos protegeram». «Eles mantiveram *jirgas*», diz Pathan Sahab, «e os anciãos tribais decretaram que devíamos ficar.»

Esse triunfo sobre o sectarismo não tornou os siques pachtos queridos por seus convidados indianos. Apesar de sua religião comum, os siques do Paquistão e os siques da Índia não se abraçam como irmãos. «Falamos pachto, eles falam punjabi», explica Pathan Sahab, e acrescenta, como que pedindo desculpas: «Éramos rústicos aldeões quando viemos da Fronteira para cá. Nossas mulheres faziam *purdah*, não éramos educados». Os peregrinos indianos tendem a concordar. «Há problemas de linguagem», diz um jovem professor de Jalandhar; «O Paquistão é pequeno, suas cidades são pequenas», acrescenta um empresário de Chandigarh; «Este país ficou muito atrasado em termos de educação», diz um vendedor de produtos eletrônicos. Eles parecem considerar os siques pachtos como imitações excêntricas, não *pukka* e um pouco vergonhosas de si mesmos. «Eles são *sahajdhari*», alguém sussurra. Ou seja, não iniciados.

---

7 «Província da Fronteira Noroeste» foi o topônimo colonial dado pelos britânicos. Desde 2010, é chamada Khyber Pakhtunkhwa. [N. T.]

O EXÉRCITO DO GURU

Os siques pachtos são provavelmente um legado do imenso império de Ranjit Singh no século XIX, que, nas próprias palavras do marajá, se estendeu «até os limites dos afegãos». É possível que sejam descendentes de convertidos pelo missionário sique do século XVI Bhai Gurdas, que viajou para Cabul. Eles podem até ser descendentes dos pachtos que Nanak conheceu em suas viagens a oeste do Indo. Mas um mês depois, na cidade afegã de Gasni, conheci uma pequena comunidade sique de comerciantes de tecidos e eles me disseram que «nós, siques, viemos da Índia com o sultão Mahmud». Isso é bastante improvável, pois o sultão iconoclasta morreu 439 anos antes do nascimento do guru Nanak (ele tinha, porém, um contingente de indianos em seu exército). Mas o comentário, por mais impreciso que seja, reflete, mais uma vez, as histórias entremeadas do vale do Indo. A história de todo mundo se choca com a de todo mundo e a imagem dos cinco rios, serpenteando como dedos de uma mão pelo Punjabe, ilustra a alternância entre convergência e divisão no emaranhado da história do Estado.

Para uma religião que cresceu na terra dos cinco rios, é natural que o siquismo tenha a água no centro de seus rituais. Existem muitas lendas sobre as experiências aquáticas de Nanak em rios, lagos e oceanos: ele fez os poços secos de Meca transbordarem, converteu o santo muçulmano do rio Khwaja Khizr e foi conduzido a Deus por uma poça d'água no deserto do sul da Índia.[8] Cada peregrinação sique envolve beber, tomar banho ou agradecer pela água gelada do rio que enche os tanques dos *gurdwaras*. Os siques do Punjabe indiano estão sempre se despindo e submergindo seu corpo nessas escuras e frescas «poças de néctar». No *Baisakhi*, o festival da primavera, decoram caldeirões de água com flores

8   W. H. McLeod, *Guru Nanak and the Sikh Religion*. Déli: Oxford University Press, 1996, pp. 49, 47, 57.

em gratidão pelo degelo anual da neve nas montanhas. O tanque do Templo Dourado em Amritsar «fica no coração deste grande sistema (o Indo) de rios», dizem as autoridades siques. Ele simboliza a «futura confluência de culturas do mundo em uma cultura universal» e representa uma continuidade de 5 mil anos, com os banhos coletivos da civilização do Vale do Rio Indo.[9]

«Mas não podemos tomar banho na cidade natal do guru Nanak», reclamam os siques indianos em Nankana Sahib. O tanque sagrado de banho está seco. «*Pani ka masla* (problemas de água)», diz Pathan Sahab. O vento sopra folhinhas marrons ressequidas no fundo de concreto do tanque, e nenhum peregrino se digna a chegar perto dele. A falta d'água é um símbolo da ausência dos próprios siques.

Mas o Paquistão possui alguma água sagrada sique. Panja Sahib é o segundo local sique mais importante do país, comemorando uma nascente que o guru Nanak criou para seus seguidores. Quando um santo muçulmano local se recusou a permitir que Nanak bebesse de uma fonte no topo de uma colina e rolou de lá uma pedra para esmagá-lo, o guru estendeu a mão para impedi-lo e a água jorrou. O lugar ainda é sagrado para ambas as religiões. Os muçulmanos sobem a colina até o santuário do santo implacável, e os siques perambulam ao redor da piscina sagrada repleta de peixes no fundo. A água aqui é tão deliciosa que o imperador Akbar gritou «*Wah wah!*» ao prová-la (o nome do quartel vizinho, Wah, imortaliza esse momento). Conheci até um matreiro empresário muçulmano que está desenvolvendo uma fábrica de envase em Panja Sahib para exportar garrafas de água benta para a diáspora sique canadense.

---

9   Shiromani Gurdwara Parbandhak Committee [Comitê Shiromani Gurdwara Parbandhak], *The Golden Temple: Its Theo-Political Status* [por Sirdar Kapur Singh]. Amritsar, 2002, p. 2.

O EXÉRCITO DO GURU

Panja Sahib, que fica na fronteira com o Afeganistão, é «prova», diz Pathan Sahab, «de que o guru Nanak visitou minha terra natal, que nós, pachtos, também somos siques originais» — embora, se formos acreditar em suas muitas biografias, não haja quase nenhum lugar para o qual o guru Nanak não tenha ido. Depois de emergir do rio em 1499, ele viveu uma vida peripatética nas duas décadas seguintes. Na Índia do século XVI, uma forma de buscar o sentido da vida era fugir e se juntar aos faquires. Nanak levou consigo seu melhor amigo, um músico muçulmano de casta inferior chamado Mardana, e, como *qalandars* sufis ou iogues hindus, andarilhos em busca da Verdade, vagaram por toda a Índia juntos.

De acordo com a tradição sique, Nanak e Mardana fizeram quatro viagens principais, seguindo os pontos cardeais o máximo que podiam em cada direção. Foram para o leste, para os lugares sagrados hindus em Matura, Benares (Varanasi) e Prayag (Alaabade). Para o sul, para a sede budista do Sri Lanka. E para o norte, através do Himalaia, até a sagrada montanha de Kailash, no Tibete, onde o Indo nasce. Finalmente, disfarçaram-se de *hajjis* muçulmanos (peregrinos) em sandálias de couro, vestes azuis e colares de ossos, e tomaram um barco para oeste, para Meca, Medina e Bagdá. A «prova» dessa jornada também existe em Nankana Sahib, onde um gazebo folheado a ouro dentro de uma imensa caixa de vidro, incoerentemente polida e cara, encerra uma capa bordada com versos do Alcorão, o presente de despedida do califa. Os siques indianos, no entanto, que têm sua própria capa na Índia, consideram-na falsa.

Nanak também é uma das poucas pessoas que viajaram ao longo do Indo desde sua origem no Tibete, ao sul através do Punjabe e do Sinde até o mar. O que essa itinerância inquieta denotava? Mais tarde, com o benefício do retrospecto, Nanak cantaria como:

> Não é em visitar túmulos que está a religião,
> Nem em peregrinar a campos de cremação,

Nem em ficar em transe em contemplação.
Não está em vagar pelo campo ou por terras estrangeiras,
Nem em banhar-se em lugares de peregrinação.
Se chegares a ver o caminho da verdadeira religião,
Que as máculas maculem o mundo, a ti não.[10]

Por menos que fizesse, viajar curava Nanak do apego às fantasias religiosas. Ele visitou todos os locais de peregrinação importantes do hinduísmo, do budismo e do islamismo e rejeitou todos eles. Daí em diante, como escreveu, «O vento é o guru. A água, o Pai. A Mãe, a grande terra». Ele voltou ao Punjabe, comprou algumas terras às margens do rio Rauí, «vestiu roupas mundanas» e articulou aquilo em que acreditava.

O guru Nanak tornara-se um purista. Quando pressionado, ficou claro que não havia muito dos outros sistemas religiosos que ele endossasse. Não acreditava em ascetismo: seus discípulos deveriam participar plenamente do mundo, enquanto reservavam tempo no início da manhã e à noite para meditação e orações. Não acreditava em reencarnação, avatares ou castas:[11] quando criança, recusara-se a usar o cordão sagrado brâmane que seu pai tentara lhe impor. Também perdeu a casta — de propósito, supõe-se — ao cruzar o *kalapani*, a «água negra», o mar, durante sua viagem a Meca.

Nanak criticou os decadentes poderes do momento. Ao longo dos cinco séculos anteriores, o Punjabe tinha suportado o peso de ataques por reis afegãos, muçulmanos que, muitas vezes, usaram a religião para justificar invasões da Índia. Localizados diretamente na rota de Cabul a Déli, os celeiros, pomares e rebanhos do Punjabe eram regularmente pilhados para alimentar os soldados

---

10   Guru Nanak, *Hymns of Guru Nanak*. Trad. ingl. K. Singh. Bombaim, 1978, p. 167.
11   Em Ibid., p. 4.

O EXÉRCITO DO GURU

muçulmanos em marcha.[12] Durante a infância de Nanak, o norte da Índia fora governado pelos Lodis, reis pachtos, que ele mais tarde caracterizaria como irremediavelmente decadentes. Mas eles eram modelos de virtude comparados ao homem que os usurpou, Babur do Usbequistão — o primeiro imperador mogol — que conquistou o norte da Índia em 1526. O guru Nanak encontrou o exército de Babur em primeira mão — histórias hagiográficas contam como ele fora condenado à moagem de trigo como escravo até que Babur reconhecesse sua virtude e o soltasse. Mas o próprio Nanak só chega a mencionar Babur para censurá-lo:

Trazendo as núpcias do pecado, Babur
de Cabul invadiu-nos, exigindo nossa
terra como presente de casamento, ó Lalo.

Se Babur causou o caos no Punjabe, o guru Nanak assumiu como missão dar a seu povo algo pelo qual viver. Ele condenou os brâmanes ligados à casta como «açougueiros» e os reis muçulmanos como exploradores satânicos e centrou sua seita em torno da identidade campesina dos punjabis. Escreveu toda sua poesia em punjabi e, embora isso tenha inibido a disseminação do siquismo fora do Punjabe, também delineou a comunidade e fomentou seu senso de nacionalismo. Em sua *História dos siques*, de 1963, Khushwant Singh descreveu o guru Nanak como «o primeiro líder popular do Punjabe» e atribuiu a estima que mantém a seus belos versos em punjabi.

---

12   A destruição causada pelo mongol Taimur (Tamerlão) em 1398 foi apenas a mais dramática em uma longa sucessão de ataques desse tipo. Quando o sultão de Déli adentrou Laore em 1421, encontrou a cidade deserta: «apenas a coruja do mau agouro tinha lá sua morada» (citado em N. D. Ahuja, *The Great Guru Nanak and the Muslims*. Chandigarh: Kirti, [1972], p. 56).

Os hinos de Nanak e dos nove gurus que vieram depois dele, juntos, formam o Adi Granth, o livro sagrado sique. Cantar o Adi Granth, ou ouvi-lo ser cantado, é para os siques a forma suprema de adoração. Mas, assim como os tanques de banho siques no Paquistão estão vazios, os *gurdwaras* ecoam em silêncio. «Em Amritsar», diz um velho peregrino indiano que conheci, «hinos são cantados o dia todo, todos os dias, por músicos sentados dentro do próprio Templo Dourado.» «É um concerto em tempo integral, sem interrupções, 24 horas por dia», diz outro. «Você devia ir para a Índia. A adoração sique por lá é um espetáculo longo e melodioso.»

Durante décadas, atravessar a fronteira entre a Índia e o Paquistão foi algo repleto de dificuldades. Mas, quando chego a Laore, uma *détente* indo-paquistanesa é anunciada e, na esteira da boa vontade política, surgem novos serviços de ônibus, trem e avião. Em Laore, me junto a um ônibus cheio de empresários paquistaneses e um punhado de famílias que aguardam nervosamente as reuniões com seus parentes em Lucnau. Os paquistaneses anseiam em segredo pela grandeza perdida para a Índia na Partição, e aqueles que podem pagar compensam as décadas de separação com viagens ao outro lado da fronteira. Mas, embora eu viaje de lá para cá entre os países várias vezes no mês seguinte, os únicos turistas indianos que encontro são peregrinos siques. A propaganda nacionalista na Índia é uma força poderosa, e a maioria dos indianos não tem motivo para viajar para o que consideram uma perigosa nação fundamentalista. O único indiano que retorna em meu ônibus é um fitoterapeuta aiurvédico com uma mala cheia de «quarenta plantas diferentes» (alcaçuz do Afeganistão, goma de Quetta, xarope de folhas do Suat), que, por milhares de anos, foram coletadas na região montanhosa a oeste do Indo.

Em Wagah, atravesso a linha artificial que divide em dois a vasta planície cultivada do Punjabe e começo a procurar diferenças entre os países. As estradas são melhores na Índia? É realmente

O EXÉRCITO DO GURU

mais sujo e pobre (como os paquistaneses costumam dizer)? Parece mais livre? Rio de mim mesma, lembrando a descrição feita pela escritora indiana Manjula Padmanabhan da viagem que ela fez do Paquistão à Índia quando criança em 1960.[13] Sentada no trem, esperando que a casa brilhante sobre a qual tinha ouvido falar aparecesse da escuridão, ela finalmente perguntou: «Quando vamos chegar à Índia?», e seu coração encolheu quando descobriu que viajava pela Índia nas últimas duas horas.

Enquanto estou de pé, perdida nesse devaneio e esperando o soldado paquistanês verificar meu passaporte, um caminhão da Índia dá ré até a fronteira. Carregadores paquistaneses em camisas azuis correm para descarregar a carga: enormes pedaços de carne (sagrados demais para serem comidos na Índia, mas carne barata para muçulmanos pobres). «Seu urdu é tão bom», dizem os funcionários da alfândega do Paquistão. «Seu hindi muito bom», diz a mulher na alfândega indiana dez minutos depois. «*Sharab*? Cerveja?», me pergunta, quando entro na Índia, o proprietário sique de uma tenda de chá, sabendo da sede daqueles que retornam da Terra da Lei Seca. O ônibus para Amritsar chega e sento-me no fundo, atrás de um homem em um turbante azul-pavão, saboreando a liberdade de não estar confinada a uma área especial para mulheres. O ônibus passa por campos verdes de trigo, e, conforme nos aproximamos dos subúrbios, vejo uma longa fila de pequenas lojas anunciando «Carne de porco» e «Uísque». No centro da cidade, olho boquiaberta para as mulheres siques, zunindo de moto pelo tráfego, com adagas sagradas penduradas na cintura.

A onipresença dos siques aqui é um lembrete sombrio do motivo de sua ausência na fronteira — e do modo macabro como alguns paquistaneses comemoram essa ausência. Oficiais do Exército do Paquistão contam piadas sobre «siques idiotas». Os

---

13   M. Padmanabhan, *Getting There*. Londres: Picador, 2000, pp. 168-71.

livros escolares descrevem os siques como «açougueiros assassinos».[14] *Larki Punjaban* (*Punjabi Girl*), um filme lançado em 2003 por Syed Noor, cineasta veterano do Paquistão, mostra um pai sique bêbado que corta o braço de seu sobrinho com um cutelo e tenta matar sua filha quando ela se apaixona por um paquistanês muçulmano. Quando peço a Rukhsana Noor, a esposa e roteirista do cineasta, que explique essa representação preconceituosa, ela me diz simplesmente: «O casamento entre hindus e muçulmanos no Paquistão é impossível».[15]

O filme de Syed Noor transpõe para os siques todos os piores estereótipos sobre os muçulmanos: violência, intolerância religiosa, maus-tratos às mulheres. No entanto, apesar da desconfiança mútua entre as duas religiões, o Islã influenciou profundamente o siquismo. «O Islã», escreve o historiador dos exércitos da Índia e do Paquistão, Stephen P. Cohen, «transformou o siquismo de uma seita hindu pietista em uma fé marcial.»[16] Durante a vida dos primeiros cinco gurus siques, não houve antagonismo entre muçulmanos e siques — que, afinal, são monoteístas. A *Japji* do guru Nanak, a Oração da Manhã, começa com uma declaração de fé próxima ao credo muçulmano:

> Há Um Deus
> Seu nome é Verdade
> Criador de tudo
> Sem medo e sem revanche.

---

14   Ver Rubina Saigol: «Os siques aparecem principalmente como açougueiros assassinos portando facas» (R. Saigol, «Curriculum in India and Pakistan». *South Asian Journal*, out.-dez. 2004).

15   Entrevista com Rukhsana Noor, 17 de fevereiro de 2004.

16   S. P. Cohen, *The Idea of Pakistan*. Washington, DC: Brookings Institution Press, 2004, p. 16.

O EXÉRCITO DO GURU

O imperador Akbar — talvez para expiar os pecados de seu avô Babur — pediu cópias desse e de outros hinos siques, para verificar se eram ou não anti-islâmicos. Satisfeito com o que leu, estendeu o patronato real à comunidade sique na forma de uma cessão de terras. Os siques cavaram um tanque nessa terra para que os peregrinos se banhassem, e, mais tarde, um templo foi construído dentro dele. A pedra fundamental foi lançada por um santo muçulmano de Laore, a convite de Arjun, o quinto guru. (Esse era o Harmandir, a ser apelidado um dia — depois que o marajá Ranjit Singh o cobrisse com ouro — de Templo Dourado.)

O período de harmonia sique-islâmica chegou a um fim abrupto com a morte de Akbar. Jahangir, o novo imperador, sempre suspeitou de seitas não muçulmanas, e dos siques em particular.[17] «Durante anos», escreveu em seu diário, «o pensamento se me apresentava à mente: ou eu devia dar um fim a essa falsa seita ou ele [o guru] devia ser trazido para o rebanho do Islã.» Quando o filho de Jahangir, Khusrau, se rebelou contra seu pai, foi abrigado pelo guru Arjun em Amritsar. Jahangir não precisava de mais pretextos: «Eu conhecia totalmente suas heresias», disse sobre o guru, «e ordenei [...] que ele fosse condenado à morte com tortura». Arjun foi levado para Laore e torturado até não aguentar mais. Morreu devido aos ferimentos enquanto se banhava no rio Rauí.

Nos cem anos seguintes, a repressão estatal pelos mogóis deu ao siquismo sua forma final e definitiva. Para combater os exércitos despachados de Déli para o Punjabe, os siques aperfeiçoaram a arte da guerra de guerrilha. No início, viviam em comunidades de soldados, cantando baladas heroicas em vez de hinos pacíficos. Mais tarde, viviam como bandidos, pilhando comboios de suprimentos afegãos e mogóis. Alarmado com o separatismo sique, o imperador Aurangzeb executou o nono guru.

17   K. Singh, *A History of the Sikhs*, op. cit., v. 1, p. 57.

Para os siques, a morte de dois de seus gurus nas mãos dos muçulmanos não foi apenas uma tragédia absoluta. Isso obrigou o décimo guru, Gobind, a reconhecer duas verdades prosaicas. Primeiro, que essa violência devia ser enfrentada com violência: «Quando todos os outros meios falharam, é permitido desembainhar a espada», escreveu ele ao imperador Aurangzeb. Segundo, que seu povo precisava mais do que da sabedoria espiritual de seus líderes. Eles precisavam sentir-se um povo à parte — nem hindu, nem muçulmano —, com regras especiais, uma organização rígida e um uniforme imediatamente reconhecível.

Em 1699, Gobind convocou uma reunião de siques durante o festival de primavera de Baisakhi. Aqui, ele anunciou a formação de um novo grupo militante, o Khalsa. Em vez dos *kirtan* (hinos) de Nanak, os siques deviam agora ser identificados por cinco símbolos visíveis de seu poder: *kesh* (cabelo não cortado amarrado em um turbante), *kangha* (pente), *kach* (calção de baixo), *kara* (pulseira de aço) e *kirpan* (espada). Também anunciou que Adi Granth iria sucedê-lo como o décimo primeiro e último guru. De agora em diante, os siques deveriam ser liderados não por poucos, mas pelo governo do coletivo, por seu livro sagrado escrito em comunidade e pela coesão social do Khalsa.

A tentativa de dar unidade aos siques salvou o movimento da desintegração. Além disso, com a morte do imperador Aurangzeb e o subsequente colapso do império mogol, houve oportunidade para as potências regionais afirmarem sua independência de Déli. Em 1799, exatamente cem anos após a fundação do Khalsa (e trezentos anos após o guru Nanak emergir do rio), um adolescente caolho chamado Ranjit Singh conquistou o Punjabe e estabeleceu o primeiro reino sique. Os gurus semearam o nacionalismo dos punjabis por meio de suas canções na língua punjabi, regras siques de obediência e consciência local. Ranjit Singh marchou para Laore proclamando-se não apenas um líder sique, mas um

O EXÉRCITO DO GURU

187

patriota pan-punjábico: que celebrava festivais hindus, casava-se com muçulmanas e mantinha em sua corte ministros de todas as religiões.[18] O guru Nanak criticava o poder governante dos reis, mas Ranjit Singh declarou-se marajá.

Quando os britânicos começaram a fazer planos de anexar o Indo, o marajá Ranjit Singh era o governante mais poderoso e extravagante do oeste da Índia. As cartas que Alexander Burnes escreveu aos seus comandantes em Calcutá revelam inveja infiltrada em cada página. Os britânicos podem ter controlado grande parte da Índia, mas eram mesquinhos em comparação ao estilo pródigo dos nativos governantes. A corte de Ranjit Singh, escreveu Burnes, «percebeu todas as noções de generosidade e grandeza oriental que absorvemos no início da vida». As selas de elefante dos «Cavalheiros ingleses formaram um triste contraste com os reluzentes e retumbantes *howdahs* dourados dos siques». Os britânicos ficaram boquiabertos de espanto quando o marajá os apresentou ao seu «Regimento das Amazonas»: setenta dançarinas vestidas de homens em seda amarela. Com «cobiça», olharam para o enorme diamante *Koh-i-noor* do marajá, que pertencera a Taimur, destruidor do Punjabe, e estava gravado, escreveu Burnes, com os nomes de Aurangzeb e do xá afegão setecentista Ahmed. Então, sobre o alquebrado grupo britânico, o marajá jogou pó de ouro, e, mesmo dois dias depois de toda a festança, ainda relutantes em lavar-se, distinguiam-se «por seus rostos brilhantes e estrelados».[19] Nunca fora tão clara a grande disparidade entre os britânicos e uma potência local.

18   Esse era o quadro geral. Nos detalhes, Ranjit Singh governou da mesma forma que os mogóis — deitando o fardo mais pesado sobre o campesinato. Ver S. Purewal, *Sikh Ethnonationalism and the Political Economy of the Punjab*. Nova Déli: Oxford University Press, 2000, p. 38.

19   A. Burnes, Letter from Captain Burnes to Gen. Ramsay relating to proceedings at Roopur, 31 out. 1831 [Dalhousie Letters, National Archives of Scotland: G45/5/93].

O próprio Burnes guardou a carta de boas-vindas em relevo dourado que o marajá lhe enviara, com suas polidas frases persas expressando alegria pela aliança entre os siques e os britânicos («amizade, o reservatório de prazer no jardim da felicidade»).[20] Após a morte de Burnes, a carta tornou-se um símbolo do esplendor oriental em Londres, e seu irmão teve grande dificuldade em recuperá-la das várias damas que clamavam por vê-la. «Runjeet», escreveu ele ao editor de Burnes, «parece ser um grande favorito das belas.»

Ranjit Singh governou o Punjabe ao se acertar com a população muçulmana. Durante as décadas anárquicas que antecederam seu reinado, muçulmanos e siques trocavam ofensas: os exércitos afegãos profanando o tanque do Templo Dourado com vacas mortas, os siques usando a mesquita de Aurangzeb em Laore como estábulo. Quando se tornou marajá, Ranjit Singh fez alguns esforços para amenizar as diferenças. Tinha duas esposas muçulmanas, um ministro das Relações Exteriores muçulmano e cortesãos muçulmanos. Em seu exército havia uma cavalaria sique, artilharia muçulmana e infantarias muçulmana e hindu.[21] Até mesmo a arquitetura de suas estruturas mais sagradas era um amálgama diplomático de projetos mogóis e hindus. Um livro didático de Estudos Sociais do Paquistão da década de 1980 dizia aos alunos que:

> Muçulmanos e hindus são totalmente diferentes em seu modo de vida, hábitos alimentares e vestimentas. Nós adoramos em mesquitas. Nossas mesquitas são abertas, espaçosas, limpas e bem

20 A carta de Ranjit Singh para Alexander Burnes foi gentilmente traduzida para mim pelo dr. Yunus Jaffery.

21 K. Singh, *A History of the Sikhs*, op. cit., v. 1, p. 200.

O EXÉRCITO DO GURU

iluminadas. Os hindus adoram em seus templos. Esses templos são extremamente estreitos, fechados e escuros.[22]

O Templo Dourado de Ranjit Singh — com sua cúpula, torres, espaços abertos, «*Sanctum Sanctorum*», água e livro sagrados — parece projetado para contestar esse preconceito.

Em todo o subcontinente, existem templos e igrejas de castas altas e baixas, mas nos *gurdwaras* siques, como no islamismo, todas as classes adoram lado a lado. Em Amritsar, tarefas servis, como esfregar e varrer, são realizadas não por hindus de casta inferior, como em qualquer outro lugar, mas por voluntários siques. O guru Nanak sublinhou a particular importância da *langar*, a cozinha comum, e o único som que pode competir com os cantos entoados no templo é o ruído de chapas de aço a serem lavadas e empilhadas. Dia e noite, voluntários siques cozinham, servem e limpam e milhares de pessoas aparecem para comer o *fast-food* sagrado que servem. Mesmo aqui, a casta não desapareceu. Os gurus siques sempre se casaram dentro de sua própria casta e hoje ainda há uma divisão impermeável entre os siques *Jat* (fazendeiros de casta alta e empresários) e os convertidos ao siquismo vindos de casta inferior, chamados *Mazhabis*.

Em Nankana Sahib, os peregrinos siques falaram comigo em tons reverentes sobre a «música constante» do Templo Dourado, e, vinda do Paquistão, imagino uma folia ao estilo *Qawwali*. Mas esse não é um santuário sufi frenético. Não há dança mística, nem mesmo um modesto meneio de cabeça. O Punjabe indiano deu ao mundo os sacolejos de peitos do *bhangra* e do *giddha*, mas dentro do Templo Dourado nenhum sique se mexe no ritmo.

---

22   Citado por A. H. Nayyar; Ahmed Salim, *The Subtle Subversion: The State of Curricula and Textbooks in Pakistan*. Islamabade: Sustainable Development Policy Institute, [*c*. 2003], p. 80.

A experiência é compartilhada, mas independente: a estética da música e da comida, do ouro e da água, é projetada para acalmar os ouvidos, o estômago, os olhos e a alma. Do meio da poça d'água surge o templo reluzente e cintilante banhado a ouro. Passarelas com colunatas brancas o cercam nos quatro lados. Os peregrinos circulam descalços, parando para ouvir os hinos, dormir ou dar um mergulho sagrado.

Um dos principais motivos de vir a Amritsar é banhar-se. Os homens se despem a céu aberto, até as cuecas, e mergulham nesta sopa de ouro. As mulheres vão para uma seção coberta. Os siques enfatizam que todas as religiões são bem-vindas em seu templo, e, portanto, quando uma senhora sique de Southall me chama para entrar, eu a sigo. É uma experiência estranha, depois de tantos meses cobrindo cada centímetro da minha pele da vista alheia, estar completamente nua em uma piscina de água benta, rodeada por outras mulheres também nuas. Também desconfiaria de mergulhar meu corpo nessa água (os rios sagrados na Índia são geralmente engrossados de esgoto) se não tivesse ouvido falar do rigoroso sistema de purificação de água recentemente instalado aqui. O nome *Amritsar* significa «néctar ambrosial», e, nos últimos anos, a administração do Templo Dourado tem interpretado a descrição de modo literal.

Um genial membro sique do Comitê de Gestão do *Gurdwara* me leva em uma excursão de um dia inteiro para testemunhar com meus próprios olhos o «sistema de filtragem de qualidade internacional». No porão de um prédio atrás do Templo Dourado, a enorme e novíssima instalação está zumbindo sozinha. «O sistema de purificação de água tem dois anos e é importado», diz ele, apontando para o adesivo MADE IN USA na lateral. A água circula três vezes ao redor do complexo, antes de ser transportada pela cidade por um canal até um tanque de filtragem de areia. No final da tarde, vamos juntos até lá, saindo da correria da cidade para

O EXÉRCITO DO GURU

uma alameda tranquila onde a água flui através de um reservatório subterrâneo. Esse tanque, por sua vez, alimenta cinco outros *gurdwaras*: assim abençoando cada um com um poço profundo e cheio da preciosa água do rio.

A abundância de água não é apenas simbólica. Foi essa mesma mercadoria, sugada do Indo e despejada na terra, que enriqueceu o Punjabe: o sistema de canais que todo governante sustentava em nome da tributação, a recuperação de terras por irrigação liderada pelos britânicos, as disputas pós-coloniais por água entre o Paquistão e a Índia, os colares de ouro comprados por fazendeiros ricos para pendurar no pescoço de suas fornidas esposas punjabis. Penso na provocação de Gobind a Aurangzeb: «Vou lançar fogo sob os cascos de seus cavalos, não vou deixar você beber a água do meu Punjabe».[23] Uma terra tão rica e fértil precisava de soldados para defendê-la.

O guru Gobind formou o Khalsa e lutou contra os mogóis. O marajá Ranjit Singh tinha um exército permanente treinado pela França que, em 1827, fez o que nenhum exército punjabi havia feito e impediu um exército de afegãos de cruzar o Indo.[24] Os britânicos tiveram de esperar até a morte do marajá para invadir, mas, quando o fizeram, os militares de Ranjit Singh se tornaram a espinha dorsal de seu próprio exército pan-indiano. Mesmo depois de os britânicos deixarem a Índia, o contingente sique punjabi permaneceu uma força inatacável na região. No Paquistão, em particular, o poderoso triângulo de água, riqueza e proezas militares dos punjabis controla o país.

Sob o domínio colonial britânico, a reputação dos siques (e dos punjabis) de terem alto valor marcial não diminuiu. Se mudou, foi

23 Citado por K. Singh, *A History of the Sikhs*, op. cit., v. 1, p. 75.
24 J.-M. Lafont, *Indika: Essays in Indo-French Relations, 1630-1976*. Déli: Manohar/ Centre de Sciences Humaines, 2000, p. 207.

para melhor. Quase uma década depois de os britânicos conquistarem o Punjabe, soldados indianos se amotinaram no norte da Índia. A rebelião do Punjabe foi esporádica e muitos chefes se aliaram aos britânicos contra os indianos do norte. A Grã-Bretanha, em resposta, recrutou um grande número de punjabis para o exército, considerando-os a melhor das raças «resistentes» da Índia. «Todas as tradições siques, sejam nacionais ou religiosas, são marciais», declarou um manual de recrutamento do exército em 1928.[25] Durante as duas Guerras Mundiais, pelo menos metade do Exército Indiano era composto de punjabis.[26] A maioria de punjabis muçulmanos, seguidos por siques. Mesmo agora, em uma declaração clássica de nostalgia do Raj, um veterano sique do Exército Britânico me diz: «Ainda hoje, todo sique daria sua vida pelos britânicos». A política oficial sique agora, no entanto, é renegar a colaboração com os britânicos. A Administração do Templo distribui um livreto gratuito afirmando que os britânicos enganaram os siques para que acreditassem que os imperialistas «eram aliados do Khalsa e vieram para a Ásia em cumprimento a uma profecia do guru».[27]

No século XIX, a ligação entre os militares e o Punjabe era assegurada pela política britânica de conceder um lote de terra irrigada aos soldados quando se aposentassem. Logo, este passou a ser o principal incentivo para a adesão. No oeste do Punjabe, os britânicos construíram uma rede de canais de irrigação, precisamente para aumentar as terras disponíveis. Os nômades do oeste do Punjabe foram expulsos dos pastos, e as populações «excedentes» foram trazidas da Índia central (e grande parte da rancorosa violência da Partição foi uma luta para reter, ou reivindicar, essa terra valiosa).

25   Citado por S. P. Cohen, *The Indian Army: Its Contribution to the Development of a Nation*. 2. ed. Déli: Oxford University Press, 1990, p. 212 (nota 18).

26   Idem, *The Pakistan Army*. Oxford: Oxford University Press, 1999, pp. 41-2.

27   Shiromani Gurdwara Parbandhak Committee [Comitê Shiromani Gurdwara Parbandhak], *The Golden Temple*, op. cit., p. 20.

O EXÉRCITO DO GURU

Em uma continuação direta da era colonial, foram os militares punjabis que assumiram o poder na nação independente.[28] Por mais da metade de sua existência, o Paquistão viveu sob o domínio do exército — um exército que ainda é três quartos punjabi. Com ex-militares do Punjabe aceitando empregos no setor civil, seus fazendeiros pegando mais do que o quinhão devido da água do Indo e fazendas e empresas do exército comprando terras e poder em todo o país, todo paquistanês que não seja punjabi reclama do imperialismo punjabi.

De 1953 em diante, o Estado indiano pós-colonial começou a lidar com o desequilíbrio dos punjabis em seu exército recrutando em áreas (como Tamil Nadu e o Guzerate) que os britânicos até então não consideravam «marciais» — e parando de recrutar siques. O Paquistão, entretanto, manteve o *status quo* colonial. Até hoje, a falta de recrutamento de fora do Punjabe cria um desequilíbrio de poder e é uma política com um histórico perigoso. Em 1971, a discriminação contra soldados bengalis contribuiu para a secessão do Paquistão Oriental como Bangladesh (o outro fator foi a anulação racista da eleição pelo Paquistão Ocidental, depois que foi vencida por um bengali). Mesmo assim, depois de perder metade do país e de sofrer com a humilhante derrota na guerra contra a Índia, o exército continuou a concentrar seus interesses no Punjabe. O Paquistão — dizem os sindis e baluchis — «é um país governado por e para soldados punjabis».

Ao viajar pelas terras cultivadas e irrigadas do Punjabe até Laore, encontro muitos oficiais do Exército do Paquistão, incluindo vários generais que trabalharam com os dois últimos ditadores militares. Mas é durante a corrida de táxi ao sul de Laore para Nankana Sahib que venho a entender por que o exército é uma escolha de

---

28 Imran Ali, *The Punjab Under Imperialism. 1885-1947*. Princeton: Princeton University Press, 1988, pp. 237-42.

carreira tão atraente para o punjabi comum. O motorista me disse que seu pai e seu avô eram camponeses sem terras do oeste do Punjabe. Por sua vez, ele passou cinco anos no exército, durante os quais foi treinado como escrivão e motorista e recebeu uma licença para porte de arma de fogo. Isso lhe permitiu trabalhar desde então como secretário, motorista de táxi e guarda de segurança, e ele e sua família recebem ainda hoje tratamento médico gratuito (isso em um país com graves problemas de saúde pública). Se, como seus irmãos, tivesse permanecido no exército até a aposentadoria, também teria recebido algumas terras ou dinheiro. «*Faida to hain*», diz enfaticamente. Ou seja, «há muitas vantagens». Puxa um pedaço de papel do porta-luvas e o entrega para mim. É um certificado de licença. Ele roubou uma grande pilha deles antes de ser dispensado e agora preenche um deles sempre que viaja para fora de Laore. «Garantia», diz ele: se os policiais pensarem que é um soldado de férias, não se atreverão a pedir suborno. O exército, então, funciona para seus membros como um Estado de bem-estar social contrabandeado (e para a classe de oficiais como uma garantia de luxo e privilégio). Não é de admirar que os militares do Paquistão guardem a instituição com tanto zelo, a ponto de tirarem políticos eleitos.

Punjabis dominam o exército, e o exército tem o monopólio dos recursos naturais do país. Em 1960, treze anos após a divisão religiosa e social do Punjabe na Partição, a Índia e o Paquistão assinaram o Tratado das Águas do Indo. Os três rios orientais — Rauí, Sutle e Beás — foram inteiramente para a Índia, que logo os represou para canalizar até a última gota de água para irrigação. O Punjabe do Paquistão recebeu o Indo, o Jilum e o Chenab, apropriou-se desses rios e os cercou, tornando-os o músculo pulsante e o centro do país. Mesmo agora, as ramificações do Tratado das Águas do Indo criam tensão entre fronteiras: em 1999, a Índia anunciou que estava represando o Chenab, um dos três rios do Paquistão, pouco antes de cruzar a fronteira. Nenhum político paquistanês esquece abril de

O EXÉRCITO DO GURU

1948, quando a Índia cortou os canais de irrigação do Paquistão no início da temporada de plantio. A barragem indiana, que recebeu sinal verde em 2007 depois que o Banco Mundial nomeou um especialista neutro para arbitrar sua justeza, supostamente é para hidreletricidade, mas o Paquistão teme a capacidade que seu vizinho agora possui: a de desencadear a arma da privação de água.

É uma arma, dizem os fazendeiros sindis, que já está sendo usada contra eles pelos punjabis. Como o Sinde recebe muito pouca monção, os fazendeiros dependem do Estado para levar água a seus campos. Com mais de 80% das terras cultiváveis do Paquistão exigindo irrigação, a água é uma ferramenta política poderosa. O governo do Paquistão, como o governo colonial britânico antes dele, investiu pesadamente na infraestrutura de irrigação, mediante a qual é capaz de controlar a sociedade. Os sindis afirmam que as barragens construídas desde a Partição foram projetadas (pelo exército) para que os punjabis possam extrair a maior parte da água. Qualquer um que já tenha visitado o Delta e visto o fio d'água que é tudo o que ali resta do rio pode concordar.

As barragens também têm defensores poderosos na capital por causa das propinas lucrativas que oferecem a políticos, burocratas e engenheiros. (Por esse motivo, os subornos para acessar a Autoridade de Desenvolvimento de Água e Energia do Paquistão [WAPDA] são os mais altos do país.) Analistas de desenvolvimento locais há muito argumentam que o Paquistão precisa de sistemas de irrigação menos exigentes em capital, tecnologia pesada e especialistas estrangeiros. As barragens, dizem eles, são um grande desperdício de água, tempo e dinheiro[29] (consultores internacionais aumentam os custos locais em 40%, as licitações internacionais em

---

29 Kaiser Bengali e Nafisa Shah. In: K. Bengali (Org.), *The Politics of Managing Water.* Oxford/Islamabade: Oxford University Press/ Sustainable Development Policy Institute, 2003, p. xv.

outros 300%, a gestão dos recursos hídricos é o segundo maior contribuinte, depois da defesa, para a dívida externa do Paquistão[30]). O que eles dizem ser necessário, em vez disso, é uma melhor gestão dos recursos hídricos locais e sistemas de irrigação mais eficazes.

O Indo também é um rio sujeito a fortes assoreamentos, por isso as represas não duram muito aqui. O gigantesco reservatório Tarbela, construído na década de 1970, tornou-se tão denso com lodo que se prevê que seja totalmente inoperável já em 2030.[31] Até mesmo o inconstante Banco Mundial, que durante os primeiros sessenta anos de existência do Paquistão impunha represas aos países em desenvolvimento, chegou à conclusão de que elas fazem mais mal do que bem.

Mas a falta de água do Paquistão em relação às necessidades agora é a prioridade, e o governo considera as represas a única resposta para o problema. O presidente, general Pervez Musharraf, que nove anos antes de seu golpe escreveu um artigo em Londres sobre a segurança hídrica sul-asiática, pôs sua influência militar bigoduda na construção de represas, em particular em Kalabagh, nos limites entre o Punjabe e a Fronteira Noroeste, a mais contenciosa barragem dos últimos tempos — condenada tanto pelos sindis, que temem que caia ainda menos água rio abaixo, quanto por pessoas da Província da Fronteira Noroeste, cujas terras serão inundadas.[32] Alguns dos paquistaneses mais pessimistas preveem

---

30   K. Ahmed, «'We were swept away in a flood of foreign expertise'». In: Bengali (Org.), *The Politics of Managing Water*, op. cit., p. 86.

31   A. R. Memon. In: Bengali (Org.), *The Politics of Managing Water*, op. cit., p. 180.

32   Kalabagh foi criticada até mesmo recentemente por um relatório governamental encomendado pelo presidente (o Relatório Abbasi: A. N. G. Abbasi, *Report of Technical Committee on Water Resources* [«Abbasi Report»]. Islamabade, 2005). Infelizmente, o relatório defendeu duas barragens alternativas no lugar de Kalabagh. Uma é Basha, ao norte de Islamabade, na rodovia de Caracórum, que submergiria um local de arte rupestre pré-histórica extremamente importante.

O EXÉRCITO DO GURU

que o duplo domínio do exército punjabi tanto na política como na água levará o país a uma segunda guerra civil.

Enquanto morria em 1539, as palavras finais do guru Nanak foram sobre seu local de nascimento. «A tamargueira deve estar em flor agora», disse ele, «a grama dos pampas deve estar balançando sua cabeça lanosa com a brisa, as cigarras devem estar clamando nas clareiras solitárias.» Nanak foi grato durante toda a sua vida à paisagem do Punjabe. Seus rios e árvores, animais e pássaros foram uma inspiração constante para sua poesia:

> Adoradores que louvam ao Senhor não conhecem Sua grandeza,
> Como rios e riachos que correm para o mar
> [não conhecem sua vastidão.
> [...]
> Enquanto o pássaro Chatrik ama a chuva
> E chora por algumas gotas para matar sua sede,
> Enquanto os peixes pululam nas águas,
> Nanak tem sede do Nome de Hari.
> Ele bebe e seu coração se enche de alegria.[33]

Nankana Sahib hoje é um lugar seco e empoeirado. Durante a vida de Nanak, a aldeia ficava no meio do «*Neeli Bar*», a floresta do veado azul (*nil gai*), mas, anos depois de os britânicos terem tomado o Punjabe, não sobrou nem árvore nem veado. A floresta desapareceu, arrancada para dar lugar aos enormes campos de trigo e arroz. Babur caçava rinocerontes nas selvas do norte do Punjabe, os siques fora da lei se refugiaram no *lakhi* (uma floresta central de 100 mil árvores) e, até o final do século XIX, «leões,

---

A outra é a represa Skardu no extremo norte do país, que alguns temem que inunde uma cidade inteira.

33   Guru Nanak, *Hymns of Guru Nanak*, op. cit., pp. 18, 110.

tigres, leopardos, panteras, ursos, lobos, hienas, javalis, nilgós» vagavam pelas florestas do Punjabe.[34] Projetos de irrigação britânicos (e funcionários rápidos no gatilho) eliminaram os leões e tigres, e os projetos de agricultura intensiva do Paquistão, alimentado a pesticidas e dependentes de barragens, têm exterminado todo o resto. De todas as terras às margens do Indo, o Punjabe foi o que mais mudou nos últimos duzentos anos.

O desmatamento tem ganhos óbvios de curto prazo — com a agricultura mecanizada, quanto maiores são os campos, maior é o retorno. Mas as árvores mantêm a terra aerada e úmida enquanto o desmatamento pode criar desertos. Rio abaixo de Nankana Sahib estão os restos ressequidos de Harapa, uma cidade do terceiro milênio a.C., que, apesar de sua sofisticação extraordinária, entrou em colapso e morreu provavelmente porque seus cidadãos exploraram demais a floresta e as fontes de água — uma forte provocação ao uso sustentável de recursos, ignorada com alegria pelos modernos proprietários de terras paquistaneses.

E assim, no local de nascimento do guru Nanak, onde os peregrinos que desprezam o Paquistão não podem tomar banho no *sarovar*, é poeira que levam com eles de volta à Índia como uma lembrança sagrada. No corredor do *gurdwara* central, passo por uma mulher agachada no chão, puxando as esteiras que foram colocadas ali e juntando a poeira em um pedaço de papel. «O que ela está fazendo?», pergunto a um homem com um turbante amarelo-sol. Ele se abaixa e pega um pouco de poeira com os dedos: «Consideramos sagrada a poeira do Nankana Sahib», diz ele, e a joga na língua como açúcar.[35]

---

34   K. Singh, *A History of the Sikhs*, op. cit., v. 1, p. 9.

35   É uma reminiscência da história que se conta de Divan Gidumal, o ministro hindu durante a era kalhora no Sinde, que ofereceu a um invasor afegão a riqueza do Sinde em dois sacos: um continha ouro e o outro a poeira sagrada coletada das tumbas dos santos do Sinde (Schimmel, *Pain and Grace*, op. cit., p. 21).

O EXÉRCITO DO GURU

Naquela noite, volto a Laore e faço uma última visita ao Dera Sahib Gurdwara. Aqui, no limite do distrito da luz vermelha, entre a sublime mesquita de arenito do imperador Aurangzeb e o forte real, circundado ao norte pelo rio sem água Rauí, está o santuário do marajá Ranjit Singh.

Sentado em um minúsculo escritório perto da tumba do marajá, bebendo chá doce com leite, está um sique que fugiu do Punjabe paquistanês para a Índia na Partição e fugiu de volta na década de 1980. Manmohan Singh Khalsa tem o mesmo nome do primeiro-ministro indiano, mas considera seu homônimo um «fantoche». Membro do exército guerrilheiro que liderou uma campanha «terrorista» para Calistão, um Estado sique independente, Manmohan Singh pediu asilo na Grã-Bretanha na década de 1980, depois que o Exército Indiano invadiu o Templo Dourado. Declarado um homem procurado pelo governo indiano, Laore é o mais próximo que esteve de Amritsar desde então.

«*Khalistan Zindabad* (Viva o Calistão)!», Manmohan Singh diz, e brinca: «Na Índia, me colocariam na prisão por dizer isso». (O governo do Paquistão, por outro lado, acolheu combatentes do Calistão — mesmo os armados.) Ele não se arrepende de ter perdido sua terra natal indiana. «Eu não poderia viver no Punjabe Ocupado» diz. «No Paquistão, os siques têm mais liberdade. O siquismo nasceu aqui. O marajá Ranjit Singh governou de Laore. A cultura muçulmana e sique é a mesma.» Em Londres, ele criou a Fundação Mundial Islâmico-Sique para celebrar «nossa língua comum, costumes e origem tribal». «E quanto à Partição?», pergunto. Ele franze a testa. «Aquele *nafrat* foi causado pelo bramanismo, a mácula tisnada da Ásia.»

«Se os siques são tão felizes no Paquistão», digo por fim, «por que não há siques no exército?» Penso na ironia final: que o Exército do Paquistão, que tem suas raízes nas tradições marciais siques, nunca recrutou um único sique. Mas Manmohan Singh tem uma resposta triunfal. «O general Pervez», diz, «é muito bom para os siques.» Ele me conta como conversou com Musharraf por «três horas e meia» depois que o general se tornou ditador. «Eu disse a ele: 'Use os siques no exército', e ele disse: 'OK'. E agora existe um sique, o primeiro na história do Paquistão. Ele se juntou há dois meses. Um jovem de Nankana Sahib.»

Manmohan Singh se recosta e esvazia sua xícara de chá. Está escuro lá fora, e a última oração do dia está sendo chamada da *Badshahi Masjid*. Sentamo-nos e ouvimos em silêncio, pois a mesquita é famosa não apenas pela vastidão e perfeição de seu pátio de arenito vermelho, mas também pela beleza da voz de seu muezim. «O primeiro soldado sique do Exército do Paquistão...», diz Manmohan Singh. Eu acrescento: «Da aldeia onde nasceu o guru Nanak...». E, enquanto estamos sentados no escuro, ouvindo o *azan*, me pergunto quando os rios convergentes se dividirão.

6.

SUBIR O KHYBER

1001

Uma vez cruzadas as águas do Sinde, tudo é via para o Hindustão.
Imperador Babur, *c.* 1526

Debruçada sobre o baluarte do forte Attock, às margens do Indo, olho para o outro lado do rio e contemplo os contrastes. Atrás de mim estão as planícies do Punjabe, aquartelamentos e regimentos do exército, mulheres com lenços da cor do arco-íris na cabeça e homens com bigodes bem aparados. À minha frente estão as colinas azuis do Afeganistão, cidades de fronteira, contrabandistas segurando fuzis Kalashnikov e mulheres em burcas. Até o rio desenha a confluência desses mundos. Abaixo de mim, o rio Cabul flui do oeste, marrom com lodo e turbulento pela intriga pachto. O Indo flui do leste, azul-gelo com o degelo da neve das montanhas glaciais. Por algumas centenas de metros depois de se juntarem, o Cabul marrom e o Indo azul correm lado a lado, e é apenas quando as águas passam em frente ao forte Attock que as cores se fundem. Aqui estiveram gerações de generais indianos, vigiando esta travessia, precavidos dos invasores afegãos.

Babur — como outros aventureiros muçulmanos medievais que galoparam de Samarcanda, pelo Afeganistão e pelos passos da fronteira — havia muito acalentava a ideia de conquistar a Índia. Em 1526, após várias tentativas malsucedidas, ele rompeu as defesas e derrotou o sultão de Déli. Para um nobre da Ásia Central em busca de um reino, a Índia, como Babur a via, oferecia duas recompensas supremas: «é um país grande e tem grandes quantidades de ouro e prata».

Só depois de chegar lá ele descobriu que as pessoas eram simples, a arquitetura abismal e as conversas mesquinhas. Lá não havia nem mesmo melões doces, castiçais ou cavalos. «O Hindustão é um país com poucos prazeres a recomendar», escreveu ele, com desânimo, em suas memórias. Mas, enquanto os amigos de Babur logo se extenuavam do calor e da poeira e imploravam para retornar à sua terra natal, o novo imperador foi inflexível. O futuro de sua dinastia estava a leste do Indo:

> Dai cem vezes graças, Babur, que o Juiz Misericordioso
> deu-te o Sinde e o Hind e muitos outros reinos.
> Se tu não tens a força para o calor deles,
> se disseres: «Deixai-me ver o lado frio», Gasni continua lá.[1]

E assim, com o Afeganistão — e a fria Gasni — no horizonte distante como consolo para a saudade de casa, Babur mudou-se para as planícies do norte da Índia e fez de lá o centro de seu reino. Nos três séculos seguintes, a Índia seria governada por imperadores cujos antepassados eram usbeques.

---

[1] Z. M. Babur, *The Babur-nama in English (Memoirs of Babur)*. Trad. ingl. A. Beveridge. Londres: Luzac & Co., 1921, pp. 484, 526.

Babur não foi o primeiro rei muçulmano a cruzar o Indo, e, onde pisou, muitos outros o seguiriam. Os Lodis, de quem usurpou o trono de Déli, eram uma família pachto, e Humayun, seu filho nascido em Cabul, mal durou uma década antes de ser usurpado por um afegão, Sher Shah Suri. O filho de Humayun, Akbar, aprendeu com o erro de seu pai: cuidado com os homens de Cabul.

O Afeganistão moderno é uma mistura étnica de hazaras, tajiques, usbeques e pachtos (pathans ou pakhtūns, tribos ingovernáveis de ambos os lados da fronteira oriental do Afeganistão). Mas, quando Babur e seus descendentes se referiam aos «afegãos», eles falavam dos pachtos — linhagem totalmente diferente da mogol. A família da mãe de Babur era de mongóis[2] descendentes de Timur e Genghis Khan, e a de seu pai também era timúrida. Babur estava ciente de sua herança e legou um princípio de ferro a seus descendentes: a desconfiança total dos pachtos. O neto de Babur, Akbar, por sua vez deixou claro para seus seguidores: em nenhuma hipótese essas pessoas «desmioladas», «encrenqueiras» e «vagabundas» se tornariam governadores, receberiam patentes importantes do exército ou altos cargos burocráticos. Até mesmo suas esposas deveriam ser excluídas das cerimônias reais de pesagem (quando o peso do monarca em ouro era dado aos pobres). «É uma regra no império mogol», escreveu o viajante veneziano do século XVII Niccolao Manucci, «não confiar na raça dos pachtos.» Os persas conseguiram os melhores empregos, os turcos comandaram o exército, os hindus cuidaram das finanças imperiais. Apenas os membros das tribos pachto-afegãs eram rotineiramente preteridos para promoções. (É tentador pensar que o estereótipo da indisciplina dos pachtos origina-se dos mogóis.)

---

2 Grupo étnico que habita as estepes da Ásia Central e formou o Império Mongol dos séculos XIII e XIV. [N. T.]

204   ALICE ALBINIA

Na década de 1580, Akbar começou a construir um grande forte de arenito vermelho em Attock, no lado punjabi do rio.[3] Olhando para a terra dos afegãos, o forte foi projetado para defender o império de Akbar de seu sorrateiro meio-irmão em Cabul. Ele foi chamado de «Attock Banaras» para se juntar ao forte «Katak Banaras» na extremidade oriental da Índia — e foi colocado nessa «fronteira» ribeirinha, escreveu o historiador da corte Abul-Fazl, como uma «nobre barreira» entre o «Hindustão e Cabulistão [...] para impor a obediência aos turbulentos».[4] O forte era o símbolo perfeito de quão longe — em meio século — os mogóis haviam viajado de seu passado na Ásia Central.

O forte também não perdeu nada de seu simbolismo mogol nos últimos sessenta anos: requisitado pelo Exército do Paquistão como um centro de detenção de segurança máxima e tribunal militar, foi aqui que Asif Zardari,[5] marido de Benazir Bhutto,[6] foi

---

3   «Uma das ocorrências foi a fundação do forte de Atak Benares. O projeto secreto do adornador do mundo era que, quando o exército chegasse a essa fronteira, uma fortaleza elevada fosse construída. Nessa ocasião, foi aprovado o lugar escolhido por homens de visão. Em 15 de Khordad (próximo ao final de maio de 1588) [...] a fundação foi lançada pela mão sagrada, de acordo com seu nome, assim como, na extremidade das províncias orientais, existe uma fortaleza chamada Katak Benares» (Abul-Fazl, *The Akbarnama of Abu-l-Fazl*. Tradução ingl. H. Beveridge. Calcutá: Asiatic Society of Bengal, 1910, v. III, p. 521). Olaf Caroe, no entanto, diz que o forte foi iniciado em 1581 e concluído em 1586 (Caroe, *The Pathans: 550 B.C.-A.D. 1957*. Londres, 1958, pp. 208-11). G. T. Vigne escreveu que «O nome Attok é derivado de Atkana, ou Atukna, significando em hindustâni «parar»; nenhum crente hindu se aventurará além dele por conta própria, com medo de perder a casta» (G. T. Vigne, *A Personal Narrative of a visit to Ghazni, Kabul, and Afghanistan, and of a residence at the court of Dost Mohamed*. Londres: Whittaker, 1840, p. 30.

4   Abul-Fazl, *The Akbarnama of Abu-l-Fazl*, op. cit., v. III, pp. 520-1.

5   Posteriormente, em 2008, Asif Zardari seria eleito presidente pelas câmaras provinciais e nacionais. [N. T.]

6   Primeira-ministra do Paquistão por dois mandatos (1988-1990 e 1993-1996), foi assassinada num atentado em 2007. [N. T.]

SUBIR O KHYBER

205

preso e que Nawaz Sharif,[7] o primeiro-ministro deposto pelo general-presidente Musharraf,[8] foi julgado pelo exército. Enquanto olho por cima do muro do *Begum ki Sarai* do forte, ouço um grito e me viro para ver um soldado adolescente paquistanês correndo em minha direção, acenando sua arma. «Esta é uma propriedade do exército», diz ele, assim que retoma o fôlego, «e proibida para estranhos. Saia antes que meus superiores peguem você.»

O imperador Akbar conseguiu conter a ameaça pachto por meio da vigilância constante ao longo do Indo. Mas, no império mogol amplamente expandido do século XVII, a paz não duraria muito. Durante o reinado do bisneto de Akbar, Aurangzeb, o ressentimento pachto se transformou em guerra.

O imperador Aurangzeb era um fanático muçulmano: ele logo desistiu das práticas pluralistas de seus antepassados, abandonou a moda régia de celebrar os festivais e a cultura hindu, instituiu um regulamento até sobre a altura das calças e da barba: sua encarnação moderna é o Talibã. Desde aproximadamente a época em que o sultão Mahmud, o guerreiro afegão, invadiu o país no século XI, os pachtos são muçulmanos. Mas, onde a lei islâmica entra em conflito com os *pashtunwali* (os códigos de conduta pachto não escritos), é a tradição, e não a religião, que prevalece. «Eu faço do vinho um amigo», escreveu o grande poeta pachto Khushal Khan Khattak, «por que o sacerdote briga comigo?»[9]

---

7   Nawaz Sharif voltaria a ser primeiro-ministro do Paquistão entre 2013 e 2017. [N. T.]

8   Pervez Musharraf veio a renunciar após um processo de impeachment em 2008 e viveu alguns anos em autoexílio. [N. T.]

9   C. E. Biddulph, *Afghan Poetry of the Seventeenth Century: Being Selections from the Poems of Khush Hal Khan Khatak*. Londres: Kegan Paul, Trench, Trübner & Co., 1890, p. 81. O *Pashtunwali* (código de conduta e ideologia pachto) também proíbe beber, pelo menos em público.

Khushal Khan Khattak, chefe pachto de um vilarejo próximo ao Indo, não hesitou em tornar público seu desgosto com o imperador Aurangzeb:

> Conheço bem a justiça de Aurangzeb e sua equidade,
> sua ortodoxia em questões de fé...
> Seus próprios irmãos, vez após outra, mortos à espada com crueldade,
> Seu próprio pai vencido na batalha.[10]

(Nem mesmo o venerável ancestral de Aurangzeb escapou do desprezo de Khushal. «Babur, o Rei de Déli», observou o poeta, «devia seu trono aos pachtos.»[11])

Em 1664, Aurangzeb despachou um contingente do exército imperial a oeste do Indo para lidar com esse rebelde impertinente, e Khushal foi por fim trazido acorrentado para a Índia. Mas quatro anos depois, ao ser libertado, Khushal voltou para casa sem se arrepender e convocou os pachtos a se rebelarem contra o imperador. O exército mogol podia manobrar sem esforço nas planícies abertas do Hindustão, mas no terreno rochoso da fronteira não era páreo para as táticas de guerrilha de Khushal. Aurangzeb acampou por dois anos em Attock, tentando levantar o moral baixo de suas tropas: «contra nenhum outro», escreveu o tradutor vitoriano de Khushal, «ele teve esforços mais extenuantes e fúteis».[12] Como o Exército do Indo, as forças da Otan e o Exército do Paquistão, os homens de Aurangzeb não conseguiram avançar contra os rebeldes pachtos escondidos nas montanhas afegãs. Como seus frustrados

---

10   H. G. Raverty, *Selections from the Poetry of the Afghans*. Laore: Sang-e-Meel, 2002, p. 188.

11   Caroe, *The Pathans*, op. cit., p. 165.

12   C. E. Biddulph, *Afghan Poetry of the Seventeenth Century*, op. cit., p. xiii.

SUBIR O KHYBER

207

sucessores, quando a guerra falhou, o imperador recorreu à propina. Ele subornou um dos sessenta filhos de Khushal — isso foi o suficiente. Khushal morreu com o coração partido, um fugitivo longe de casa.[13] Seu último desejo era ser enterrado onde «a poeira dos cascos da cavalaria mogol» não caísse sobre seu túmulo.

Khushal foi um autor prolífico e, embora possa ter perdido a guerra de espadas, venceu a guerra de palavras. Ele escreveu mais de 360 obras: poemas sobre os rios e montanhas da Fronteira (Khyber Pakhtunkhwa), tratados sobre falcoaria, turbantes e medicina, um livro de viagens em verso, uma autobiografia em prosa. Em particular, ele escreveu sobre as mulheres.[14] Semelhante ao *Kama Sutra*, o *Diwan* (sua coleção de odes) enumera as qualidades carnais das mulheres de diferentes tribos pachtos, gaba-se de sua destreza (quinze parceiras por noite), elogia o «membro» do autor e distribui dicas de sexo para garotos ansiosos.[15] No clima repressivo atual, os trechos de sexo se tornaram um constrangimento para a família de Khushal, que recentemente tentou retirá-los de sua obra, e uma anomalia poética para a Academia de Pachto da Universidade de Pexauar, que não pode ensiná-los, muito menos discuti-los, por medo das repercussões. No entanto, eles existem — uma lembrança pungente da vida de antes de os mulás assumirem o controle.

É estranho então que, apesar de suas proclamações piedosas, perseguição aos xiitas e teocracia modelo, Aurangzeb nunca tenha se tornado um herói para os paquistaneses. Alguns livros escolares afirmam com gratidão que ele defendeu o «espírito do Paquistão». Mas, em geral, apesar de todo o falatório islâmico, Aurangzeb (que

---

13 Raverty, *Selections from the Poetry of the Afghans*, op. cit., p. 146.

14 D. N. Mackenzie, *Poems from the Divan of Khushal Khan Khattak*. Londres: Allen and Unwin, 1965, p. 12.

15 Entrevista com o professor Raj Wali Khattak, ex-chefe da Academia Pachto, da Universidade de Pexauar, abril de 2005.

até dotou alguns templos hindus) é um pouco *indiano* demais. Os heróis que os governantes paquistaneses amam — aqueles por quem batizam seus mísseis balísticos — são os destruidores de ídolos afegãos medievais e assassinos de hindus. Destes, o primeiro e mais ilustre é o sultão Mahmud de Gasni, do século XI.

Como os mogóis depois dele, o sultão Mahmud era turco, por parte de pai. Mas sua mãe era afegã de Zabul,[16] e isso permitiu que tanto pachtos afegãos quanto paquistaneses o reivindicassem como um dos seus. O pai de Mahmud era um escravo. No entanto, o filho se tornou — como um maulvi no Afeganistão mais tarde me disse com orgulho — o «primeiro presidente de nosso país». Ele não era um pachto, mas é amado por eles.

Mahmud cresceu em uma fronteira de mundos sobrepostos. Seus antepassados vieram das estepes turcas, ele nasceu em Gasni, 150 quilômetros a sudoeste de Cabul, sua vida religiosa foi ditada pela Arábia e sua cultura pela Pérsia. Todas essas esferas foram igualmente importantes. Ele estudou árabe, aprendeu persa e falava turco em casa com seus escravos.[17] O local de nascimento de sua mãe tornou-se seu reino, o povo nômade de seu pai forneceu a espinha dorsal de seu exército, o califado sunita de Bagdá deu autoridade religiosa a seu governo, os poetas persas impregnaram sua corte de glamour. Como se isso não bastasse, o próprio Mahmud acrescentou outro ingrediente a essa mistura inebriante: a Índia.

Outros muçulmanos haviam chegado à Índia muito antes de Mahmud. Muhammad bin Qasim — sobrinho do califa de dezessete anos — invadiu o Sinde no ano de 711. É provável que comerciantes árabes tenham construído mesquitas ao longo da costa sul da Índia de Malabar antes disso. Mas as viagens que o sultão

16   Caroe, *The Pathans*, op. cit., p. 120.
17   C. E. Bosworth, *The Ghaznavids: Their Empire In Afghanistan and Eastern Iran 994-1040*. Edimburgo: University Press, 1963, p. 130.

SUBIR O KHYBER

Mahmud fez pelo Indo foram muito mais significativas do que essas pequenas incursões.

Quando no final do século x Sebuktigin, o pai de Mahmud, chegou, Gasni era pouco mais do que uma aldeia. Havia uma vantagem estratégica: a proximidade com a Índia. Com bom tempo, demorava apenas um mês para chegar ao rio Indo. Para Mahmud, um homem baixo e enérgico, com uma barba rala e um entusiasmo sem fim por viagens, isso era como ouro à vista. Durante sua carreira de trinta anos como *jihadi*, Mahmud marchou para a Índia doze, treze ou mesmo dezessete vezes «nos passos de Alá». Até 1030, ele já conseguira travar uma guerra religiosa — se não anualmente, como esperava — pelo menos a cada dois anos, seguindo os rios tributários do Indo e dele para a Índia. Às vezes, ele pegava a difícil estrada do passo Khyber ao norte (se desejasse lutar contra os hindus perto de Pexauar). Uma vez foi ao sul para Candaar e cruzou os desertos do Sinde para o Guzerate para destruir o *lingam* de pedra — símbolo sagrado do pênis do Senhor Śiva — no templo Somnath. Mas o caminho mais direto para o Indo era a leste, através do que hoje é o norte do Waziristão, atualmente a base favorita da Al-Qaeda no Paquistão.

A Índia fez a carreira do sultão Mahmud. O país era rico. O povo era hindu, então pilhagem e assassinato podiam ser legitimados como *jihad* contra os infiéis politeístas. Mahmud se especializou em saquear cidades indianas com templos gigantescos e sempre (exceto quando sua carga era levada pelo Indo) voltava carregado com o butim.

Graças à *jihad*, os territórios de Mahmud se expandiram. Gasni foi transformada em uma deslumbrante cidade imperial. Embaixadores estrangeiros vinham admirar as joias — diamantes «do tamanho de romãs» — dispostas sobre os tapetes de seu palácio. Voluntários reuniam-se em seu exército para se tornarem *ghazis* — guerreiros sagrados. O próprio Mahmud foi investido das mais altas dignidades religiosas pelo califa de Bagdá: um manto de honra, permissão para chamar-se de «Sultão» e um punhado de títulos honoríficos para a posteridade: «O Guardião do Estado e da Fé», «O Lustro do Império e o Ornamento da Religião», «O Fundador de Impérios».[18] É difícil avaliar a impressão que Mahmud causou na Índia na época. Mas o impacto da Índia no mundo islâmico foi instantâneo e fenomenal.

Desde o início do Islã, a Índia — vasta, rica, exótica — representava um problema para os muçulmanos. No Hadiz, os ditos do Profeta, o próprio Maomé aspirava a conquistá-la: jihadistas que lutam contra a Índia, diz-se que admitira, «serão salvos do fogo do inferno».[19] O famoso comerciante marroquino Ibn Battuta descreveu como o profeta pré-islâmico Sulayman (Salomão) viajou para uma montanha no Sinde, olhou para a Índia e não viu nada além da escuridão. A Índia era obscura e insana, mas possuía um grande tesouro material e intelectual. Os árabes lucraram com o comércio de especiarias da Índia durante séculos. Estudiosos indianos visitaram Bagdá no século VIII, e importantes textos em sânscrito sobre astronomia, filosofia e medicina foram traduzidos para o árabe.

No início do século VIII, quando Muhammad bin Qasim chegou à costa do Sinde, Al Hajjaj, o Califa, ordenou que ele cooperasse com os hindus locais: «dê-lhes dinheiro, recompensas, promoções [...] dê-lhes *aman* (imunidade)», escreveu ele. A imunidade transformou os hindus em *dhimmi*: «protegidos», como os judeus e cristãos. Daí em diante, lutar contra eles seria *fitna* (conflito interno), não *jihad*. No entanto, não havia uma justificativa

---

18 Os dois últimos títulos foram para seus filhos. M. K. Ferishta, *History of the Rise of the Mahomedan Power in India*. Trad. ingl. J. Briggs. Londres, 1829, v. I, p. 81.

19 Wink, *Al-Hind*, op. cit., p. 193.

SUBIR O KHYBER

corânica explícita para essa postura. Era, portanto, uma questão aberta à interpretação.

Trezentos anos depois, quando o sultão Mahmud desejou fazer seu nome e fortuna, os hindus e seus ídolos se tornaram uma causa legítima para a guerra. Mahmud apresentou seus ataques à Índia como vitórias do Islã sunita — e o califa concordou. «O rei», escreveu o historiador Ferichta, «fez com que um relato de suas façanhas fosse escrito e enviado ao califa, que ordenou que fosse lido ao povo de Bagdá, fazendo um grande festival na ocasião.»[20] Quinhentos anos mais tarde, quando o imperador Akbar ocupava o trono em Déli, o pêndulo jurídico voltara a balançar. Abul-Fazl, o principal historiador de Akbar, escreveu com grande desagrado sobre a iconoclastia deslocada do sultão Mahmud. «Fanáticos irracionais, pintando a Índia como um país de infiéis em guerra com o Islã», ele trovejou, «incitaram sua natureza desavisada à destruição de honra, ao derramamento de sangue e à pilhagem dos virtuosos.»[21] Mesmo na época do sultão Mahmud, havia muçulmanos que já tinham essa opinião. O mais importante deles foi Albiruni.

Em 1017, Mahmud, como era seu hábito nos meses de verão, quando o Indo era intransponível, voltou suas atenções para o noroeste, para o país independente da Corásmia (no moderno Usbequistão). Ele o invadiu, anexou e voltou para casa em Gasni seguido por filas de prisioneiros. Entre eles estava um homem chamado Abu Raiane Albiruni, astrônomo, filósofo e matemático. Albiruni já havia lido muito sobre a Índia em traduções para o árabe de textos em sânscrito, mas nunca tinha estado lá. Nos treze anos seguintes, à medida que o campo de guerra do sultão Mahmud na Índia se

20 Ferishta, *History of the Rise of the Mahomedan Power...*, op. cit., v. I, p. 62.
21 Abul-Fazl, *Ain-i-Akbari*. Trad. ingl. H. Blochmann e H. S. Jarrett. Calcutá: Asiatic Society of Bengal, 1927-49, v. III, p. 377.

expandia continuamente para leste, Albiruni viajou em seu rastro: falando em vez de lutar e aprendendo em vez de matar. Albiruni tinha profundo respeito pelo pensamento indiano e o livro que publicou após seu retorno tornou-se uma obra-prima acadêmica.

Ao mesmo tempo que Al Utbi, secretário do sultão Mahmud, elogiava a *jihad* contra os indianos, Albiruni aprendia sânscrito, conversava com pânditas e compilava um registro sistemático do pensamento indiano. Ele teve de tomar cuidado, já que escrevia um livro sobre uma das maiores civilizações do mundo a partir da corte de um iconoclasta sunita ortodoxo. «Este livro não é uma polêmica», escreveu em seu Prefácio, e insistiu: «Não apresentarei os argumentos de nossos antagonistas a fim de refutar o que acredito estar errado». «Meu livro», escreveu enfático, «nada mais é do que um simples registro histórico de fatos.» Alguns estudiosos interpretam sua *História da Índia* como uma tentativa de desacreditar as campanhas do sultão Mahmud por lá. Mas é difícil dizer. «Mahmud arruinou de todo a prosperidade do país e realizou façanhas maravilhosas», escreveu Albiruni, «pelas quais os hindus se tornaram como átomos de poeira espalhados em todas as direções e uma história antiga na boca do povo.» Isso é elogio ou crítica?

Albiruni passou vários anos na Índia, ensinando filosofia grega e, em troca, aprendendo conceitos hindus, e parece ter chegado à conclusão de que o pensamento helênico e indiano, apesar das armadilhas politeístas, em essência resumia-se a sistemas monoteístas.[22] Traçou comparações favoráveis entre conceitos religiosos hindus — como a criação — e os do Alcorão.[23] Mais tarde,

---

22 Albiruni, *Alberuni's India: An Account of the Religion, Philosophy, Literature, Geography, Chronology, Astronomy, Customs, Laws and Astrology of India about A.D. 1030*. Trad. ingl. E. C. Sachau. Londres: Paul, Trench, Trübner & Co, 1888, p. xviii.

23 S. Sharma, *Persian Poetry at the Indian Frontier*. Déli: Permanent Black, 2000, p. 137.

SUBIR O KHYBER 213

admitiu que, embora tenha desenvolvido um «belo gosto» pelo assunto, foi difícil no início, sobretudo porque «a esse respeito estou sozinho no meu tempo». Além disso, havia muitas coisas no hinduísmo que ele considerava opacas: «os hindus diferem inteiramente de nós, em todos os aspectos», escreveu sobre o tema da religião, «não acreditamos em nada do que acreditam, e vice-versa... Eles são arrogantes, vaidosos ao ponto da tolice, presunçosos e sem emoção».

É claro que o livro de Albiruni era uma prova cabal de que a Índia tinha muitos motivos para ser vaidosa. Até mesmo o sultão Mahmud não pôde deixar de se afetar pela grandeza do país. Diz-se que Mahmud admirava tanto a arquitetura de pedra dos templos em Matura que se viu incapaz de destruí-los.[24] Após o saque do templo de Somnath, «a beleza de seus habitantes, seus jardins frondosos, rios correntes e solo fértil» tentaram-no a se estabelecer ali (seus soldados não quiseram nem ouvir falar no assunto).[25] Ele perdoou um rei hindu, Nunda Ray, por causa de um poema demasiado lisonjeiro que o hindu lhe enviou.[26] Ele até mandou cunhar uma moeda com o árabe de um lado e o *kalma* (credo islâmico) traduzido para o sânscrito do outro e que, surpreendentemente, descrevia o profeta Maomé em óbvios termos não islâmicos como um «avatar» de Deus.[27] Talvez tenha sido o próprio grande iconoclasta quem antecipara o ecletismo desenfreado do imperador Akbar.

A «Índia» era um país populoso, e, contrariando a noção depois propagada pelos europeus — de que os hindus, afeminados pelo clima desconcertante, foram dominados com facilidade por

24 Elphinstone, pp. 554-5.
25 M. Habib, *Sultan Mahmud of Ghaznin*. 2. ed. Aligarh: Cosmopolitan, 1951, p. 57.
26 Ferishta, *History of the Rise of the Mahomedan Power...*, op. cit., v. I, p. 67.
27 S. H. A. Kazmi, *The Makers of Muslim Geography: Alberuni*. Déli: Renaissance, 1995, p. 23.

resistentes muçulmanos das montanhas —, os exércitos contra os quais Mahmud se encontrou eram formidáveis. Al Utbi chama os soldados indianos de «oponentes obstinados» e Mahmud claramente desenvolveu por eles uma admiração a contragosto. Os indianos eram muito valorizados como mercenários: Mahmud tinha uma divisão hindu em seu exército, que vivia em um bairro hindu especial em Gasni, e a usou com efeitos devastadores contra os muçulmanos hereges ou rebeldes. (Em Zaranj, saquearam a mesquita de sexta-feira, mataram todos os fiéis que lá havia e assassinaram também alguns cristãos.[28])

Mahmud também aprendeu com a formação de batalha hindu. Além de seus números temíveis, os indianos tinham uma vantagem tática: os elefantes. Em uma época de lanças, arcos e maças, os elefantes («teimosos como Satanás») eram armas cobiçadas, e havia algo como uma corrida armamentista para possuí-los. Mahmud reivindicou os elefantes como butim dos reis indianos, deu-os como presentes raros a amigos de honra e os contabilizou com o mesmo cuidado com que pesava seus enormes diamantes. Eles também foram usados para intimidar seus inimigos. Diz-se que Ferdusi, autor do *Shahnameh* («Livro dos Reis»), fugiu de Gasni disfarçado depois que o sultão jurou que ele seria pisoteado até a morte por elefantes. Até o califa foi ameaçado. «Você quer que eu vá para a capital do Califado com mil elefantes», gritou ele para o embaixador do califa, depois que este se recusou a lhe dar Samarcanda, «a fim de destruí-la e trazer sua terra nas costas dos meus elefantes para Gasni?»[29]

Ainda mais assustadores do que os elefantes da Índia eram seus rios. Nenhum lugar poderia ser mais diferente das estepes áridas das montanhas às quais Mahmud estava acostumado do

28 Bosworth, *The Ghaznavids*, op. cit., p. 89.
29 M. Habib, *Sultan Mahmud of Ghaznin*, op. cit., p. 36.

SUBIR O KHYBER   215

que o Punjabe viçoso, cheio de mosquitos. Os rios — cruzá-los, afogar-se neles, travar batalhas neles — tornaram-se um tema importante das invasões indianas de Mahmud, que ele nunca chegou a dominar por completo. Seu exército passava a vau (o sultão em um elefante, seus generais a cavalo), e, se as chuvas fossem fortes ou uma campanha mal programada, o rio era capaz de destruir tudo. Os rios não eram uma parte natural da perícia militar de Mahmud. Al Utbi descreveu o fim de uma campanha, em que o sultão «retornou a Gasni em triunfo e glória [...] mas, como seu retorno foi durante as chuvas, quando os rios estavam cheios e espumantes, e como as montanhas eram altas e ele teve de lutar contra seus inimigos, perdeu grande parte de sua carga nos rios e muitos de seus valentes guerreiros foram dispersos».[30] Para os historiadores muçulmanos medievais, o Punjabe era a terra dos «sete rios terríveis». Nenhum era mais terrível, nem mais «profundo e vasto», do que o Indo.

Os adversários de Mahmud não eram estúpidos e, sempre que possível, usaram o Indo contra ele. O rei punjabi, Anandpal, recusou-se a permitir que Mahmud o cruzasse em 1006. Daúde, o «herege» carmata, escondeu-se em uma ilha no meio dele, e os *Jats* — povo ribeirinho determinado, provável ancestral dos siques de mentalidade independente, que conhecia cada uma de suas curvas e peculiaridades — atormentavam o exército de Mahmud sem cessar enquanto ele marchava cansado sentido norte, às margens do rio, em seu retorno de Somnath em 1026.[31]

Foi talvez a indignidade final de ser perseguido pelos *Jats* que deu origem à história da última das batalhas travadas no Indo pelo

30   H. M. Elliot, *The History of India, as told by its own historians: the Muhammadan period*. Org. J. Dowson. Londres: Trübner, 1867-77, v. II, p. 30.

31   M. Nazim, *The Life and Times of Sultan Mahmud of Ghazna*. Cambridge: The University Press, 1931, p. 97.

sultão Mahmud. Todas as suas outras campanhas foram conduzidas em terra seca com elefantes e maças. No entanto, em 1026, o campo de batalha mudou para o rio. Mahmud construiu 1.400 barcos, cada um equipado com uma ponta tripla — uma saindo da proa, duas de cada lado —, com os quais perfurou e afundou a frota de «4 mil homens» dos *Jats*. A história foi escrita pelos historiadores de Mahmud como seu canto de cisne, pois ele nunca mais voltou para a Índia. Em 1030 estava morto.

Os descendentes do sultão Mahmud não tinham nem sua energia nem seu desejo de viajar, e a dinastia gasnévida logo se extinguiu. Mas, para nobres da Ásia Central como Babur, um precedente fora aberto. O sultão Mahmud de Gasni havia mostrado o caminho — e, nos cinco séculos seguintes, hordas de muçulmanos seguiram seus passos. Como escreveu Babur, delineando com clareza uma genealogia de guerreiros sagrados: «Desde a época do venerado Profeta até agora, três homens daquele lado conquistaram e governaram o Hindustão. O sultão Mahmud *Ghazi* foi o primeiro... Eu sou o terceiro». O Exército do Paquistão, por sua vez, declarou-se herdeiro do sultão Mahmud na agressão anti-Índia, batizando seu novo míssil balístico de «Ghazni».

No momento em que sou enxotada das muralhas do forte Attock por um rifle paquistanês, uma ideia toma forma. Apesar (ou talvez por causa) dos perigos sobre os quais todo paquistanês sensato e informado me alerta, sinto necessidade de viajar de volta para — como disse Babur — «o lado frio», para ver a pátria desses invasores e entender daquele ponto de vista o que foi que os atraiu para o outro lado do rio.

Em uma alegre manhã de primavera, uma semana depois, estou em um carro em Torkham, no passo Khyber, entre o Paquistão e o Afeganistão. Nos seis meses em que estive no Paquistão, nunca fiquei tão excitada como por este rito de passagem banal: *subir o Khyber*. Consigo meu carimbo de entrada, olho em volta

SUBIR O KHYBER

para as pilhas de peças usadas de carros (portas, alavancas de câmbio), para as mulheres em suas burcas azuis plissadas, para o céu aberto acima de mim. É uma viagem de oito horas de carro até Cabul, cruzando planícies bem irrigadas, debruadas pelas montanhas Tora Bora, descendo uma longa avenida de árvores alinhadas dos dois lados aos verdes pomares de Jalalabad, ao lado da torrente marrom e espumosa do rio, e subindo as colinas escarpadas que protegeram Cabul por séculos. Olho para fora da janela, para os tanques russos abandonados, as casas de chá lotadas, os rostos da Ásia Central. Fico feliz que a estrada esteja tão ruim que a viagem leva o dobro do tempo que levava nos anos 1960.

Em Cabul, acampo em uma casa fria e sem água quente, habitada por dez jornalistas franceses. Naquela noite, sou levada a uma festa de expatriados em uma parte elegante da cidade onde há cerveja, eletricidade e dança. Nenhum deles quer ir para Gasni. «*Mais la route, elle est bonne*», eles me dizem («Mas a estrada é boa»).

Gasni fica na estrada Cabul-Candaar, que foi construída com grande alarde pelo Exército dos Estados Unidos e ainda é praticamente o único monumento no país ao seu grande projeto democrático. Ela brilha escura e confiante. Aceleramos por aldeias tranquilas, passamos por rebanhos de cabras movendo-se pela encosta marrom como cardumes de peixes. Demora duas horas para chegar a Gasni, um pouco mais rápido do que a estimativa do imperador Babur de que «aqueles que saem de Gasni no alvorecer podem chegar a Cabul até a Segunda Oração (ao meio-dia)».

A ilustre capital do sultão Mahmud hoje é uma pequena cidade — mesmo nos dias de Babur, já era «humilde» —, mas suas torres gêmeas do século XII, a tumba do sultão e a cidadela em ruínas (saqueada pelos britânicos no século XIX, hoje repleta de lançadores de foguetes verdes enferrujados) reverberam com tristeza sua história carregada. Até o Talibã deixou ali sua marca: destruíram as estátuas budistas da cidade em 2001.

Chove quando chegamos. Sento-me em nosso 4x4, com seu para-brisa rachado, enfeitiçada pelas torres da vitória gasnévida à distância. «É muito perigoso», diz Zebi, meu motorista, enquanto aponto a vista. Ele aponta para as manchas vermelhas de tinta ao longo da estrada: minas terrestres. «Vamos ver a polícia e conseguir uma escolta.» Mas o delegado não está: mandam a gente falar com o ministro da Cultura. O ministro está em Candaar: tente o governador. O governador está em reunião. Seu vice, um estafado tajique de bochechas coradas, me dá um copo de chá verde, um prato de doces e lamenta que eu precise da permissão por escrito de Cabul para visitar antiguidades afegãs. Enquanto desço a escada real do governador, passando por uma multidão de soldados, peticionários de turbante e pequenos meninos do chá, alguém vem correndo atrás de mim: «Facilitei a sua visita», diz o vice.

Ele me introduz numa sala enorme, além de uma mesa de reuniões em torno da qual quinze mulheres afegãs em véus estão sentadas em silêncio, até um sofá perto da janela. Sento-me diante de seis homens barbudos de turbante e um homem barbeado em um traje bege de duas peças. O de bege deve ser o tradutor. Mas quem é o governador?

Dirijo-me ao coletivo de homens barbados em urdu obsequioso. Explico meu amor por seu grande herói, o sultão Mahmud de Gasni. Peço permissão para visitar o «*dilchaspe puranewale cheez*» da cidade («coisas antigas que agradam ao coração», a palavra «*antique*», só descobri mais tarde, teria funcionado tão bem quanto: ela existe em árabe). O homem de bege começa a rir. «De onde você é?», ele pergunta em inglês. «Londres», respondo. «Já estive em Londres muitas vezes», ele me diz. Mas é só no momento em que ele se levanta, caminha com langor em direção à porta — e todos os homens barbudos correm atrás dele — que percebo: *ele* é o governador, o mais jovem no Afeganistão aos «36», ele diz («38», os americanos me dizem mais tarde). «E», diz um

SUBIR O KHYBER

dos jornalistas franceses, por telefone, de Cabul, «um encontro obrigatório para todas as trabalhadoras humanitárias estrangeiras.» «Sultão Casanova de Gasni?», pergunto. O francês não está impressionado: «*Prends soin de toi*», diz («Tome cuidado»).

Semanas depois, olho minhas fotos da viagem a Gasni. Fotos do governador sorrindo sedutor para os americanos, para seus conselheiros maulvi, para minha câmera e até — em um recorte de um semanário de Paris — para o ministro da Defesa francês. «Você é o sultão Mahmud redivivo!», brinca o coronel norte-americano com o governador naquela tarde, durante uma reunião da qual participo. «Ele capturou escravos na Índia, você vai atacar e raptar mulheres do tipo de Bollywood.» O governador ri encabulado. «O mais odiado governador do Afeganistão», o coronel me diz depois em particular. «Um cara perigoso e bem-relacionado. Provavelmente será presidente.» No dia seguinte, enquanto acompanho o governador durante sua visita à província de Gasni, o coronel americano liga de vez em quando para dar (como ele mesmo diz) «conselhos muito bons». «Um fantoche americano», diz um amigo pachto em Cabul. «As pessoas não gostam dele. Mas se os americanos quiserem torná-lo rei...», e dá de ombros.

O sultão Mahmud ficou famoso por ter um romance com um homem: Ayaz, seu escravo.[32] Os pachtos, afegãos e paquistaneses, são famosos por preferirem amantes homens a mulheres. Mas o governador de Gasni, como a maioria dos homens pachtos, nega que a homossexualidade seja tão generalizada. «Você, no entanto, reverencia o sultão Mahmud, certo?», pergunto a ele naquela noite, e o governador levanta-se para a frase de efeito: «Os paquistaneses e os afegãos o amam por motivos diferentes», diz ele. «Nós o amamos porque ele tornou nossa cidade grande. Eles o amam porque ele lutou contra os indianos. Boa noite.»

32 Ibid., p. 153.

Passo três dias na casa de hóspedes do governador. Somos vinte no café da manhã (o governador e eu somos os únicos sem barba) em volta de uma mesa de cabritos em vários estágios de desmembramento. Gasni se prepara para as comemorações do Dia da Independência, e o governador passa seus dias participando de marchas de ensaio lindamente desorganizadas. Eu me uno aos americanos em suas andanças muito fortificadas, mas caóticas, pela província, ou sigo meu caminho pelas antiguidades minadas da cidade. Também conheço várias mulheres que tiraram em público suas burcas — a aspirante a política, a apresentadora de TV, a funcionária do Departamento de Educação — e que agora, pela primeira vez em anos, pedem com polidez aos homens que as tratem como iguais.

Mesmo assim, quando todos os vinte convidados do governador vão ao Estádio da Polícia à noite para os *atans*, os primeiros concertos públicos desde a queda do Talibã, não há, como de costume na sociedade pachto, nenhuma mulher afegã. Um cantor adolescente está no palco. Trezentos homens estão sentados na poeira. Dez homens dançam em um círculo. O capanga barbudo do governador, um ex-colaborador do Talibã, caminha pesado até a pista de dança. Todo mundo aplaude. Então, um adolescente se junta ao grupo. Ele bate o pé. E gira as mãos. E sacode o cabelo. A multidão enlouquece. «É hora de ir embora», diz o governador.

E hora de deixar Gasni, decido na manhã seguinte. Pego uma carona com um dos amigos do governador para Gardez, capital da província vizinha. Lá, enquanto almoço sozinha na seção feminina de um restaurante de beira de estrada — uma refeição deliciosa de carneiro e hortelã que saboreio reclinada como um rei em um travesseiro de veludo vermelho —, recebo uma visita da «Inteligência», na forma de um afável coronel que me interroga sobre o propósito de minha visita. Como muitos afegãos pachtos que passaram algum tempo como refugiados ou como estagiários de

SUBIR O KHYBER 221

mujahidin no Paquistão, o coronel fala urdu. «Cuide-se, bibi», ele diz ao sair.

A cidade afegã de Khost fica na fronteira, a alguns quilômetros do Paquistão. O Talibã é «ativo» na província de Paktia, então compartilho um táxi para Khost — os jornalistas têm me dito que assim é mais seguro — com mais três afegãos: uma mulher velha com uma burca, seu marido incontinente e um jovem quieto com uma boina de lã, também ele um viajante solitário. No topo de um desfiladeiro, o velho faz xixi no banco e o jovem de chapéu pede para o carro parar e colhe ervas da beira da estrada. Ele enfia um punhado sob a aba do boné e segura o resto com delicadeza no nariz. Duas horas depois, enquanto avançamos aos solavancos ao longo do vale pedregoso de um rio, paramos de novo para que ele possa apanhar um pequeno pedaço de lenha na beira da estrada. «A madeira é cara em Khost», diz o motorista, em resposta ao meu olhar interrogativo.

Naquela tarde, visito o chefe da inteligência policial de Khost em seu escritório coberto de lama. Ele proclama o Paquistão o centro do terrorismo mundial, depois me diz para voltar amanhã para encontrar seus protegidos do «Talibã reformado». O governo recentemente estendeu a anistia aos comandantes e soldados do Talibã, e aqueles que desistem, entregam suas armas e pretensões de guerra, têm uma chance de ser empregados no governo de Karsai.

Na manhã seguinte, um vira-casaca mufti está sentado em silêncio no escritório, usa um relógio de ouro, calça e túnica imaculados e um turbante de seda impecável. É um homem sério — um ex-aluno do infame madraçal de Sami ul-Huq perto do Indo — que despreza o Mulá Omar por sua ignorância, mas admira Bin Laden. Agora é apenas um homem satisfeito: foi indicado para se tornar um dos novos juízes islâmicos do governo.

Sentado perto dele no sofá está o jovem com a boina de lã do táxi de ontem. Nós nos encaramos surpresos. «O que você está fazendo aqui?», pergunto, e explico ao policial: «Compartilhamos um táxi de Gardez». «E ele é um ex-talibã que veio de Gardez para se entregar», diz o policial, brincando com uma caneta no porta-canetas de mármore em sua mesa, e declara: «Os americanos tinham uma recompensa de milhares de dólares pela cabeça dele, mas eu providenciei sua anistia».

O jovem era guarda-costas do mufti durante os anos do Talibã e um jihadista baseado no Paquistão quando os americanos desembarcaram. Ele passou os últimos quatro anos cruzando a fronteira no Waziristão, tem um pouco de educação islâmica adquirida nos madraçais do Paquistão e foi muito bem treinado para atirar nos soldados americanos que invadiram seu país. «Era um bom dinheiro», diz ele, um pouco pesaroso. «Muito melhor do que o que teria ganhado neste país. Minha esposa achava que eu estava trabalhando em Cabul.» «Meu nome *jihadi*», ele disse mais tarde, «era Cachinhos.» Lá fora, ao sol, ele afofa bem seu cabelo antes que eu tire sua foto.

É meio-dia quando me despeço de Cachinhos, do policial e do mufti. O mufti me dá seu número de celular, Cachinhos se oferece para me escoltar de volta a Cabul e o policial me diz para procurar seu filho se algum dia eu for a Moscou. Não digo a eles que estou me dirigindo a sudeste de Khost, cruzando a fronteira com o Paquistão naquela mesma tarde.

Meus companheiros nessa viagem são dois jovens afegãos ansiosos, Najib e Hamid, que conheci na noite anterior. Enquanto estávamos sentados no telhado da casa onde eu estava hospedada, discutindo meu plano de cruzar a fronteira porosa, só fiquei chocada com a resposta à minha pergunta educada e rotineira a Najib: «Qual é o nome de sua esposa?». Mas ele respondeu: «Não posso lhe dizer». «Por que não?» E Hamid explicou: «Você poderia

SUBIR O KHYBER

contar a outro homem e daí ele chamaria pelo nome da esposa de Najib quando ela estivesse passando na rua e então todos os vizinhos pensarão que ela está...», ele gesticula sem esperanças. Uma mulher corrompida? (Como o outro homem saberia que era a esposa de Najib, dada sua provável burca, não sei.)

Talvez por causa da seriedade com que tentaram me explicar sua cultura, eles me pareceram sinceros e confiei neles. Nossa estratégia, então, na tarde em que deixo o escritório do policial, é esta: Najib nos levará até a Linha Durand — a fronteira de fato entre o Afeganistão e a Índia britânica, desenhada no mapa em 1893. Lá, no posto de controle do Paquistão, Najib voltará, e Hamid e eu cruzaremos a fronteira juntos, seguindo o caminho do sultão Mahmud (que, por acaso, não tinha a necessidade de passaporte). A mãe e os irmãos de Hamid vivem como refugiados perto de Bannu, a conservadora cidade aquartelada do Paquistão, situada logo após o Waziristão, nas «áreas de assentamentos». É lá que passaremos a noite.

Ao sul de Khost, a ocupação humana logo desaparece. O vale do rio está seco e posso entender por que Cachinhos parou para pegar lenha: nada cresce aqui. Nas décadas de 1980 e 1990, Khost era o quartel-general dos campos de treinamento de Bin Laden, e os antigos pomares e sistemas de irrigação foram dizimados pelos tanques soviéticos. Agora não há nem um arbusto para uma cabra pastar. Rodamos pelas colinas por uma hora, duas, três, cruzando uma paisagem desértica de rocha amarela, estriada, em camadas, desmoronando como doce *halwa*.

Por fim, passamos por três soldados, parados à sombra de um penhasco e fumando: o posto de controle afegão, percebo depois. O carro contorna a curva de uma encosta e lá está ele. «Paquistão», diz Hamid. Há uma tenda a uma certa distância. Um caminhão. Quatro soldados. Nós paramos o carro na chamada fronteira. Sorrio, saúdo os soldados em urdu, entrego-lhes meu passaporte. Parecem surpresos, mas explico: estou escrevendo sobre o sultão Mahmud de Gasni, ele veio por aqui no ano de 1001. «Aquele que lutou contra os indianos», ouço um soldado dizer ao seu parceiro. «Tudo bem», anuncia o encarregado. «Você pode ir.» «Mas preciso de um carimbo», digo, «um carimbo de entrada.» (Fui avisada por um guarda suspeito em Torkham que um carimbo de entrada é «essencial»; «você não notou nosso novo sistema de controle eletrônico?».) Mas a elusividade dessa travessia de fronteira ainda não assentou em mim. «Um carimbo?», os soldados dizem. «Não temos carimbo.» «Você não pode escrever algo no meu passaporte?» O soldado vai até a tenda para ligar para o coronel em Miram Shah. Ele só volta depois de meia hora.

Quando retorna, parece severo. Ele me chama: «O coronel disse que você deve voltar por onde veio. Esta travessia é perigosa e não é permitida a estrangeiros. Mas...», cortando minhas objeções, «já que isso seria muito difícil para você» (olha com desagrado para o Afeganistão) «deixarei você ir». Ele se inclina na minha direção e sussurra: «Coloque sua burca. Não diga uma palavra. Não ria. Não chore. Nenhum som até chegar a Bannu», e aperta minha mão. «Boa sorte. Que Deus esteja contigo.»

Comprei minha burca no Paquistão, depois de descobrir que havia todo tipo de lugar na Fronteira Noroeste em que era impossível entrar sem ela. Experimentei três — um vestidão preto de estilo árabe com mais amarrações do que um traje masoquista, um afetadíssimo conjunto bege todo bordado e, por fim, um que parecia uma peteca branca virada, com sua grade de minúsculos buracos para os olhos. «Antiquado demais», disse minha companhia pachto, mas o que isso me importava? Coloquei-o sobre a cabeça, nos fundos da minúscula loja, e acomodei o tecido ao meu redor: seu potencial foi visível de imediato. Era espaçoso, refletia o sol e era proibitivamente austero. Eu poderia estar sem nada além da minha calcinha sob suas dobras e ninguém teria

SUBIR O KHYBER 225

descoberto. A visibilidade era de 20%, mas a imunidade diplomática era total e instantânea. Visto este traje agora, por cima das minhas chamativas calças e túnica cor-de-rosa, e ele me carrega com segurança através do distrito mais perigoso do Paquistão, as terras áridas do Waziristão.

Imagine estar dentro de uma trama fechada branca. Espio a paisagem do deserto através de quatro barras borradas. Enquanto o adolescente motorista waziri (que parece ter quatorze anos) guincha pelas curvas fechadas do vale do rio Tochi, agarro as bordas do visor, pressiono o nariz contra a burca e olho para o mundo. Vejo um rapaz com uma rosa enfiada atrás da orelha sentado em uma pedra, seu AK47 decorado com carinho com adesivos azuis e rosas. Vejo fortalezas cor de areia e o céu azul sem nuvens atrás delas. Vejo cemitério após cemitério tremular com as bandeiras dos mártires jihadistas. Vejo uma arma em cada ombro masculino. E não vejo nenhuma mulher: nem avós de burca, nem mesmo uma garotinha.

O táxi nos deixa na pequena capital do norte do Waziristão, Miram Shah, onde temos de pegar o transporte público para Bannu. Na rodoviária, sento-me imóvel no micro-ônibus vazio, enquanto Hamid entra no bazar para comprar-nos bebidas geladas. Aperto minhas mãos debaixo da burca, esperando que Hamid volte logo, que meus instintos sobre ele estejam certos, que a van não dê partida sem ele, que eu não tenha de escolher entre viajar sozinha para Bannu e chamar a atenção para mim, a única mulher em público entre Khost e Bannu. Vinte minutos depois, Hamid retorna, o micro-ônibus se enche de passageiros do sexo masculino e, à medida que a tarde começa a lançar longas sombras nas ruas arenosas da cidade, seguimos viagem.

Passei aquela noite com a família de Hamid em um vilarejo próximo a Bannu. Há uma buganvília magenta no pátio, e tiro minhas roupas encharcadas de suor e me lavo sob as estrelas no banheiro ao ar livre. Na manhã seguinte, saio como cheguei, sob minha burca.

É difícil para mulheres solteiras conhecerem homens solteiros em Bannu. Quando cheguei à Fronteira Noroeste, amigos em Pexauar tentaram me dissuadir de visitar a cidade. «É o lugar mais conservador do Paquistão», disse um, «e um bastião de atividades terroristas.» «As mulheres nunca saem de casa. Os homens fazem todas as compras», disse outro. «Lá os homens não gostam de mulheres», disse um terceiro, um pouco ameaçador, «o lugar foi totalmente sequestrado pelos mulás.»

A ascensão dos mulás — ignorantes, corruptos, socialmente inferiores — é uma reclamação constante na Fronteira. Desde a época dos ataques poéticos de Khushal Khan Khattak ao pio imperador Aurangzeb, os pachtos desprezam os ministros religiosos. O poeta do século XX Ghani Khan[33] combinou irreverência religiosa e expressão sensual em um verso que todo pachto sabe cantar: «O *azan* soa e penso em minha amada» (ou, como um conhecido em Pexauar coloca de forma um tanto direta: «Quando ouço o chamado para a oração, quero trepar com as garotas»). E assim os mulás foram mantidos em seus lugares, até a criação do Paquistão.

O movimento do Paquistão inadvertidamente deu voz aos mulás ao colocar a religião no centro da cena política. O ditador militar, general Zia, que governou de 1977 até sua morte em 1988, deu-lhes dinheiro, armas e uma causa heroica: a *jihad* antissoviética. O presidente-general Musharraf deu-lhes poder político para que ele pudesse mexer na Constituição — e assim permanecer ditador. Graças ao apoio do Estado do Paquistão, aos fundos secretos da CIA durante os dias dos *mujahidin* e ao dinheiro árabe de hoje, a antiga classe baixa agora é a elite. Com contas em bancos

---

33 Filho de Abdul Ghaffar Khan, o «Gandhi da fronteira».

estrangeiros, filhos em universidades nos Estados Unidos e votos nas urnas, os mulás superaram a classe dominante tradicional: seu triunfo nada mais é do que uma revolução social.

Enquanto eu estava em Pexauar, os partidos religiosos lançaram uma campanha de purificação ao proibir a música em locais públicos e ordenaram um apagão de imagens de mulheres. Assim, em um enorme painel publicitário de um menino e uma menina comendo Kentucky Fried Chicken no centro de Pexauar, o rosto pré-púbere da menina havia sido coberto com fita adesiva preta. Em seguida, eles propuseram o retorno da *Hisba*, ou Polícia Moral Islâmica. A última vez que os *muhtasib* (fiscais) vagaram pelas ruas de Pexauar foi no século XVII, quando Aurangzeb os autorizou a banir dançarinas e destruir templos.[34] Agora, como naquela época, os deveres prepostos dos *muhtasib* incluem o desencorajamento de «costumes não islâmicos» e a «regulamentação de pesos e medidas».[35] Aurangzeb teria se encantado.

É uma das ironias mais marcantes da história que o próprio acampamento-base dos mulás seja Akora Khattak, uma vila perto de Attock — antes mais conhecida como o local de nascimento de Khushal Khan Khattak, que odiava os mulás e amava as mulheres. Maulana Sami ul-Huq, um homem pequeno com sua barba mal tingida de marrom, passou o final do século passado com um *kalashnikov* numa mão e o Alcorão Sagrado na outra (vejo uma fotografia para provar isso, pendurada em sua casa de hóspedes). O madraçal que Sami dirige em Akora Khattak produziu, de acordo com sua própria estimativa, 95% da liderança do Talibã: quando o Mulá Omar precisava de soldados, Maulana Sami fechava a escola

---

34 R. M. Bilgrami, *Religious and Quasi-Religious Departments of the Mughal Period (1556-1707)*. Déli: Munshiram Manoharlal, 1984, pp. 178 ss.

35 Governo da Província da Fronteira Noroeste, *Hisbah Bill*. Law, Parliamentary Affairs and Human Rights Department. Government of NWFP. Pexauar, 2005.

e mandava os meninos para o outro lado da fronteira. Depois de setembro de 2001, depois que o Talibã foi derrotado e Sami entrou na política, a retórica teve de mudar, junto com o currículo. «Os estudantes estrangeiros foram mandados para casa», ele me diz em seu urdu quase incompreensível e bastante arabizado (seus netos de jeans têm de traduzir de volta para o urdu de bazar que entendo), «o campo de treinamento de militantes foi fechado e os AK47 foram retirados das salas de aula. Mas não havia nada de errado com o Talibã», acrescenta. Políticos da coalizão religiosa de Sami ul-Huq expressam repetidamente o mesmo sentimento. «A única coisa ruim é que não tenham ido longe o suficiente», um senador sem bigodes me diz. «Primeiro os combatentes árabes e usbeques interferiram, depois os americanos.» (Como nos dias de Babur, os imigrantes usbeques e os pachtos locais têm um relacionamento difícil na região da Fronteira.)

Mas presumir que esses decretos públicos de conformidade religiosa são a única face da sociedade pachto é ignorar os costumes privados totalmente anti-islâmicos da Fronteira Noroeste. «*Pardeh ma shey*», os pachtos dizem uns aos outros: Que você nunca seja descoberto. *Sharam*, vergonha, aplica-se apenas à exposição pública de um pecado, tudo o que acontece em privado não carrega nenhum estigma.[36] É assim que, como também diz o ditado, «um pachto tem um pé no céu e outro no inferno». O céu é a mesquita, o inferno, a *hujra*, a casa de hóspedes comunitária.

Hujras são lugares onde os homens recebem seus convidados do sexo masculino. Ficam fora do complexo principal da casa, e as esposas e filhas nunca entram neles. No mundo fechado e

---

36 M. Ismail, «Community Perceptions of Male Child Sexual Abuse in North West Frontier Province, Pakistan». Pexauar, 1997; T. Muhammad; N. Zafar, «Situational Analysis Report on Prostitution of Boys in Pakistan (Lahore and Peshawar)», jun. 2006.

SUBIR O KHYBER

229

segregado por gênero da Fronteira Noroeste, os homens mais velhos sempre tiveram namorados mais jovens. A homossexualidade, como outros aspectos da cultura árabe, foi condenada pelo Profeta (talvez inspirado no Levítico) e ainda é ilegal no Paquistão moderno (na Índia também, é verdade), herança do Código Penal britânico colonial. Mas, enquanto as mulheres no Paquistão são entusiástica e erroneamente punidas todos os anos por adultério sob a Portaria Zina, do general Zia, de 1979, nunca houve um processo no Paquistão por sodomia nos termos do Artigo 377.[37] O sexo entre homens é apenas aceito como uma necessidade e uma regra.[38]

Claro, podem-se distinguir as amizades masculinas legítimas e íntimas, até mesmo amor, dos relacionamentos físicos entre homens, que são ilegais. O imperador Babur — que precisava ser empurrado pela mãe para ir para a cama com sua esposa — apaixonou-se perdidamente por «um menino no bazar do acampamento». Era uma obsessão cortês, homoerótica, mediada pela poesia, e permaneceu, como sugeriu Babur, estritamente não física. Babur escreveu em termos de censura sobre seus parentes que tomavam meninos como «catamitas». Tais «vício e libertinagem», ele sugeriu, empobreciam muito os reis que os praticavam.

Mas muitos fizeram, e ainda fazem. Para vários imperialistas britânicos, toda a Fronteira Noroeste (e, até certo ponto, todo o mundo muçulmano) era um sonho erótico homossexual. No exército, algo como «subir o Khyber» era um trocadilho para «tomar

37 «Como em outros lugares com proscrições não cumpridas contra sodomia, a existência da lei é uma ameaça — uma ameaça que leva à chantagem» (S. O. Murray; B. Khan, «Pakistan». In: D. J. West; R. Green [Orgs.], *Sociolegal Control of Homosexuality: a Multi-Nation Comparison*. Nova York: Plenum, 1997, p. 120).

38 «Você sabe o que prometeram a ele no paraíso?» Emma Duncan, jornalista do *Economist*, recorda o nababo de Bugti comentando com desdém sobre seu sobrinho religioso, «*Houris, ghilmans* e *sharab*. Prostitutas, meninos e vinho» (Duncan, *Breaking the Curfew: a Political Journey through Pakistan*. Londres: Arrow, 1989, p. 144).

no cu».[39] Depois que os britânicos conquistaram o Sinde, Richard Burton, então um soldado, foi contratado por Napier para investigar os numerosos bordéis de meninos de Carachi, e seu relatório exaustivo o colocou em apuros depois da aposentadoria de Napier, pois os novos administradores supuseram que ele tivesse experimentado as «mercadorias». Mais tarde ainda, Burton argumentou com exagero lúgubre que os afegãos só se levantaram contra os britânicos em 1841 porque se sentiram afrontados pela «libertinagem frenética» de suas esposas que, muito felizes por conhecer homens «que não eram pederastas», se atiraram nos invasores britânicos.[40]

Seja qual for a verdade, é evidente que os afegãos gostam que suas festas sejam espalhafatosas. No Medina Bazaar de Cabul, vejo um DVD de adolescentes em vestidos de lantejoulas dançando para os senhores da guerra afegãos. Em Gasni, o oficial da Inteligência dos Estados Unidos com cara de bebê usava uma aliança de ouro em uma tentativa desanimadora de dissuadir pretendentes afegãos do sexo masculino. No Paquistão também, como Burton descobrira, as oportunidades de sexo gay são abundantes, baratas — e muito menos perigosas do que o adultério heterossexual. As prostitutas travestis cobram pouco mais do que o preço de uma xícara de *chai* por seus serviços, e, por isso, como Ayesha, a *hijra* de Carachi, apontou: «Muitos de meus clientes são estudantes sexualmente frustrados». Enquanto isso, os mulás, apesar do poder que agora exercem sob permissão do exército, não mudaram sua reputação

---

39 No original, «Up the Khyber (pass)» / «up the arse». [N. T.]
40 A mesma coisa, disse Burton, aconteceu durante o Motim de 1857: «Houve uma debandada formal dos haréns, e não foi possível manter nem mesmo as mulheres de nascimento principesco longe dos aposentos dos oficiais» (R. Burton, «Terminal Essay: Social Conditions: Pederasty». In: Id., *A Plain and Literal Translation of the Arabian Nights Entertainments*. Boston, 1919, v. X, pp. 205, 236).

SUBIR O KHYBER

de predar seus alunos do sexo masculino. (Maulana Sami, é claro, condenou a homossexualidade com vigor, quando o questionei.)

A própria reputação de Bannu como uma cidade de sodomitas se cristalizou na última década. Foi lá o caso de um policial que estuprou um garoto; houve o homem de Bannu que afirmava que John Walker Lindh (o «Talibã americano») era seu amante; e houve o pobre pesquisador sitiado que escreveu um relatório para a Unicef descrevendo como, para os pachtos, «o sexo real é quente e seco» e «manter meninos é um vício absoluto». «Quando visitei Bannu depois disso, me puseram na cadeia», o pesquisador me diz, ao nos encontrarmos para tomar chá em Pexauar, e me dá o número de alguns colegas em Bannu. «Mas você deve prosseguir com a máxima cautela», ele diz enquanto saio. «A primeira coisa que você deve fazer é comprar uma burca.»

Mais tarde, o amigo com quem estou em Bannu argumenta, indignado: «É tudo propaganda. Talvez uma geração atrás, os senhores da guerra fossem *baccha khush* (gostassem de meninos), mas agora isso já mudou. São as ONGs estrangeiras, as de Pexauar, que fazem muito barulho por nada. Por que Bannu e não qualquer outra cidade no Paquistão?».

Ele tem razão. Penso em suas palavras enquanto espero em Bannu por meu conhecido waziri, Abdullah. Nosso encontro é numa sala minúscula e suja em frente a um cinema onde anunciam um filme estrelado por uma atriz loira peituda em lingerie preta rendada (cenas de *Instinto Selvagem*, dizem, intercaladas com danças pachto nuas). Sentada no chão, curvada dentro da minha, agora suja, burca branca, lembro o que um amigo em Cabul me falou. «As únicas mulheres desacompanhadas usando burcas nesta cidade», disse ele, «são as prostitutas.»

Abdullah, ao chegar, tem um ar paranoico e modos superexcitados. «A Al-Qaeda viaja à noite através do Waziristão, em carros com vidros escurecidos», diz. «Eles pagam dez vezes o valor normal por um quarto. Mudam-se para um novo local toda noite.» Ele tenta me persuadir a ficar em sua aldeia no Waziristão, também conhecida como Central do Talibã. No mês passado, diz ele, uma carta da Al-Qaeda foi jogada em seu pátio. A nota, datilografada em pachto, dizia «Morte aos trabalhadores de ONGs», o envelope incluía setecentas rúpias, para comprar seu caixão. O exército está no norte do Waziristão pela primeira vez desde a criação do Paquistão, e achei difícil persuadir os waziris a me encontrar. Noor Khan, primo de um amigo waziri em Cabul, sussurra ao telefone que seu vizinho acaba de ser morto pelos árabes por ser informante do exército. Mas Abdullah diz: «Vou levá-la até Razmak. Iremos por Wana». «Você está louco?», digo. «Vão nos matar.» «Ninguém fala com mulheres pachto», diz ele, «será perfeitamente seguro. Você pode fingir ser minha esposa.» Eu penso por um momento: «Mas então teremos que dividir um quarto». Abdullah sorri. «Estou pedindo asilo na Noruega», explica ele, «mas prefiro ir para a Inglaterra.» «Você é *pagal* (louco)», digo.

Mas agora sou eu quem se sente meio maluca: não tenho carimbo de entrada no meu passaporte, passei ilegalmente pelo esconderijo da Al-Qaeda, tenho de decidir se devo voltar por onde vim, me explicar em Torkham ou viajar de volta ao Afeganistão clandestinamente, através de um trecho mais seguro dessa fronteira porosa (por Chitral, talvez, ou Wakhan). Ainda estou debaixo da minha burca — sinto que ela confunde meu cérebro — e perdi todo o senso de proporção. «Venha para Miram Shah comigo», diz Abdullah de novo, «vou apresentá-la aos antigos combatentes do Talibã. Vou mostrar o último vídeo de recrutamento da Al-Qaeda. Voltaremos ao Afeganistão depois de amanhã.»

Estou prestes a concordar com esse plano que com certeza nos levaria para a cadeia ou nos faria ser sequestrados pela Al-Qaeda ou feitos em pedaços por um lançador de foguetes *Waziristani* perdido, quando meu celular toca.

SUBIR O KHYBER   233

Em Pexauar, há três irmãos: Amir, Suleman e Nizamullah.
Amir tem a maior casa, Suleman tem o temperamento mais bravo,
mas o mais jovem e sábio é Nizamullah. «Onde você está?», pergunta Nizamullah agora. «Em Bannu», digo. «E tenho um problema.» «Bannu?», ele diz. «Não me surpreende que tenha um
problema. Venha para Pexauar imediatamente.»

Por isso, é com grande alívio que me despeço de Abdullah,
pego uma «carruagem voadora» (micro-ônibus) sobre a passagem
Kohat, em torno das fábricas de armas de Darra Adam Khel (de
onde se supõe que a ala de inteligência do exército, o Inter-Services
Intelligence [ISI], tenha encomendado centenas de *kalashnikovs*
baratos para apresentar aos americanos e convencê-los de que o
Talibã entregava suas armas), e três horas depois chego à capital
da Fronteira.

Quando chego, Nizamullah está sentado em seu terraço ao
sol, tomando limonada. Saio de baixo da burca e conto a ele a
história de minha passagem pela fronteira. Ele escuta em silêncio. «Devo voltar para Khost?», termino. «Estou encrencada?»
Nizamullah pousa o copo e olha ao longe. Finalmente, ele fala.
«Alice, você devia saber mais a esta altura», ele diz, e meu coração
aperta. «Por que você está preocupada?», ele continua. «Aqui é
o *Paquistão*.»

Suleman, de temperamento explosivo, está encarregado de
cuidar de mim. Passo a manhã seguinte em seu escritório enquanto
ele telefona para três maliques tribais, dois Agentes Políticos Assis-
tentes e um Oficial de Passaporte. «Você está com sua burca?», ele
me pergunta às 11h30. É o dia seguinte aos tumultos de Jalalabad:
os estrangeiros foram proibidos de cruzar via Torkham, e, mesmo
num dia bom, seria necessário ter uma escolta armada.

Só agora descubro que, no dia em que cruzei a fronteira
em Khost, eclodiram tumultos no Afeganistão. O país protesta
contra a história da *Newsweek*, que mais tarde se retratou, de que

um interrogador americano na baía de Guantánamo jogara um Alcorão no vaso sanitário. Em Gasni, manifestantes atacaram a casa do governador e quatro pessoas foram mortas. O incidente da *Newsweek* também coincide com — ou incentiva — a ressurreição do Talibã. Hoje, a estrada que eu tomei levianamente para Gasni tornou-se intransitável para estrangeiros: postos de controle do Talibã surgiram ao longo dela como cogumelos tóxicos. O Talibã chama os afegãos sob a mira de armas e revira suas bolsas. Se houver cartões de visita em suas carteiras, ou números em seus telefones, que indiquem que estão trabalhando com estrangeiros, eles serão fuzilados. E as mulheres que conheci — aquelas que ousaram mostrar o rosto — estão mais uma vez vivendo como viviam sob o Talibã. Tais são «bombas de democracia» lançadas sobre o país.

«Você é louca!», me diz Suleman, enquanto coloco minha fiel burca peteca, entro em seu carro e partimos para o Khyber. «Até nós, pachtos, evitamos o Afeganistão.» Passamos pelo posto de controle em Jamrud, então Suleman se vira para mim e pergunta: «Você gostou de Bannu?». Ele abre o telefone e me mostra uma mensagem em imagem. A figura é uma placa de sinalização preta e vermelha: dois homens transando. O texto diz: «Bannu 5 km».

Estamos agora na terra dos barões das drogas, e Suleman se torna meu guia turístico, apontando os fortes dos traficantes de heroína enquanto rodamos. «Lá dentro», diz, «há um zoológico particular.» Ele para na frente de outra grande fortaleza e buzina. Aparece um homem de óculos grossos: o malique da tribo afridi. Os homens brincam juntos em pachto enquanto rumamos para o bazar Landi Kotal para buscar o primo do malique, e já estão histéricos ao chegarmos ao organizado complexo de propriedades do exército no topo de uma colina (e consigo pescar nomes suficientes em pachto para montar a rota de minha jornada). Eles deram um

SUBIR O KHYBER 235

pulo para ver o Agente Político Assistente. Na sequência, aceleramos para o caos animado de Torkham.

O Oficial de Passaportes serve chá verde em uma sala cheia de homens quando chegamos. Ele pega meu passaporte e folheia as páginas. Seu dedo acerta meu visto indiano expirado de jornalista. «*Hamaray liey bohut khatarnak*», diz ele com uma carranca: Muito perigoso para nós. Meu coração aperta de novo. Eu me vejo sendo levada para a prisão de alta segurança de Attock. Mas o oficial de passaportes ri. «Pode ir», ele diz. «Diga aos afegãos que você acabou de chegar de Cabul.»

Então, sou conduzida pela fronteira para o Afeganistão, onde coleciono meu pequeno carimbo de legalidade, depois volto ao Paquistão para receber meu selo de entrada, e, por fim, o tribal malique, seu primo, Suleman e eu sentamo-nos para um enorme almoço de *kebab*, cortesia do Oficial de Passaportes. «Este é o Paquistão...», suspiro, enquanto rasgo a coxa de um cabrito com os dedos. Os homens riem: «Melhor país do mundo! O que lhe dissemos?».

7.

BUDA NA ROTA DA SEDA

Século III a.C. – Século VIII d.C.

> *O rio Sin-tu (Indo) é límpido e cristalino como um espelho...*
> *Dragões peçonhentos e espíritos malsãos vivem sob suas águas. Se um*
> *homem tenta atravessá-lo carregando pedras preciosas, flores e frutas raras*
> *ou, sobretudo, relíquias de Buda, seu barco é engolido pelas ondas.*
> Xuanzang, *c.* 645 d.C.

Em 1021, quando o sultão Mahmud de Gasni marchou a norte de Pexauar para o Suat e o Bajaur — vales afluentes do rio Indo —, o budismo já estava em declínio havia duzentos anos. O Suat, em particular, tinha uma abundância de mosteiros budistas em vários estados de depredação, e Mahmud aproveitou a oportunidade para converter alguns adoradores de ídolos, quebrar algumas estátuas e sitiar a imponente fortaleza de pedra preta de Udegram. Ali, em um terraço abaixo do castelo, ele construiu uma mesquita grande o suficiente para conter todo o seu exército. O chão da mesquita ainda está lá, e, no dia quente de abril em que subo a colina em

238 ALICE ALBINIA

direção ao castelo, Tariq, meu anfitrião no Suat, se ajoelha para oferecer suas orações *zhuhr* (do meio-dia).

Embora nem o sultão Mahmud nem seus ministros e historiadores tendessem a distinguir um idólatra de outro, na verdade muitos dos «infiéis» do noroeste da Índia eram budistas. Os «adoradores de leões» que ele «subjugou e converteu» no Suat e Bajaur, por exemplo, não eram hindus, mas devotos do Buda *Sakya-Sinha* em sua forma leonina.[1]

Acontece que os gasnévidas faziam longa campanha em terras budistas. A própria Gasni havia sido um assentamento budista, e, no ano de 994, o pai de Mahmud, Sebuktigin, tornou-se governador da budista Bamiã, no centro do Afeganistão.[2] O adorável vale do rio com amendoeiras verdes e gigantescos Budas de pedra entrou no folclore gasnévida quase de imediato, em um poema do poeta da corte de Mahmud, Unsuri.[3]

A incursão do sultão Mahmud no Suat coincidiu com o fim do budismo a oeste do Indo, um declínio iniciado pela queda do patrocínio da Índia central, onde houve um vigoroso renascimento dos brâmanes. O próprio rio deu um golpe fatal quando inundações catastróficas no século VII destruíram muitos dos mosteiros. Os homens que construíram a mesquita em Udegram testemunharam a decadência final da religião que governou esta região por mais de mil anos — desde o tempo do imperador Axoca da Índia no século III a.C., durante o longo e opulento reinado dos reis indo-gregos, até a partida do mago tântrico, Padmasambhava, para o Tibete, em meados do século VIII, quando converteu o país ao budismo.

1   M. Habib, *Sultan Mahmud of Ghaznin*, op. cit., p. 14.
2   P. H. B. Baker; F. R. Allchin, *Shahr-i Zohak and the History of the Bamiyan Valley Afghanistan*. Oxford: B.A.R., 1991, p. 24.
3   Ibid., pp. 24-5.

BUDA NA ROTA DA SEDA   239

Como camadas de lodo das inundações de seu rio, o vale do Suat preserva seu passado budista em estratos compactos. Uma estranha variedade de reis budistas governou por aqui, e o rol histórico de suas variadas proveniências, ambições e realizações é estonteante. Ainda mais difícil de compreender é como esse passado deu lugar a este presente. De todos os lugares no vale do Indo, é o Suat moderno o que parece o mais distante de sua história antiga.

O rio Suat corre paralelo ao Indo desde o momento em que flui para fora da Caxemira, no norte do Paquistão, através dos vales isolados do Indo Kohistão, até o ponto em que deságua no Punjabe. O Suat também é um lugar isolado e idiossincrático. Protegido pelas montanhas Indocuche ao norte, pelo Indo ao leste e pelas colinas chamuscadas em ouro-palha ao sul e ao oeste, o Suat fica entre eles como uma miragem na seca. A ousada perfeição de seu rio azul índigo e suas paisagens florestais intensamente coloridas geram em seus habitantes uma despreocupação distinta — eles não pagam impostos, contrabandeiam carros pelas montanhas de Cabul e tratam a lei de terras com mera indiferença. A vida no Suat se aglomera ao redor do rio largo e profundo, que vai dos blocos de gelo de Kalam no norte, passando por cidades íngremes nas colinas, até as planícies a leste de Pexauar — e assim resume em miniatura a jornada de 3 mil quilômetros do próprio Indo.

O Suat é lembrado com saudade hoje — por funcionários do governo e hoteleiros otimistas — como a «Suíça do Paquistão» e, até 2001, sua paisagem montanhosa escandalosa era popular entre os turistas estrangeiros. Depois do 11 de Setembro, o turismo diminuiu e os únicos visitantes agora são contrabandistas de fronteira e punjabis ricos. Tariq, que antes era proprietário de um hotel em Mingora, capital do Suat, teve de abrir uma escola.

O Suat pode ser pastoral e bonito — «*Ao sanam, Suat chale*» («Venha, amor, vamos para o Suat»), lê-se na traseira de um caminhão que sigo no vale —, mas também está repleto de madraçais.

Em 2001, depois que os americanos desembarcaram no Afeganistão, um clérigo radical chamado Sufi Muhammad liderou um bando de 10 mil muçulmanos irados (é o que dizem) do Suat, a oeste, através do Bajaur e sobre o passo Nawa, até o Afeganistão. Há rumores de que Sufi Muhammad tenha ajudado Bin Laden a escapar para o Paquistão, antes de se entregar às autoridades.

Perto de um pequeno madraçal nos arredores de Mingora, tenho uma conversa muito esclarecedora com um estudante de 21 anos cujo pai ingressou na *jihad* de Sufi Muhammad, tendo sido treinado «durante cinco anos antes disso em Khost». Esse homem nunca falou com uma mulher de fora de sua família antes — e não pretende olhar ou ser olhado por uma mulher sem véu agora. Tendo deixado Bannu para trás, tirei minha burca com prazer e agora estou vestida da cabeça aos pés com calças e túnica esvoaçantes e um lenço na cabeça, mas mesmo isso não é recato suficiente. «Você devia praticar *purdah*», diz ele. É ele, em meu lugar, que fica sentado de costas durante a entrevista, envolto em um xale para que eu não possa ver seu rosto.

Em seu madraçal é *haram*, proibido, assistir a televisão ou ouvir rádio: «A mídia está com o governo, e o governo está com a América». Ele também não ouve música, mas gosta de romances sobre o início do Islã. «Estou lendo um sobre a conquista islâmica da Espanha», diz ele. «Esse foi o momento mais forte do Islã, quando os muçulmanos se espalharam pela primeira vez a partir de Meca e Medina.» O que ele e seus professores querem acima de tudo é recriar a Idade de Ouro islâmica no Paquistão com um governo regido pela *Sharia*, ao estilo Talibã — de modo que nem o partido religioso de Sami ul-Huq seria fiel o suficiente. «Não existe uma boa sociedade islâmica em nenhum lugar do mundo, agora que o Talibã se foi», diz ele. «Foi um tempo de justiça.» Comentários como esses não indicam necessariamente um desejo de dominação mundial pelos muçulmanos do Paquistão, mas ilustram

BUDA NA ROTA DA SEDA 241

até que ponto os cidadãos comuns foram decepcionados pela má-fé do Estado e se sentem desiludidos, muitas vezes ao ponto do desespero, com o perverso flerte de seus líderes com potências estrangeiras aparentemente anti-islâmicas.

Hoje, o Islã e o budismo parecem estar em extremos opostos do espectro religioso: não há duas religiões, talvez, com reputações modernas mais diferentes. No entanto, no noroeste da Índia, às margens do Indo, as duas tiveram contato prolongado uma com a outra e é inegável que certas características da filosofia mais antiga influenciaram a maneira como a mais jovem se desenvolveu localmente. Em Bamiã, depois que o Islã chegou à região, os monumentais Budas foram absorvidos pelo «folclore religioso popular xiita».[4] A devoção xiita pode explicar o fervor do Talibã sunita em destruir as estátuas — o que eles fizeram, de acordo com o que me disseram quando fui a Bamiã, forçando cruelmente os xiitas locais a pendurar-se sobre a encosta do alto penhasco, a fim de posicionar as dinamites no lugar. Hoje, os habitantes locais ainda se referem com carinho e pesar aos buracos vazios na face do penhasco como as «divindades masculinas e femininas».

Mesmo a tão difamada instituição muçulmana do madraçal pode ter suas raízes no mosteiro budista. Ambos são instituições de intenso aprendizado religioso, sustentados pela caridade: há séculos no Suat, pequenos grupos de homens e mulheres de mentalidade religiosa se isolaram do mundo para se devotar à oração, ao aprendizado de textos sagrados e ao acúmulo de mérito na próxima vida. Quando entro nas geladas celas subterrâneas de meditação no mosteiro Takt-i-Bahi, do século II, ao sul de Mingora, tento visualizar grupos de freiras aprendendo sutras — mas são as salas de estudo nos madraçais femininos do Suat que vêm

4 G. Kepel, *Jihad: the Trail of Political Islam*. Cambridge, Mass.: Belknap, 2002, p. 234.

mais vivas à mente, com seu distinto odor acre de corpos que se balançam no ritmo.

A rápida islamização das periferias oriental e ocidental da Índia franziu a testa de muitos acadêmicos, pois, embora os governantes muçulmanos da Índia tenham feito poucas tentativas de converter em massa seus súditos «pagãos», nas duas terras fronteiriças ao longo dos rios Indo e Bramaputra, o Islã proliferou sem ajuda, resultando no Paquistão e em Bangladesh. Talvez o Islã, longe de aniquilar o budismo com suas cimitarras jihadistas (como sugeriram os historiadores coloniais), antes cooptou o rival, absorvendo seus rituais. Talvez a semelhança de formas — transetnicidade, proselitismo, ligação a rotas comerciais — tenha tornado mais fácil para os povos do Indo aceitar um e depois o outro. Ou é possível que a disposição do terreno — na periferia da cena indiana — tenha transformado qualquer religião que entrasse em seus vales sinuosos.

Durante o longo e rico milênio anterior ao advento do Islã na Índia, o budismo lucrou — de um modo como o hinduísmo védico vinculado a castas, confinado como estava à Índia, jamais poderia — com as caravanas cosmopolitas da Rota da Seda. Esse sistema bancário móvel, ou fraternidade de caixeiros-viajantes, que se estendia do Mediterrâneo à China e transportava seda, especiarias e ouro de um extremo a outro do mundo. Nas estradas mais remotas, onde hoteleiros comerciais não ousavam aventurar-se, os mercadores precisavam de ajuda e abrigo, e os reis locais confiavam que as rotas permanecessem abertas. Tanto os reis quanto os mercadores gostavam de patrocinar a presença do budismo em vales distantes, especialmente em travessias de rios difíceis, pois assim os mosteiros também serviam como pontos de parada da Rota da Seda. Em troca, os monges receberam apoio e fizeram conversões. O vale do Suat, no cruzamento da Rota da Seda entre a China e a Ásia Meridional, prosperou com esse acordo recíproco.

BUDA NA ROTA DA SEDA

E assim, enquanto foi no leste da Índia que o Buda nasceu, pregou e alcançou o Nirvana no século V a.C., foi no vale do Indo médio, trezentos anos após sua morte, que uma segunda terra sagrada budista se estabeleceu.

O hinduísmo tinha conceitos estritos de poluição ritual e uma noção rígida de impureza geográfica. Cruzar o *kalapani* (água negra) resultava na perda de casta. *Kalapani* geralmente significava o oceano — mas também era aplicado, às vezes, ao Indo. O rio separava a Índia continental do extremo noroeste, uma região conhecida pelos antigos textos sânscritos como *Uttarapatha*. Isso incluía parte do norte do Punjabe, a cidade de Taxila e as terras não regulamentadas além do rio. Por ser uma região fronteiriça, a reputação de Uttarapatha era ambígua. Era famosa pela beleza do sânscrito falado lá.[5] Era também, para a Índia hindu, um Estado pária, periférico. Diziam que coisas estranhas e pervertidas aconteciam em seus vales isolados.

Para uma religião inclusiva e não racista como o budismo, Uttarapatha era um terreno fértil para a evangelização. A partir do século III a.C. em diante, o budismo tornou-se a principal religião de duas grandes províncias em Uttarapatha: Gandara, a bem irrigada planície que ia do leste da Pexauar dos dias atuais até o Indo, e, perpendicular a ela, Uddiyana — ou o Suat.

Uddiyana é uma palavra sânscrita, geralmente tida como significando «jardim» ou «bela habitação». Mas Karl Jettmar, o professor alemão de história do norte do Paquistão, sugeriu uma etimologia alternativa mais alinhada com o caráter da região como um lugar de feiticeiros e libertinagem: «Uddiyana pode ser rastreada até a raiz '*di*', *flutuar no ar*», escreveu Jettmar, acrescentando que «as bruxas do Suat preferem montar em hienas.

---

5   R. Salomon, *Ancient Buddhist Scrolls from Gandhara: The British Library Kharoshti Fragments*. Londres: The British Library, 1999, p. 4.

Diz-se que o pelo áspero na dorsal do animal lhes dá extremo prazer sexual».[6]

Por causa de seu largo rio, Uddiyana era autossuficiente em água, peixes e madeira. E, por causa de sua importância geográfica como uma via na rota transasiática da seda, nunca faltaram fregueses ou visitantes. Os reis iam e vinham na Índia central, mas, por mais de mil anos em Uddiyana, o budismo permaneceu uma constante.

O vale aceitou e incorporou cada mudança importante na doutrina budista: do *Theravāda* (a prática que o próprio Buda seguia, com sua ênfase na meditação como o caminho para a iluminação) ao *Mahāyāna* (a adoração do Buda em todas as suas vidas passadas e encarnações futuras) e, finalmente, o *Vajrayāna* tântrico, que se desenvolveu no próprio Suat. Forma mais esotérica de budismo, o Vajrayāna mostrou aos iniciados o caminho secreto, mas rápido, para a iluminação por meio da união de opostos — puro e impuro, casta alta e baixa e, acima de tudo, masculino e feminino durante a relação sexual. Os praticantes foram ensinados a desprezar tabus sexuais, leis de castas e normas sociais, comendo alimentos proibidos e vivendo como párias, antes de alcançar a iluminação por meio da união sexual.[7]

Padmasambhava, o homem que popularizou o Vajrayāna no século VIII, era um exorcista e mago, conhecido por seus seguidores como guru Rimpoche, o «Grande Mestre de Uddiyana», «o Segundo Buda» e «o Precioso Guru». Tinha duas esposas e vivia em um cemitério. Mas, no século VIII, o budismo estava em declínio no Suat, então Padmasambhava viajou para o Tibete, onde dominou

---

6   K. Jettmar, «Ethnological Research in Dardistan 1958». In: *Proceedings of the American Philosophical Society*. Filadélfia, CV 1, fev. 1961, p. 94.

7   S. Cammann, *Trade Through the Himalayas: The Early British Attempts to Open Tibet*. Princeton: Princeton University Press, 1951, p. 8.

BUDA NA ROTA DA SEDA   245

os demônios locais, converteu o rei com seus rituais e encantamen-
tos e passou adiante o conhecimento que havia sido transmitido
secretamente por gerações de gurus suatis.[8] Por séculos depois
disso, o Suat se tornou um importante local de peregrinação para
os tibetanos.[9] Padmasambhava ainda é homenageado em todo
o Tibete e por todo o alto Indo, no Ladaque budista (a província
mais ao norte da Índia). Após sua morte, livros secretos escritos
por ele na língua de Uddiyana em «folhas amarelas enroladas»
foram descobertos por seus discípulos tibetanos.[10] E nos mosteiros
de Ladaque, que honram a estrada que ele percorreu e as cavernas
onde dormiu perto do alto rio Indo, há pinturas dele ostentando
um bigode estilo paquistanês da moda. Mas, em sua terra natal, o
Paquistão, o Grande Mestre foi esquecido.

Os peregrinos tibetanos continuaram a visitar o Suat por
pelo menos quinhentos anos após a morte de Padmasambhava,
e turistas budistas do Japão não são uma visão incomum hoje.
Mas, do século V ao VII, foram os monges chineses os principais
cronistas do grande florescimento budista do Suat — e de sua
constante deterioração.

Essas peregrinações épicas começaram porque os budistas
chineses, originalmente convertidos por monges da Índia, logo
quiseram uma experiência em primeira mão da geografia sagrada
de sua fé. A jornada da China à Índia foi longa e perigosa: para o

---

8   S. Beyer, *The Cult of Tara: Magic and Ritual in Tibet*. Berkeley: University of Cali-
    fornia Press, 1978, p. 38. Alguns estudiosos afirmam que Padmasambhava veio
    de Gasni; ver L. A. Waddell, *The Buddhism of Tibet or Lamaism*. 2. ed. Cambridge:
    Heffer, 1934, p. 26.

9   G. Tucci, Prefácio. In: D. Faccenna, *A Guide to the Excavations in Swat (Pakistan)
    1956-1962*. Roma: Istituto italiano per il Medio ed Estremo Oriente, 1964, p. 7.
    Ver também Makin Khan: «O peregrino tibetano, Urgyan-Pa, também passou
    pelo vale do Suat no ano de 1250» (Khan, *Archaeological Museum Saidu Sharif,
    Swat: A Guide*. Saidu Sharif: M. Khan, 1997, p. 16).

10 G. Tucci, *The Religions of Tibet*. Londres: Routledge & Kegan Paul, 1980, p. 38.

norte pelas Montanhas Geladas, cruzando o deserto do Taclamacã e descendo os perigosos desfiladeiros do norte do Indo ou através da perigosa rota marítima do sul. Mas as caravanas levaram a seda lentamente ao redor do mundo durante séculos, e, para onde a seda ia, o budismo podia ir atrás.

Xuanzang é provavelmente o mais conhecido dos cronistas peregrinos que partiram da China e viajaram 16 mil quilômetros para testemunhar o budismo vivo do Suat — e, sendo um dos últimos, também foi o mais desiludido. No ano de 629, com «um caráter de virtude inigualável», «pegou seu cajado, espanou suas roupas e partiu para regiões distantes». Com uma mochila de moldura de bambu nas costas, Xuanzang cruzou o «Grande Desconhecido», visitou os reis da Rota da Seda e prestou homenagem aos Budas de Bamiã (com 53 metros de altura e revestidos de ouro). Em Bamiã, rumou a leste, passando pelas cidades budistas próximas às regiões de Cabul e Jalalabad de hoje, e caminhando pelo passo Khyber até Pexauar. Finalmente, cruzou o «escuro e sombrio» Indo.

Infelizmente, o que Xuanzang viu ao cruzar o Indo entre a Índia e Uttarapatha o deixou desesperado. Em Gandara, os mosteiros estavam «cheios de arbustos daninhos e abandonados ao último grau». No Suat, os mosteiros estavam «devastados e desolados». Ao longo das margens do rio no Sinde, os monges eram «indolentes e dados à indulgência e à libertinagem». Em outros lugares, eles comiam carne — apesar de poderem ouvir os guinchos dos porcos sendo mortos. Estavam sempre discutindo, e «suas afirmações contenciosas», descobriu Xuanzang, «erguem-se como as ondas furiosas do mar». Já os monges sérios viviam «sozinhos e em lugares desertos».[11]

---

11   Xuanzang, *Si Yu Ki: Buddhist Records of the Western World*. Trad. ingl. S. Beal. Londres: Routledge, 2000, pp. 98, 120, 272.

BUDA NA ROTA DA SEDA

Mas Xuanzang viajou por toda parte e, durante sua longa jornada, encontrou muitos monges que o receberam com hospitalidade. Por fim, com a ajuda deles, «penetrou até a própria fonte do riacho» (da religião). O que essa evocativa metáfora ribeirinha significava, na prática, era que, dezesseis anos depois de partir, Xuanzang retornou à China, seguido por 22 cavalos, todos carregados do butim: 400 «grãos de relíquias», estátuas de Buda em ouro, prata e sândalo e 520 sutras (textos sagrados).

Foi só ao cruzar o Indo no caminho de volta para a China que Xuanzang sofreu uma calamidade — seu barco virou e ele perdeu todas as suas coleções botânicas e os sutras. «Tem sido assim desde a antiguidade até hoje», explicou o rei local ao monge enlameado, «quem tenta atravessar o rio com sementes de flores está sujeito a infortúnios semelhantes.» Esse era o poder do Indo na antiguidade. Xuanzang com paciência mandou recopiar os sutras e continuou sem as sementes.

De volta à China, a viagem de Xuanzang foi um grande sucesso. Ele foi chamado de «a joia do império» e se tornou um herói de estimação da dinastia Tang.[12] Tanto o relato detalhado de sua visita, que ele escreveu para o imperador Tang em seu retorno, quanto sua contemporânea biografia autorizada tornaram-se para os chineses — na época e para estudiosos posteriores — uma mina de ouro de informações sobre o budismo indiano.

Mas, para um homem religioso, foi uma jornada de amargura. A Índia já não era o coração do budismo. Xuanzang tinha lido o relato peregrino escrito por Fa Hsien, o mais conhecido dos monges chineses a tê-lo precedido naquele reino fabuloso, e podia ver que o número de leigos budistas havia diminuído, os locais e edifícios religiosos desmoronavam, o apoio oferecido pelos reis

---

12 S. H. Wriggins, *XuanZang: A Buddhist Pilgrim on the Silk Road*. Oxford/Colorado: Westview, 1996, p. xv.

248 ALICE ALBINIA

indianos locais havia diminuído e até mesmo a pureza moral dos próprios monges estava em questão.

Quando Fa Hsien fez a mesma peregrinação no ano de 420, apenas dois séculos antes, «tudo florescia» no budismo indiano. Fa Hsien, que veio do leste da China, chegou à Índia no momento em que o vale do Suat experimentava um ressurgimento budista. Ele também seguiu uma rota difícil para a Índia, ao longo do curso superior notoriamente perigoso do Indo. Havia dragões venenosos que cuspiam «cascalho», os vales «eram difíceis de percorrer» e os desfiladeiros tão altos que faziam «girar a cabeça». Mas, uma vez no vale verdejante do Suat, Fa Hsien conseguiu relaxar. Ele partira da China com uma missão: coletar «os Livros da Disciplina» (tal era o «estado mutilado e imperfeito da coleção» na China). Para a sorte dele, o budismo estava então no auge de sua força no noroeste da Índia.

É quase certo que o Buda nunca tenha visitado o Suat, mas a Rota da Seda o atraíra postumamente. Trezentos anos após sua morte, o budismo inventou para si mesmo um novo campo de adoração em Uttarapatha. Ao longo do curso superior do Indo, perto de Skardu, Fa Hsien viu relíquias improváveis como a escarradeira do Buda e seu dente. Perto da nascente do rio Suat, acima de Kalam, ele viu a pegada do Buda em uma rocha. Mais ao sul, nas margens do «Su-po-sa-tu» (o rio Suat era chamado de *Suvastu* em sânscrito), ele adorou o lugar onde o Buda havia secado suas roupas, e novamente no cenário da conversão de um dragão perverso.[13] Isso era o máximo que os antigos guias turísticos conseguiam esticar a existência histórica do Buda.

---

13   Fa Hsien, *A Record of Buddhistic Kingdoms: Being an Account by the Chinese Monk Fâ-Hien of His Travels in India and Ceylon (A.D. 399-414) in Search of the Buddhist Books of Discipline.* Trad. ingl. J. Legge. Oxford: Clarendon, 1886, p. 23.

BUDA NA ROTA DA SEDA 249

Nada, no entanto, poderia impedi-los de embelezar suas vidas passadas. O Buda era onisciente — podia se lembrar do passado, recuando bilhões de infinitos éons —, e suas encarnações anteriores forneceram gentilmente novos locais de peregrinação no Suat. Havia os lugares onde ele arrancara os próprios olhos, decapitara-se ou oferecera seu corpo para alimentar pássaros, animais ou humanos, tal era sua doutrina de renúncia altruísta («não eu»). Em cada local, uma *stupa* (relicário) foi erguida, testemunhando esses atos exemplares. Em torno das estupas cresciam mosteiros; em torno dos mosteiros, comunidades de monges, e Gandara e o Suat também cresceram cada vez mais em importância.

O budismo gostava de colinas: idealmente, os monges deveriam viver distantes dos leigos, mas perto o suficiente para pedir sua refeição do meio-dia nos vilarejos, e os arqueólogos encontraram alguma forma de assentamento budista em quase todos os lugares altos do Suat. Os monges escolheram com sabedoria: no calor paralisante de abril, apenas os sítios arqueológicos, em todo o Suat, são frescos e arejados.

Butkara, o principal mosteiro da região, foi desenterrado em Mingora, a pequena capital na encosta do Suat, em 1956. Quando os arqueólogos começaram a trabalhar nele, o local era um monte de lama — um último vestígio da enchente que enterrou o mosteiro e cidade no século VII. Mas, sob o lodo, os arqueólogos encontraram sete períodos distintos da história budista, um sobreposto ao outro.

Butkara fica a uma curta caminhada do centro de Mingora, e, quando chego lá em uma tarde tranquila, passeando pelos campos de trigo e sob uma avenida de árvores, há apenas duas outras pessoas sentadas ao lado da estupa. Eles pulam quando me aproximo, surpresos ao ver visitantes. Um é o velho vigia, que me prepara uma xícara de chá, o outro é Sanaullah, um estudante de história da Universidade de Pexauar, que passa seu tempo livre à sombra

dessas velhas pedras exóticas, sonhando com xisto negro, lápis-
-lazúli e relíquias em caixões de ouro.

É Sanaullah quem me faz apreciar como a estupa se expandiu
como um balão dourado durante o milênio de seu uso, «conforme
cada novo rei budista introduziu sua própria arte». Ele desenha
um diagrama na poeira, de sete círculos concêntricos. A sétima e
última camada, diz ele, corresponde à época do dilúvio. A sexta
camada representa o estado do mosteiro como Xuanzang o via —
nessa época os edifícios estavam em um estado de quase colapso,
e as pedras originais do piso foram revestidas com terra batida.

Para entender os cinco períodos anteriores, Sanaullah e eu
entramos no pátio da estupa de pedra fria. A estupa em si teria
sido uma grande estrutura abobadada: não muito diferente, em
contorno, como Sanaullah aponta, de uma mesquita. Esculpidos
no topo da cúpula da estupa havia guarda-chuvas — o símbolo
budista da realeza. Ao redor da estupa principal havia muitas
estupas votivas menores cheias de ossos de monges e patronos,
todos lutando para serem sagrados por associação. A maioria das
estátuas foi removida para o museu do Suat por causa de ladrões,
mas ainda há o suficiente esculpido na pedra aqui — flores de lótus
da Índia, pilares coríntios da Grécia, colunas persepolitanas da
Pérsia, cupidos romanos — para ilustrar a miscelânea de motivos
usados no budismo suati. Butkara encarnou em pedra, ouro e tinta
os mil anos de história budista contínua no Suat, suas mudanças
de governantes, escolas e destinos.

Cada rei, explica Sanaullah, acrescentou novas esculturas e
trabalhos em pedra à própria cúpula. A quinta camada, decorada
com cenas da vida do Buda, foi embelezada por uma sucessão de
reis sacas e indo-gregos, e foi isso que Song Yun, outro peregrino
chinês, viu quando visitou Butkara no ano de 518, e escreveu sobre
as 6 mil estátuas de ouro deslumbrantes de lá (a mancha de ouro
que os arqueólogos detectaram em muitas das imagens de pedra

BUDA NA ROTA DA SEDA   251

corrobora isso). A quarta camada, com suas dramáticas estátuas
de Buda em estuque, foi encomendada pelo rei Canisca no século
IV. Abaixo disso havia uma estupa revestida de pedra-sabão verde
e branca, feita durante o reinado de Azes II, rei dos nômades sacas
ou citas da Ásia Central, no século I. A segunda camada, de xisto
e gesso rosa, foi obra do rei Menandro do século I a.C., um indo-
-grego. E a primeira e mais profunda camada de todas — a estupa
original, construída de forma simples e grosseira com seixos e
gesso envolvendo a relíquia do caixão sagrado — foi erguida no
século III a.C. pelo imperador indiano Axoca. Aqui, os arqueólogos também encontraram um caco de cerâmica do século IV a.C.
pintado com caracteres gregos, provavelmente trazido para o Suat
pelos soldados de Alexandre, o Grande.[14]

Sanaullah aponta os dezesseis nichos ao redor das paredes
que outrora continham estátuas de pedra e estuque do Buda, o
piso de pedra lascada incrustado com lápis-lazúli («os turistas ja-
poneses roubam», diz ele) e as esculturas de pedra de humanos
e animais ainda visíveis nas paredes da estupa ou, no caso dos
leões que uma vez sustentaram os pilares nos portões da estupa,
cimentados há pouco no solo. «Esses leões simbolizam o imperador Axoca e o Buda», diz Sanaullah.

O vale do Suat, na visão de Fa Hsien, era o legado do rei Canisca: um patrono enérgico do budismo da dinastia cuchana. Os
cuchãs chegaram a Uddiyana duzentos anos antes de Fa Hsien, é
provável que do noroeste da China. O rei Canisca fez de Pexauar
sua capital, organizou o Quarto Conselho Budista na Caxemira
(durante o qual as doutrinas budistas foram codificadas) e despachou missionários e textos para a China. Canisca tinha gostos
ecléticos: suas moedas eram gravadas com divindades gregas,

14   Faccenna, *A Guide to the Excavations in Swat...*, op. cit., p. 17.

iranianas, indianas e — pela primeira vez na história — com uma imagem do Buda.[15]

Durante o governo cuchano, a produção de imagens de Buda tornou-se uma indústria artesanal no noroeste da Índia. Esculpidos em rocha nua, blocos de pedra e, mais tarde, em estuque macio, esses ícones tornaram-se tão importantes que, na China, o budismo imigrante ficou conhecido como a «religião das imagens».[16]

Foi por causa do papel das imagens, é claro, que o Islã se distinguiu de maneira mais extravagante do budismo. O sultão Mahmud valorizava sua reputação de *but-shikan* (destruidor de imagens), a palavra *but* (ídolo) em referência às estátuas budistas que os muçulmanos encontraram em Bamiã e Gasni e às imagens hindus que mais tarde viram na Índia.[17] Ironicamente, como Sanaullah aponta, «assim como os muçulmanos modernos proíbem a adoração de imagens de nosso líder», o mesmo acontecia com os primeiros budistas.

A adoração de imagens foi um desenvolvimento novo e controverso para os budistas do século II e, para alguns, ia contra os sete séculos anteriores da história de sua fé. O surgimento da adoração de imagens pouco antes ou durante o reinado de Canisca foi o resultado de grandes mudanças no budismo, que ocorreram quatrocentos anos após a morte de seu fundador. O budismo primitivo, com seu foco na meditação como caminho para a iluminação, era centrado na vida monástica. Mas os leigos também queriam ser iluminados. O *Mahāyāna*, um movimento de afastamento do budismo como seu fundador o imaginava, enfatizou, em vez disso, o papel de intercessão desempenhado pelo panteão dos *bodhisattvas*

15   R. C. Foltz, *Religions of the Silk Road: Overland Trade and Cultural Exchange from Antiquity to the Fifteenth Century*. Londres, 1999, pp. 44-5.

16   D. S. Lopez, *Buddhism*. Londres: Allen Lane, 2001, p. 97.

17   M. Habib, *Sultan Mahmud of Ghaznin*, op. cit., p. 56.

BUDA NA ROTA DA SEDA

(futuros Budas, aguardando a reencarnação final) e a importância dos textos, imagens e artefatos. As imagens do Buda foram o corolário natural. Mas muitos monges indianos viam essas belas estátuas de pedra como vulgares e degradadas, e a comunidade budista foi dividida irreparavelmente.

No noroeste da Índia, a uma distância significativa da principal comunidade budista do leste do país, o Buda passou a ser visto não apenas como um homem sábio, mas como imortal e divino, sob o patrocínio de três dinastias consecutivas — os cuchanos e, antes deles, os partas e os sacas (todos imigrantes do oeste de Uttarapatha). A arte budista até esse ponto tinha representado o Buda por sua ausência — pelo cavalo que ele montou, pelo guarda-chuva real que uma vez carregou, ou pelas pegadas que deixou. Mas em Uttarapatha dos séculos I e II surgiu uma escola de arte inteiramente nova, retratando-o em sua forma humana completa. Alguns pedreiros esculpiram o Buda de pé, um braço levantado como protetor, outros o mostraram sentado com os olhos fechados em meditação; ainda outros, como um esqueleto emaciado (da época antes de sua iluminação). Às vezes, para refletir ideais indianos, suas orelhas eram alongadas e o topo de sua cabeça levantado para mostrar a *usnisa* ou saliência sagrada. Em outras ocasiões, ele usava uma toga drapeada com um halo brilhante em volta da cabeça (esse era o disco solar, importado da Pérsia). Frisos menores e íntimos descreveram sua juventude no leste da Índia — seu nascimento, escolaridade e saída de seu reino — e momentos significativos de suas vidas passadas. Ao longo das bordas de todas essas cenas religiosas pairavam vibrantes vislumbres da vida secular: dançarinas voluptuosas vestidas em véus, devotos ricos carregando caixas de relíquias nos cumes das montanhas, figueiras-sagradas, folhas de palmeira e elefantes.

254 ALICE ALBINIA

Junto com o Buda e os *bodhisattvas*, como objetos de adoração, foram adicionados os deuses locais da Índia.[18] O Mahāyāna aceitou todas as divindades védicas de outrora, agora mostradas curvando-se em subserviência ao Buda.[19] O deus da riqueza foi incluído (para agradar às classes médias mercantis), e para os camponeses havia uma rica abundância de antigos espíritos animais, deuses da água e *nagas* — divindades-serpentes ou dragões, guardiões de lagos, nascentes e rios.[20]

Assim como o aparecimento da imagem do Buda dividiu a comunidade budista durante o século I, 1.800 anos depois, quando os historiadores europeus começaram a examinar a história budista, a questão da imagem voltou a causar polêmica na Índia. Muitas das primeiras estátuas de Buda foram desenterradas por oficiais coloniais britânicos, que, como escreve um historiador, tiveram «uma sensação de alívio» ao contemplar nessas linhas clássicas «algo que lhes era familiar».[21] Ao contrário das deusas «estranhas e exuberantes» com vários braços que enchiam os templos da Índia, os Budas de Gandara — com suas togas e grinaldas, nariz severo e pose de costas retas — pareciam ter sido retirados de Atenas ou

18 Estes foram mostrados em posições subservientes ao Buda, mas sua presença era, mesmo assim, reconfortante para as pessoas que anteriormente os adoravam. Como aconteceria mais tarde com o Islã, era um meio de incorporar as religiões locais — um meio também, alguns argumentaram, de subordinação; ver Lopez, *Buddhism*, op. cit., p. 42.

19 Tão deslumbrantemente vestidas, notou o estudioso Etienne Lamotte, quanto seus adoradores humanos cobertos de joias (Lamotte, *History of Indian Buddhism*. Louvain-la-Neuve: Université Catholique de Louvain, 1988, pp. 688-90).

20 Muitos desses locais tinham sido templos para *Nagas* e foram convertidos por budistas em mosteiros ou estupas. Ver A. K. Coomaraswamy, *The Origin of the Buddha Image*. Nova York: New York University, 1927, p. 13.

21 J. E. van L. de Leeuw, «New Evidence with Regard to the Origin of the Buddha Image». In: H. Hartel (Org.), *South Asian Archaeology 1979: Papers from the Fifth International Conference of the Association of South Asian Archaeologists in Western Europe*. Berlim: Dietrich Reimer, 1981, p. 377.

BUDA NA ROTA DA SEDA   255

Roma. Para horror dos estudiosos indianos, alguns europeus não os viam como indianos, mas como cópias de algo grego ou romano. A arte helenística entrou na Índia pela trilha deixada por Alexandre, o Grande, e o budismo chegou do leste exatamente no mesmo momento: as estátuas de Buda, os europeus argumentavam, eram sem dúvida influenciadas por protótipos gregos.[22] Mais uma vez, os estudos da Índia antiga se dividiram em linhas conhecidas. Foi inventado na Índia ou importado de fora?

No museu de Mingora, cara a cara com Budas vestidos de toga, em frente a frisos de pedra emoldurados por folhas de videira ou diante de moedas perfuradas com imagens de reis coroados de louro e Hércules com clavas, as influências ocidentais sobre os pedreiros e artesãos de Uddiyana são manifestas. O mesmo ocorre com a influência do trabalho da China, Índia e Pérsia. Hoje, a ilustração mais bem preservada da riqueza e profundidade das influências nas quais os artistas budistas se basearam pode ser vista nos tesouros desenterrados em Begram, local da capital de verão do rei Canisca perto de Cabul. Lá, os arqueólogos encontraram vidros pintados com a batalha de Aquiles e Heitor, peixes de vidro soprado azul, trabalhos em laca chinesa, marfins indianos mostrando cenas da vida do Buda, bronzes greco-romanos de Alexandre, o Grande, de Hércules e Atenas, uma placa de bronze de peixes com barbatanas e caudas que balançam com o vento, uma escultura em gesso de Afrodite, marfins de deusas do rio com cintura de vespa em pé sobre o *makara* (uma besta aquática) e minha favorita de todas, esculpida em argila durante o século I, a rechonchuda Kinnari, uma mítica mulher-pássaro que ainda hoje é pintada na carroceria de caminhões paquistaneses.

---

22   A. K. Narain (Org.), *Studies in Buddhist Art of South Asia*. Nova Déli: Kanak, 1985, p. 10; W. W. Tarn, *The Greeks in Bactria and India*. 2. ed. Cambridge: University Press, 1951, p. 408.

A discussão sobre se a arte gandarana é filha da Grécia ou da Índia apenas obnubilou um fenômeno muito mais magnífico: o interesse mútuo que essas duas culturas descobriram uma na outra. No Suat e em Gandara, as formas de arte, as línguas e as estruturas sociais gregas e indianas se misturaram como rios, por um breve momento de simpatia mútua.

O rei Menandro, que construiu a penúltima camada da estupa Butkara no século I a.C., era indo-grego. Ele também era budista. O arqueólogo John Marshall retratou o budismo de Menandro como totalmente pragmático:

> no caso de Menandro, era por óbvio uma questão política abraçar a causa budista e, assim, garantir o apoio do que era, evidentemente, naquela época provavelmente o corpo religioso mais forte do Punjabe e do Noroeste.[23]

Mas a paixão de Menandro pelo budismo parece ter ido além da mera retórica. Ele absorveu Uddiyana em seu reino e construiu sobre as estupas de Axoca, incluindo a de Butkara. Expandiu a antiga cidade de Taxila, na margem esquerda do Indo, que havia muito albergava uma universidade hindu. De acordo com o texto budista da era cuchana, *Milindapanha* (Perguntas de Milinda), que pretende ser um diálogo filosófico entre o rei Menandro (*Milinda*) e seu mestre budista, Nagasena, o rei era um budista com um profundo compromisso. A tradição budista, pelo menos, abraçou com entusiasmo a ideia de seu convertido grego estrangeiro.

O *Milindapanha* também relatou a impressionante — embora aparentemente apócrifa — história de como Nagasena dera uma imagem do Buda a Menandro. Na verdade, apesar de ser um

---

23 J. Marshall, *A Guide to Taxila*. 2. ed. Calcutá: Superintendent Government Printing, India, 1921, p. 21.

BUDA NA ROTA DA SEDA 257

indo-grego (e, portanto, familiarizado com a adoração de deuses e deusas antropomórficos), Menandro não encorajou a fabricação de imagens de Buda: a forma Theravāda de budismo que ele seguia o proibia. Tampouco imprimiu o rosto do Buda em suas moedas. Em vez disso, usou o símbolo budista do *dharmachakra*, a «roda da transformação», para sinalizar sua afiliação religiosa.[24]

Menandro, Azes e Canisca foram reis que patrocinaram o budismo e promoveram sua disseminação. Todos eles estavam cientes do fato de que pisavam à sombra de um rei muito maior — aquele que havia unido não apenas Uttarapatha às doutrinas budistas, mas toda a Índia. Nenhum visitante budista do Suat — chinês, cuchã ou indiano — jamais pode esquecer a influência do imperador Axoca. Os peregrinos chineses descreveram como as estupas de Axoca, que disseram somar 84 mil, foram encontradas em toda a Índia.[25] Elas demarcavam os contornos de seu império pan-indiano.

As cinzas do Buda ainda estavam quentes, no século V a.C., quando seus discípulos as dividiram — cadáver cremado, urna e carvão — em dez pacotes organizados.[26] Um pacote foi alocado para cada um dos dez estados budistas nascentes, cujos reis sepultaram-nos em estupas. Duzentos anos depois, Axoca quebrou essas estupas e fez com que as relíquias fossem redivididas em porções menores, que foram distribuídas por toda a Índia. Onde antes havia dez estupas, agora havia milhares. Com essa ação, Axoca alcançou duas coisas: fez uma declaração pública de até onde alcançava seu mando como rei e, sozinho, transformou o

24 Narain (Org.), *Studies in Buddhist Art...*, op. cit., p. 2.
25 De acordo com o *Ashokavadana*, uma das primeiras crônicas do reinado do imperador. Ver Lamotte, *History of Indian Buddhism*, op. cit., p. 239; A. Foucher, *La Vieille Route de l'Inde de Bactres à Taxila*. Paris: Éditions d'art et d'histoire, 1942, p. 272.
26 Lamotte, *History of Indian Buddhism*, op. cit., p. 23.

budismo, de uma entre muitas seitas concorrentes, em uma religião nacional, exportável.

Se Axoca não tivesse adotado o budismo com o zelo de um convertido, é provável que o budismo tivesse desaparecido — exatamente como seu fundador previu. Em vez disso, Axoca — que se tornou o senhor supremo do maior império indiano de todos os tempos, e provavelmente fora desmamado com as histórias do grande grego Sikunder (Alexandre), podendo ter permanecido apenas como mais um tirano sedento de sangue — fez algo bastante incomum.

No décimo ano de seu reinado (254 a.C.), tendo derrotado todos os seus inimigos, Axoca viajou pela Índia, pregando a não violência. Então, depois de terminar sua viagem de ida e volta de 256 dias, começou a colocar lajes de pedra monumentais por todo o seu império, com uma mensagem gravada para seu povo. Sendo parte sermão, parte confissão e parte anúncios de autopromoção, os quatorze éditos de Axoca são uma leitura surpreendente, com sua combinação obstinada de humildade, patriotismo e violência imperial. Axoca exorta seus súditos a adotar a lei do *dhamma* (a versão budista da palavra sânscrita *dharma*, que significa «boas obras») e desistir de festividades frívolas (as mulheres, em particular, são propensas a «perder tempo em cerimônias vulgares»). Ele pede que parem de comer carne — e então confessa que sua própria casa tem consumido «dois pavões e um veado, embora o veado nem sempre». Expressa «profundo remorso» por conquistar a província oriental de Kalinga, mas avisa ao povo da floresta que «o Amado dos Deuses tem o poder de puni-los, se necessário». E revela sua onisciência:

> Em todos os momentos, esteja eu comendo, ou nos aposentos das mulheres, ou em meus aposentos internos, ou no estábulo, ou em minha carruagem, ou em meus jardins — onde quer que eu esteja —,

meus informantes me mantêm em contato com os negócios públicos. Assim, em todos os lugares, faço negócios públicos.[27]

Era uma forma de controle, uma forma de fazer com que soubessem que Axoca os observava.

Os éditos semibudistas e semiautoritários de Axoca eram uma obra de arte legislativa. Mas eles têm intrigado os historiadores, que identificaram algumas posições budistas arquetípicas (como a crítica ao sacrifício védico e a hábitos supersticiosos) e, simultaneamente, uma ausência de doutrinas budistas padrão (mais notavelmente, o conceito de Nirvana). Será que Axoca adaptava o budismo a seus próprios objetivos não sectários? Ou será que seus éditos refletem a forma adotada pelo budismo antes de ter sido sistematizado e codificado?

Como as estupas com as quais generosamente adornou a Índia, as inscrições de Axoca marcavam seu império. Nas províncias centrais, a mensagem foi inscrita em pilares de arenito rosa-claro. Na periferia — nas terras governadas por regentes ou príncipes — os éditos eram riscados em qualquer pedra útil, às vezes em três pedras contíguas, nas encruzilhadas de estradas ou perto de grandes povoados. A mensagem era abreviada em alguns lugares, alongada em outros, mas o tema era o mesmo: os súditos de Axoca eram como um só em «meu vasto domínio». Parada em Shahbazgarhi, na estrada que vai de Taxila ao Suat, ao lado de uma das esculturas que ficam mais ao norte, passando a mão sobre as letras desgastadas, é extraordinário pensar que esta mesma mensagem pessoal, piedosa, generosa e intimidante ressoou tanto aqui nesta encosta gramada como nas selvas de Biar, nos desertos do Rajastão e ao longo da costa de Coromandel.

27 Sexto Édito Maior em Pedra, citado em R. Thapar, *Asoka and the Decline of the Mauryas*. Déli: Oxford University Press, 1997, pp. 252-3.

260 ALICE ALBINIA

Antes de Axoca, nenhum rei indiano havia pensado em esculpir mensagens públicas para seu povo «em pedra», como o próprio Axoca apontou, «para que durasse muito e meus descendentes agissem em conformidade com isso». Antes de Axoca, a língua na Índia mal era escrita — todo o *corpus* da religião védica baseava-se na memorização, e não na escrita, dos versos sagrados em sânscrito. Na verdade, foi o projeto colossal de esculturas de Axoca que introduziu a escrita em todo o subcontinente indiano. «Todas as escritas índicas modernas» — exceto aquela escrita ainda não decifrada usada cinco milênios atrás no vale do Indo — descendem do brami de Axoca.[28]

A tradição budista que o seguiu exaltou o status quase sagrado de Axoca: sua ancestralidade humilde foi assimilada à da própria família do Buda.[29] A tradição cingalesa fez sua consagração cair exatamente cem anos após o Nirvana do Buda, e foi formulada uma lenda mostrando o encontro (e endosso) de Buda com o imperador Axoca em uma encarnação anterior. Na verdade, a família de Axoca parece ter vindo de Gandara, e durante sua vida ele passou muito tempo lá: servindo como vice-rei em Taxila quando era príncipe e prestando atenção especial à cidade como imperador,[30] podendo ter até mesmo morrido lá.

Para Axoca, cuja capital era no leste da Índia, «os povos nas fronteiras ocidentais» — com sua perigosa proximidade com os ainda ameaçadores impérios grego e persa — requeriam gestão cuidadosa e admoestação frequente. Axoca menciona os gregos em vários pontos de seus éditos, e seu comportamento sugere que ele

---

28   R. Salomon, *Indian Epigraphy: A Guide to the Study of Inscriptions in Sanskrit, Prakrit, and the Other Indo-Aryan Languages.* Oxford: Oxford University Press, 1998, p. 17: «a história da escrita na Índia é virtualmente sinônimo da história da escrita brami e seus derivados».

29   Lamotte, *History of Indian Buddhism*, op. cit., p. 13.

30   De acordo com a tradição tibetana. Ver Marshall, *A Guide to Taxila*, op. cit., p. 17.

era hipersensível aos acontecimentos no vale do Indo, onde esses estrangeiros se infiltraram. Seu avô havia recuperado de Seleuco, vice-rei de Alexandre, as terras às margens do Indo, e o tratado que eles assinaram incluía a troca de mulheres e adidos. Axoca, portanto, teria crescido com a experiência imediata dos gregos (as damas do harém incluíam a filha de Seleuco). Nos éditos, enfatizou sua amizade especial com cinco reis estrangeiros no Ocidente: Ptolomeu, Magas, Alexandre, Antígono e Antíoco. A conexão grega era uma fonte de prestígio e poder. Ainda assim, ele não queria outro Seleuco importunando seu império. Proteger a fronteira no curso do rio Indo era essencial para a integridade de sua Índia.

Os éditos, portanto, foram publicados em locais estratégicos no noroeste: dois nas terras fronteiriças de Axoca — em Jalalabad e Candaar — e três em Uttarapatha — em Taxila, Mansehra (na estrada da Caxemira) e Shahbazgarhi. No resto da Índia, a língua dos éditos era o dialeto magaí caseiro de Axoca, e a escrita era brami (com provável inspiração no grego e inventada especificamente para os éditos). Mas em Jalalabad eles foram escritos em aramaico; em Candaar (a inscrição conhecida mais antiga), em aramaico e grego; e em Mansehra e Shahbazgarhi, na escrita caroste, uma versão local do aramaico.

Até mesmo os conceitos-chave da propaganda religiosa de Axoca foram explicados na terminologia filosófica helenística e zoroastriana. A palavra budista *dhamma* tornou-se *eusebeia* em grego (que significa «piedade, lealdade, reverência aos deuses e aos pais»). Em aramaico, metamorfoseou-se em «verdade» ou «a conduta dos bons», refletindo ideias do zoroastrismo.[31]

Tanto o comércio quanto a religião precisavam da escrita para que se espalhassem além das fronteiras da Índia, e foi Axoca quem reuniu esses três elementos. A forma mais pura do sânscrito era

---

31 Thapar, *Asoka and the Decline of the Mauryas*, op. cit., pp. 276-7.

falada em Uttarapatha, e agora Axoca empregava pedreiros da região para inscrever os decretos em todo o seu reino (escribas do noroeste assinavam seus nomes em caroste nos decretos do sul da Índia).

Foi sem surpresa que, nos anos seguintes à morte de Axoca, a alfabetização do noroeste em geral (em comparação com o restante da Índia) constituiu um dos fatores mais importantes na propagação do budismo fora da Índia. Na verdade, foram os monges de Uddiyana e Gandara os primeiros a transportar o budismo para o Afeganistão e a China, na forma de textos sagrados escritos nas línguas da região.[32]

Como resultado da atenção que Axoca dedicou às terras do Indo, o mundo a oeste do rio voltou à esfera política e religiosa da Índia continental e do budismo que havia começado lá. Como em Butkara, era sobre a estrutura religiosa, administrativa e arquitetônica de Axoca que os outros reis construíam e era com sua reputação que competiam. Acima de tudo, foi Axoca quem reconheceu a importância de Uttarapatha e das regiões fronteiriças, tanto para a defesa estratégica de seu reino quanto para a disseminação de seu dogma imperial e religioso.

O legado de Axoca durou séculos após a morte do imperador, mas não poderia durar para sempre, e, se ainda havia algum budista na época em que o sultão Mahmud chegou ao Suat, hoje não há mais nenhum. Em meio a essas estupas arruinadas e abandonadas, o passado parece terrivelmente distante.

No entanto, existe uma faceta do império budista que ainda tem uma existência robusta. Tarde da noite, dirigindo pelo bazar de Mingora, noto uma casa de chá cheia de rapazes amontoados em torno de uma televisão, assistindo a *Laila Majnun*, o filme musical indiano baseado em uma velha história de amor árabe. Assim

---

32   Salomon, *Ancient Buddhist Scrolls from Gandhara*, op. cit., p. 6.

BUDA NA ROTA DA SEDA 263

como os pedreiros de Uddiyana copiavam as folhas de videira dos potes romanos de terracota, também as fábulas budistas de animais viajaram para o oeste ao longo da Rota da Seda e adentraram as *Mil e Uma Noites*.[33] Agora, são atores indianos, cantando canções indianas, que encenam um conto árabe de amor proibido para os homens do Paquistão. Naquela noite, aqueles rostos suatis transfixados parecem atestar o ecletismo duradouro da Rota da Seda.

É assim que, na manhã seguinte, me proponho a encontrar os habitantes modernos da Rota da Seda. Hoje, os teares do Suat tecem poliéster em vez de seda chinesa crua, mas redes comerciais vibrantes ainda perduram aqui, embora de forma nebulosa e ilícita.

Nos vinte anos seguintes à Partição, o Suat permaneceu um Estado principesco semiautônomo, governado por um *Wali*, um líder hereditário. Então, em 1969, o primeiro ditador militar do Paquistão, general Ayub Khan, absorveu o Suat à sua República. Para amenizar o golpe, o ditador e o *Wali* fizeram um acordo: isenção de impostos por 35 anos.

Esse tempo já se esgotou, mas a cada vez que o ministro das Finanças do Paquistão tenta restabelecer a tributação, o Suat não toma conhecimento. Não é apenas por seus picos montanhosos que o vale do Suat é chamado de «Suíça do Paquistão». A região tornou-se uma fábrica cênica de bens de luxo — qualquer coisa sobre a qual as taxas do interior do país sejam exorbitantes. A cera depiladora *Lubna's Wonder Wax* para senhoras é feita no Suat, batons também, além do creme clareador de pele *Fair & Lovely*. Esse é o negócio legítimo. Depois, há os produtos do mercado paralelo, o contrabando.

No bazar principal de Mingora, tomo chá com Salman, um homem de cabelos claros e olhos verdes do norte do Waziristão. Salman mantém sua esposa em gargantilhas de ouro e burcas de

33 Albiruni, *Alberuni's India*, op. cit., p. xxix.

seda dirigindo, muito rápido, os carros não tributados do Afeganistão, através da passagem de Tochi para Bannu, e através da colcha de retalhos de Estados tributados e livres de impostos da Fronteira. Contrabandistas, disse-me o chefe da polícia em Jalalabad (mas afegãos estão sempre falando mal dos paquistaneses), pagarão milhares de rúpias para alugar um «passe diplomático» de membros da embaixada do Paquistão em Cabul. Com essa documentação preciosa, os veículos podem cruzar a fronteira entre o Afeganistão e o Paquistão sem controle, para o Waziristão ou qualquer uma das outras sete agências tribais ao longo da fronteira. «Tenho uma rede de motoristas em cada agência», explica Salman, e aponta para o telefone na mesa manchada de chá: «Com celulares, temos contato constante para evitar os postos de polícia». Ele bebe seu chá, pensativo por um momento, e depois levanta os olhos: «Você está livre na próxima semana? Se você estivesse sentada no banco da frente, ninguém me pararia».

Embora existam postos de controle rigorosos nas estradas fora de Suat, a polícia não tem como vigiar os rios. E, embora seja difícil fazer um carro flutuar para cima, há pouco que impeça o transporte de mercadorias rio abaixo. A madeira, em particular, tem sido uma exportação lucrativa do Suat desde pelo menos o segundo milênio a.C.[34] Cedo pela manhã, em uma pequena cidade ribeirinha famosa pela «beleza de suas damas», encontro um velho de boné branco, lábio superior raspado e ar religioso. A olorosa madeira na madeireira que Aziz administra é contrabandeada. É trazida pelo rio, à noite, das densas florestas do alto Suat. A madeira é amarrada em lotes de seis metros. Na parte superior são presas quatro câmaras de ar de trator: boias salva-vidas para os pilotos, que conduzem a madeira enquanto descem o rio de fluxo rápido.

---

34 G. Stacul, *Prehistoric and Protohistoric Swat, Pakistan (c. 3000 BC-1400 BC)*. Roma: Ismeo, 1987, p. 76.

BUDA NA ROTA DA SEDA 265

A viagem gelada leva três ou quatro horas, e todos os anos alguns dos homens de Aziz morrem afogados no trabalho. «O trabalho é muito perigoso», diz. «Entende?»

A pirataria também é um grande negócio no Paquistão. No Suat, não são apenas *kalashnikovs* idênticos e DVDs indianos falsos que são trambicados pelas montanhas. Os itens de luxo mais recentes a serem levados para a Rota da Seda são os passaportes. Varreduras e sistemas eletrônicos tornaram as coisas difíceis, mas não impossíveis, para piratas de passaporte; e os documentos de identidade afegã são fáceis de recriar. Aziz tem um primo que recentemente chegou a Londres por meios incertos — e com todos os papéis errados. Ameaçado de deportação, ele telefonou para Aziz e pediu-lhe que conseguisse um certificado de identidade afegão e uma carteira de motorista. Nem Aziz nem seu primo jamais haviam posto os pés no Afeganistão, mas «no Paquistão», diz Aziz, «tudo é possível». Quatro dias e quinhentas rúpias depois, Aziz pegou os papéis «com meu contato» e os enviou para Londres. O exilado suati tornou-se um refugiado do Talibã.

O Paquistão como um todo tem uma atitude tão *laissez-faire* em relação aos impostos que nenhum dos contrabandistas que conheço tem a menor vergonha ao discutir seu negócio. Para minha surpresa, eles abrem suas operações ilegais às minhas perguntas com uma calma indiferente — só depois é que demonstram sua ansiedade. No momento em que deixo o Suat, contrabandistas estão inundando meu telefone com mensagens irritadas me pedindo para mudar seus nomes e detalhes.

Uma das formas mais lucrativas e nocivas de contrabando é o de história da arte. Exploradores britânicos e franceses levaram muita arte gandarana da Província da Fronteira durante a era colonial, para museus ou coleções particulares (por meio de lojas de arte em Piccadilly). Mas ainda há muito para roubar. O Departamento de Arqueologia faz o melhor para preservar a abundância de estátuas e relíquias budistas que permanecem neste vale, mas é tamanho o medo do tráfico ilegal de antiguidades no Paquistão, que a maioria das estátuas escavadas após a Partição foi trancada em museus. Dentro das estupas existem os nichos vazios onde os Budas costumavam ficar; do lado de fora, um bando de meninos vende falsas moedas gandaranas ou estátuas de bolso. As imagens que permanecem — em pedras inamovíveis — trazem as marcas do vandalismo talibã, no mesmo estilo do sultão Mahmud: os rostos arrancados, os corpos desmembrados. Acumuladas ao longo do rio e, portanto, da rodovia moderna, as esculturas budistas no Suat são presas fáceis para muçulmanos furiosos.[35]

Durante as primeiras semanas que passo no Suat, todas as esculturas budistas que vejo parecem ter sido desfiguradas de forma horrível, temerária. É apenas no final do meu tempo aqui que encontro o único Buda em todo este vale que ainda está intocado. Fica em um desfiladeiro estreito ao norte de Butkara, bem acima do rio, suas costas contra a encosta, acessível apenas por bosques de árvores frutíferas, às bordas de campos de trigo, passando por casas com telhados de palha que cheiram a fumaça de lenha. Esculpido com fluidez em arenito amarelo-róseo, é um Buda Maitreya de sete metros de altura: o Buda algo messiânico do futuro, cujo culto provavelmente começou aqui em Uddiyana. As pernas do Buda estão cruzadas, as mãos pousadas no colo, seus olhos fechados em meditação tranquila. Visitada apenas por pastores, a estátua permanece como um raro memorial, um vislumbre de como o vale deve ter parecido nos dias em que os reis eram budistas, as caravanas de seda passavam por aqui e monges chineses

---

35 O aumento do vandalismo também coincide com a perda de controle dos uales sobre o Suat, de acordo com B. Sardar, *Buddhist Rock Carvings in the Swat Valley*. Islamabade, 2005, p. 168.

enfrentavam os dragões e feiticeiros do rio Indo para visitar os lugares sagrados de Uddiyana.

Em 2007, grupos locais do Talibã finalmente assumiram o controle do Suat, sob a direção de Maulana Fazlullah, genro do pregador radical Sufi Muhammad. Um objeto do ataque puritano foi o último Buda Maitreya intacto: ele foi dinamitado e sua cabeça e ombros foram perfurados. Os fanáticos, desde então, têm tido grande sucesso em obliterar o passado budista pré-islâmico do Suat.

8

ALEXANDRE ENCONTRA O OCEANO EXTERIOR

327 a.C.

O Indo é maior do que qualquer rio da Europa... Foi este rio que
Alexandre cruzou com seu exército, e assim adentrou a Índia.
Arriano, *Anabasis Alexandri* [*Anábase de Alexandre*], c. 145

Há quase 2 mil anos, Plutarco descreveu o encontro entre Alexandre, o Grande, da Macedônia e um menino indiano, «Sandrócoto». Essa criança, Plutarco atestou, jamais esqueceu que o rei estrangeiro estava «a um passo» de conquistar a Índia. Na verdade, a história de Plutarco foi um exagero intencional das proezas de Alexandre. Em 327 a.C., Alexandre mal havia subjugado o vale do Indo, cognato da Índia. Dois anos depois de voltar da Índia para a Babilônia, já estava morto. Da cadeia de cidades chamadas Alexandria, que fundara no leste da Pérsia e no oeste da Índia, as que não foram arrastadas pelos muitos rios da região foram retomadas pelos habitantes locais. Seu destacamento de soldados marchou para casa em longas colunas, e seu império foi dividido entre seus companheiros. A impressão que Alexandre deixou sobre a Índia foi tão imperceptível que nenhum dos residentes achou que valesse a pena registrar sua visita na literatura existente. Em vez disso, foi o jovem «Sandrócoto» — Chandragupta Máuria, avô de Axoca — que por volta de 305 a.C. reconquistara todas as terras ao longo do Indo que Alexandre havia conquistado. Foi Chandragupta Máuria quem realizou o que Alexandre falhou em fazer e uniu a Índia como um só império.

Mas, na Grécia, nada poderia eclipsar as façanhas do «conquistador do mundo». Alexandre era demasiado inclinado à fábrica do próprio mito. E a Índia era maravilhosa demais. As histórias que seus companheiros contavam ao retornarem — do ouro, dos elefantes e dos rios do país — foram a cera e o polimento da lenda alexandrina.

Quando Alexandre partiu da Grécia para conquistar o mundo, sua prioridade mais urgente era superar as façanhas de seu rival, o imperador Dario, o Grande, da Pérsia, que invadira a «Índia» dois séculos antes. Nenhum dos historiadores de campanha que Alexandre levou com ele para a Índia mencionou Dario, mas com certeza tinham ciência dele. Um século antes, o historiador grego Heródoto chamara Dario de o descobridor da «maior parte da Ásia». Ele o havia conseguido, explicou Heródoto, ao despachar um marinheiro chamado Cílax para navegar o Indo de Attock (onde o rio Cabul se junta ao Indo) rio abaixo até o mar.[1] Cílax, que assim mapeou 1.400 quilômetros do Indo, tornou-se o primeiro ocidental a descrever a «Índia» e ganhou a reputação de

---

1 Heródoto, *The Histories*. Trad. ingl. G. Rawlinson. Londres: J.M. Dent, 1992, p. 313.

ALEXANDRE ENCONTRA O OCEANO EXTERIOR   271

«o homem mais corajoso do início da história grega».[2] E Dario, nesse meio-tempo, anexou o Indo a seu império.

Para Dario, conquistar o vale do Indo foi um empreendimento lucrativo. Como Heródoto atestou em suas *Histórias*, o vale do Indo estava repleto de ouro, os nativos usavam roupas feitas de «lã de árvore» e pagavam «um tributo superior ao de todos os outros povos, a saber: 360 talentos de ouro em pó».[3] Isso era o suficiente para estimular qualquer exército. Foi de Heródoto que Alexandre teria ouvido falar dos crocodilos semelhantes aos do Nilo no Indo, e foi Heródoto quem primeiro comparou os indianos aos etíopes: ambos têm pele escura, escreveu ele, e sêmen preto.[4] Os historiadores de Alexandre parecem ter tirado Dario e Cílax de seus relatos para disfarçar de quão perto Alexandre seguia os passos do rei persa.

Mas, para um exército que tentava conquistar um país, Heródoto era parte do problema, pois havia conceituado a Índia como o vale do Indo: um país em forma de rio que corria para o leste até o oceano na extremidade do mundo. Isso é o que Alexandre, o Grande, esperava durante os oito anos e 18 mil quilômetros que levou para chegar da Grécia à Índia. Ele não tinha mapas, seus homens não falavam as línguas locais. Confiou tudo à sorte, aos guias locais — e aos deuses.

Depois de chegar a Jalalabad (no leste do Afeganistão), Alexandre dividiu seu exército. Hefestião, seu amado, marchou para leste através do passo Khyber ou do passo de Michni em direção ao Indo. Mas Alexandre foi para o norte até o vale do rio Kunar, ostensivamente para subjugar a já famosa intransigência das tribos do norte da colina, e, cruzando o que é agora o passo Nawa, para o

2   R. L. Fox, *Alexander the Great*. Londres, 1973, p. 333.
3   Heródoto, *The Histories*, op. cit., p. 265.
4   K. Karttunen, *India in Early Greek Literature*. Helsinque: Finnish Oriental Society, 1989, p. 73.

Paquistão. Quero seguir a jornada de Alexandre, do Kunar — até há pouco tempo o lar de pagãos que reverenciam cabras — até o norte do Paquistão, mas também estou farta de travessias ilegais de fronteira. Para variar, decido pedir permissão.

Em um dia quente de maio, visto minhas calças e túnica mais floríferas, compro um exemplar do livro de Aurel Stein sobre a batalha de Alexandre no extremo norte do Indo e marco uma reunião com o porta-voz do exército do ditador. Sentada em uma sala austera com ar-condicionado no quartel-general do exército em Raualpindi, a cidade aquartelada adjacente à capital do Paquistão, explico ao general bigodudo à minha frente que estou subindo o Indo, de sua foz até a fonte, e contando a história da terra que é hoje o Paquistão: «Agora quero seguir, a pé, a rota de Alexandre, o Grande, do Afeganistão ao longo do Indo até Pirsar», digo. «Pirsar?», ele pergunta. «A enorme rocha acima do Indo onde Alexandre lutou contra as tribos das montanhas», digo, sorrindo diante do absurdo do que estou prestes a pedir: «Para chegar lá, preciso cruzar a fronteira do Paquistão pelo passo Nawa».

Desconcertantemente, o general sorri de volta. Ele me elogia por meu «excelente» urdu, meu estilo de vestir «maravilhoso», e então liga para a secretaria das Áreas Tribais Administradas Federalmente (Federally Administered Tribal Areas [Fata]) em Pexauar. Ambos sabemos que o passo Nawa não é um ponto de passagem oficial, mas não importa: «Uma escolta tribal estará esperando». Não discutimos como vou passar por Kunar, ou o que os afegãos dirão quando eu aparecer na fronteira sem avisar. «Alexandre veio aqui há 2 mil anos», ele brinca enquanto saio. «Hoje é Alice.» «Temos objetivos diferentes», respondo, desconcertada com o paralelo com Alexander Burnes, que com arrogância se comparou a Alexandre, o Grande (e com razão, pois ambos estavam em missões imperialistas). «Mas quantos anos você tem?», o general

ALEXANDRE ENCONTRA O OCEANO EXTERIOR

pergunta, e sou forçada a confessar: «Vinte e nove». «A idade que Alexandre tinha quando veio para cá», diz o general, e ri.

Minha segunda viagem ao Afeganistão é a quintessência do momento errado. É o início do verão e o terrorismo transfronteiriço anual está apenas começando. No dia em que entro no Afeganistão pelo passo Khyber, há um enorme bombardeio suicida em uma mesquita em Candaar. O significado desse evento é imediatamente visível, pois marca o retorno do Talibã, com um movimento mais violento do que o primeiro.

Em Jalalabad, fico com Hafizullah, um homem da minha idade cuja casa era um depósito de armas durante a guerra. Naquela noite, bebemos vinho branco juntos em sua *hujra* com o chefe da polícia local, e o cheiro de flores de tabaco sobe do jardim. «Meus guardas vão levá-la ao Kunar amanhã», diz o policial. «Você estará no passo Nawa ao pôr do sol.» Ligo para o secretário da Fata. Ele diz que a escolta aguardará.

Mas no dia seguinte o policial mudou de ideia. «No início desta manhã houve um ataque no passo Nawa», explica Hafizullah. «A Al-Qaeda tentou tomar o posto de fronteira, e nossos homens atiraram em um afegão e um árabe. Os atacantes carregavam armas sofisticadas. Vou falar com o Ministério das Relações Exteriores em Cabul.»

O pessoal do Ministério das Relações Exteriores acha minha jornada desagradável: eles decidem que é parte de uma conspiração do Exército do Paquistão. «Não temos autorização para uma estrangeira cruzar por Nawa», dizem. «Quem a autorizou?» «Nós, afegãos, não confiamos nos paquistaneses», disse-me Hafizullah com paciência. «Talvez o Exército do Paquistão queira criar problemas. Nós, afegãos, ficaremos mal se você for morta em Kunar. Você disse a eles que estaria lá hoje. Você não acha que é uma coincidência que o ataque tenha acontecido no mesmo dia?» Mesmo assim, Hafizullah liga para um amigo da província, um homem de aparência religiosa com uma grande barba ruiva. «Você irá com ele em um táxi local», diz. «A Al-Qaeda só explode carros 4x4 em Kunar. Como você fica de burca?»

O terceiro dia amanhece. Espero na casa de Hafizullah pelo homem de barba. Ando para cima e para baixo em minha burca. Por fim, à tarde, um carro para do lado de fora da casa. É o primo de Hafizullah. «Hafizullah está em uma reunião com o Exército dos Estados Unidos», diz o primo. «Os americanos dizem que Kunar é uma zona de guerra. Dizem que você é louca só de tentar ir para lá. Querem que você volte para o Paquistão.» O primo me leva até a fronteira. A notícia seguinte que ouço da região é que a Al-Qaeda derrubou um helicóptero Chinook, matando dezesseis soldados americanos.

É Hefestião, então, quem sigo até o Paquistão.

De volta a Pexauar, o secretário da Fata está sentado em seu escritório cercado por peticionários de turbante parecendo satisfeito com as notícias de que a Al-Qaeda atacou o posto de fronteira — tão satisfeito que ele me mandou para o lado paquistanês do passo Nawa naquele dia, com um contingente de quinze *khassadar* (guardas) em seus distintos uniformes pretos. Dirigimos para o norte através das agências tribais, áreas nas quais os estrangeiros precisam de permissão para entrar, paralelamente à Linha Durand, passando por aldeias de refugiados do Afeganistão abandonadas e pelo antigo campo de treinamento do senhor da guerra afegão Hekmatyar. É uma região árida, mas as colinas pelas quais Alexandre marchou parecem azuis e tentadoras à distância. A escolta tribal almoça e reza em uma pequena aldeia em que paramos, e, na fronteira de Malakand, eles me entregam aos guardas de Bajaur. «*Sikunder-e-Azam-wali*», dizem uns aos outros no rádio: a garota Alexandre, o Grande.

«Como está a rainha Elizabeth Taylor?», me perguntam os meninos de Bajaur quando alcançamos as colinas. Quando chegamos à passagem, deixo os guardas na estrada e subo ao longo da

ALEXANDRE ENCONTRA O OCEANO EXTERIOR

cerca de arame farpado até o topo do cume que separa o Paquistão de seu vizinho, de onde posso olhar para o Afeganistão e ver o sinuoso rio Kunar. Mas a escolta de quinze homens fica nervosa em coletivo. O recruta mais jovem é enviado para me tirar de lá. Há dez anos, o desfiladeiro de Nawa não era guarnecido. No clima político de hoje, todos estão muito nervosos.

Eles me levam a um prédio onde o almoço nos espera e lá nós nos sentamos juntos no chão, festejando avidamente com arroz de carneiro, iogurte e damascos, antes de dirigirmos em comboio pela estrada não pavimentada na rota que Alexandre fez através de Bajaur. É a época da colheita, e homens e mulheres estão nos campos, amarrando o trigo em pilhas. Os campos são cercados por paredes de pedra solta em rosa e cinza, que levam a casas sujas de lama. Ao lado de cada casa há uma alta torre de pedra. «O que é isso?», pergunto ao guarda sentado ao meu lado. «Para atirar nos inimigos», responde.

Passo aquela noite na pequena capital de Bajaur, em uma casa de repouso colonial genérica, onde sou visitada pelo historiador local durante o jantar. Ele me conta que foi aqui que Alexandre foi atingido na perna por uma flecha, e um pouco mais adiante está uma aldeia, Sikundro, agora uma base paramilitar, cujo nome significa «Alexandre Parou» em pachto. «Nós pachtos admiramos muito Sikunder-e-Azam», diz ele. «Você sabe que Alexandre é nosso ancestral?» Eu balanço a cabeça, educada.

Entre este ponto e o Indo, Alexandre fez campanha com mais violência do que em qualquer outro lugar da Pérsia ou da Índia. Os reis das planícies do Punjabe eram modelos de cortesia real, mas as tribos das montanhas optaram por não obedecer às regras dos invasores. Lutaram com raiva, fugiram pelas colinas quando derrotados e se recusaram a seguir os termos dos tratados macedônios. Nos seis meses que passou marchando de Jalalabad a Pirsar, Alexandre massacrou todos os habitantes locais que pôde.

276   ALICE ALBINIA

Durante minha viagem a Pirsar — uma colina de 2 mil metros de altura às margens do Indo, habitada apenas nos meses de verão por pastores — percorrerei uma paisagem que no século V a.C. testemunhou a brutalidade sistemática do exército grego.

De manhã, sou levada — por instrução do secretário da Fata em Pexauar — a uma visita ao Hakim Ayub. «Seus antepassados têm feito *majun* desde a época do imperador Babur», disse o secretário. «O conhecimento tem origem na Grécia. Os homens usam para...», ele limpa a garganta, «*aquilo*, se me permite...» Fiquei encabulada e depois fui verificar com um amigo experiente: «Viagra local», me disse.

Afrodisíacos poderosos — junto com vinho, figos e pedidos a sofistas — foram os principais itens trocados por Chandragupta Máuria e Seleuco Nicator, o sucessor de Alexandre. Para os antigos gregos e indianos, um afrodisíaco eficaz era o pó de ouro, literalmente. A medicina unani — praticada por *hakims*, médicos muçulmanos — foi desenvolvida em Bagdá durante o século VIII «das cinzas da biblioteca de Alexandria», onde, graças ao patrocínio do califa Harun ar-Rashid, o conhecimento médico da Grécia antiga foi fundido com o da Arábia, e é provável que também com o da Índia.[5] O sistema médico ainda está em uso hoje. *Hakims* são membros respeitados da comunidade em todo o mundo islâmico, e, no Paquistão, eles fazem o que os madraçais fazem pela educação: fornecem uma alternativa ao fraco sistema estatal.

Os quinze seguranças tribais e eu chegamos à casa do Hakim Ayub e entramos com barulho na sala onde ele prepara suas poções. Sobre a mesa há um almofariz e um pistilo, uma balança e um bico de Bunsen. A parede atrás dele é forrada com armários de madeira cheios de pacotes, potes e garrafas. Hakim Ayub, um

---

5   E. Balfour, *Medical Hints to the People of India: The Vydian and the Hakim, What do they know of medicine?* Madras: Higginbotham & Co., 1875, p. 13.

ALEXANDRE ENCONTRA O OCEANO EXTERIOR

homem cortês com um hematoma na testa de anos de vigoroso namaz, senta toda a escolta tribal em seus bancos de oficina e nos dá a cada um uma *amla* cristalizada para comermos. Esta pequena fruta verde foi enrolada em abundantes folhas de prata, e nossos lábios brilham com este luxo. Seu neto Aurangzeb me permite provar o áraque odorífero que eles preparam no quintal lá fora. O *hakim*, então, passa a me dar a receita de sua poção sexual.

Ele desembrulha pacotes, desenrosca tampas e anuncia os ingredientes para meu benefício em seu pachto ressoante. Aurangzeb, que fala urdu, é meu tradutor entusiasmado. «Testículos de porco-d'água», diz ele, «umbigo de veado, intestinos de filhote de camelo, cérebro de pardal, lápis-lazúli, folha de prata, pérolas moídas, lagarto, óleo de romã, mel e...» «Não é *haram*?», pergunto, e Hakim Ayub parece verdadeiramente chocado. «*Halal*, é tudo *halal*», diz ele, e mistura uma boa quantidade de manteiga de haxixe. Fico olhando com descrença para os testículos do porco-d'água, giro o umbigo do cervo (almíscar?) entre meus dedos. Hakim Ayub adiciona uma pitada de pó de ouro e a poção fica completa: um caroço marrom cintilante no fundo do almofariz. Ele o divide com diligência em dois potes de plástico. «Um para você», diz, «e um para o governador da Fronteira Noroeste.»

«Coma apenas um pouco e você estará rindo e feliz», diz ele enquanto saio com a polícia distrital (vamos voltar para as áreas «assentadas»). «Se comer demais, você ficará embriagada.» «Unani significa 'grego'», ele grita enquanto dou tchau da van da polícia. «Alexandre deve ter comido *majun* em sua jornada. O imperador Babur adorava comer *majun* de Bajaur.»

É verdade. Durante suas primeiras incursões pelo Indo, Babur bebia apenas vinho — trazido das colinas para Bajaur por *cafires* (não muçulmanos) em peles de cabra, mas alguns dias depois sua corrupção foi completa quando provou alguns «doces bem saborosos e bastante inebriantes». Essa *majun* teve um efeito tão notável no futuro imperador da Índia que ele não conseguiu comparecer às preces noturnas. Nas semanas seguintes, ao cruzar o Indo pela primeira vez e explorar o Punjabe de barco, Babur comeu *majun* feito pelos antepassados do Hakim Ayub quase todas as noites.[6]

Amontoada na van da polícia como um pacote, vejo o distrito de Dir passar como um borrão. «Eu gostaria de caminhar, por favor», digo à polícia. «Caminhar?», eles ecoam. «Ninguém anda aqui. Temos instruções para entregá-la no Suat.» «Mas quero seguir a rota de Sikunder-e-Azam a pé», explico, «caminhando, como seus soldados.» Ligo para Aslam, amigo dos amigos com quem fiquei em Mingora, e que concordou em caminhar pelas quatro centenas de quilômetros comigo de Bajaur até Pirsar. «Por favor, peça-lhes para me deixarem ir», digo. «Vamos deixá-la em Barikot», retruca o policial, «depois que você assinar seu registro. No Paquistão, você deverá assinar o registro todos os dias. E deve sempre nos informar fielmente de seu paradeiro.»

Antes de chegar ao Suat, Alexandre teve primeiro de atravessar seu rio (chamado de Guraeus pelos gregos).[7] De acordo com Arriano, senador romano que escreveu uma história das conquistas de Alexandre no século II, com base em relatos compilados pelos amigos de Alexandre, Ptolomeu e Aristóbulo: «Ele o cruzou com dificuldade, tanto por causa de sua profundidade quanto porque sua corrente era rápida e as pedras arredondadas do rio mostraram-se muito escorregadias para quem pisasse nelas».[8] Na outra margem, ele derrotou um exército de 7 mil mercenários indianos, construiu

---

6 A palavra usada para *majun*, «confecção», é kamali: Babur, *The Babur-nama in English...*, op. cit., v. I, p. 373.

7 Era o Panjkora ou as águas combinadas dos rios Panjkora e Suat. Ver Arriano, *Anabasis Alexandri*. Trad. ingl. P. A. Brunt. Cambridge, MA: Harvard University Press, 1976, p. 508; e Caroe, *The Pathans*, op. cit., p. 51.

8 Arriano, *Anabasis Alexandri*. Trad. ingl. E. I. Robson. Londres: Heinemann, 1929, v. I, p. 427.

ALEXANDRE ENCONTRA O OCEANO EXTERIOR   279

dois fortes de madeira e, em seguida, marchou para o sul para sitiar o forte de Barikot, no topo da colina (onde, dizem, a esposa do líder tribal o visitara naquela noite, ansiosa para conceber uma substituição para o filho morto por uma catapulta grega).

A essa altura, os membros das tribos locais estavam cansados de lutar contra Alexandre, então escaparam no meio da noite, fugindo para leste, cruzando o passo de Karakar e através do «país montanhoso e acidentado» para Pirsar. Alexandre foi atrás deles, e é esse caminho que Aslam e eu faremos hoje, independentemente do que digam os policiais.

Aslam, um homem magro e reservado de uma aldeia no extremo norte do Suat, falante de urdu, inglês, farsi e também do dialeto da colina de sua aldeia, pai de onze filhos e repositório de conhecimento botânico, histórico e social, está esperando por mim no bazar Barikot. Assino o registro da polícia, prometo não deixar a cidade sem o devido aviso, e então Aslam e eu nos sentamos em uma casa de chá e estudamos a falta de informação de nossos mapas do Paquistão, fornecidos pelo quartel-general do exército em Raualpindi (é quase pior do que não ter mapa nenhum, como Alexandre, já que grandes trechos de nossa jornada junto do Indo são por meio de áreas aparentemente vazias). Também tenho um mapa da rota de Alexandre, preparado pelo governador britânico da Província do Noroeste, Olaf Caroe, e os mapas de Pirsar elaborados por Aurel Stein em 1926, após sua viagem (com cem carregadores, trinta guarda-costas, quatro revólveres do exército, um agrimensor afridi, a bênção do Uale suati e o apoio financeiro do governo colonial da Índia).[9] Foi Stein quem sugeriu que Unasar e Pirsar, pequenas montanhas às margens do Indo, poderiam ser o «Aornos» dos gregos: o local do último grande cerco de Alexandre e o clímax simbólico de sua campanha de dominação mundial.

---

9   A. Stein, *On Alexander's Track to the Indus*. Londres: Macmillan, 1929, pp. 74, 113.

Antes de partirmos pela estrada secundária para o desfiladeiro de Karakar, Aslam puxa de sua bolsa um xador, que mais parece um lençol branco, para eu usar. Amarro na cabeça e com firmeza ao redor do meu cabelo, nariz e boca para que apenas meus olhos fiquem à mostra. «Você deveria andar atrás de mim», diz Aslam. «E não ande rápido demais. Seria melhor se você conseguisse se passar por uma senhora pachto.»

O caminho para Karakar é rochoso, não pavimentado e silencioso. Durante a caminhada de três horas, vemos apenas um pastor com seu rebanho, uma casa de chá e alguns caminhoneiros empacados, vestindo pijamas manchados de óleo. Está escurecendo quando chegamos à aldeia de Karakar. Nenhuma das casas tem eletricidade, mas a mesquita está bem iluminada. «Que devoção», digo, e Aslam parece ter orgulho. Saímos da estrada e subimos a colina acima da aldeia. «Quanto demora até o passo?», Aslam pergunta a um aldeão que está coletando lenha. «Só uma hora», nos diz, «mas o problema é o outro lado: levará três horas para chegar a outro assentamento.» Ele aponta de volta para o vale até uma longa casa térrea cercada por terraços verdes. «Vocês podem ficar ali com meus sogros», ele diz.

Achei que iríamos acampar, mas Aslam explica que isso seria estranho demais. «A hospitalidade e a proteção pachto são tudo», diz. «Você pode ficar em casa com as mulheres. Vou dormir com os homens na *hujra*.» E é assim que funciona. Pelos quinze dias seguintes, caminhamos por lugares onde nenhum de nós esteve antes e todas as noites um estranho nos dá comida e abrigo.

A casa para onde fomos levados naquela noite é grande, com uma varanda de madeira ladeada por pilares enegrecidos feitos de troncos de árvore, sobre os quais calotas foram penduradas como troféus. O irmão mais velho dedica sua aposentadoria à reforma da mesquita local, o irmão do meio trabalha na Arábia Saudita, o mais jovem no porto de Carachi. A economia desta família é

ALEXANDRE ENCONTRA O OCEANO EXTERIOR

típica das aldeias nas montanhas: boa parte é remessa do exterior, um pouco de agricultura local e algum trabalho em Carachi, para quem conseguir. Aslam é enviado escada acima para a *hujra* e sento-me lá embaixo com as mulheres, que cozinham nosso jantar do lado de fora, em uma fogueira de pinhas. Mas elas não falam urdu e eu não falo pachto. São seus maridos e irmãos, homens barbudos graves em chapéus sunitas brancos, que me interrogam sobre o meu estado. «Quem é esse homem que veio com você?» «Se você é casada, onde está seu marido?» «Quantos filhos você tem?» Existe certa confusão sobre o objetivo da minha jornada. «Sikunder quem?», me perguntam.

Vamos deitar às 21h, em camas de madeira encordoadas sob as estrelas. A casa leva muito tempo para dormir: há uma segunda sessão de jantar às 22h para os homens que vieram da mesquita, e uma tia idosa que geme durante o sono. Lanternas se movem de um lado para outro no terraço. Até que, por fim, tudo fica quieto. Quando acordo de madrugada, minha cama é a única que resta no pátio.

Depois do *paratha* com chá — um café da manhã com pão frito deliciosamente farto e gorduroso —, dois pastores nos conduzem pelo passo de Karakar por um atalho que evita o posto policial. «Aquele é o desfiladeiro de Malandrai», diz Aslam, apontando por entre as árvores e através do amplo vale lá embaixo, para as colinas distantes. É o passo de Malandrai que Alexandre teria galopado com sua Cavalaria de Acompanhantes de elite.

Descemos pela floresta de pinheiros e saímos em uma estrada de asfalto. Estamos agora no distrito de Buner, um lugar considerado selvagem e rude pelos suatis. A luz e a sombra da manhã caem de chofre sobre as colinas e saímos da estrada principal e entramos em um calmo labirinto de sebes. Às 10h, passamos por uma casa de chá de um vilarejo, onde Aslam é reconhecido por um amigo motorista de caminhão do Suat. Ele nos oferece chá e biscoitos. Sou enviada para dentro, para o setor feminino de cortinas sujas. Lá fora, o motorista do caminhão pergunta a Aslam: «Você precisa de uma carona? Por que você está caminhando? Quer que eu lhe empreste algum dinheiro?». Ele também não ouviu falar de Sikunder-e-Azam.

E continuamos, pisando em maconha à medida que a estrada se torna mais estreita e menos movimentada. Por duas horas, o único veículo que passa é um trator berrando sermões («Faça a obra de Deus, seja bom para o próximo»). Finalmente saímos da estrada dos jipes e, por volta do meio-dia, andamos até uma trilha de mato ao redor da vila de Kohay, quando Aslam percebe que estamos sendo seguidos. Dois jovens — com aquele ar de aldeia pouco ocupada que, logo descubro, quer dizer problema — anunciam que têm algo a nos dizer. Nós os seguimos até sua *hujra* e aí começam as histórias de terror.

A próxima aldeia é muito, muito perigosa: «Mais perigosa do que a Al-Qaeda». Filhos assassinam pais, tios assassinam sobrinhos. Eles vão vendê-la por cinquenta rúpias ou matá-la pelo que tem na sua bolsa. Estou cética, mas agora estamos presos: está muito calor para caminhar até as 15h ou 16h. Resigno-me a ser levada para dentro de casa e apresentada às mulheres. De lá, sou conduzida até o poço da aldeia e exibida como uma criatura exótica.

De volta à *hujra*, espero por Aslam, que desceu à mesquita para orar. Ele chega com uma expressão sombria: «As pessoas no bazar estão dizendo que há 100% de risco», ele me diz. «E há outra aldeia, Yaghistão, perto do Indo, para onde estamos indo, que é igualmente perigosa.» Meu ceticismo vacila. Às 17h, alguém localiza o zelador da escola, que é da aldeia perigosa: talvez ele possa nos levar? Mas não hoje, amanhã. E assim os meninos da aldeia conseguem o que queriam. Teremos de passar a noite em Kohay.

Kohay significa «poço» ou «nascente», mas aqui, como na maioria das aldeias do Paquistão, há problemas com a água. Os aldeões cultivam a terra para subsistência e não para o comércio, e a distância até a estrada é tão grande que é difícil encontrar

ALEXANDRE ENCONTRA O OCEANO EXTERIOR

empregos locais. O dono da casa onde fico está na Malásia, e seu filho, que não tem emprego, raramente sai da aldeia — daí seu medo dos vizinhos.

De manhã, há mais drama dentro da *hujra*. O zelador da escola foi avisado por seu pai para não nos ajudar. Em vez disso, o irmão do nosso anfitrião ausente, Abdul Ghaffar, que já ouviu falar de Alexandre, se aproxima e tenta argumentar comigo: «Sikunder montou a cavalo?», pergunta. «Sim, Bucéfalo», digo. «Bem, nem mesmo uma cabra atravessaria o Malandrai», ele responde, mas agora não acredito em mais nada do que dizem e já são 6 da manhã. «Vamos», digo a Aslam, e a *hujra* se levanta em peso. «Vou com vocês», diz Abdul Ghaffar.

Caminhamos com júbilo para fora da aldeia, e, por uma hora, seguimos um velho leito de rio a leste, passando por um poço onde mulheres com lenços coloridos e esvoaçantes se agacham ao lado de seus potes de água, com o rosto virado para o lado quando nos veem chegar. Por volta das 7h, chegamos ao pé da passagem. É uma subida fácil de meia hora, e eu como minúsculos morangos do começo ao fim dela. «Aquela é Chorbandah», diz Abdul Ghaffar, apontando para uma pequena aldeia no vale abaixo de nós. *Chorbandah* significa «ladrões» em urdu: era aquele vilarejo de aparência inocente o motivo de toda a confusão?

Sentamo-nos no topo do desfiladeiro, olhando para baixo, além da planície, com suas marcas onduladas de rios e as linhas retas artificiais das lavouras, enquanto Abdul Ghaffar nos conta a verdadeira (mas breve) história da aldeia mais perigosa do distrito. No ano passado, um dos jovens de Chorbandah se escondeu na passagem de Malandrai para roubar os viajantes. «No fim», diz Abdul Ghaffar, «seu tio exasperado atirou nele e o matou, mas agora está tudo *saf* (limpo).»

Começamos nossa descida e descubro que Abdul Ghaffar está certo, o Bucéfalo nunca teria cruzado esta passagem. Mesmo eu mal consigo fazê-lo. Estou usando o par de sapatos mais idiota possível, minhas chuteiras, que, entre a última vez que chutei uma bola no London Fields e o momento em que escorrego pela face lisa de mármore do penhasco e quase caio para a morte, já perderam toda a aderência. Sigo meu caminho com cautela ao longo da rocha cinza, maravilhada com os calçados que Aslam usa: um par de sapatos usados que ele comprou no bazar Barikot por cinquenta rúpias. «Não gosto dos seus sapatos», me diz Abdul Ghaffar. Demora duas horas para descer a rocha escorregadia e chegar ao caminho de barro duro. «Alexandre deve ter cruzado o desfiladeiro de Ali Peza», diz Abdul Ghaffar. «É logo ali. Você poderia passar por ali de carro.»

Abdul Ghaffar tem parentes na aldeia na base do passo, que moram em uma casa de paredes de barro, com um riacho correndo no meio do jardim. Eles nos sentam em sua pequena *hujra* abafada, com uma grande cristaleira em uma parede (contendo sapatos femininos dourados de salto alto, uma arma e um bule esmaltado). O chá e os biscoitos vêm: com eles as histórias de terror, tudo de novo. Queremos caminhar até Rustom, uma cidade a talvez uma hora de distância. «Ninguém anda até Rustom», dizem os homens, em vozes escandalizadas, «é muito perigoso.» Meu olhar encontra o de Aslam. «Qual é o perigo?» «Com este calor», dizem, «os animais enlouquecem. Existem cães loucos. Burros loucos», e então uma palavra que não entendo. Olho para Aslam. Que me traduz com o rosto impassível, do pachto para o inglês: «Raposas loucas». E eu começo a rir.

Nossos anfitriões, no entanto, estão à beira das lágrimas e da exaustão nervosa: eles querem se livrar da responsabilidade que representamos. A verdade também é que Abdul Ghaffar caminhou muito conosco esta manhã, agora que chegamos a uma estrada dirigível, é compreensível que prefira ir de carro a ir andando até Rustom. Então, somos escoltados até um caminhão que está

ALEXANDRE ENCONTRA O OCEANO EXTERIOR

levando um carregamento de madeira para a cidade. Inclino-me para fora da janela à procura das raposas malucas, e, nem vinte minutos depois, chegamos a Rustom.

Abdul Ghaffar nos conduz pelas ruas tranquilas da cidade, até a sombra da *hujra* de seu primo. Enquanto as mulheres cozinham o almoço, examinamos o mapa. A partir daqui, caminharemos para sudeste até Hund, a antiga travessia do rio onde Hefestião montou acampamento enquanto o resto do exército fazia campanha em Suat e aonde Alexandre veio antes de rumar ao norte para Pirsar.

Mais uma vez, o primo de Abdul Ghaffar implora que aceitemos uma carona, e, mais uma vez, Aslam explica que preferimos caminhar. O primo nos dá o nome de um homem de Hund com quem podemos ficar, e, à tarde, depois de agradecer às mulheres, saímos de casa.

Uma hora se passa, e então o cume de Shahbaz Garhi, onde Axoca colocou suas inscrições, emerge da paisagem à nossa esquerda. Essa rota comercial budista antes movimentada está agora bem no coração do país pachto. As mulheres usam xadores pintados que cobrem tudo, as estradas são boas e há tráfego constante entre as aldeias. Mas aqui na planície está quente. O vilarejo de Aslam no Suat fica coberto de neve por vários meses ao ano e ele odeia o calor. «Não posso acreditar que estou fazendo isso», diz enquanto caminhamos. Eu amo tudo — o suor constante, não inglês, a simples necessidade de sombra, água e autocontrole. A estrada é absolutamente plana, e penso com gratidão em quem quer que tenha plantado avenidas de árvores. (A ostentação de Axoca das mangueiras que plantou, de repente, parece razoável.)

A cada hora, mais ou menos, Aslam pede instruções, e todas as vezes as respostas são iguais: «Um ônibus já está chegando», «Vai custar apenas três rúpias». «Diga a eles que enjoo com o carro», digo por fim, mas não funciona: «Dê a ela uma injeção e coloque-a em um carro aberto», gritam três homens de um cavalo e de uma carroça. «Aposto que ninguém disse isso a Alexandre», diz Aslam, e viro de costas para eles, meus ombros tremendo de tanto rir. Às 17h, um homem passa em uma motocicleta. «Levará três dias para chegar ao Indo», diz ele. Às 18h, dois trabalhadores de ONGs de Pexauar param e nos dão uma palestra sobre a instabilidade da área. Às 19h, três policiais «à paisana» nos seguem pelos arredores de uma pequena aldeia chamada Chota Laore, uma capital régia nos tempos de Alexandre. «Nós a reconhecemos pelo seu *chaal* (andar)», dizem eles, presunçosos. «Você anda rápido demais. As pessoas aqui não gostam de ingleses e americanos. Tenha muito cuidado.»

Nos campos ao redor de Chota Laore é a época da colheita do tabaco. As folhas de tabaco são enormes, como orelhas de elefante. Montes delas estão em fileiras, como famílias. Chegamos a Hund, às margens do Indo, tarde da noite.

Hund, um lugar tão significativo quando Alexandre veio para cá, perdeu sua importância durante a época mogol, depois que o forte foi construído em Attock. Hoje tem apenas uma coluna coríntia de concreto como testemunho de sua antiga glória. O governo acaba de construir uma barragem acima de Hund, tirando água do Indo durante três meses do ano e desviando-a para uma estação geradora de energia. Da última vez que estive aqui, era possível atravessar o rio a pé. Mas agora, para meu prazer e surpresa, ele está cheio de novo, e, embora cheguemos a Hund quando está escuro, o ar esfria quando nos aproximamos da margem do rio, e posso senti-lo, uma massa escura d'água, logo abaixo da casa onde vamos ficar.

Abdul Ghaffar nos deu o nome de um saíde (um dos descendentes do Profeta e, portanto, presumivelmente o dono de uma casa grande). Sem o menor pudor, aparecemos em sua porta e anunciamo-nos. Ninguém ligou antes para avisá-los de nossa chegada, mas ouço o criado chamar o saíde dentro de casa: «Seus convidados chegaram» — e somos levados sem um segundo olhar.

ALEXANDRE ENCONTRA O OCEANO EXTERIOR

Nosso anfitrião é um homem ocupado. Ele tem terras ao longo do rio, uma loja de tecidos em Pexauar e um negócio de pesca quando há água — sua *hujra* fede a peixes, que ele envia refrigerados para todo o país. À noite, entra em casa carregando uma arma. «*Shikar* (caça)?», pergunto, mas as mulheres riem: «Não, só um duelo de sangue».

No dia seguinte, ao meio-dia, nado no Indo. É vasto, azul, frio — e muito rápido: tenho de nadar perto da margem, pelo medo de ser arrastada. O amontoado de mulheres lavando suas roupas nas margens do rio são garimpeiras de bateia: «casta baixa», dizem as mulheres saídes, que nunca saem de casa. À tarde, algumas vizinhas vêm me visitar, levando-me até o telhado para olhar o rio e me contar como suas vidas são restritas. «Mesmo que meu coração diga não», diz uma, «outras pessoas decidem por mim.» «Você está casada há cinco anos e não tem filhos?», outra me pergunta. «Sem crianças», concordo, e sinto a habitual, alienadora, noção de não caber em sua ideia de gênero. «O que você usa?», elas perguntam em seguida, e, de repente, percebo o motivo de seu sigilo. Essas mulheres não estão me criticando, elas querem me perguntar sobre contracepção. Há uma doutora na cidade vizinha que diz que as camisinhas são melhores, mas seus maridos se recusam a usá-las. Os «remédios», elas ouviram dizer, fazem coisas estranhas com suas «regras».

No andar de baixo, no pátio, a jovem e bela cunhada do saíde, que se casou há três meses, tem certeza do que deseja. «Filhos», ela diz. «Senão qual é o sentido de ser mulher? Mesmo que o mundo todo siga em frente, este lugar continuará sempre o mesmo. Nada mudará em cem anos.»

Na manhã seguinte, na alvorada, tomo uma última xícara de chá com as mulheres e, em seguida, Aslam e eu partimos mais uma vez para o norte. Se fosse o Ganges ou o Yamuna, a margem do rio estaria lotada de hindus oferecendo orações à deusa e tomando um *snan* (banho sagrado) em suas águas. Em Hund, um dos grandes prazeres dos homens é dormir à beira do rio, mas, pela manhã, a margem já está quase deserta. Vejo um dos pescadores do saíde remar na água gelada, flutuando na câmara de ar de um trator — a versão moderna da antiga prática de cruzar o Indo em peles de animais infladas. Há outro homem banhando-se, sua silhueta contra o nascer do sol.

Durante toda a manhã, percorremos o caminho paralelo ao Indo, seguindo a rota de Alexandre para o norte ao longo do rio até Pirsar. Percorremos um terço do caminho, e Aslam está satisfeito, pois estamos caminhando bem, oito horas por dia, trinta a quarenta quilômetros. Todos os dias bebemos litros e litros de água — de nascentes, sempre que possível, principalmente de poços e torneiras — e xícaras de chá de hora em hora ou bebidas doces engarrafadas.

É hora do almoço quando chegamos à pequena cidade de Topi, no lado sul da enorme barragem de Tarbela, que, após sua conclusão em 1974, deslocou com rapidez milhares de famílias de agricultores das margens do rio. Estamos sentados na área *purdah* de um restaurante de beira de estrada, quando um homem desliza por baixo da cortina — ultrajando assim minha recém-adquirida modéstia — e se apresenta como membro da «CIA da polícia» do Paquistão. Também me reconheceu pelo meu *chaal*, meu andar. Parece que ando rápido demais. Ele não pede meu nome, mas me diz para tomar cuidado. Três mulheres-bomba suicidas acabaram de ser presas no Suat. «Você achou que eu fosse uma delas?», pergunto, e ele ri.

Depois do almoço, caminhamos por uma hora pelas áreas industriais do distrito de Gudoon. É, como Aslam diz, cansado, um *sunsaan jagah* (lugar deserto). Não há aldeias, apenas fábricas ao longe. De repente, Aslam para. «É muito perigoso», diz. «Corremos um grande risco. Não conhecemos ninguém à frente.» Os paquistaneses, por viverem sob uma sucessão de ditaduras

ALEXANDRE ENCONTRA O OCEANO EXTERIOR 289

militares, podem ser paranoicos, mas também é verdade que até
o momento passamos de um amigo para outro e agora a cadeia de
amizades se esgotou. Fico ali, pensando: podemos voltar, avançar de carro ou... «Vamos para a delegacia», digo. Normalmente
evitamos a polícia, mas nas atuais circunstâncias minha sugestão
é bastante inspirada.

Chegamos a uma pequena cidade e caminhamos com lenti-
dão por ela, procurando as conhecidas listras azuis e vermelhas
das delegacias de polícia do Paquistão. Quando por fim encontramos, tiro meu lenço de cabeça e vou até a porta, esperando que as
complicações do registro policial não nos detenham. Os policiais —
todos os três — parecem satisfeitos com a visita. Conduzem-nos
para dentro da matriz, olham meu mapa de rotas de Alexandre e
encontram a solução para o nosso problema. Eles têm um amigo
em uma aldeia cerca de quinze quilômetros adiante. É um inspetor
de polícia aposentado e membro íntegro do Comitê de Moral Islâmica da vila. Todo mundo sorri de alívio. Um policial subalterno é
instruído a nos mostrar o atalho para a estrada da colina.

Logo deixamos a cidade para trás, e Aslam, que agora pode
ver as colinas, está contente. Passamos por um madraçal, somos
ultrapassados por um ônibus e um trator e subimos lentamente as
colinas. Mas, como de costume, há confusão sobre o quão longe
está nosso destino: poucos paquistaneses ainda sabem medir distâncias a pé. «Um dia de caminhada», diz o fazendeiro no trator.
«Vocês só vão chegar na quarta-feira», diz o motorista do ônibus.
Uma hora depois, dobramos uma curva na estrada e avistamos a
aldeia, com suas casas brancas de telhados planos, espalhada ao
longo da encosta.

A família do inspetor de polícia aposentado é organizada
e estudiosa. Dois de seus filhos são professores e um é lojista.
Falam urdu com o sotaque das colinas, que nos próximos dez dias
aprendo a amar. Meses mais tarde, quando o filho lojista me liga

em Londres, sou transportada de volta imediatamente, pelo som de sua voz, ora grave ora aguda, para aquele lugar pacífico e isolado. Naquela noite, dormi ao lado de sua esposa e filhos no pátio de sua casa. Fui acordada de madrugada por uma chuva fraca, que evaporava quase tão rápido quanto caía sobre nossas camas.

No dia seguinte, a inclinação de nossa jornada acentua-se, conforme subimos as colinas pela única estrada. «Continuem andando até que ela acabe», diz o inspetor de polícia, «e então estarão na área tribal.» «Que área tribal?», Aslam pergunta, e então se lembra: «O lugar chamado Yaghistão, sobre o qual os homens de Kohay nos avisaram». Simultaneamente, recordo o Yaghistão dos textos coloniais britânicos: aquela região selvagem «não administrada» ao longo do Indo que todo o imperialismo vitoriano foi incapaz de domar. Um «livro selado para os viajantes europeus» por todo o século XIX, marcado em mapas como «terra inexplorada».[10] É o Yaghistão que aparece como uma mancha em branco nos nossos modernos mapas do Paquistão.

Durante todo o dia, caminhamos por pequenos terraços agrícolas arados por bois malhados — talvez a mesma raça das terras altas que Alexandre tanto admirava (ele ordenou que suas tropas roubassem 230 mil deles e mandou os melhores para casa na Macedônia).[11] As propriedades agrárias ao nosso redor são sólidos edifícios feitos de materiais locais — pedra, madeira e lama. Ao contrário do Sinde e do Punjabe, o único fertilizante aqui é o esterco: o grande agronegócio ainda não chegou para multiplicar a produção, aumentar os custos e reduzir a autossuficiência dos camponeses. Mas «a água é um problema», reclamam os agricultores. Aqui é muito alto para que os canais de Tarbela alcancem

10   Ver o mapa em E. F. Knight, *Where Three Empires Meet.* Londres: Longmans & Co., 1893.

11   R. L. Fox, *The Search for Alexander.* Londres: Allen Lane, 1980, p. 319.

ALEXANDRE ENCONTRA O OCEANO EXTERIOR

essas lavouras. O governo central não ajuda: as pessoas dependem da natureza.

Num dia normal, Aslam e eu descansamos ao meio-dia, mas hoje continuamos subindo as aldeias nas colinas, pela estrada sinuosa que se curva sempre para cima, sob árvores, passando por nascentes, pequenas lojas e uma ou outra delegacia de polícia. Apenas um ônibus passa por nós durante todo o dia, e para com tanta frequência que logo o alcançamos de novo. À tarde, deixamos o distrito de Gudoon para trás e estamos agora no Amazai, onde passaremos a noite. Deram-nos o nome de um amigo de um amigo do inspetor de polícia: ele é um malique, um homem importante, enfatizaram, o líder de sua tribo.

Seguimos o estreito caminho de mato por uma aldeia, quando Aslam vê algo no campo à frente. «Olhe», ele diz. Eu havia lhe contado como Alexandre e seus homens se entusiasmaram ao ver a hera crescendo nesta região: prova para eles de que o deus Dioniso ou Baco tinha vindo aqui séculos antes e trazido sua planta cerimonial e seguidores festivos. Sigo o dedo que Aslam aponta. Pela primeira vez em nossa caminhada, vemos hera subir um tronco em espiral. Pulo a cerca e corro em sua direção. *Hedera himalaica*, a hera do Himalaia.

Foi durante essa mesma jornada, de Hund a Pirsar, que o exército de Alexandre viu a hera crescer nas colinas ao redor de «Nisa», a cidade indiana que, seguindo a mitologia grega, pensava-se que Dioniso havia fundado aqui. Os gregos, emocionados a não mais poder, choraram ao ver essa lembrança botânica de sua terra natal. Eles «fizeram coroas com avidez» e «coroaram-se», escreve Arriano, e, levantando «o grito dionisíaco», «foram enlevados pelo frenesi bacante».[12]

12   Arriano, *Anabasis Alexandri*, op. cit., 1976, v. II, p. 9.

292 ALICE ALBINIA

Na história de Arriano, o povo de Nisa implorou pela clemência de Alexandre, alegando serem descendentes dos soldados de Dioniso. Mas outros historiadores estavam divididos sobre a veracidade da história de Dioniso. Eratóstenes, cujo relato se perdeu, achava que era uma mera ficção astuta. Outros deram crédito e repetiram os eventos principais: que Dioniso havia ensinado os indianos a cozinhar, arar, tocar o címbalo e o tambor e que entre Dioniso e Alexandre os indianos contaram 153 reis, numa duração de 6.042 anos. Arriano não tinha certeza sobre a veracidade da história, mas a reconheceu como peça de propaganda da mais alta ordem. Agora que o exército grego fora informado de que pisaria em solo sagrado, ninguém poderia recusar-se a marchar para a Índia.

Uma pista do paradeiro real de Nisa podem ser os caixões de cedro que, de acordo com o escritor romano Quinto Cúrcio, os macedônios encontraram numa colina, numa noite fria, picados e queimados como lenha. Mesmo hoje, os kalash, no extremo noroeste do Paquistão, ainda colocam seus mortos em caixões de madeira abertos, e os historiadores modernos tendem a presumir que Nisa se localizasse nesta região.[13] Mas, no século IV a.C., essa cultura kalash (ou «cafir») se estendeu por toda a área entre Jalalabad e o Indo.[14] O próprio Babur bebeu vinho fabricado pelos cafires de Bajaur, no século XVI. Em vez disso, Arriano deixa claro que Alexandre encontrou sua Nisa perto do rio Indo, entre Hund e Pirsar — em algum ponto ao longo da rota pela qual Aslam e eu caminhamos agora.

13 Robin Lane Fox deduziu que Nisa ficava em Chitral (Fox, *The Search for Alexander*, op. cit., p. 313); Martha L. Carter defendeu Kunar (Carter, «Dionysiac Aspects of Kushan Art». *Ars Orientalis: The Arts of Islam and the East*, Ann Arbor, v. 7, 1968, p. 136).

14 Ver K. Jettmar, «An Ethnographic Sketch». In: A. H. Dani (Org.), *History of Northern Areas of Pakistan (up to 2000 AD)*. Laore: Sang-e-Meel, 2001, pp. 77-9.

ALEXANDRE ENCONTRA O OCEANO EXTERIOR

Dioniso foi um patrono adequado para a jornada de Alexandre à Índia. Seu culto detinha devotos importantes — sobretudo Olímpia, mãe de Alexandre — e uma antiga associação com o Oriente. A peça de Eurípides *As Bacantes* começa com Dioniso recém-retornado da «Báctria», a antiga província persa que se estendia do Afeganistão ao Indo:

> Deixo Lídia e Frígia pluri-
> -áureas; plainos da Pérsia calcinados;
> Báctria emurada; a Média, terra gélida.[15]

Para os gregos, a hera deve ter parecido a confirmação final do que muitos já suspeitavam — que os cultos religiosos do noroeste da Índia, com suas práticas orgiásticas, propensão para vinhas, cabras e serpentes, eram essencialmente dionisíacos. Quando Megástenes, embaixador grego na corte de Chandragupta Máuria, visitou a Índia um quarto de século depois, dividiu os indianos em duas religiões: aqueles que adoravam Hércules e aqueles que seguiam Dioniso. Séculos depois, quando Filóstrato (nascido em 172) veio a compor sua biografia do sábio pitagórico Apolônio de Tiana, ele explicou que os indianos que viviam perto do Indo acreditavam que havia dois Dionisos: um, o filho do rio Indo, o segundo, um Dioniso tebano, que se tornara discípulo do indiano.[16] Nessa história, o culto dionisíaco veio da Índia, ao invés de ser trazido a ela: tamanha era a antiga influência indiana na cultura ocidental.

Quando viram a hera, os homens de Alexandre beberam muito vinho e dançaram pela encosta cantando «*Ite Bacchai, ite*»

---

15 Na tradução de Trajano Vieira: Eurípides, *As Bacantes*. São Paulo: Perspectiva, 2003. Disponível em: <https://www.trajanovieira.com/bacantes-de-euripides/>. Acesso em: 14 abr. 2022. [N. T.]

16 Filóstrato, *The Life of Apollonius of Tyana: the Epistles of Apollonius and the Treatise of Eusebius*. Trad. ingl. F. C. Conybeare. Londres: Heinemann, 1912, p. 139.

(«Ide, bacantes, ide») como se tivessem escapado do Coro de Eurípides. Eu não tenho vinho. Mas retiro o «doce inebriante» dado a mim pelo Hakim Ayub, e Aslam e eu nos sentamos sob a árvore coberta de hera e comemos um pedaço brilhante de *majun* cada um. É doce no início (deve ser o mel), depois azedo. «Que gosto estranho é esse?», pergunto a Aslam. «Intestinos de camelo?» «Ópio», diz Aslam. «É 90% papoula.» Papoula. O único ingrediente que o Hakim Ayub se esqueceu de mencionar.

Quando chegamos à *hujra* do malique, minha cabeça gira e vejo coisas. «Me sinto muito estranha», digo a Aslam, «o *majun* me deixou doente...» «Comemos de estômago vazio», ele diz, «estávamos subindo um morro, então o sangue está circulando rápido pelo seu corpo. Em breve vai passar.» Contra todas as regras, me deito na *hujra* (como sempre, deveria ter me juntado às mulheres da casa). Isso preocupa o malique e, mais tarde naquela noite, ele me dá uma palestra sobre os costumes tribais e a má reputação que terei se... Mas não me importo. Agora acredito que estou morrendo. Enquanto os homens da aldeia fazem fila na porta para olhar, fico coberta com meu xador, imaginando como meus órgãos vão falhar, um por um, nesta aldeia miserável sem nem mesmo uma aspirina, muito menos um médico. O Hakim Ayub estava tentando me matar? Lembro-me do que Hafizullah disse em Jalalabad: é uma trama elaborada pelo exército paquistanês? Não conseguiram me pegar no passo Nawa, agora estão me matando numa colina báquica a dias e dias de distância a pé de qualquer hospital em funcionamento.

Por fim, a paranoia passa. Eu sobrevivo. À noite, estou bem o suficiente para entrar na casa.

Um homem pode investir em sua *hujra* e produzir uma aura de riqueza. Assim, a *hujra* do malique é uma sala decorada de maneira aconchegante, com amostras de tecidos locais nas paredes. Mas na própria casa só há dois quartos para vinte pessoas, o vaso

ALEXANDRE ENCONTRA O OCEANO EXTERIOR

sanitário é um buraco e não há banheiro. O malique é muito jovem para ser o líder de sua tribo, e a responsabilidade sobre ele é muito pesada. Esta área já foi próspera — quando os aldeões enriqueceram com papoula — antes que a barragem de Tarbela submergisse as terras férteis no vale abaixo, empurrando os fazendeiros para as ressequidas terras altas. Os aldeões, que gastaram suas economias com colheitas fracassadas, dizem que «o governo nunca vem aqui». A família do malique parece pobre e mal amparada. Sua mulher, que tem «impedimentos ginecológicos», deu-lhe apenas uma filha, que não é suficiente: o malique vai se casar de novo na próxima semana. «Eles são tão pobres», digo a Aslam mais tarde. «Qual é o propósito?» Mas Aslam, que tem onze filhos, o entende. «O malique precisa de um herdeiro», me diz.

Durante toda a noite, as mulheres da casa do malique se reviram. Uma delas tenta massagear minhas pernas antes de eu dormir. Outra (a esposa do malique) vai lá fora para vomitar. Elas deixam uma lâmpada verde acesa e assistem a filmes em urdu em uma minúscula televisão em preto e branco. Tenho sonhos estranhos e sono intermitente.

De manhã, as já conhecidas histórias de terror começam na *hujra*. À frente, na área tribal, o malique diz, teremos de buscar permissão — ou seja, a proteção — da *jirga* local para podermos atravessá-la com segurança. «É um lugar violento», diz ele. «Tenham o cuidado de não se afastar muito a oeste ao caminhar. Evitem a colina de Mahaban.» E então estremece. «Acima do Indo, a leste, há neve nas colinas. Em Kala Daka[17] (Montanhas Negras) as pessoas ainda vivem em cavernas.» Uma punição típica da *jirga*, dizem seus amigos, envolve colocar o infringente em um tronco oco de árvore, de cabeça para baixo, e deixá-lo lá por três dias. «Somos

---

17   Hoje chamada Torghar. [N. T.]

mogóis», diz o malique. «Chegamos aqui há quinhentos anos, de Abbottabad. Aonde vocês estão indo, não podemos ajudá-los.»[18]

Olho para um pôster de um pôr do sol na parede e me pergunto se foi nessas colinas remotas e estranhas, aonde o malique teme ir, que Alexandre encontrou Nisa. Talvez a temida colina de Mahaban fosse a montanha onde Dioniso realizava seus rituais, que Alexandre chamava de «Monte Meros» (possivelmente confundindo-o com Meru: na cosmologia hindu, a montanha de onde surge o Indo).

O malique empresta a Aslam um barrete sunita branco. «E você», aponta para mim, «use sua burca.»

Naquela manhã, escalamos com o malique, aldeia após aldeia, ao longo das bordas das lavouras, ao redor de pequenas casas cobertas de lama, cada vez mais alto nas colinas. Paramos para tomar chá com um fazendeiro amargurado, que me mostra os nomes dos traidores americanos dos projetos de caridade que nos anos 1980 lhe prometeram uma compensação por erradicar toda a sua plantação de papoula. Mostra também o cartão de visita do seu político local, filho do primeiro ditador militar do Paquistão, que «só vem aqui durante a campanha eleitoral».

O malique caminha conosco por uma hora, até encontrar no caminho um diretor que pode nos levar adiante até sua escola. Lá, depois do chá com os professores, dois meninos mais velhos são retirados das aulas para nos mostrar o caminho para Kali Lar, onde o malique tem um amigo, outro líder de uma tribo local. «Os povos tribais são muito legais, bons, limpos», dizem os professores da escola, contradizendo os vizinhos. «Não tenham medo.»

---

18 O comentário do malique, descobri mais tarde, resume a atitude das pessoas das áreas «assentadas» — que vivem de acordo com a autoridade do governo central — para com aqueles da «áreas tribais», que vivem de acordo com suas próprias regras, cultivam papoula e evitam estranhos.

ALEXANDRE ENCONTRA O OCEANO EXTERIOR

Subimos por mais uma hora pelo caminho sinuoso da colina até Kali Lar. Chegando lá, jovens pastoras de cabras apontam para a casa do amigo do malique, Muhammad Khan, e temos de tombar a cabeça para trás para vê-la, equilibrada bem no topo da colina íngreme desta aldeia.

Com sua grande barba, duas esposas, muitos descendentes e grandes porções de terra, Muhammad Khan é um homem poderoso e alegre. «Eu congrego as *jirgas* locais», ele me diz, e aponta para o pé da colina, do outro lado dos terraços verdes, até uma mancha marrom no vale abaixo. «Minha casa terá fácil acesso à nova estrada de rodagem que o governo está construindo.»

Depois do almoço, ele coloca uma fileira de cadeiras no elegante pátio de barro e chama suas esposas e filhos para a sessão de fotos que devo conduzir. Em seguida, nos leva até a estrada. «Sigam esta trilha ao redor da colina», diz. «Onde a estrada para, vocês verão uma escavadeira. Desçam a partir daí até chegarem à aldeia de Chanjelo. Perguntem por Muhammad Rasool Haji. Chanjelo é a última aldeia antes da região tribal.»

Enquanto tropeçamos pela trilha de terra por entre os pinheiros, descubro que Aslam está preocupado novamente. «Esta é a caminhada mais perigosa que já fiz», diz ele. «Não, Aslam, não é verdade», digo, já que certa vez cruzou a fronteira do Paquistão com o Afeganistão para Nangarhar, onde o Talibã o perseguiu até uma geleira. «Você se esqueceu de como foi perigoso porque sobreviveu.» Mas Aslam diz: «Daquela vez eu conhecia a área. Aqui estamos no chute».

Temos problemas para encontrar a aldeia de Chanjelo. A escavadeira foi removida e a estrada acabou mais cedo do que esperávamos. Está escurecendo quando descemos a encosta, eu tropeço e escorrego como de costume. Contornamos um campo de lama acima da escola da aldeia, onde alguns meninos jogam críquete, e seguimos os terraços até a beira da colina onde um morador aponta a casa de Muhammad Rasool. Ela fica em um penhasco, de frente para as Montanhas Negras. Em algum lugar abaixo de nós está o Indo, escondido da visão por camadas e camadas de encosta azul fendida.

O proprietário está fora. Foi ao bazar à beira do Indo há três dias, mas talvez volte esta noite. Seus filhos adolescentes — com os olhos carregados de delineador — agacham-se em uma fileira na beirada do telhado onde estamos sentados e olham-nos fixamente. Não há eletricidade, a luz se apaga e mariposas dão voltas em torno da lâmpada de parafina.

A noite chega e mandam subir um prato de vegetais locais da casa de baixo. Então, os meninos nos mostram nossas camas e fico chocada: pela primeira vez, Aslam e eu fomos colocados para dormir no mesmo quarto, a *hujra* exclusiva para os homens. «Por que fizeram isso?», pergunto em inglês no escuro. Aslam é a voz da razão: «Pode ser difícil acomodá-la dentro de casa. Eles são pobres. É provável que durmam todos juntos. Não crie confusão».

Mas, pela manhã, descobrimos a verdadeira razão. Cinco anciãos de aldeia se reúnem na *hujra* para dizer a Aslam que suspeitam que eu seja uma missionária. O governo sabe o que estou fazendo? Faço um discurso educado em urdu sobre o propósito de meu livro e sobre o grande Alexandre, seu venerável ancestral. Eles explicam suas preocupações com instituições de caridade e ONGs financiadas por estrangeiros. Alguns anos atrás, dizem, oficiais de ONGs vieram de Islamabade, levaram as mulheres da aldeia para reuniões e tentaram «emancipá-las». A emancipação, dizem eles, vai contra o islamismo e a cultura pachto. O pai de Muhammad Rasool alisa sua barba branca, os meninos mais novos, cada vez mais inquietos, reorganizam-se ao redor da sala em poses lânguidas. Os mais velhos exasperam-se, palavras zangadas em pachto são trocadas. «Explico mais tarde», Aslam me diz baixinho.

ALEXANDRE ENCONTRA O OCEANO EXTERIOR

Depois de muita discussão, Aslam e os anciãos chegam a um acordo. Dois dos homens, Noor Muhammad e Noor Gul, nos escoltarão para fora da aldeia, através da área tribal e descendo até o Indo.

Noor Gul (Luz das Flores) é jovial, com seu cabelo penteado para trás e maquiagem enfática; Noor Muhammad é um homem mais rude, que ministra palestras teológicas. Enquanto saímos da aldeia, cruzamos o riacho e entramos na área tribal, ele me fala sobre Alá, o Criador. Fala também sobre Adão e Eva. «Já temos essa história em nosso livro», tenho o prazer de informá-lo. «Seus mulás acrescentaram coisas doces para o próprio entretenimento», ele responde, injustamente. Ele explica sobre as leis de Deus para os seres humanos (a mais importante de todas as criações de Alá), leis que estabelecem um trabalho para os homens e outro para as mulheres. «O trabalho mais importante das mulheres é fazer o que os homens não podem», diz ele. «E o que é?», pergunto. «Ter filhos e cuidar deles até que tenham dois anos», ele diz. E me fala sobre o céu e o inferno: mesmo que eu cometa os piores pecados (roubo, adultério, consumo de álcool), só preciso fazer com que um de meus filhos aprenda o Alcorão e eles poderão me levar para o céu com eles. Um *alim* (pessoa teologicamente instruída) leva consigo cem pecadores. «Então é por isso que existem tantos madraçais», digo a Aslam.

«Você deveria se converter», Noor Muhammad me diz. «O Alcorão é a revelação total; sua Bíblia, só 50%.»

Enquanto vou sendo doutrinada, pisoteamos, campo após campo, dourados talos de papoula cortados. Ainda se podem ver cabeças da papoula descartadas nos sulcos ressequidos, os três cortes de navalha marcando onde a seiva foi sangrada. «Aqui nas áreas tribais», diz Noor Gul, «a colheita do ópio foi há algumas semanas.»

Chegamos à aldeia onde mora a irmã de Noor Muhammad. E agora, finalmente, vemos o rio exatamente como Alexandre o viu: o poderoso Indo abaixo de nós em seu estado natural, um grande lago azul-prata entre as colinas, intocado, imaculado.

A irmã de Noor Muhammad mora em uma cabana térrea, cria um búfalo no quintal e quatro galinhas em uma cesta. Ela nos senta no frescor de seu quarto e nos prepara um delicioso café da manhã com ovos mexidos em banha animal. Depois do chá, os Noor despedem-se de nós em um campo de papoulas logo abaixo da casa. Noor Gul posa para minha câmera, com seu celular colado ao ouvido (não há sinal) e o Indo ao fundo. Olhamos para o nosso destino: Darband. É lá que vive o *nazim* (prefeito) das Montanhas Negras. Darband está nas áreas assentadas, mas temos de pedir permissão a ele para cruzar da tribal Kala Daka até Pirsar.

Na descida, Aslam me conta a história completa da emancipação feminina e dos anciãos de Chanjelo. Há alguns anos, algumas funcionárias de ONGs vieram de Islamabade, chamaram as mulheres de Chanjelo para uma sala e disseram-lhes: «Vocês estão felizes em casa?» «Sim», as mulheres responderam. «Você é feliz com seu marido?» «Sim.» «Seu marido ama você?» «Sim.» «Ele faz sexo com você?» «... Sim.» «Que tipo de sexo?» Nesse ponto, diz Aslam, os homens perderam a paciência: todos eles tinham visto filmes de sexo pervertido no bazar, sabiam que tipo de coisas sujas as trabalhadoras da ONG, treinadas no exterior, queriam dizer. E, com certeza, elas mostraram às inocentes mulheres de Chanjelo como deveriam chupar isso, lamber aquilo, subir em cima dos maridos... «Mas os pachtos não fazem sexo assim», diz Aslam. De modo que os anciãos confiscaram 10 mil rúpias das mulheres da ONG e as mandaram embora. «É por isso que os anciãos de Chanjelo não permitiram que você conhecesse as mulheres», diz Aslam. «Caso você tentasse ensinar a elas truques maliciosos.»

A descida é íngreme e quente, por uma selva de árvores raquíticas onde os macacos sentam-se e gritam. Atravessamos um riacho — de volta, como diria Aslam, para as áreas «assentadas» — e

ALEXANDRE ENCONTRA O OCEANO EXTERIOR

descemos a colina até o rio. O sol bate em nossa cabeça no momento em que alugamos um pequeno barco, de madeira pintada, para atravessarmos o Indo.

Darband é, na verdade, «Nova Darband»: a antiga foi submersa nas águas do reservatório de Tarbela. Nova Darband é um lugar improvisado e arenoso, onde nuvens de moscas sobrevoam o bazar. Caminhamos devagar, das margens do Indo até a casa do *nazim*, mas a criada que vem atender a porta se recusa a me receber. Assim, vamos para a porta ao lado, para sua *hujra*, onde qualquer pedinte, por mais humilde que seja, tem permissão para sentar-se e esperar. Há uma fonte de água e uma vasilha de barro. Sento-me à sombra e durmo.

Quando o *nazim* retorna, sou acordada e imediatamente removida para a casa principal. As mulheres que me recusaram entrada mais cedo agora me dão chá e lavam minhas roupas sujas. O *nazim* me leva para o andar de cima, para a grande sala com painéis onde acontecem as *jirgas*. Seu primo me deu uma fotocópia de um mapa de Kala Daka da era britânica e outro que ele mesmo desenhou, com os nomes das tribos ao longo do Indo. Mais tarde, na *hujra*, o *nazim* diz: «Vocês irão de barco até Pirsar». Aslam me olha preocupado, ele sabe que prefiro caminhar. Mas o primo do *nazim* lembra: «Alexandre foi de barco, não foi?», e, sim, ele tem razão. De acordo com Arriano, após o cerco de Pirsar, Alexandre encontrou «um bosque, mui apto ao tombamento, às margens do rio» que ele havia, «por sua tropa, serrado e construído embarcações, que o Indo vieram a descer».[19]

Na manhã seguinte, compramos vagas em um barco-táxi local que leva os passageiros cerca de cinco horas rio acima até Kotlay, onde mora Khaliq, o servo do *nazim* e nossa nova escolta. Nosso barco, com cada tábua pintada em uma cor diferente, é o mais

19   Arriano, *Anabasis Alexandri*, op. cit., 1929, v. I, p. 447.

chamativo do porto. Aqui, onde o Indo é cercado por altas colinas e os aldeões são forçados a viver de acordo com as mudanças de humor do rio, não é difícil imaginar aqueles longos barcos a remo que Alexandre construiu com madeira de Kala Daka para descer o rio. Fazemos paradas regulares para desembarcar os aldeões, com seus pacotes de açúcar, chá e mangas comprados no bazar, nos rochedos ao sopé de suas casas. Depois de uma hora e meia, Khaliq pede ao barqueiro que pare de novo para que ele possa me mostrar a rocha onde, no alto de uma encosta vazia, Alexandre deixou a marca de sua mão de dois metros de altura. Mais tarde, passamos por mulheres lavando roupas no rio — elas viram o rosto para o lado — e pela balbúrdia de meninos banhando-se. A família do *nazim* vem de uma aldeia perto daqui, no alto das áreas tribais. «Costumamos voltar para nossa aldeia no verão, de barco, quando a água está alta», disse-me a esposa do *nazim* na noite anterior. «Isso nos diminui em três horas a viagem.»

Ao meio-dia, todos os outros passageiros foram despachados e o táxi está muito além de sua corrida normal, mas ainda estamos a duas horas de caminhada de Kotlay. O barqueiro agora afirma que a água está muito rasa para que sua embarcação vá adiante, e, embora seja meio-dia, horário que Aslam e eu geralmente evitamos, não temos escolha a não ser sair e caminhar. Caminhamos por uma hora pela margem do rio, a areia do Indo cinzenta sob nossos pés. Em um madraçal de madeira, paramos e descansamos, e os alunos nos trazem água do rio turva e gélida para beber.

Por fim, chegamos ao ponto de passagem de Kotlay, no momento em que alguns contrabandistas resgatam uma carga de madeira que flutuou Indo abaixo. Três meninos nos atravessam em seu barco, e, do outro lado, em uma *hujra* à beira da margem pertencente ao amigo de Khaliq, paramos e dormimos. É possível dizer que estamos nas áreas tribais de novo, percebo, enquanto me afogo em cansaço: as casas têm torres de tiro.

ALEXANDRE ENCONTRA O OCEANO EXTERIOR 303

Acordo à tarde com uma discussão entre Khaliq e Aslam. Aslam deseja caminhar em direção a Pirsar hoje. Esta é uma terra tribal fora do mando da lei do Paquistão, mais a montante chegaremos às áreas «assentadas» novamente. Mas Khaliq insiste: será uma desonra para sua tribo se partirmos hoje, nunca chegaremos a Cabulgram antes do anoitecer (ele está inventando), o *nazim* ficará zangado... Nós cedemos. Afinal, estou intrigada para ver como esses infames tribais vivem de verdade.

O amigo de Khaliq traz um enorme bolo de ópio com chá: um caroço gotejante do tamanho de um melão embrulhado em folhas de papoula. Foi uma boa safra este ano. Eles ganham 5 mil rúpias por quilo de ópio, mais do que cebolas e tomates. Os aldeões são ricos, mas ninguém na família de Khaliq sabe ler ou escrever. Há alguns anos, o governo construiu uma escola às margens do Indo. «Quem quer que seus filhos sejam educados?», Khaliq me pergunta. Eu conheço a escola na manhã seguinte — agora uma acomodação de primeira classe para os búfalos da aldeia. (Em uma ironia sombria, seria o vazio das escolas em Kala Daka que depois iria salvar as crianças durante o terremoto da Caxemira, já que muitas morreram nas áreas menos avessas à educação.)

Naquela noite, sou levada por Khaliq para dar uma volta na aldeia, seguida, como uma Flautista Encantada, por cinquenta crianças. Khaliq me leva para a loja de armas. Ele me conta como dinamita peixes do Indo. E me mostra sua coleção de granadas de mão e seus lança-foguetes. As casas nesta aldeia têm vários andares, com arcos e pilares e pintura em pelo menos três cores berrantes. Durmo naquela noite ao lado da tia de Khaliq, no telhado de sua mansão verde, com janelas bege, arcos cor-de-rosa e fundos da papoula, ao som do Indo a correr.

Bem cedo, na manhã seguinte, caminhamos rio acima por uma hora, procurando um ponto de travessia adequado. Ando com cautela atrás de Khaliq, que insistiu em carregar seu AK47.

Encontramos um barqueiro para cruzarmos a água, e o barco balança e vira, inquieto, nas ondas azul-acinzentadas.

É uma caminhada íngreme de Cabulgram, do outro lado do rio, até Martung, no topo da colina. Khaliq se despede de nós com pesar. «Vocês estarão lá em meia hora», ele sugere.

Mas ele não faz a menor ideia. É uma caminhada longa e árdua, subindo junto a um leito de riacho por duas horas, através de um emaranhado de floresta até chegar à pior parte: a subida íngreme ao longo de outra estrada de terra empoeirada e semi-construída. Por fim, chegamos ao topo, comemos alguns biscoitos rançosos de uma lojinha minúscula e bebemos com avidez de uma nascente no cume acima de Martung.

Agora que deixamos as áreas tribais, já não há papoula nos campos, já não há decrépitas casas-bolo-de-noiva. A água foi canalizada com cuidado para os reluzentes arrozais, há sólidas habitações modestas construídas em pedra. Também existem azinheiras ao longo da estrada — outra razão pela qual talvez Alexandre tenha se sentido em casa aqui, imagino. Cada barranco é verde, bem irrigado e meticulosamente cultivado em terraços.

Viramos uma curva na estrada e, de repente, podemos ver o vale de Chakesar se espalhando abaixo de nós. «Aí está», diz Aslam, apontando para as colinas que se erguem acima da aldeia. «Deve ser Pirsar.» Caminhamos pelos campos, passamos por um jogo de críquete da aldeia e entramos na cidade. Uma velha se inclina sobre sua sebe quando passamos e nos entrega alguns damascos de seu jardim.

Na cidade de Chakesar, um lojista aponta a *hujra* decorada com rosas que pertence a um amigo de Khaliq. Experimento aquele momento inevitável de apreensão — nos deixarão ficar? Os proprietários, chamados de suas casas, chegam com bastante cautela. Aslam explica nossa jornada e, como sempre, os cenhos franzidos

ALEXANDRE ENCONTRA O OCEANO EXTERIOR

de incompreensão dão lugar aos calorosos sorrisos pachtos e à oferta de hospitalidade.

A família em Chakesar tem quatro grandes casas. Fui enviada para aquela habitada por Uzma, que cresceu em Carachi e fez mestrado em inglês. Ela recentemente casou-se por amor com o filho da casa e acaba de dar à luz. E preside a corte em seu quarto, entronizada em uma cama forrada de veludo vermelho, cercada por pelo menos trinta primas. Seu marido senta-se com humildade ao lado, segurando o bebê.

Na hora do jantar, Uzma me leva até a casa ao lado, onde as mulheres se sentam ao redor de um enorme lençol de plástico no chão. É uma refeição exuberante e barulhenta. Crianças orbitam nas bordas, puxando *naan* e coxas de frango de nossos pratos. Existem vários grupos de coesposas: «Mas no geral não mais do que duas esposas ao mesmo tempo», diz Uzma.

Na manhã seguinte, está chovendo quando deixamos Chakesar. «Você tem capa de chuva?», pergunto a Aslam, e ele balança a cabeça. «E você?» Muitas vezes pensei, enquanto caminhava pelas colinas, nos filósofos brâmanes nus que zombavam dos soldados gregos por causa de suas botas, mantos e chapéus de couro. Neste momento acho que uma toga grega ou um anoraque barato de Londres teriam sido úteis. Mas Aslam tem uma solução: «Podemos comprar algumas folhas de plástico na mercearia», diz ele. Envolvidos em plástico verde, saímos da cidade, seguindo as crianças locais até a escola logo abaixo do *maidaan* das «meninas», que os homens em Chakesar nos disseram que marca o limite superior dos assentamentos permanentes.

Daqui, por entre os pinheiros, podemos ver agora as montanhas do Suat cobertas de neve a noroeste. «Eu moro ali», diz Aslam, apontando. Ele me conta sobre sua família enquanto caminhamos, sobre a dificuldade de educar suas seis filhas: «No Paquistão, as meninas só podem ir a pé para a escola se estiverem acompanhadas pelos irmãos», ele diz. Aqui, os gurjaras, pastores nômades, começam a retornar às suas pastagens de verão, e muitas das casas ainda estão vazias. Sentamo-nos num banco ao lado de uma casa onde alguns gurjaras consertam o telhado e colhemos tomilho para comer com o pão roti que carregamos. Um pastor passa portando uma arma: «Basta seguir esse caminho até Pirsar», diz ele com segurança.

Mas não existe um caminho óbvio. As árvores mudam de aparência, ficam mais manchadas e, à medida que os assentamentos diminuem, transformam-se, de uma exuberante floresta asiática de pinheiros e maconha em um bosque caducifólio temperado. Há urtigas e folhas de labaça sob nossos pés agora e o ar está frio e úmido. Nós tropeçamos, montes acima e ravinas abaixo. De repente, percebo que o infalível Aslam está perdido. Ando atrás dele, trombando nas raízes e pensando com ar sonhador e faminto nas florestas inglesas. Em *Comus*, a mascarada de Milton, eles saíram vivos do bosque emaranhado? Comus não era como um Dioniso? A senhora perdida não se chamava Alice?

Subimos outra colina, e Aslam ouve vozes. Na ravina abaixo, com suas cabras ao lado de um riacho, estão dois meninos pastores. Corremos em direção a eles, e, enquanto encho nossas garrafas de água, Aslam se aproxima das crianças. Mas, embora tente as cinco ou seis línguas nas quais é proficiente, elas se recusam a falar com ele e fogem pela floresta sem dizer uma palavra.

Agora que descemos o riacho, podemos ver, por entre as árvores, uma clareira em uma colina, onde há duas casas e um campo arado há pouco. Enquanto subimos em direção ao assentamento, vemos duas mulheres agachadas no campo, arrancando ervas daninhas. Mas elas se recusam a nos vender qualquer coisa para comer: «Viemos apenas passar o dia», dizem, «não moramos aqui». Caminhamos até a segunda casa, onde há um cachorro

ALEXANDRE ENCONTRA O OCEANO EXTERIOR

amarrado na varanda. Aslam me ensina as palavras «pão» e «chá» em pachto.

Caminho até a porta da casa. Por dentro, tudo é preto. A cama, as panelas, as cadeiras estão cheias de poeira e fuligem. Eu grito e uma mulher sai de uma sala nos fundos com suas duas filhas tímidas. Ela me encara sem entender. Do quintal lá fora, Aslam, que não pode aparecer diante de uma mulher desconhecida, grita alguma coisa. Ela atende a porta para escutar e depois sorri para mim, se agacha diante do fogão e põe a chaleira preta no fogo. O nome dela é Bibi Ayesha.

Aslam e eu estamos sentados no muro acima da casa, bebendo o chá de Bibi Ayesha, quando um homem chega com um barrete sunita na cabeça e uma carga nas costas. «Pirsar é por aqui», diz ele. «Sigam-me.» Ele é um estudante do madraçal Binori Town em Carachi — famoso no Ocidente por ser o berço do Talibã —, onde está aprendendo a ser um *alim* (e levar cem amigos para o céu). Nós o seguimos por uma hora pela floresta. Antes de nos deixar, ele nos mostra um riacho onde todos os viajantes param para buscar água. «É só seguir reto», ele diz.

Mas o caminho desaparece de novo à medida que a vegetação rasteira fica mais espessa. Já caminhamos há quase dez horas sem comer. Sentamo-nos contra uma árvore e dividimos o último pacote de biscoitos salgados. Acima de nós, uma tempestade se forma — e não temos nenhuma barraca. Aslam, porém, tem o senso de direção de um montanhês. Subimos outra colina, emergimos em sua crista e então vemos: Pirsar.

«A Rocha», como Arriano chamou — Aornos, «lugar sem pássaros», como era conhecida pelo exército de Alexandre —, projeta-se sobre o Indo, cerca de 2.200 metros acima daquela massa agitada de água. Entre ela e a colina em que nos encontramos, fica a ravina que Alexandre passou três dias enchendo de mato para evitar a desvantagem estratégica de cair no barranco entre

Unasar e Pirsar (na verdade, é provável que tenha subornado ou forçado os membros das tribos locais a mostrar-lhe o melhor caminho até a Rocha). A chuva começa a cair enquanto descemos Unasar em direção a algumas cabanas de pastores. Encontramos um homem que traz sua vaca de volta para casa para dormir e o seguimos pelo caminho em direção a uma mesquita de madeira onde nos abrigamos enquanto Aslam avalia a praticabilidade de subir até Pirsar esta noite.

As nuvens escurecem o céu conforme deixamos a mesquita, descemos a ravina e subimos ao redor do lado sul de Pirsar. É um caminho escorregadio de cabras: a colina está cheia de árvores queimadas derrubadas por raios, e, se a tempestade nos tivesse atingido, teríamos sido arrastados para o vale abaixo. Mas temos sorte. As nuvens de chuva passam sobre nossa cabeça e caem no lado leste do vale.

Por fim, emergimos acima das árvores e no topo do cume, onde minha alegria por finalmente estar aqui é balanceada pelo fato de que o céu ainda está escuro com a chuva e não temos onde ficar. Por uma trilha vem uma velha mulher gurjara, que leva seus netos à floresta para colher alguns gravetos. A curiosidade aguça seu apetite, ela se vira e nos conduz pela encosta até sua casa, uma cabana de três quartos onde sua nora acende uma lareira.

Sento-me junto à lareira, removendo uma a uma as peças de roupas molhadas e secando-as enquanto as crianças se aglomeram e me avaliam. Elas não entendem por que caminhei por dez dias para chegar à casa delas, então conto a história do rei estrangeiro chamado Sikunder que marchou até o vale do Indo, de como ele construiu altares para seus deuses neste mesmo lugar, e de como, três meses depois de navegar de volta pelo Indo até o mar, os membros da tribo de Pirsar voltaram e exigiram vingança contra o restante do contingente grego. As crianças ouvem com educado interesse, de olhos arregalados, minha exposição da ideia de sua

ALEXANDRE ENCONTRA O OCEANO EXTERIOR

casa sendo gravada em um livro de história de 2 mil anos de idade, na Grécia antiga — mas é da minha versão de uma velha música de um filme indiano que elas gostam de verdade. Elas dançam ao redor da fogueira, juntando-se ao coro, e Bazarini, a mãe delas, que me observa em silêncio enquanto corta espinafre selvagem, de repente sorri.

Tão repentino quanto seu sorriso, surge o sol, e vou até a porta da cabana. Para leste, sobre o Indo, emergindo de um redemoinho de nuvens de chuva, há um arco-íris, e as árvores e minúsculos campos de Pirsar estão iridescentes à luz do sol. Existem trinta cabanas gurjaras aqui, pequenas estruturas feitas de apenas uma sala de refeições, um quarto e um lugar para os animais. Em torno de cada casa há uma cerca e, além da cerca, uma colcha de retalhos de campos, onde o milho já cresce. Ando com os filhos de Bazarini até a borda leste de Pirsar e olho para o grande crescente prateado do Indo, que se enrola ao nosso redor por três lados, «lavando a base da Rocha», como Estrabão, Diodoro e Quinto Cúrcio colocaram.[20] Cercando-nos ao norte, leste e oeste, como os deuses no Olimpo, estão as montanhas cobertas de neve, pois é aqui que o Indocuche, o Caracórum e o Himalaia se encontram.

As tribos das colinas de Pirsar contavam com a inclinação de seu recuo nas montanhas como defesa contra os gregos. Mas, quando viram Alexandre e seus homens enchendo a ravina, eles empurraram alguns matacões contra o exército que avançava, bateram seus tambores e fugiram descendo a face norte. Quando Alexandre e seus homens alcançaram o topo da Rocha, encontraram pouca resistência. E, naturalmente, mataram todo mundo que viram no caminho.

20   E. H. Bunbury, *A History of Ancient Geography Among the Greeks and Romans*. Nova York: Dover, 1959, pp. 496-7.

Alexandre, triunfante, ordenou a seus homens que construíssem altares a Atenas, a patrona da guerra. Isso foi mais do que apenas uma homenagem a uma deusa marcial — foi um gesto épico. Atenas era a protetora especial de Aquiles na *Ilíada*, e Alexandre, que dormia com uma cópia da *Ilíada* debaixo do travesseiro, considerava-se descendente físico de Aquiles (por meio da família de sua mãe) e seu herdeiro espiritual como guerreiro.

Ao longo de sua jornada, Alexandre usou o mito grego como um estimulante para conquistas marciais cada vez maiores. Desde o início de sua jornada de conquista do mundo, ele passou a se chamar filho de Zeus. Na Índia, seus condescendentes generais encontraram gado marcado com a forma de uma maça: prova das andanças indianas de Hércules (outro antepassado lendário de Alexandre). Foi essa mesma Rocha, disseram os historiadores da campanha de Alexandre, que Hércules tentara e malograra sitiar durante seus trabalhos. E, se Alexandre era igual a Hércules na terra, também o era no Olimpo. Alexandre começou então a encorajar o boato de que era imortal.

De Pirsar, Alexandre navegou pelo Indo até Hund, onde «fez sacrifícios aos deuses que eram de seu costume». Essa lista ainda não incluía os rios do vale do Indo, embora logo os incluísse. Os gregos adoravam rios de várias maneiras — consagrando cabelos a eles na puberdade, por exemplo[21] (um aldeão em Hund me disse que os tufos de cabelo que vi no leito de seixo do rio foram lá deixados por um propósito semelhante). Mas, por enquanto, Alexandre não precisava se preocupar com a fúria dos rios da Índia. Graças à ponte de barcos de Hefestião — um estratagema que o sultão Mahmud, os mogóis e os britânicos repetiriam depois —, ele cruzou

---

21   S. Hornblower; A. Spawforth (Orgs.), *The Oxford Classical Dictionary*. 3. ed. Oxford: Oxford University Press, 1999, p. 1320.

ALEXANDRE ENCONTRA O OCEANO EXTERIOR

o Indo com relativa facilidade e a reflexão triunfante de que tinha ido mais longe do que Hércules, mais longe ainda do que Dioniso.

Alexandre era adepto de jogar os reis locais uns contra os outros, e fazia isso com perfeição em Taxila, capital do rei local Ambhi (ou Taxiles), cem quilômetros a jusante de Pirsar. Taxila já era um antigo local de estudos hindu; séculos depois, iria se tornar uma universidade budista; depois disso, uma cidade de estilo grego; e, dois milênios depois, ainda Patrimônio da Humanidade cercado por laranjais. A Taxila que Alexandre viu era povoada por nobres indianos «altos e esguios», portando sombrinhas, calçando «sapatos de couro branco» e barbas tingidas de índigo, vermelho, verde ou branco. Os homens nessa área, enfatizou Arriano, eram os melhores lutadores de toda a Ásia. Mesmo assim, o rei Ambhi fez-se um traidor, acolhendo Alexandre em seu país, permitindo-lhe derrubar madeira para construir barcos e pontes e enviando-lhe um presente de 10 mil ovelhas, 3 mil cabeças de gado, duzentos talentos de prata e trinta elefantes. Talvez essa generosidade pródiga fosse um presságio: em toda tragédia grega há uma *peripécia*, um ponto de inflexão.[22] Para Alexandre, sua peripécia aconteceu, literal e metaforicamente, no vale do Indo.

Alexandre acreditava, ao marchar de Taxila através do Punjabe em direção ao rio Hidaspes (como os gregos conheciam o Jilum), que estava cara a cara com seu maior inimigo: o rei Poro — ou Porus, como os gregos o conheciam —, o rei indiano com seu enorme exército e elefantes altos como torres. Mas a queda de Alexandre foi causada por algo mais difícil de enfrentar do que oponentes militares: rios em abundância.

Alexandre, escreve Arriano, alcançou o Punjabe logo após o solstício de verão, «quando fortes chuvas caíram sobre a Índia» e

---

22   V. Ehrenberg, *Alexander and the Greeks*. Trad. ingl. R. F. von Velsen. Oxford: Blackwell, 1938, p. 53.

«todos os rios da Índia corriam profundos e turbulentos, com uma célere corrente». Para um homem que lia a *Ilíada* em suas viagens e considerava-se progênie de Aquiles, as águas do Punjabe seriam perturbadoramente reminiscentes da batalha de Aquiles com o deus do rio, Xanto ou Escamandro: um guerreiro heleno, na Ásia, colocando seu juízo contra a força primordial de um rio furioso. Na história de Homero, Pátroclo acaba de ser morto e Aquiles está em um frenesi homicida, cortando troiano após troiano e jogando-os no rio. «Vai-te, e ao golpe te lamba audaz cardume»,[23] ele grita a suas vítimas, enquanto observa a água ficar vermelha. Mas Xanto — «de argêntea veia o férvido Escamandro» — logo se cansa de «que em seu seio Aquiles despiedoso / Tantos jovens heróis sacrificasse». Ele então libera toda a força de suas águas sobre o guerreiro, e apenas a intervenção de Zeus salva Aquiles de ser afogado no «rio à foz por Jove inchado».[24]

Talvez Alexandre pensasse que, assim como provara ser superior a Hércules, também poderia superar Aquiles. Ele estava com sua Cavalaria dos Companheiros nas margens do Jilum, olhando para leste na outra margem, onde o exército de Poro aguardava. Seria tolice tentar vadear o rio durante a estação das chuvas. Poro também sabia disso. Mas Alexandre era um Aquiles com a astúcia de um Odisseu. Noite após noite, sua cavalaria avançava à margem, fazendo o máximo de barulho possível. A princípio, o rei indiano «moveu-se em paralelo aos gritos, trazendo seus elefantes», mas por fim se cansou, percebeu que era um alarme falso e não se moveu mais de seu acampamento. Assim, Alexandre levou Poro à complacência.

---

23 Tradução de Odorico Mendes: Homero, *Ilíada*, 1874, livro XXI. Disponível em: <https://iliadadeodorico.wordpress.com/xxi/>. Acesso em: 15 abr. 2022. [N. T.]

24 Ibid., livro XVII. Disponível em: <https://iliadadeodorico.wordpress.com/xvii/>. Acesso em: 15 abr. 2022. [N. T.]

ALEXANDRE ENCONTRA O OCEANO EXTERIOR

Os batedores de Alexandre, entretanto, localizaram uma ilha perto de uma curva do rio. Uma noite, durante uma tempestade de verão, Alexandre e um regimento de cavalaria avançaram a cavalo até a ilha e, embora a chuva ainda caísse e «tivesse enchido o rio», estavam a meio caminho do outro lado antes que os indianos os vissem. Poro, que estava longe no acampamento, começou a marchar em direção a eles, mas, enquanto o fazia, a força de reserva de Alexandre cruzava o rio ao sul, e atacava-o por trás.

Como sempre, tudo se voltava para os elefantes. Normalmente, essas enormes bestas indianas petrificavam os cavalos gregos. Mas a vitória tática de Alexandre foi pressionar o exército indiano pela esquerda e pela direita, forçando sua infantaria contra a própria falange de elefantes e abatendo seus cornacas até que as montarias, «enlouquecidas de sofrimento, atacassem amigos e inimigos por igual e continuassem a empurrar, pisotear e destruir».[25]

Ao contrário de outro oponente formidável de Alexandre, o imperador persa Dario III, que fugiu do campo de batalha, o rei indiano lutou até que seus soldados estivessem cansados demais para continuar. Alexandre, sempre disposto a um gesto magnânimo para legar a seus biógrafos (e talvez ansioso para compensar a matança indiscriminada dos montanheses do vale do Indo), enviou a Poro um perdão real e perguntou-lhe como gostaria de ser tratado. «Trate-me, Alexandre, como um rei», Poro respondeu orgulhoso, e, assim, a aliança deles foi selada em uma retórica exagerada.

De modo que Alexandre e Poro tornaram-se aliados — não apenas porque o rei macedônio admirava a beleza e o orgulho do indiano ou porque Alexandre nomeara Poro seu regente e o colocara no comando de mais terras do que ele possuía inicialmente, mas também porque simplesmente não era prático fazer

25   Arriano, *Anabasis Alexandri*, v.17.6., op. cit., 1976, v. II, p. 53.

o contrário. Como o próprio Poro apontara, havia muitos outros reinos indianos poderosos a leste, com mais elefantes, rios largos e grandes exércitos. Alexandre precisaria de toda a ajuda que pudesse conseguir para ter sucesso em alcançar o deus Oceano que habitava na extremidade do mundo.

Alexandre começou então sua marcha fatídica pelo Punjabe. É provável que tenha sido informado por Poro do fato de que a visão herodotiana da Índia era falha, mas, se assim foi, manteve em segredo de seus homens. O exército já havia cruzado dois rios indianos. Quando chegou ao Chenab, o rio havia transbordado e a água corria pelos campos circundantes, inundando o acampamento grego e obstruindo os cascos de todos os cavalos cansados. Os soldados atravessaram o Chenab e depois o Rauí e por fim chegaram às margens do Beás. Um quinto rio indiano raivoso foi o ponto de ruptura para o exército alexandrino saudoso de casa.

Na Grécia, onde as correntes secam durante o verão, o mar é o tema patriótico da mitologia.[26] Os rios nutridos pela monção da Índia eram objetos estranhos, e até mesmo os rios da Europa — aqueles «cursos navegáveis d'água», «límpida» e «deliciosa» — eram maravilhas da natureza para Estrabão e Heródoto.[27] Todo grego tinha paixão pelo Nilo, que haviam colonizado recentemente. Quando Alexandre viu crocodilos no Indo e pés de feijão em suas margens — semelhantes aos que vira no Egito —, chegou à agradável conclusão de que o Indo era a origem do Nilo e, portanto, que o Mediterrâneo devia estar próximo (o que dá uma boa indicação de sua confusão geográfica).

Hoje, o Punjabe é uma paisagem semiárida de monoculturas irrigadas, mas no século V a.C. era repleto de florestas povoadas

---

26   Ver Ibid, v. II, p. 453, Appendix XVII.

27   Estrabão, *The Geography of Strabo*. Trad. ingl. H. L. Jones. Londres: William Heinemann, 1923, IV, p. 2; Heródoto, *The Histories*, op. cit., v. IV, p. 53.

ALEXANDRE ENCONTRA O OCEANO EXTERIOR   315

por rinocerontes, tigres e cobras. Penduradas nas árvores, como numa maldição, havia umas «vagens», «doces como mel» (a banana?), que deram aos soldados uma disenteria tão forte que Alexandre proibiu suas tropas de comê-las. Talvez o moral tivesse se mantido nas áridas terras altas do Afeganistão ou da Pérsia. Mas aqui no pantanoso Punjabe — onde cada marcha para frente causava podridão dos cascos e cada noite trazia o medo de picadas de cobra e onde as febres se espalhavam sob uma nuvem de mosquitos da malária — a resistência exigida era muito grande. Começaram a se espalhar pelo acampamento rumores sobre a verdadeira e vasta natureza da terra que Alexandre estava tentando subjugar. Percebendo o sentimento de rebelião, Alexandre convocou uma reunião dos comandantes do regimento.

O rei grego era jovem e impetuoso, e no passado seus homens o amavam por isso. Alexandre conhecia a força desse sentimento e, com enorme confiança, deu o melhor de si na retórica. «É doce para os homens viverem com bravura», disse ele, «e morrerem deixando para trás fama imortal... é através do território agora nosso que flui o Indo... a terra é vossa, sois vós seus sátrapas, a maior parte do tesouro chega agora a vós, e, quando invadirmos toda a Ásia, então prometo pelos céus que não apenas irei satisfazer-vos, mas ultrapassarei a maior das esperanças por coisas boas que cada homem possui.»[28]

Infelizmente, o exército de Alexandre falhou em avaliar a importância histórica desse momento. Houve silêncio. Até que um veterano chamado Coeno levantou-se para falar por eles.

Alexandre era conhecido por seus anseios irracionais: por seu desejo, como Arriano observou tão bem, de fazer «algo incomum e estranho», um desejo que o levou da Pérsia até a fronteira da Índia. A palavra que Arriano usou para designar esse sentimento

28   Arriano, *Anabasis Alexandri*, v.25-6, op. cit., 1976, v. II, pp. 83-7.

foi *pothos*. Para Homero, na *Odisseia*, essa palavra nebulosa transmitia uma sensação de saudade. Para Platão, de desejo erótico; mas o Alexandre de Arriano experimentou o *pothos* como uma aposta no status heroico. *Pothos* afligiu Alexandre em momentos críticos de sua jornada — o mais importante, espetacular e desastroso deles foi na Índia. Ele foi «tomado por um desejo (*pothos*) de capturar» Pirsar, foi «tomado por uma avidez (*pothos*) de ver o lugar onde os nisianos homenageavam Dioniso», tinha «vontade (*pothos*)», em Taxila, de que um desses «sofistas indianos que andam nus fosse morar com ele». Por fim, quando chegou ao mar Arábico, «teve o desejo (*pothos*) de navegar da Índia para a Pérsia».

Era essa palavra poderosa que Coeno agora devolvia a Alexandre. No grego, a palavra é repetida três vezes: os soldados, disse Coeno, desejavam ver os pais (se ainda estivessem vivos), ansiavam por ver suas esposas e filhos e desejavam ver sua pátria. Coeno parou de falar e o público explodiu de emoção — alguns chorando de nostalgia, outros se enfurecendo contra seu comandante cruel. O exército estava farto da *Ilíada*. Como os homens de Odisseu, tudo o que queriam era voltar para casa.

Alexandre demitiu com fúria seus oficiais. No dia seguinte, chamou-os de volta para dizer que iria sozinho para a Índia e então se retirou para sua tenda para ficar de mau humor como Aquiles. Ficou de mau humor por um dia, por dois, por três: até que viu que o exército não se envergonharia de fazer o que ele queria e, então, como Aquiles, foi forçado a ceder. Os deuses vieram em seu auxílio. Quando ele ofereceu sacrifícios nas margens do rio, os presságios para continuar a marcha para a Índia foram desfavoráveis — e seus homens gritaram de alegria.

Antes que o exército voltasse para casa, realizou uma última tarefa para a reputação de seu líder. Alexandre teve doze altares enormes construídos para os deuses do Olimpo — «tão amplos e altos quanto as maiores torres» — e também algumas manjedouras

ALEXANDRE ENCONTRA O OCEANO EXTERIOR

enormes, freios para cavalos e cabanas contendo camas de dois metros e meio. De acordo com Arriano, essas eram «ofertas de agradecimento aos deuses», mas Quinto Cúrcio deu uma interpretação mais cínica: a «intenção» de Alexandre, observou ele, era «fazer tudo parecer maior do que era de verdade, pois se preparava para deixar para a posteridade uma maravilha fraudulenta».[29] Talvez os altares gregos, com feitio de torres, fossem uma réplica a esta terra de elefantes altos como torres. O vale do Indo derrotou Alexandre, mas ele queria dar a impressão de que sua retirada era um triunfo.

As aventuras de Alexandre no vale do Indo não terminaram, no entanto. Recusando-se a marchar de volta para casa pelo caminho pelo qual veio — pelo Afeganistão —, ele anunciou em vez disso que desejava navegar pelo Indo até o mar (como Cílax o fizera). Mas, dessa vez, não se arriscaria com as divindades indianas do rio: foi assim que, nas margens do Jilum, ao amanhecer, fez sacrifícios aos deuses gregos usuais. Então, a bordo do navio, despejou de uma tigela de ouro uma libação no rio e «conjurou o Acesines (o rio Chenab), bem como o Hidaspes (o Jilum) [...] e também invocou o Indo». Só então, após Alexandre ter apaziguado os deuses dos rios da Índia e com o Indo se unindo ao panteão grego, a frota estava pronta para partir.

Infelizmente, os soldados de Alexandre — não sendo grandes navegadores de rios — ficaram «mudos de espanto» quando viram a confluência violenta e ruidosa dos rios Jilum e Chenab. Pelo menos dois escaleres, com todos a bordo, foram perdidos, e o próprio Alexandre quase se afogou. Depois disso, o exército teve de lutar contra a feroz tribo malava no ponto onde os rios do Punjabe juntam-se ao Indo — um lembrete de que a Índia estava

---

29 Quinto Cúrcio Rufo, *The History of Alexander*, IX.3.19. Trad. ingl. J. Yardley. Harmondsworth: Penguin, 1984, p. 219.

cheia de reis fortes e exércitos hostis. O exército levou nove meses para, entre velejar e lutar, fazer seu caminho rio abaixo. Alguns soldados afogaram-se, outros foram mortos e Alexandre sofreu um ferimento quase fatal no peito. Seus homens, acreditando que ele estava morto, desesperaram-se por serem deixados sem um líder «no meio de rios intransitáveis» com «nações belicosas os cercando». Apesar de seu estado grave, Alexandre se obrigou a aparecer diante deles no convés e levantar a mão para mostrar que estava vivo. Mais uma vez, o exército emocionado «chorou involuntariamente de surpresa» e salpicou-o com um confete de fitas e flores.

Por fim, o exército chegou ao mar — deixando em seu rastro uma trilha de cidades com os nomes do rei, seu cavalo ou suas vitórias, cada uma com seu próprio estaleiro. Na foz do rio, Alexandre passou algum tempo explorando os canais sinuosos do Delta e fez sacrifícios mais luxuosos. Ele sabia que a água salgada que sentia em seus lábios não era a do Oceano Exterior que circundava o mundo — que ele não havia, de fato, alcançado a borda da terra —, mas era melhor do que nada. Alexandre navegou rumo ao mar e, como Nestor na *Odisseia*, sacrificou touros a Posseidon. Em seguida, jogou na água os touros e as tigelas de libação de ouro. Era o típico clímax em ebulição de uma campanha que quase terminou em desastre.

Alexandre morreu dois anos depois na Babilônia — alguns falavam de veneno, outros de febre (malária, talvez, contraída no vale do Indo?). Morreu, dizem, enquanto preparava uma campanha contra a Arábia, porque os árabes, apesar de serem adoradores de Dioniso, se recusaram a reconhecer Alexandre como um deus.[30]

Ao longo de sua vida, Alexandre cuidou de sua reputação póstuma. Levara historiadores com ele para a Índia, e, quando se

30   Arriano, *Anabasis Alexandri*, VII.19-20, op. cit., 1929, v. II, p. 271.

ALEXANDRE ENCONTRA O OCEANO EXTERIOR

recusaram a elogiá-lo apropriadamente, condenou-os à morte (este foi o destino de Calístenes).[31] Após sua morte, seus obedientes historiadores de campanha escreveram versões autorizadas de sua conquista indiana, e isso deu origem a uma série de relatos contraditórios, elogiosos ou condenatórios, feitos por escritores gregos e romanos subsequentes. Esses, por sua vez, alimentaram os romances medievais populares. É então, séculos depois de sua morte, que Alexandre se destaca de verdade — como um herói *pop* do Oriente e do Ocidente.

Durante a Idade Média, o *Romance de Alexandre* — uma história em prosa grega de sua vida, que mesclava história, épico e fábula — se espalhou por toda a Europa, de Atenas à Islândia, adquirindo adornos à medida que avançava. Em algumas versões, Alexandre subia ao céu em uma cesta e descia ao fundo do mar em um barril de vidro. Em outras, recebia profecias de árvores falantes indianas, perdia soldados para os crocodilos do Indo e tinha sua ambição repreendida por filósofos brâmanes nus. Os menestréis da Europa medieval adoravam a coragem temerária de Alexandre. Em uma época em que os países a leste de Constantinopla mais uma vez se tornavam um mistério, suas peregrinações além das fronteiras do mundo conhecido enfeitiçaram toda a cristandade. Até mesmo teólogos leram o *Romance de Alexandre* — e se questionavam se as «vagens de árvore» descritas nele poderiam ser o fruto que Eva deu a Adão no Paraíso. Não está escrito em Gênesis, «plantou o Senhor Deus um jardim, da banda do oriente, no Éden»? O Indo seria um dos rios do paraíso? A lenda do Preste João, um governante cristão fictício de um reino perdido em algum lugar do Oriente, foi inspirada por essa fusão do *Romance*

---

31 *The Greek Alexander Romance*. Trad. ingl. R. Stoneman. Harmondsworth: Penguin, 1991, p. 21; L. L. Gunderson, *Alexander's Letter to Aristotle about India*. Meisenheim am Glan: Hain, 1980, p. 4.

de Alexandre com a exegese bíblica. Na carta que escrevera aos monarcas medievais da cristandade, o Preste João gabara-se do rio Indo: «Circundando o Paraíso, estende seus braços em várias voltas por toda a província».[32]

Surpreendentemente, na mesma época em que a conquista do Oriente por Alexandre forneceu um modelo heroico para reis e cavaleiros cristãos medievais — com a intenção de reivindicar as terras cristãs dos infiéis muçulmanos —, os muçulmanos também começaram a louvar Alexandre como um herói.[33] No Oriente Médio, Alexandre se metamorfoseou de conquistador temerário em pregador monoteísta. Passando pelas traduções em hebraico e siríaco cristão para o árabe, uma versão da história de Alexandre parece ter entrado no Alcorão, onde aparece como o misterioso personagem Zul-Carnain, o «de dois chifres» (um epíteto derivado talvez da lenda de que Alexandre era filho do deus egípcio Amon, com sua cabeça de carneiro). O profeta Maomé foi informado, em uma revelação, da jornada de Zul-Carnain do Ocidente para o Oriente, onde ele, «chegando ao nascente do sol, viu que este saía sobre um povo contra o qual não havíamos provido nenhum abrigo».[34]

Como o «poderoso» agente de Alá na terra, Zul-Carnain foi imediatamente aceito pelos primeiros muçulmanos como um profeta menor — embora alguns estudiosos muçulmanos modernos hoje em dia repudiem qualquer ligação com o pagão Alexandre.

Esta versão islâmica da história de Alexandre foi levada ao sul, para a Etiópia, e ao norte, para a Mongólia. Cavaleiros nas

---

32 Citado em C. Allen, *The Search for Shangri-La: a Journey into Tibetan History*. Londres: Little, Brown and Company, 1999, p. 155.

33 B. D. Schildgen, «Dante and the Indus: The Salvation of Pagans». In: Id., *Dante and the Orient*. Urbana: University of Illinois Press., *c.* 2002, p. 96.

34 Alcorão 18.90 (*The Koran*. Trad. ingl. N. J. Dawood. Londres: Penguin, 2003, p. 213).

ALEXANDRE ENCONTRA O OCEANO EXTERIOR   321

montanhas Pamir da Ásia Central contaram a Marco Polo como seus corcéis descendiam do Bucéfalo de Alexandre.[35] Os persas que conquistou fizeram dele o herói de *Iskandarnamah*, seu épico nacional — o filho não mais de Filipe, mas de Dario. Não mais um adorador de rios, mas um *ghazi*, um sagrado guerreiro islâmico que abriu o caminho para o sultão Mahmud, o imperador Babur e incontáveis outros:

> Alexandre... Estimulado por seu ardor religioso, gritou: «Atacar! Pois esses são infiéis e, se os matarmos, seremos *ghazis*».[36]

E assim, mesmo hoje no norte do Paquistão — no mesmo lugar onde Alexandre vadeou o Indo, adorou-o como um deus e matou as tribos montanhesas —, os pachtos modernos ainda o reivindicam como sendo seu antepassado.[37]

---

35   *The Greek Alexander Romance*, op. cit., p. 1.

36   *Iskandarnamah: A Persian Medieval Alexander-Romance*. Trad. ingl. M. S. Southgate. Nova York: Columbia University Press, 1978, p. 20.

37   Como o fizeram os *gyalpos* do Baltistão, ao longo do curso nordeste do rio, pelo menos até o século XIX (ver A. Cunningham, *Ladák, Physical, Statistical, and Historical; With Notices of the Surrounding Countries*. Londres: Allen, 1854, p. 28). Outros mitos de origem pachtos, no entanto, sugerem que eles sejam uma das doze tribos perdidas de Israel.

9.

A BEBERAGEM DE INDRA

c. 1200 a.C.

*Indomitável Sindhu, eficaz das eficazes, salpicada como uma
potranca, bela como uma bela mulher.*
Rig Veda, *c.* 1200 a.C.

Os mortos nos caixões que Alexandre, o Grande, queimara já governaram todo o noroeste do Paquistão, mas seus prováveis descendentes hoje vivem em apenas três aldeias nas montanhas, 150 quilômetros ao norte de Pirsar. Com seu panteão de deuses, danças noturnas da colheita e cocares de búzios, os kalash até agora resistiram às tendências homogeneizadoras da história. Em vez disso, sua distinção gerou um coro de sonoras especulações. Durante o século passado, os kalash foram aclamados como eslavos pelos russos, como pastores alpinos pelos italianos, como filhos de Alexandre pelos atenienses e como ingleses por colonos rebeldes (ainda que apenas num conto de Rudyard Kipling). Agora os paquistaneses, seguindo corajosamente os passos dos antropólogos europeus que os antecederam, proclamaram-nos a chave do mistério ariano da Índia.

A busca pelos arianos tem antepassados desagradáveis. O Rig Veda, o texto sânscrito mais antigo da Índia, consagrou a noção dos *arya*: falantes de sânscrito «nobres» que lutaram contra seus inimigos rudes, os *Dasas*. Livros e epopeias legais posteriores em sânscrito testemunham a luta perpétua para definir quem era *arya* e quem não era. Tradicionalmente, os indianos presumem que os descendentes dos *arya* podem ser encontrados entre as castas hindus, com os brâmanes no topo da hierarquia.

No final do século XVIII, funcionários da Companhia das Índias Orientais começaram a aprender sânscrito. Um juiz da Companhia, William Jones, logo percebeu que o sânscrito estava intimamente relacionado ao latim e ao grego, e, em 1786, já tinha confiança suficiente para declarar que todas as três línguas teriam surgido de uma mesma fonte. O corolário lógico disso foi que os povos indianos e europeus deviam ser primos. A Europa ainda não havia suportado o peso do desafio de Darwin à teoria bíblica da Criação, e Jones apegou-se à crença de que tanto europeus quanto indianos descendiam dos filhos de Noé e de que o hebraico era mais antigo que o sânscrito.

Embora a teoria da Criação logo tenha sido minada, as análises linguísticas escrupulosas dos sanscritistas do século XIX deram crédito à teoria de Jones de um grupo de línguas indo-europeu. Mas, como explicaria o indologista alemão F. Max Müller em 1883, muitos europeus «iriam recusar-se a crer que pudesse haver qualquer comunidade de origem entre o povo de Atenas e Roma e os assim chamados negros da Índia».[1] No lugar disso, em torno do fino fio histórico da origem do sânscrito foi tecida toda

---

1   E. Bryant; L. Patton (Orgs.), *The Indo-Aryan Controversy: Evidence and Inference in Indian History.* Londres: Routledge, 2005, p. 472.

A BEBERAGEM DE INDRA

uma mitologia: de uma antiga raça marcial ariana de pele clara que invadiu a Índia a cavalo e derrotou os incivilizados nativos. Reacionários europeus — entre eles o filósofo escocês Dugald Stewart, em um ensaio de 1826 — explicaram a semelhança entre as línguas indianas e europeias argumentando que os brâmanes aprenderam sua língua com Alexandre, o Grande: o sânscrito dos mais sagrados livros hindus seria «uma espécie de gíria, ou jargão das estradas (um tipo de *grego da criadagem*)».[2] Como o próprio Max Müller comentou, a reação de Stewart mostrou, «melhor do que qualquer outra coisa, quão violento foi o choque causado pela descoberta do sânscrito aos preconceitos mais profundamente enraizados na mente de todo homem educado».[3]

Durante o século XX, as teorias arianas deram a sua guinada mais horrenda, quando o Partido Nazista de Hitler se apropriou do vocabulário dos estudos sânscritos — os «arianos», pureza de casta, a suástica (um antigo símbolo indiano de bem-estar) — para endossar o racismo e o genocídio baseado no mito de uma raça superior ariana de teutões de cabelos louros.

Na Índia, os anti-imperialistas propugnadores da liberdade contra-atacaram, afirmando que os arianos eram nativos da Índia. Os hindus sempre acreditaram que sua nobreza inerente era produto da casa, e a teoria britânica de um ancestral ariano mútuo entrando na Índia vindo do oeste — precursor de numerosas invasões subsequentes — era um insulto ao nacionalismo indiano. Alguns argumentaram que o sânscrito era a língua mais antiga do mundo e que a humanidade se originou de uma pátria no Himalaia. Fundamentalistas hindus fecharam seus olhos à verdade tanto

2   D. Stewart, *The Collected Works*. Org. W. Hamilton. Londres, 1854, v. IV, p. 92. Comentário sobre Dugald Stewart: F. M. Müller, *The Science of Language: founded on lectures delivered at the Royal Institution in 1861 and 1863*. Londres: Longmans, Green, and Co, 1891, p. 164.

3   Müller, *The Science of Language*, op. cit., v. I, p. 229.

quanto seus irmãos europeus da direita, e começaram a afirmar que os arianos haviam partido a oeste do Ganges para colonizar o mundo com a sua destreza linguística, ensinando até mesmo aos astecas sua arte. No final do século XX, durante o governo do Partido hindu Bharatiya Janata (BJP) — que, sendo o «partido da Índia», usa o antigo nome hindu para o país, «Bharat», em vez do neologismo dos invasores, «*Índia*» —, até material arqueológico foi inventado para provar que os arianos eram «produto 100% feito na Índia».

Houve tentativas igualmente engenhosas de reescrever a história além da fronteira, onde os vestígios de sânscrito contidos no urdu, a língua nacional do Paquistão, são rotineiramente negados. Um patriota paquistanês chegou a demonstrar «matematicamente» que o sânscrito derivava do árabe. No particionado subcontinente pós-colonial, a história antiga é caprichosa.

Cada hipótese da origem ariana contém um grão de verdade e um verdadeiro Himalaia de especulação. Inevitavelmente, toda teoria esbarra no mesmo problema — o abismo que se abre entre a evidência material das pessoas no segundo milênio a.C. e o texto inescrutável que primeiro deu ao mundo o «arianismo».

Texto sânscrito mais antigo da Índia, venerado por todos os hindus, nada pode ser mais estranho ou mais obscuro do que os hinos do Rig Veda. «Enunciados sombrios e inapeláveis», Max Müller os chamou.[4] Eles imploram aos deuses por favores, imploram às divindades do fogo e da água que ouçam seus gritos. Estudiosos modernos de sânscrito, lutando para interpretar suas obliquidades, já os compreenderam como descrições do ritual necessário para agradar aos deuses, como conexões verbais entre a terra e o céu, ou como disputas de eloquência entre poetas tribais rivais: «Esforçando-me pelo galardão da vitória, tornei minha

---

4   Id., *Vedic Hymns: Hymns to the Maruts*. Oxford: Clarendon, 1891, p. xxix.

A BEBERAGEM DE INDRA

327

eloquência livre: deixai que o deus dos rios de bom grado aceite minhas canções».[5] Mas o Rig Veda é particularmente resistente à penetração acadêmica.[6] Ele engendra dois tipos de especialização: a polêmica politizada e a extrema cautela acadêmica.

O Rig Veda foi composto ao longo de muitos anos, aproximadamente do ano 1200 a.C. em diante e, uma vez concluído, não foi escrito. Em vez disso, foi guardado na memória — o modo sagrado de transmissão. Escolas de sacerdotes foram formadas para aprender o Rig Veda de cor, e o sistema parece ter funcionado à perfeição. O Rig Veda como lemos hoje é um registro das paixões e obsessões de sacerdotes védicos de 3 mil anos atrás.

Os 1.028 hinos, organizados em dez livros ou *mandalas*, são uma homenagem ao poder mistificador da Natureza. Os deuses do hinduísmo posterior são consoladoramente antropomórficos, mas os do Rig Veda são fenômenos naturais: *Agni* (o fogo), *Aditi* (o amanhecer), *Indra* (o trovão) e *Sindhu* (simultaneamente o Indo, a água, as inundações, o mar e a chuva).

O que no Rig Veda é fato? O que, nesse «livro rico e secreto», é metáfora? Em meio ao redemoinho de símbolos desconcertantes, uma coisa se destaca com clareza: a geografia. Como um mapa-poema, os hinos delineiam o Indo e seus afluentes, desde o Yamuna no leste, através do Punjabe, até o Afeganistão no oeste. O rio para o qual todos esses rios «apressam-se» — «como mães

5   W. D. O'Flaherty, *The Rigveda, an Anthology: One hundred and eight hymns, Selected, Translated and Annotated*. Harmondsworth: Penguin, 1981, p. 105.

6   Como escreveu o estudioso de sânscrito Harry Falk, «A linguagem dos poetas obscurece mais fatos do que esclarece» (Falk, «The Purpose of Rgvedic Ritual». In: M. Witzel, *Inside the Texts, Beyond the Texts: New Approaches to the Study of the Vedas: Proceedings of the International Vedic Workshop, Harvard University, June 1989*. Cambridge, Mass.: Department of Sanskrit and Indian Studies, Harvard University, 1997, p. 70).

328 ALICE ALBINIA

chorando por seus filhos» — é o Sindhu. Cantados nas margens
do Indo, os hinos ecoam com imprecações ao rio.

> Sindhu supera, por sua força, todos os outros rios errantes...
> Cintilante, brilhante, com poderoso esplendor, ela carrega as águas
> pela planície — a indomável Sindhu, célere das céleres, como uma
> bela potra —, um deleite à visão.

Max Müller acreditava que teria sido a própria experiência de
contemplar o poder de criação e destruição do rio que engendrara
na humanidade o conceito de divino.[7]

O sânscrito tem muitas palavras semelhantes às equivalentes
europeias: o deus do fogo, *Agni*, torna-se *ignis* em latim, por exemplo. Mas os estudiosos acharam mais desconcertante a etimologia
do deus da chuva Indra. Alguns se perguntaram sobre uma possível raiz não sânscrita; outros, se seu significado era «gigante»,
«rápido», «conquistador» ou «homem». Apenas para Max Müller
seu significado era incontroverso:

> a derivação do nome Indra, um deus que é constantemente
> representado como trazendo chuva, da mesma raiz que produziu
> *ind-u*, gota de chuva, está além do alcance de qualquer crítica razoá-
> vel... não pode haver dúvida de que na mente dos poetas védicos
> *ind-u* e *ind-ra* estavam inseparavelmente conectados.[8]

Se Indra compartilha uma raiz linguística com *ind-u*, chuva, ele
também compartilha uma com o rio Indo. O rio é a manifestação

7   F. M. Müller, «Lecture vi: The Infinite in Nature, Man, and the Self». In: Id., *Na-
     tural religion: the Gifford lectures delivered before the University of Glasgow in 1888*.
     Londres: Longmans, Green, 1907, p. 152.
8   Id., *Collected Works of F. Max Müller*, v. iii: *Anthropological Religion*. Londres:
     Longmans, Green, and Co., 1903, pp. 395-6.

A BEBERAGEM DE INDRA

329

física do poder do deus da tempestade. Indra controla as águas, «libertando-as» na primavera e domando suas enchentes para que os humanos possam atravessá-las. Suas águas são a «beberagem especial de Indra».

As águas de Indra enchem o Indo até a borda, fertilizando a terra para os rebanhos védicos.[9] «Vós, inundações da deusa», cantam os poetas, «ó mães, que a todos atiçais, prometei-nos água rica em gordura e bálsamo.» A riqueza do Indo — «Sindhu com seu caminho de ouro» — é um tema recorrente. «Sindhu é rica em cavalos, rica em carruagens, rica em roupas, rica em ornamentos de ouro, bem-feitos, rica em comida, rica em lã... suas águas auspiciosas têm flores de onde cresce o mel.»[10]

Como estupefatos estudiosos do sânscrito há muito apontam, o Rig Veda trata principalmente do Punjabe, abrangendo também em sua visão o que hoje é o leste do Afeganistão e o noroeste do Paquistão. O Sinde e a Índia peninsular são desconhecidos. Existem raras menções de rios a leste. O Yamuna (que hoje atravessa Déli) é invocado algumas vezes, o Ganges no máximo duas vezes, e o Sarasvati, um lendário rio oriental que secou por volta de 1000 a.C., só é elogiado em camadas posteriores do texto. Por mais desconcertante que seja para os devotos hindus, o Rig Veda tem sua terra natal no Paquistão.

A partir da literatura sânscrita posterior, fica claro que o povo rigvédico gradualmente migrou para o leste em direção às planícies gangéticas, onde os rios de adoração talvez fossem menos inconstantes e erráticos, menos sujeitos a mudanças repentinas de curso com risco de morte. Antigos comentários védicos, como

9   R. Griffith, *The Hymns of the Rigveda: Translated with a popular commentary.* Benares: E.J. Lazarus, 1889, p. 139.

10 *Rig-Veda-Sanhita. A Collection of Ancient Hindu Hymns constituting the First Ashtaka, or Book, of the Rig-Veda.* Trad. ingl. H. H. Wilson. Londres, 1850-54, pp. 205-6.

o *Satapatha Brahmana* e o épico *Mahabharata*, louvam o centro-
-norte da Índia. As peças e poemas sânscritos medievais deslocam
o centro da cultura sânscrita para o sul, e o *Ramayana* parece descrever a conquista do Sri Lanka. Na literatura sânscrita clássica,
Ganges — um rio insignificante no Rig Veda — é promovida à deusa
suprema da limpeza dos pecados, a mais santa dos santos.

À medida que o sânscrito se movia para o leste e o sul em
direção à Índia, a paisagem sagrada hindu (*aryavarta*) foi reorien-
tada. A velha pátria tornou-se a nova periferia: um ódio edipiano
da terra de onde vieram se desenvolveu. O exuberante Punjabe
foi empurrado para além de quaisquer limites aceitáveis, adequado apenas para *mlecchas*: bárbaros analfabetos, em sânscrito.
No *Mahabharata*, há lembranças vagas de uma época em que a
terra dos cinco rios era sagrada. Porém, com mais frequência, o
Punjabe é largamente vilipendiado. «Como poderiam sabê-lo [...]
os Sindhu-Sauviras o que quer que seja do dever», um de seus
personagens comenta, «nascendo, como o são, em um país peca-
minoso, sendo *mlecchas* em suas práticas, e sendo irrefletidos do
dever.» Onde «aqueles cinco rios fluem [...] e têm o Sindhu como
seu sexto [...] tais regiões não têm virtude e religião. Aqui não se
deve vir». Os homens dos cinco rios bebem álcool e comem carne
com alho, suas mulheres dançam nuas.[11]

À medida que a reputação do vale do Indo ficava cada vez
mais terrível, muitos hindus se apoderaram do desaparecido Sarasvati. Foi mitologizado como a mãe de todos os rios rigvédicos,
e sua localização foi deslocada ao leste para o interior do coração
gangético: os hindus agora acreditavam que fluía invisivelmente
para a junção do Ganges e do Yamuna (em Alaabade, perto de
Varanasi). O Indo, em contraste, foi tão negligenciado que, em
1922, um sacerdote brâmane do Sinde teve de escrever um livro

---

11 Citado em Karttunen, *India in Early Greek Literature*, op. cit., p. 217.

A BEBERAGEM DE INDRA   331

lembrando os hindus da santidade do rio.[12] A Partição, em 1947, selou séculos de sentimento hindu sobre o Indo. Agora que o rio foi perdido quase completamente para o Paquistão, o Sarasvati conquistava um culto de seguidores.

A geografia da antiga literatura indiana, que se deslocou para o leste, encorajou homens como Jones a ver o sânscrito como uma língua de imigrantes na Índia. Isso deu origem à teoria da «invasão ariana» — à qual muitos indianos reagiram com fúria compreensível. A maioria dos acadêmicos na Índia agora concorda que realmente houve algum tipo de migração populacional para o noroeste da Índia durante o segundo milênio a.C. Mas, durante o governo do BJP, políticos hindus de direita negaram a invasão ariana no Parlamento e ordenaram que relatos oficiais dos principais historiadores do país — que eles denunciaram como «esquerdistas antipatrióticos» — fossem retirados dos livros didáticos de sala de aula.

No Paquistão, entretanto, é diferente. Aqui, a ideia de uma «invasão ariana» não carrega nenhum estigma antipatriótico; na verdade, é considerado natural, em um país onde qualquer muçulmano com aspirações sociais pode traçar sua ascendência de imigrantes árabes ou persas, que os «nobres» arianos também fossem imigrantes. Desde 2003, uma equipe de arqueólogos paquistaneses tem escavado túmulos antigos ao longo das margens dos afluentes do Indo, ao norte. De acordo com os resultados de suas pesquisas mais recentes, os túmulos são vestígios tentadores do que eles chamam de «jornada dos antigos arianos» da Ásia Central, sentido sudeste até o Paquistão. Em um golpe de sabre que separa a Índia de seu passado ariano, esses arqueólogos me dizem que, enquanto os imigrantes arianos colonizaram o vale do

---

12   K. N. Das, *Shri Sindh Sapt Nad Sadhubela Teerath Mahatamay*. Sucur, 1922.

Indo, «esta cultura termina aqui. Os arianos não cruzaram o rio Índia adentro».[13]

Até agora, os arqueólogos ficaram frustrados com o fato de que, embora os autores do Rig Veda tenham criado um mundo complexo de imagens verbais, era difícil localizar seus restos materiais. Ao contrário de Axoca, que escreveu seu nome em rochas por todo o país, os arianos eram provavelmente pastores que evitavam os recursos usuais dos arqueólogos: assentamentos urbanos e escrita. No que diz respeito a artefatos físicos, como Mauválio, o gato dúbio,[14] *os arianos nunca estão lá*.

Os estudiosos do sânscrito tiveram de vasculhar o Rig Veda em busca de pistas, discutindo sobre o significado de quase todas as palavras. A partir da massa de metáforas entrelaçadas, foi estabelecido em caráter mais ou menos conclusivo que os dois símbolos de status mais importantes dos arianos eram vacas e cavalos. Em ocasiões cerimoniais, eles bebiam o sagrado *soma*, um misterioso suco espremido de um cogumelo da montanha, ou talvez de uma planta carnuda sem folhas como o ruibarbo. Eles gostavam de viver perto de rios, usavam o cobre e praticavam o pastoreio e a caça.

Na década de 1960, foram recuperados de túmulos em Dir e no Suat (conhecidos no Rig Veda como *Suvastu*, «boa morada») artefatos que tiveram sua datação de carbono determinada como do segundo milênio a.C., época da composição do Rig Veda.[15] A principal fonte de carne das pessoas sepultadas era o gado, e elas tinham contato com lugares distantes do norte. Havia lápis-lazúli do norte do Afeganistão, brincos feitos de ouro (provavelmente

---

13   Entrevista com Muhammad Zahir, Museu de Pexauar, 2005.

14   Na tradução de Caetano Galindo para «Macavity: The Mistery Cat», em T. S. Eliot, *Poemas*. São Paulo: Companhia das Letras, 2018. [N. T.]

15   A. H. Dani, *Ancient Pakistan*. Pexauar, 1967, v. III, p. 49.

A BEBERAGEM DE INDRA   333

do alto Indo) e cerâmica pintada graciosamente com silhuetas de cavalos. Havia várias formas de sepultamento nas margens do rio, incluindo corpos enterrados em posição fetal (como na Ásia Central) e cremação (como aconteceria mais tarde na Índia). Havia muitas coisas, escreveu o arqueólogo italiano Giorgio Stacul, que sugeriam «uma conexão com a literatura védica».[16]

As descobertas mais controversas, porém, foram os ossos de *Equus caballus*. Os cavalos são a quintessência da cultura rigvédica: «É certo que o filho das águas, ao incitar seus cavalos velozes, adornará minhas canções, pois se compraz delas».[17] Há hinos inteiros sobre cavalos no Rig Veda, deuses são chamados de cavalos. Como em Homero, a carruagem puxada por cavalos é a arma mais importante do povo rigvédico. O significado do cavalo no Rig Veda reflete as mudanças dramáticas que ele trouxe à vida humana após a sua domesticação, entre o quarto e o segundo milênio a.C., na Ucrânia. Os cavalos permitiam que as pessoas que os montavam cobrissem distâncias enormes e derrotassem seus inimigos.

Para aborrecimento daqueles que alegam que os arianos eram indígenas da Índia, vestígios do cavalo ainda não foram encontrados lá no registro arqueológico pré-rigvédico. A presença de ossos de cavalo nas sepulturas de Dir e do Suat sinalizou para arqueólogos entusiasmados que falantes de protossânscrito montados a cavalo entraram no noroeste do Paquistão durante o segundo milênio a.C.[18] O uso que foi dado aos cavalos sugeria até um ritual rigvédico. Imagens de cavalos foram enterradas como bens mortuários junto com os humanos, havia sepulturas de cavalos, e alguns dos ossos dos cavalos tinham «marcas de carnificina». Isso

16 Stacul, *Prehistoric and Protohistoric Swat...*, op. cit., p. 123.
17 O'Flaherty, *The Rigveda, an Anthology*, op. cit., p. 105.
18 A. Parpola, «The Coming of the Aryans to Iran and India». *Studia Orientalia*, Helsinque, LXIV, 1988, p. 200; Dani, *Ancient Pakistan*, op. cit., p. 375.

é uma reminiscência do sacrifício do cavalo real do Rig Veda, o *asvamedha*, que culmina com um cavalo sendo massacrado, escaldado e assado — um banquete de dar água na boca que aqueceria o coração de qualquer gaulês:[19]

> O cavalo de corrida veio até o matadouro, com seu coração voltado para os deuses [...] Aqueles que veem que o cavalo de corrida está cozido, dizem: «Cheira bem!».

Em 2003, os túmulos mais antigos da região foram descobertos em Chitral e Guilguite, as duas províncias do extremo noroeste do Paquistão, que fazem fronteira com o Afeganistão e estão perto do Tajiquistão. Para os arqueólogos paquistaneses, essa descoberta justificou sua hipótese de invasão ariana: os túmulos mais antigos ficam no extremo norte, dizem eles, porque essas pessoas chegaram à região pelo noroeste. Embora nenhuma sepultura de cavalo tenha sido escavada, os arqueólogos até agora descobriram um estribo de ferro «fortemente enferrujado» e uma longa maça de ferro ou ponta de lança: carregados, especulam, por um povo que lutava em batalhas a cavalo. «Eles cruzaram as passagens de Baroghil e Darkot diretamente para Chitral e Guilguite», me disse Muhammad Zahir, um jovem arqueólogo de Pexauar, que liderava as escavações. Seria essa a jornada que o Rig Veda parece sugerir? Indra transportara as tribos, está escrito, através de «muitos rios» e «de passagens estreitas».[20]

---

19 Cavalos foram de fato o principal alimento humano no Paleolítico da Europa. Ver G. Curtis, *The Cave Painters: Probing the Mysteries of the First Artists*. Nova York, 2006, p. 21.

20 M. Witzel, «Rigvedic history: poets, chieftains and polities». In: G. Erdosy (Org.), *The Indo-Aryans of Ancient South Asia: Language, Material Culture and Ethnicity*. Berlim/Nova York: de Gruyter, 1995, p. 322.

A BEBERAGEM DE INDRA   335

Os túmulos de Chitral também reabriram o debate sobre as origens do povo kalash: um cemitério antigo foi encontrado na vila kalash de Rumbur, e outro no local de um forte kalash medieval. Estes, dizem os arqueólogos, sugerem que os kalash são os arianos há muito perdidos, ainda vivendo onde seus ancestrais viveram três milênios antes. Há uma precisão tentadora nessa teoria. Mas é com alguma apreensão que empacoto uma cópia do Rig Veda e parto para o norte do Paquistão para encontrar — como um comentarista colonial do século XIX apelidou os kalash — esses «arianos puros de alto tipo».[21]

Quando chego às aldeias kalash, já li o suficiente em relatos arqueológicos e etnografia amadora do século XIX, vi muitas fotos e ouvi muitos rumores, para saber que o noroeste do Paquistão é uma tapeçaria de vestígios pré-históricos. Mas nada me preparou para a beleza que encontro nesses vales solitários — para as esculturas de caçadores, para os círculos de pedra megalíticos, sobretudo para a paisagem extravagante das peregrinações perdidas desses povos antigos. De pé, entre nogueiras, riachos e penhascos recortados, é fácil ver como esta terra pode ter inspirado devoção poética:

> Por seu grande poder ele virou *Sindhu* para o norte: com seu raio, esmigalhou a carroça da madrugada e espalhou o inimigo tardio com suas forças céleres: na alegria do *Soma*, Indra fez essas ações.[22]

Para as pessoas que ainda vivem às margens dos furiosos afluentes do Indo, o rio não perdeu nada do seu terrível poder desde que os sacerdotes rigvédicos tentaram pela primeira vez

---

21 J. Biddulph, *Tribes of the Hindoo Koosh*. Calcutá: Office of the Superintendent of Gov. Print., 1880, p. 128.

22 *Rig-Veda-Sanhita*, op. cit., v. II, p. 246.

amenizá-lo com seus hinos. No meu primeiro dia na montanhosa aldeia kalash de Bumboret, um menino é arrastado para a morte. Naquela tarde, saio para o cemitério sob os azevinhos nas bordas da aldeia. O chão está cheio de caixas de madeira entalhadas com discos solares — caixões kalash, exatamente como Alexandre os viu há 2 mil anos. Poucos kalash ainda são sepultados assim, acima do solo, muito por causa do medo dos ladrões de túmulos. Em todo lugar em Chitral e Guilguite, o comércio ilegal de antiguidades incentiva a pilhagem de tudo, desde caixões kalash até círculos de pedra e túmulos «arianos» de 3 mil anos.

As práticas funerárias kalash também estão morrendo como resultado do proselitismo feito por missionários muçulmanos, cuja sedutora promessa de alojamento cinco estrelas no céu (*jannat*) mantém uma taxa de conversão constante. Nem os próprios kalash (nem os cristãos, nem os hindus) podem oferecer uma garantia tão absoluta do paraíso quanto os muçulmanos. (Mais tarde, durante uma viagem de ônibus ao longo do Indo para Skardu, descubro como esse céu é maravilhoso quando dois esquálidos estudantes de madraçais insistem em substituir a música de Bollywood no aparelho de som por um sermão religioso em urdu: «Haverá 100 milhões de diferentes tipos de frutas no céu», diz o pregador, antes de passar para as húris [virgens]. Os outros passageiros ouvem, em silêncio e atenciosos.)

A tradição é uma coisa frágil em uma cultura construída inteiramente nas memórias dos mais velhos. Nem muçulmana, nem hindu, nem budista, a religião kalash é sincrética, envolvendo um panteão de deuses, cabras sagradas e uma reverência pelas nascentes de rios e topos de montanhas. Os kalash não têm um livro sagrado e, portanto, absorvem as influências de maneira idiossincrática e, aparentemente, ao acaso. No século XIX, os vizinhos cafires afegãos, que tinham uma cultura semelhante à dos kalash,

A BEBERAGEM DE INDRA

gabavam-se de ter matado os filhos de Ali (os netos do Profeta).[23] No século XXI, os kalash são mais diplomáticos: eles começaram a chamar seu deus criador de *Khodai*, em homenagem à palavra persa *Khuda* usada para designar Deus pelos muçulmanos e por alguns hindus em todo o subcontinente.

Tamanha é a pressão do Islã em Bumboret, que poucos jovens kalash parecem orgulhosos de seu panteão, ou mesmo de saber de sua existência. Há incredulidade quando digo que li sobre uma divindade feminina kalash das famílias. Gul, uma das primeiras garotas kalash a ir para a faculdade em Chitral, parece confusa. «Sim, temos mais de um deus», diz ela. Mas protestos irrompem de sua mãe e irmão, e dois jovens muçulmanos, seus ex-colegas de escola, levantam a voz: «Se é verdade que os kalash têm uma deusa em suas casas, então haverá briga entre nós».

Cada família kalash tem um vinhedo de onde fermenta o vinho — o sagrado *soma* ariano, dizem os entusiastas da hipótese ariano-kalash —, um coquetel dionisíaco, dizem os antigos e, ultimamente modernos, gregos. No meu primeiro dia em Bumboret, uma velha senhora de kalash me convida para provar sua bebida caseira: vinho branco azedo fermentado em pele de cabra, seguido por *tara* de amora, tudo antes das 10h da manhã. À medida que matamos doses de *tara*, o meu sentido do nosso parentesco se expande junto com minha embriaguez, pois todas as mulheres são, por definição, impuras de acordo com a tradição kalash. Na hora anterior à dor de cabeça de *tara*, saboreio a companhia diversa que nós mulheres mantemos — vacas, galinhas e a foz dos rios também são consideradas sujas — e me pergunto se é apesar, ou por causa, de sua impureza quintessencial que as mulheres kalash

---

23 J. Biddulph, *Tribes of the Hindoo Koosh*, op. cit., p. 131; K. Jettmar, *The Religions of the Hindukush*, v. 1: *The Religion of the Kafirs: The Pre-Islamic Heritage of Afghan Nuristan*. Warminister: Aris & Phillips, 1986, p. 133.

gozam de uma liberdade que deveria causar inveja a suas compatriotas muçulmanas. Os aldeões dão festas noturnas, todos bebem, e as mulheres sem véu — que em um dia comum usam tranças no cabelo, chapéus com enfeites de miçangas e centenas de colares cor de açafrão — escolhem seus próprios maridos.

Mas as «livres e fáceis» mulheres kalash ganharam notoriedade em outras partes do Paquistão, e, no verão, os vilarejos são assediados por turistas punjabi famintos de sexo, ávidos por cobiçar mulheres sem lenço na cabeça. Essa é a segunda razão principal para as conversões dos kalash. «Foi a visão dela dançando com outros homens que me fez escolher», diz-me um recente convertido chamado Fazlur enquanto estamos sentados sob uma amoreira comendo a delgada fruta branca: «Fiz um curso de islamismo em Carachi e, quando voltei, fiz minha mulher recitar os kalimas à beira do rio. Agora, ela nunca sai do fundo do jardim». «Você desistiu do *sharab* (álcool)?», pergunto. Os amigos kalash de Fazlur dão risadinhas. Beber faz parte da cultura chitrali: nenhum muçulmano nesta terra vive sem sua *tara* de amora. «Mas tenho um lugar garantido no céu», diz Fazlur.

No vilarejo de Rumbur, do outro lado da colina, os kalash parecem mais à vontade com seu modo de vida incomum. A terra é de propriedade comunitária, não há classe ou casta. Há uma pequena barragem hidrelétrica, e, em todos os lugares por onde ando nas colinas ao redor da aldeia, passo por pequenos canais cuidadosamente construídos que levam água aos campos de todos os moradores. Comparado com a situação em outras partes do Paquistão, é um paraíso ecológico.

Dispostos aqui e ali no chão do cemitério de Rumbur, há os *gandao* de madeira: efígies de cavaleiros mortos, montados em um, às vezes dois, grandes corcéis. Se os *gandao* ainda fossem feitos hoje, provavelmente mostrariam um kalash montado em motocicletas, pulando em ônibus ou ligando a ignição de um jipe.

A BEBERAGEM DE INDRA   339

Os cavalos já não são parte importante da vida diária dos kalash, e o mesmo é verdade em todo o Chitral, onde jipes e rodovias tornaram redundante o transporte por equinos. É o fim de uma longa tradição, pois na Índia antiga esta região do país sempre foi famosa por seus cavalos.[24] A mitologia kalash sustenta que o «cavalo foi criado antes de todos os outros animais»;[25] o deus do sol dos kalash, Balimain, cavalga uma montaria, e esculturas de madeira do cavalo de Balimain ainda guardam o local sagrado de adoração em uma colina bem acima da vila. Até o século XIX, a reverência ao cavalo se estendia ao leste pelo menos até Chilas, nas margens do Indo, onde a população local mantinha uma «escultura rústica» do cavalo de seu deus Taiban.[26] Em 1895, quando George Robertson visitou os vizinhos cafires no Afeganistão, foi-lhe dito que o trovão era o barulho do deus Indr jogando polo, e que sacrifícios de cavalos aconteciam perto do rio.[27]

Para Robertson, isso só podia significar uma coisa. A seu ver, todos os «componentes essenciais» da religião cafir afegã estavam de acordo com o Rig Veda — seu *Indr* como correspondência para o *Indra* védico, seu *Imra* para o *Yama* védico. Isso o levou a especular que a religião cafir representava um antigo «movimento de protesto entre arianos tribais».[28]

24   No texto budista *Majjhima*, a terra do povo camboja é conhecida como o território dos cavalos; no *Arthasastra*, os negociantes de cavalo são chamados de nortistas.

25   K. Jettmar (Org.), *Cultures of the Hindukush: Selected Papers from the Hindu-Kush Cultural Conference Held at Moesgard 1970*. Wiesbaden: F. Steiner, 1974, p. 75.

26   J. Biddulph, *Tribes of the Hindoo Koosh*, op. cit., p. 15.

27   Parpola também considerou que isto significaria que as «tribos do Nuristão, no nordeste do Afeganistão, por seu isolamento, mantiveram sua religião e sua cultura ariana arcaicas até o século atual» (Parpola, «The Coming of the Aryans...», op. cit., p. 245).

28   As semelhanças do Rig Veda com o Avestá iraniano sugerem uma similar relação de rivalidade.

A linguística estava do lado de Robertson. Os cafires no Afeganistão falavam uma forma arcaica de indo-iraniano, e a língua kalash, como a falada no resto do Chitral, é uma das mais antigas do grupo linguístico indo-europeu: mais velha ainda que o sânscrito rigvédico. A partir disso, os linguistas supuseram que os kalash viviam no Chitral pelo menos desde o segundo milênio a.C. — talvez antes de o Rig Veda ter sido codificado.[29] Talvez os sacerdotes com seus hinos sagrados tenham se mudado para o Indo, deixando os kalash para trás para se tornarem, como o linguista Georg Morgenstierne disse em 1932, «os únicos remanescentes existentes da antiga religião ariana não afetados por tradições literárias».[30]

Enquanto observo três mulheres kalash capinando um campo de milho, lembrando, com seus cocares laranja e preto, pássaros exóticos com cristas, descubro que já estou sendo seduzida pelos paralelos fáceis que podem ser traçados entre a cultura kalash e a cultura rigvédica. Mas existem, sem surpresa alguma, lacunas sérias nessa teoria. Os kalash hoje não têm uma reverência especial por *agni* (fogo) e consideram a vaca, sagrada para o Rig Veda, impura.

Mas há lembretes constantes de quão central o rio tem sido para ambas as sociedades. Durante o festival da primavera, realizado depois que a neve começa a derreter e os rios a inundar, as mulheres kalash têm permissão para entrar nos vales superiores, e então fazem com que uma jovem invoque: «Ó Khodai, Deus Supremo, conduzi a corrente a fluir em seu curso normal. Não a

---

29 Albert Cacopardo; Augusto Cacopardo, «The Kalasha in Southern Chitral». In: E. Bashir; Israr-Ud-Din (Orgs.), *Proceedings of the Second International Hindukush Cultural Conference*. Carachi: Oxford University Press, 1996, pp. 307, 310.

30 G. Morgenstierne, *Report on a Linguistic Mission to North-Western India*. Oslo: Mallingske, 1932, p. 2.

A BEBERAGEM DE INDRA 341

deixeis saltar aqui e ali e trazer inundações».[31] A palavra para Deus é emprestada dos muçulmanos, mas a oração em si é reminiscente, mais do que qualquer outra coisa no Paquistão moderno, do incessante apelo rigvédico: «Vós... parastes a grande corrente... porque oraram a vós, detivestes o rio que corria... tornai as inundações fáceis de cruzar, Ó Indra».[32]

Há um século, os kalash ainda realizavam sacrifícios ao deus do rio Bagej: animais eram queimados nas margens do rio e suas cabeças jogadas na água. Mesmo no monótono século XXI, foi o rio que Fazlur escolheu como o lugar para a conversão de sua esposa ao islamismo. Pode nunca ser possível provar uma herança cultural ou genética direta entre os kalash e os arianos, mas o efeito do habitat ribeirinho compartilhado por essas pessoas não mudou com os séculos. A água ainda exerce seu poder sobre a imaginação das pessoas que vivem aqui, assim como fez na mente dos autores do Rig Veda. Esse legado é testemunhado por toda parte em Chitral e Guilguite.

Das aldeias kalash, sigo para o norte em uma excursão pelos antigos túmulos de Chitral, com Mir Hayat, curador do museu local. Um jovem agitado de olhos marcados com kajal, o curador só vê arianismo ao nosso redor. Enquanto dirigimos, ele conta em seus dedos a abundância de «artefatos arianos» de Chitral. Seus colegas em Pexauar, ele me diz, até enviaram ossos desenterrados das sepulturas «arianas» para a América para testagem de DNA — eles esperam provar uma ligação genética entre os arianos mortos e os kalash vivos.[33]

---

31 A. Wada, *Kalasha: Their Life and Tradition*. Laore: Sang-e-Meel, 2003, p. 17.
32 Rig Veda 4.19.6 (Griffith, *The Hymns of the Rigveda*, op. cit., p. 125).
33 A genética ainda poderá provar de onde veio o povo kalash. Estudos preliminares mostraram que eles são um agrupamento populacional «distinto» com «contribuições externas» ao seu fundo genético. Ver Qamar et al., «Y-Chromosomal DNA Variation in Pakistan», op. cit.

Chegamos à aldeia de Ayun, um assentamento muçulmano vizinho às aldeias kalash, mas fora da sombra lançada pelas montanhas e, portanto, semanas à frente no ciclo agrícola. (Em Rumbur e Bumboret o trigo era verde, enquanto na planície de inundação do rio Kunar, os terraços são de um ouro-sol maduro.) «Assim que começarmos a escavar», diz o curador, «a população local começará a procurar por um tesouro.» Panelas de barro descobertas na década de 1920 foram mais tarde associadas por um arqueólogo de Cambridge à chegada de pessoas de «língua indo-europeia» no segundo milênio a.C.[34] Desde então, todos os fazendeiros de Ayun têm cavado seus campos em busca de vasos para vender aos negociantes de antiquários.

Viemos ver um aldeão que acaba de descobrir cinco desses potes de cerâmicas «arianos». Normalmente ele os mantém trancados embaixo da cama, mas, por insistência de Mir Hayat, ele os leva para fora e os coloca ao sol. «Havia um ainda maior», diz ele, «mas eu o dei a um americano no verão passado.» Ele pega um pequeno pote acinzentado da pilha. «Isto é para você», ele diz, enquanto o coloca em minhas mãos. «Não posso levá-lo», digo, alarmada com o fato de que mais uma parte de sua herança arqueológica seja acidentalmente extraviada. Mas o curador sussurra para mim em inglês: «Dê para o museu. Este homem nunca nos deixa levar seus potes. Agradeça com educação». E então, por cerca de vinte minutos, sou a dona de uma peça de cerâmica com supostos três milênios de idade, tal é o perigoso estado da arqueologia no Paquistão. «Vou colocar seu nome no cartão de aquisição», diz Mir Hayat, e sorri.

Há mais sinais de depredação arqueológica no local do antigo forte kalash, a alguns quilômetros a montante, onde mora um

---

34 F. R. Allchin, «A Pottery Group from Ayun Chitral». *Bulletin of the School of Oriental and African Studies*, Londres, v. 33, n. 1, 1970, p. 4.

A BEBERAGEM DE INDRA

amigo de escola de Mir Hayat. Uma combinação de escavações profissionais e privadas, Mir Hayat me disse, revelou que este local tem sido continuamente habitado há milhares de anos. «Pelo menos desde a época dos...» «... arianos», eu completo, e Mir Hayat me recompensa com um sorriso gracioso. «Você aprende muito rápido, Ellis.»

Enquanto Mir Hayat espera por nós do lado de fora, seu amigo me leva para dentro de sua casa chitrali tradicional, com paredes manchadas de lama, vigas de madeira preta pesadamente entalhadas, três esposas e muitos mais filhos pequenos. Na sala principal, iluminada de maneira atraente pela luz do sol que penetra pelo grande buraco no telhado, está uma grande panela redonda que parece ter sido acesa na semana passada. Em um armazém de grãos, há outro pote enterrado sob o chão de barro e cheio — abaixo a mão para tatear — de romãs em decomposição.

O Departamento de Arqueologia faz o possível para preservar os locais de escavação, mas já está envolvido em um processo judicial, e o litígio é longo e caro. Há dez anos, disseram-me, os aldeões nunca desonrariam túmulos pelo roubo. Mas, aonde os arqueólogos vão, os contrabandistas internacionais de antiguidades, os pachtos do interior e os preços astronômicos os seguem.

No dia seguinte, acompanhados por canções de amor locais lamentosas, vamos de carro para o norte ao longo das gorjas vermelhas e marrons profundas do rio Mastuj. Parwak é um pequeno vilarejo nas montanhas situado entre a fronteira afegã e a passagem nas montanhas que leva a Guilguite. Diz-se que faz parte da rota do contrabando de heroína e, portanto, é considerado «perigoso» pelos arqueólogos — mesmo os de Pexauar, onde tudo é contrabandeado. É um lugar dramático, uma daquelas planícies repentinas que se escancaram como uma mão aberta em uma paisagem tornada claustrofóbica pelas montanhas. A oeste fica Tirich Mir, o pico mais alto de Chitral, que o linguista Morgenstierne considerou um candidato a Meru, a montanha sagrada das escrituras hindus.

Os túmulos, datados de 1600 a.C., foram encontrados logo além da junção dos rios e provam, diz Mir Hayat, que os povos que viveram aqui eram adoradores de bodes e pedras. Um grupo de corpos foi enterrado em um círculo ao redor de um enorme matacão, um esqueleto foi encontrado com o crânio de uma cabra ao lado de sua cabeça.[35] Do outro lado do rio, no alto de uma colina em frente à montanha de Tirich Mir, há um antigo círculo de pedra. Desde a última vez que Mir Hayat esteve aqui, entretanto, as pedras foram dinamitadas em pedaços pelos aldeões em busca de ouro.

A partir daqui, Mir Hayat aponta o planalto de Parwaklasht, onde os arqueólogos encontraram outra sepultura rodeada por um círculo de pedra. Para alcançá-la, cruzamos o rio de novo e subimos um caminho de cabras até o planalto, que agora se eleva acima de nós como a parede de barro de um forte islâmico medieval. Quando as pessoas que construíram esses círculos de pedra moravam aqui, o rio corria pelo planalto; desde então, erodiu uma ravina centenas de metros abaixo, e por esse motivo ninguém mais pode subsistir aqui.

Devido à ausência de assentamentos modernos, Parwaklasht é o primeiro lugar em que estive onde minha imaginação rigvédica pôde correr solta. Enquanto estamos no planalto, olhando ao redor para as aldeias que se agacham como animais fecundos no ponto onde as correntes das montanhas juntam-se ao vale, as canções dos poetas rigvédicos de repente fazem sentido. Durante nove meses do ano, os rios daqui ficam congelados, mas agora os riachos caem em cascatas de jorros brancos e enérgicos. «As águas são

---

35 Ihsan Ali (Org.), *Frontier Archaeology III: Explorations and Excavations in NWFP, Pakistan*. Pexauar: Directorate of Archaeology and Museums, 2005, p. 140.

A BEBERAGEM DE INDRA

libertadas», cantaram os poetas, como gado libertado do curral, como leite jorrando das vacas, como esperma.[36]

> Os rios, tendo pungido o ar com uma torrente d'água, correram como vacas leiteiras [...] exuberantes com seus úberes cheios [...] sua água misturada a manteiga e mel.
>
> Pedimos a vós, Águas, daquela pura, imaculada, derramadora de chuva e doce essência da terra, que os devotos chamam de beberagem de Indra.

O Rig Veda, como a Bíblia, evoca uma terra que mana leite e mel.

Graças às enchentes, tenho a chance de pensar sobre a beberagem especial de Indra durante toda a semana. Quando Mir Hayat e eu chegamos a Mastuj, o vilarejo ao norte de Parwak, descobrimos que a estrada à frente até a passagem de Shandur foi destruída. «Você não pode prosseguir para Guilguite», anuncia o curador durante o almoço. «Terá de voltar comigo para Chitral.» «Que tal ir para o norte até a passagem de Baroghil?», sugiro, pensando no local do túmulo em Brep, mas ele estremece, pensando claramente nos contrabandistas de heroína. Enquanto tomamos chá e consideramos esse dilema, um homem aparece. É Yusuf, o engenheiro de inspeção local. Ele tem uma esposa em *purdah*, uma casa aqui na aldeia, cinco filhos de várias idades que podem «me proteger» e um pomar de cerejas.

O engenheiro Yusuf e eu chegamos à sua casa para encontrar seus filhos no telhado, colhendo as frutas rubras e contando ruidosamente os dias (cerca de sete) até a partida anual de polo do passo Shandur entre Chitral e Guilguite. São esperados 5 mil paquistaneses, convidados VIP e dignitários estrangeiros (diz o

---

36 O'Flaherty, *The Rigveda, an Anthology*, op. cit., p. 155.

mais velho), 10 mil (corrige o engenheiro), 20 mil (confirma o mais jovem) — e a estrada ainda não está aberta. Por 51 semanas do ano, Mastuj existe na parte sombria e amnésica da consciência nacional do Paquistão, mas, durante sete gloriosos dias, os VIPs e os turistas pachtos farão com que pareça estar no centro do mundo enquanto passam em jipes a caminho das montanhas.

E, naquela semana, aonde quer que eu vá, os filhos do engenheiro vêm comigo: para o norte, para os túmulos em Brep, ou para o sul novamente, para Parwak. Uma noite, voltamos para casa e encontramos o engenheiro Yusuf agachado perto do fogo na cozinha e — para seu padrão — em calma animação. Seus homens construíram uma ponte temporária sobre a estrada inundada e agora, finalmente, os turistas pachtos podem dirigir até o passo Shandur com seus maços de rúpias, garrafas ilícitas de gim e pacotes de maconha. Os VIPs, é claro, virão de helicóptero. Naquela noite, os meninos enrolaram os tapetes de dormir, embalaram alguns pães roti, e, na manhã seguinte, subimos a montanha com um beijo da mãe.

No topo da estrada da montanha, ultrapassamos uma longa fila de homens e vacas: «Pastores da aldeia de Laspur», diz o engenheiro. «Durante o verão, eles vivem perto do lago com seus rebanhos de vacas e cabras.» Lago? Pastores nômades? Meus ouvidos rigvédicos se eriçam. Lagos, de acordo com o vedista Harry Falk, são a chave para a topografia rigvédica — em especial os lagos onde pastores sedentários vivem nas proximidades, e, acima de tudo, lagos onde pastores em residência temporária cuidam de vacas para viver. Além disso, a encosta se ilumina com pinceladas de cor, ainda há neve no chão e os riachos correm como leite. Contornamos a última curva da estrada e então o lago aparece. Que cena pastoral mais incongruente. As vacas pastam nos juncos em suas margens. Nuvens flutuam incandescentes pelo céu lápis-lazúli.

A passagem de Shandur tem 3.734 metros de altura, então o ar é rarefeito e estou sem fôlego e tonta enquanto faço a curta jornada

A BEBERAGEM DE INDRA

das margens do lago em direção ao aglomerado de cabanas de pedra na encosta verde e púrpura. Quatro meninos pastores estão jogando uma bola com um bastão de polo de madeira em miniatura quando chego, uma velha com um xale amarelo e barrete chitrali está sentada ao sol nos degraus de sua casa. Um dos meninos, com doze anos de idade e um suéter do Royal Mail, mostra-me a casa dele. Idêntica a todas as outras na encosta, sobe como uma pequena pilha de açúcar mascavo das linhas quadradas das paredes de pedra. Os dois cômodos principais (uma cozinha e um depósito) são circulares e cobertos com galhos de madeira vedados com um cone de tojo-gadanho e urze. Uma lata de um galão de *ghee* é a chaminé. Em frente a cada uma das cabanas há uma varanda feita de pedras cinzentas e pretas, salpicada como as cabras. E ao lado de cada varanda há um curral rigvédico («Ultrapassaram todas as barreiras, como um ladrão que invade um curral»).

Enquanto me pergunto se é a falta de oxigênio que me incentiva a essas alusões, os pastorinhos se reúnem e me interrogam. «Onde está seu marido?», perguntam, quando os questiono sobre sua religião. Eles inclinam a cabeça para trás e perguntam: «Onde você deixou seus filhos?», enquanto especulo sobre o «xamanismo» praticado aqui até os anos 1950. «Seu marido», interrogam, «lhe deu permissão para vir aqui?»

Eles me disseram que seus primos jogam pelo time de Laspur. «Vocês sempre viveram aqui nos verões?», pergunto. «Costumávamos viver lá embaixo», um menino com um barrete verde paquistanês aponta para o lago, «mas subimos depois que o *maindak* saltou para o leite.» «*Maindak*?» Eles fazem mímica para mim. Um sapo. Sento-me na mureta do curral, pego meu exemplar do Rig Veda e, enquanto os meninos vasculham o conteúdo da minha bolsa, leio:

Quando as águas celestiais caíram sobre ele, seco como uma bolsa de couro, deitado no açude, então os gritos das rãs uniram-se em coro feito mugidos de vacas com bezerros.

O ar rarefeito tem me tornado obsessiva. Em breve estarei preparando *soma* e conduzindo *asvamedhas* com os pôneis de polo.

Soma é provavelmente local nessas partes — dizem ser feito de uma planta da montanha —, mas os pôneis de polo em Shandur, sendo grandes punjabis importados, não se parecem com aqueles dados em sacrifício por humanos da era védica no norte do Paquistão. Os pôneis chitralis, por outro lado, embora pequenos demais para o polo, podem ter sido boas oferendas votivas: os esqueletos de cavalo em Dir mediam no máximo «135 cm até a cernelha», pequenos e perfeitos para puxar carruagens, como a resistente raça antiga da Sibéria.

Durante três dias, observo da colina enquanto a margem do lago se enche de homens: aldeões locais, vendedores pachtos, punjabis em férias e até mesmo um punhado de turistas estrangeiros. O engenheiro Yusuf examina com óbvia satisfação os novos círculos brancos para helicópteros que seus homens pintaram na grama, os assentos recém-decorados e a longa fila de banheiros químicos. À noite, há dança chitrali. De dia, o boato corre: o presidente está chegando. Encontro amigos meus do Suat, sete homens que chegaram com uma caixa de galinhas depenadas, uma barraca de luxo e dez garrafas da melhor vodca contrabandeada de Pexauar.

Mas logo me canso do polo, mesmo sendo um esporte local, praticado no mais arcaico meio de transporte. Assim que a primeira partida termina e eu testemunho a dança no campo e os alegres aplausos masculinos, digo adeus ao engenheiro e seus filhos, dobro minha barraca e compro um assento em um jipe que leva os aldeões para Guilguite.

A BEBERAGEM DE INDRA   349

Desde que cruzei o passo de Lowari para Chitral, a paisagem tem se tornado cada vez mais exuberante e nítida. Assustamos uma manada de vacas selvagens com chifres enormes enquanto descemos engrenados por um prado de flores. O lago turquesa na cabeceira do vale do Guilguite inundou suas margens neste verão, e as águas cintilantes ainda lambem as casas na planície de inundação («as águas que se espraiam longe, que brilham com muitas cores, as águas melíferas»). No topo da colina acima do lago, o jipe para e subimos para apreciar a beleza e a destruição que o rio causou. O motorista do jipe se abaixa para colher flores silvestres que ladeiam a estrada e as enfia sob sua boina de lã branca. Daqui até Guilguite, a estrada ao longo do rio é um perigoso equilíbrio entre a água de um lado e a rocha do outro.

Guilguite faz parte das disputadas Áreas do Norte, uma terra montanhosa que foi marcada nos mapas soviéticos como parte da Índia. Assim como os distritos tribais do Paquistão, tem status de isenta de impostos e a combinação usual de contrabando de madeira e circulação de carros — mas sem o código do clã pachto. Muitas pessoas são ismaelitas, devotas de Aga Khan, que lhes diz que *purdah* é dispensável, «dois filhos são suficientes», e que eles devem «pensar em inglês, falar em inglês, sonhar em inglês». Aqui sente-se uma esfera de influência diferente: menos Afeganistão e Irã do que China e Ásia Central.

O jipe me deixa na aldeia de Goopis. A partir daqui, pego uma carona em um pequeno carro recauchutado — contrabandistas de novo, e tenho pena do comprador que estejam enganando com este — para o vale estreito e sombrio de Yasin.

De acordo com os arqueólogos de Pexauar, este vale foi uma das rotas de migração dos arianos. Não houve escavações aqui, mas encontrei uma referência a círculos de pedra antigos em um livro de John Biddulph, que era o oficial político da Grã-Bretanha em Guilguite no final do século XIX, numa época em que toda essa área era um lugar desconhecido e, portanto, desconcertante para as autoridades coloniais. Em 1880, Biddulph escreveu um breve parágrafo sobre as «notáveis mesas de pedra de grande antiguidade» de Yasin. Ele não desenhou fotos ou mapas de sua localização, e desde então não houve nenhum estudo arqueológico de seu significado e história. Enquanto dirigimos rumo à aldeia Yasin, meu único medo é que, como em Parwak, elas já tenham sido destruídas.

Em Yasin, dizem-me para procurar o magistrado. Mas o magistrado coça a barba e diz: «Acabamos de explodir o círculo de pedra para encontrar ouro». «Não!», digo, angustiada, embora não muito surpresa. Por sorte, é só uma piada dele. Ou quase piada. Ele me leva naquela noite a um pomar às margens do rio, onde há um círculo de pedra — maior do que o de Parwak — com uma árvore crescendo no meio. As pedras estão bem enterradas, ombro a ombro, como Biddulph descrevera. Eu conto. Faltam sete delas — removidas para construir a nova mesquita sunita, pelo que sou informada quando localizamos o proprietário.

No dia seguinte, alugo um jipe e subo o vale quase até a fronteira com o Afeganistão, pedindo comicamente a cada aldeia que queremos visitar *pattar ka chowk* («rotunda de pedra»: o melhor que posso fazer em urdu). Ao norte da vila de Yasin, onde o rio Tui encontra o Yasin, há um santuário muçulmano com chifres de íbex acima da porta (uma prática que data da época dos neandertais há 40 mil anos, quando os túmulos eram decorados com chifres de íbex[37]). Perto dali, há três círculos de pedra distintos, embora menores, um cemitério antigo talvez. O rio neste vale flui para o sudeste, que de acordo com o *Satapatha Brahmana* é o melhor local para um cemitério védico.[38]

---

37   B. Allchin, «South Asian Rock Art». *Journal of the Royal Society of Arts*, Londres, v. 135, n. 5366, 1988, p. 153.

38   Bryant, *The Quest for the Origins of Vedic Culture*, op. cit., p. 202.

A BEBERAGEM DE INDRA   351

Subo a colina que se eleva abruptamente sobre o rio. No planalto no topo, círculos de pedra brotam do terreno escarpado e somem novamente quando me aproximo, como crianças brincando de esconder. Por duas vezes, os «círculos» acabam sendo três ou quatro grandes pedregulhos, onde as lacunas entre eles foram preenchidas com pedras menores. Vejo várias mesetas de pedras enormes e planas, calhaus que foram divididos em dois, rochas que foram derrubadas e, em uma das pedras, um entalhe de um íbex com uma cauda encaracolada e chifres quase tão longos quanto seu corpo. O mais característico de tudo é uma pedra vertical, cortada grosseiramente no topo, e, em ambos os lados, uma pequena rocha plana ao pé dela como uma mesa ou relógio de sol, com a sombra nítida sobre ela. Há vinte anos, quando o arqueólogo alemão Karl Jettmar visitou Guilguite, ele descobriu que as pessoas ainda tinham reminiscências de uma época em que essas pedras foram sagradas. Naquele tempo, toda a aldeia, homens e mulheres, viria à encosta para beber e dançar ao lado dessas pedras «em completa entrega sexual».[39] A pedra em pé era a sede do espírito protetor dos ancestrais; e a pedra menor ao pé dela, usada para escarificar o bode sacrificial. Costumava haver muitas dessas histórias sobre a adoração de pedras nesses vales remotos e independentes.

Agora, não ouço nada além do vento. Há um grito: eu me viro e vejo o motorista do jipe. Desapareci há uma hora, se não duas. Ele ficou preocupado e subiu para me encontrar.

Dirigimo-nos até a próxima aldeia, que se espraia suavemente ao longo de uma encosta do outro lado do rio. A partir daqui, o Afeganistão e o rio Oxo estão a apenas dois dias de caminhada. O rio rompeu as suas margens e temos de sair do jipe e subir por baixo das nogueiras, pelo caminho da aldeia até uma campina de

---

39   K. Jettmar, *Bolor and Dardistan*. Laore, 1980, pp. 63-4.

flores silvestres azuis. Do caminho, por entre as árvores, podemos ver o círculo de grandes pedras, com mais de um metro de altura, que se erguem ombro a ombro como pessoas em um círculo. O pomar pertence a um fazendeiro, Akhil, cujo pai idoso coloca seus óculos escuros, pega sua lira e, entre suas canções, me conta a lenda local da construção do círculo. «As pessoas por aqui», ele diz, «podem contar que o círculo foi construído por gigantes, mas minha família era *rajas* neste lugar há um século e nossos pais sabiam que o círculo foi feito há um, dois mil anos por um guerreiro *russi*.» «Russo?», pergunto, e ele assente com a cabeça: «As pessoas sempre vieram de fora para cá. O *russi* o construiu para lamentar a morte de seu melhor amigo. Eles são muito sentimentais».

Caminhamos dentro do círculo pela entrada no lado leste. Algumas pedras são quadradas, outras em forma de v, o que dá a cada uma um ar pessoal e individual. O líquen cresceu devagar ao longo das que apontam para o norte, e as pedras do lado sul têm entalhes de íbex. Costumava haver mesas de pedra, planas em cima, diz Akhil, mas eram fáceis de remover, e, toda vez que ele ia a Skardu, um de seus vizinhos as roubava. Também está faltando uma pedra monolítica: ela foi tirada durante a infância de Akhil para ser usada como pedra de amolar. «Havia outro círculo como este logo ali», diz Akhil, apontando para um campo de milho ondulante perto do rio. «Mas o dono se cansou dele e o derrubou no ano passado.» «As pessoas podiam pagar para ver este círculo», digo a Akhil, «mas apenas se você o proteger.» Tento descrever Stonehenge. Ele olha para mim, não muito convencido.

Naquela noite, de volta a Yasin, exploro a vila com a ajuda de Sayed Junaid, um jovem e corpulento membro da milícia da fronteira, que me leva para cima e para baixo pelos caminhos pedregosos em uma motocicleta emprestada. Noutro pomar junto ao rio encontramos os vestígios de um círculo de pedras que o

A BEBERAGEM DE INDRA · 353

proprietário desmontou e cortou para construir um prolongamento da sua casa.[40] Ele também cavou o centro do círculo, onde encontrou alguns potes de barro, onde seus filhos plantaram manjericão, e quatro sepulturas (confirmando assim a especulação de Biddulph de que os círculos fossem, «com a maior probabilidade, montículos funéreos»). Os corpos, envoltos em caixões de xisto verde, estavam em vários estados de putrefação. Um era bastante «*taza*» (fresco: talvez um túmulo antigo reutilizado em tempos históricos). Os outros três eram apenas uma pilha de ossos e viraram pó assim que os túmulos foram abertos. Ele juntou o pó de ossos e espalhou-o em suas lavouras.

O magistrado, não sei por que motivo, me avisa para não dar ouvidos a Sayed Junaid, que diz que há um desses *chowks pattar ka* em sua própria terra no extremo sul do vale perto de Goopis. «Esses homens não sabem de nada», diz ele. Portanto, combino de me encontrar com Sayed Junaid em sua casa na tarde seguinte, e digo ao magistrado que estou partindo para Guilguite. É um dia claro e frio quando o motorista do jipe me deixa do lado de fora de uma porta verde em um muro perto de Goopis.

Sayed Junaid e seu irmão estão esperando por mim sob uma amoreira-branca na margem do rio. O rio é muito largo e rápido para atravessar de barco nesta época do ano, então a família amarrou um teleférico, feito de um engradado, entre a amoreira e uma pedra do outro lado. Eu fico na margem do rio e vejo Sayed Junaid subir na caixa, deslizar para o meio do rio e subir em direção ao penhasco, enquanto seu irmão se senta na amoreira e puxa. Então

40   O arqueólogo paquistanês professor A. H. Dani, que visitou o vale de Yasin com Karl Jettmar, confundiu este círculo, que naquela época pertencia a um homem chamado Ishaq (o avô do proprietário atual), com aquele descrito por Biddulph como sendo o círculo mais completo do vale. Na verdade, o «círculo em mais perfeita conservação» de Biddulph fica mais ao sul — exatamente como ele o descrevera, numa faixa de terra entre dois rios.

chega a minha vez. Eu me empoleiro na caixa, agarro-me nas laterais e vejo o rio passando bem abaixo de mim. No meio, o engradado trava e eu olho para o pedaço de terra rochoso do outro lado. Aqui, onde os rios se encontram, a língua de terra se estreita, é onde o círculo de pedras deve estar.

Eu me empurro para fora da caixa, e Sayed Junaid me leva até o montículo. «Aí está», ele diz.

Eu me ouço ofegar em voz alta. O círculo resplandece, majestoso, isolado — um sólido anel de pedras neste lugar silencioso e vazio. À nossa esquerda está uma parede de rocha marrom brilhante e o serpenteio azul do rio, à nossa direita, um rio mais largo e mais verde e uma massa escura de montanhas à distância. No leste, além do ponto onde os rios se encontram, montanhas cobertas de neve brilham intensamente na luz da tarde. Quase posso ouvir, como um sussurro, os passos das pessoas que criaram este círculo. Pela primeira vez na minha vida, quero me ajoelhar e adorar neste altar o esforço humano, o poder da Natureza.

Caminhamos lentamente em direção ao círculo, depois ao redor dele. As pedras monolíticas são enormes — quase tão altas quanto eu e mais largas que a envergadura do meu braço. O isolamento do círculo o salvou de ladrões: sem uma ponte ninguém poderia rebocar essas pedras, e mesmo as mesetas de pedra planas no topo foram deixadas intactas. Alguém, porém, tentou cavar as sepulturas no meio — lajes de xisto verde se projetam da terra como fraturas expostas. Duas paredes de pedra solta foram construídas indo dos pontos leste e oeste do círculo em direção a cada um dos rios. Há entalhes nas próprias pedras do círculo, embora pareçam variar em idade: alguns íbex, na maioria, mas também um guerreiro a cavalo com uma flâmula na mão.

Desde os dias de Biddulph, ninguém fez um estudo completo dos círculos de Yasin. O professor A. H. Dani supôs que eles fossem construídos para chefes tribais, versões monumentais dos túmulos

A BEBERAGEM DE INDRA

de pedra arredondados em Chitral. Os arqueólogos alemães contestam isso, mas, até que a permissão para escavar seja concedida pelo governo do Paquistão, o palpite de todo mundo é válido. Eles podem ser da Idade do Ferro, Idade do Bronze ou mesmo relíquias daquela cultura tumular da era védica de 3 mil anos. Ou exemplos de como, até há pouco tempo, tradições e costumes antigos persistiram nos tempos modernos nesses vales montanhosos remotos.

Naquela noite, fico no vale de Ishkomen, paralelo a Yasin, onde mais túmulos da «era ariana» foram encontrados em 1996. Não há hotel, mas a mulher com quem me sento no ônibus, esposa de um pedreiro, se oferece para me receber. As mulheres guilguites têm um hábito encantador de beijar. Elas pegam cada uma de suas mãos com cada uma das mãos delas, beijam as duas, estendem as mãos aos seus lábios para serem beijadas e, em seguida, trocam beijos nas faces (o beijo kalash também é assim, embora lá o abraço não se restrinja a gêneros separados). O contato físico é incomum no Paquistão. Isso cria uma sensação de intimidade que dura por toda a noite, conforme as mulheres me mostram sua casa — descendo até o riacho onde sua geladeira, uma casinha de madeira, fica sobre a água —, entrando e saindo de seu pomar e de volta para a sala com pôsteres de Saddam Hussein e de Aga Khan nas paredes, onde irei dormir. Nessa noite, elas me contam que nesta vila há muitos mártires da Guerra de Cargil de 1999 — a breve invasão fracassada de Musharraf daquela parte da Caxemira ocupada pela Índia, o que desencadeou sua demissão como chefe do exército e, por sua vez, resultou em seu golpe.[41]

Cedo, na manhã seguinte, subo até o local de escavação onde foram descobertos túmulos circulares. Um relatório formal nunca foi escrito, e as estimativas de sua conexão com outras sepulturas variam. O enxoval funerário incluía conchas semelhantes a

41   No ano de 2001. [N. T.]

búzios — evidência clara do comércio de longa distância e também de uma possível conexão com os kalash. O mesmo xisto verde foi usado para fazer as sepulturas daqui como nos círculos de pedra em Goopis e Yasin.

Todos os outros campos neste vale revelaram uma ou outra tumba antiga. No vilarejo de Hatun, a jusante, onde uma grande rocha negra foi esculpida no brami de Axoca, escavações amadoras renderam muitos itens lucrativos. Em um campo onde hoje mulheres cortam damascos e os deixam secar ao sol, um fazendeiro encontrou neste ano um pequeno cavalo de metal, que supostamente vendeu a um traficante pachto por 52 mil rúpias.

Chego à estrada principal de Guilguite, faminta e exausta, e bebo minha quinta xícara de chá em uma lanchonete, quando um velho pastor entra para ver seu filho, que é o garçom. Começamos a conversar e logo descobrimos que o pastor conhece todas as rochas deste lado de Chilas. «Há muitas gravuras nessas colinas», ele diz, «mas a melhor delas está no alto da montanha, uma imagem de homens lutando.» Ele puxa o braço para trás como se esticasse um arco. «Como na guerra entre o Paquistão e a Índia. Siga a corrente até o topo. Continue subindo. Está em uma grande rocha plana.»

A encosta da montanha não tem assentamentos. Caminhamos por horas — Mohsin, o filho do pastor, e eu — subindo ao longo da corrente e entrando na face nua marrom da montanha. Enquanto caminhamos, Mohsin me ensina sua língua materna, a shina: a palavra para cavalo, *aspa*, é semelhante ao sânscrito, *asva*, pois a shina é uma língua arcaica das montanhas. Há um lago no topo, diz ele, onde os pastores vivem no verão. Ao sul de nós, a oitenta quilômetros de distância em linha reta, está o Indo. Estamos em território rigvédico novamente, eu acho.

Ofegante, paro e vejo o rio, um fio claro incrustado de verde bem abaixo de nós, à direita, desfiladeiros ainda pontilhados pelas últimas neves do inverno. Agora é início de tarde. «Cadê?»,

A BEBERAGEM DE INDRA

grito para Mohsin lá embaixo. «Também não consigo encontrar», ouço-o gritar de volta. Escalamos rochedos e matacões e estamos a ponto de voltar, desanimados, quando Mohsin dá um grito. Desço cambaleando rápido até ele, prevendo uma escola bruta de desenho: homens-palito a cavalo, os íbex e cães costumeiros. Mas, quando me ajoelho na beira do grande rochedo cinza-claro, o que vejo gravado ali é muito mais ágil e vívido do que isso. Corpos caindo do céu, acredito a princípio, ou lutando para subir das profundezas. Mais uma vez, fico hipnotizada e sem palavras pela antiga beleza do norte do Paquistão.

A gravura é de seis caçadores. Eles são altos, musculosos e nus, tão fortes e enérgicos quanto os dançarinos de Matisse. Todos foram esculpidos na mesma pose: correndo atrás de sua presa, braços tesos para trás, pernas ligeiramente dobradas, arco pronto para atirar. Todos são de tamanhos diferentes, talvez implicando um senso de perspectiva, e cada versão é exata, evocativa e completa. Em contraste com os desenhos em traços, que são comuns à maior parte da arte pré-histórica ao longo do Indo, os caçadores foram gravados em perfis de três quartos, a forma de seus corpos preenchida por uma técnica conhecida pelos estudiosos de petróglifos como «abrasão». Ao contrário das gravuras desajeitadas de guerreiros em gorros e mantos que aparecem nesta região desde o primeiro milênio a.C., esses caçadores estão nus: você pode ver o contorno de suas coxas e panturrilhas, sua enorme parte superior do corpo, suas pequenas cabeças alertas. Podem ser homens ou mulheres: apenas uma das sete figuras tem pênis.

«Olha», diz Mohsin. No canto superior esquerdo da rocha, há uma marca totalmente branca: algo foi entalhado, um nome, Jalil, grafado em urdu. Uma das únicas maneiras de adivinhar a idade de um petróglifo, além dos detalhes estilísticos, é ver até que ponto as linhas marcadas na rocha se recoloriram com o tempo. A face da rocha original é coberta por uma pátina conhecida pelos geólogos

358 ALICE ALBINIA

como «verniz do deserto», que se acumula ao longo de milhares de anos. As gravuras mais antigas, como esta dos caçadores, são quase da mesma cor da rocha de fundo, polidas com um brilho marrom que só é visível sob a luz direta do sol.[42] As mais novas são da cor do nome de Jalil.

Eu me agacho na rocha e me pergunto. O velho pastor descreveu a gravura como uma cena de guerra, e, lembrando-me do esqueleto encontrado em um túmulo em Dir com uma ponta de flecha de cobre no peito, me pergunto se ele está certo. Mas, no canto superior direito do entalhe, há dois animais — um é um cachorro domesticado com cauda encaracolada; o outro, um íbex. Os pastores aqui ainda caçam; apenas algumas semanas atrás, Mohsin e seus amigos foram a uma caça de íbex até os lagos no topo da montanha. Talvez, como no noroeste da China, esta seja a arte dos caçadores mesolíticos que subsistiram até tempos históricos.[43] É possível que seja um retrato dos kalash, que ainda usavam arcos e flechas no século XIX.[44] Ou talvez seja — como a cor da pedra, o armamento primitivo e a falta de roupas sugerem — muito mais antigo que isso? «Fugi como um búfalo diante da corda do arco de um caçador», «Nossas palavras fluem juntas como rios... como gazelas que fogem de um caçador». Um boiadeiro protofalante de sânscrito, passando o verão no lago? Um guerreiro rigvédico entoando louvores à escura e perigosa Sindhu?

42 Martin Bemmann, da comissão Felsbilder und Inschriften am Karakorum Highway da Heidelberg Akademie, teve a gentileza de examinar as minhas fotografias da gravura, de que teve conhecimento por um artigo de Haruko Tsuchiya («Ancient Routes in Northern Pakistan; 1996 (II) and 1997 (I)». In: M. Taddei; G. De Marco (Orgs.), *South Asian Archaeology 1997*. Roma: Istituto italiano per l'Africa e l'Oriente, 2000). Ele estimou que tenha sido entalhada entre o sexto e o segundo milênio a.C.

43 K. Jettmar, *Beyond the Gorges of the Indus: Archaeology before Excavation*. Carachi: Oxford University Press, 2002, p. 91.

44 Vigne, *Travels in Kashmir...*, op. cit., v. II, p. 309.

A BEBERAGEM DE INDRA

Ou um caçador que não fala sânscrito, fugindo dos invasores para as terras altas a cavalo?

A maioria das gravuras rupestres no norte do Paquistão foi encontrada em Chilas, às margens do Indo. Por muitas centenas de quilômetros, o Indo abre seu caminho profundo e inóspito pelas montanhas — e por isso os humanos há muito preferem viver em seus vales laterais mais férteis. Mas, se as rochas que cintilam um marrom profundo por essa faixa quente e seca da margem do rio constituem um habitat desolado, elas são excelentes telas. Desde os tempos da Idade da Pedra até as incursões do Islã, os humanos desceram às margens do rio para adorá-lo e a outras divindades com gravuras e rituais ou para deixar imagens indeléveis de sua cultura e de si mesmos. Mas, de todos os muitos milhares de gravuras que vejo, percutidas ou marteladas com ferramentas de pedra — imagens de gigantes e de demônios, formas de mãos e pés, deuses dos rios ou cenas fluviais —, nada se compara à sofisticação das gravuras da caça.

No entanto, certa manhã, quando estou de pé sob o sol olhando para a estreita fenda azul do Indo, em frente a uma gravura antiga que o tempo recoloriu quase completamente, as escaras na rocha me fazem pensar. O desenho tem o contorno rígido, mas confiante, de uma pessoa com cabelo espetado, braços e dedos longos, cujos pés se juntam em forma de barco — um deus do rio, argumentou um arqueólogo paquistanês. As pontas em sua cabeça são como os raios do sol — talvez seja assim que uma criança possa desenhar um deus sobre o qual ouviu falar em música ou oração. Naquela tarde, durante uma tempestade, me abrigo sob uma rocha que se projeta e leio sobre Agni, descrito no Rig Veda como tendo chamas saindo de sua cabeça: «Sete potras baias carregam a vós na carruagem, ó deus do sol com cabelo de fogo, que tudo vê de longe». Agni, que é parte integrante do ciclo da chuva védica — «Ó Agni cheio de umidade» — ao tirar a água dos rios e deixá-la cair como chuva.

Não é impossível que o povo rigvédico, que criou imagens verbais tão complexas, também desenhasse imagens na rocha. O que é provável é que construtores de tumbas pré-históricas, cavaleiros comedores de cavalos, entalhadores de pedras, criadores de círculos de pedra e menestréis do Rig Veda vagassem pela mesma paisagem dramática do norte do Paquistão e, por um momento na história, estivessem ligados entre si por seu respeito primitivo por este rio e sua paisagem.

Viajando para o norte ao longo do Indo, de Chilas a Guilguite, na rodovia Karakoram, há um ponto na estrada onde os motoristas de ônibus sempre param. É aqui que o grande rio Indo, que há mil quilômetros flui para o oeste, é repentinamente forçado para o sul pela massa geológica das montanhas. A vista da estrada se abre, e de repente é possível enxergar abaixo, junto do rio e além das colinas, até Nanga Parbat, a «Montanha Nua». Hoje o orgulho do povo das Áreas do Norte, Nanga Parbat também é outra candidata para o sagrado monte Meru do povo védico — e aqui, para mim, o círculo se completa. Este é o ponto mais oriental na esfera da cultura descrita pelo complexo de túmulos pré-históricos do Paquistão, seu vale de círculos de pedra, suas gravuras à beira do rio.

Nos séculos após o Rig Veda ter sido entoado pela primeira vez, uma cultura inteira foi para o Leste, para o mundo fácil do Ganges, alimentado pelas monções. E, nos séculos seguintes, a paisagem que eles deixaram para trás, com suas correntes precipitadas e vales enigmáticos, tornou-se nada mais do que uma memória, um pouco vergonhosa e um pouco melancólica.

10.

CIDADES ALUVIAIS

c. 2600 a.C.

Estive em um monte de Moenjodaro [...] ao meu redor, as casas e ruas desta cidade antiga [...] Qual era o segredo dessa força? De onde veio?

Jawaharlal Nehru, 1946

A luz do sol faísca hectares e hectares de tijolos incrustados de sal. As ruas são largas, as casas sólidas, os poços profundos. Existem lixeiras públicas, banheiros internos e ralos cobertos. A oeste, há uma cidadela, contendo depósitos de grãos, salas de assembleias com colunas e um banheiro público. A leste, uma área residencial para até 75 mil pessoas.[1] Comparada com a natureza caótica de muitas cidades modernas do Paquistão, esta metrópole é

---

1   B. Allchin; F. R. Allchin, *The Rise of Civilization in India and Pakistan*. Cambridge: Cambride University Press, 1993, p. 175. A estimativa populacional é baseada em I. Habib, *The Indus Civilization: Including Other Copper Age Cultures and History of Language Change till c. 1500 BC*. Nova Déli: Tulika, 2002, pp. 22-3.

362 ALICE ALBINIA

amanhada e ordenada. Mas ninguém mora aqui. Os moradores não têm andado por estas ruas nos últimos 4 mil anos. Chamada de Moenjodaro («Monte dos Mortos»), esta cidade planejada em forma de grade é uma relíquia arqueológica.

Livrada das camadas sobrepostas de terra em 1922, a descoberta da Civilização do Vale do Indo transformou a compreensão da história indiana. Os vitorianos colonialistas retrataram a história do Indo como atrasada e pouco edificante, iluminada apenas pelas jornadas de Alexandre. Os historiadores presumiram que a civilização mais antiga da Índia fosse a dos lendários arianos. Mas, muito antes de os autores do Rig Veda acamparem às margens do Indo, um império inteiro foi construído aqui a partir do aluvião do rio. Os arqueólogos acreditam hoje que o povo das cidades do Indo tenha moldado tijolos de lama, queimado esses tijolos em fornos e construído o que provavelmente foram as primeiras cidades planejadas do mundo. As centenas de vilas e cidades ao longo das margens do rio eram idênticas, como se a Civilização do Vale do Indo fosse concebida, planejada e construída de acordo com um modelo.

Foi um império linear que explorou o poder do rio para produzir grãos suficientes para alimentar as cidades, organizar a sociedade urbana e fazer negócios com terras estrangeiras. Entre os destroços das cidades, os arqueólogos encontraram pequenos selos representando navios de madeira, uma escultura em miniatura de uma dançarina e caixões perfumados feitos de cedro e pau-rosa.[2] As cidades do Indo eram semi-industrializadas, fabricavam potes de barro em massa, pesos de pedra e contas de cobre. Negociavam com a Mesopotâmia, usando o rio para irrigar vastos projetos

2   Stacul, *Prehistoric and Protohistoric Swat...*, op. cit., p. 117; K. A. Chowdhury; S. S. Ghosh, «Plant Remains from Harappa 1946». *Ancient India: Bulletin of the Archaeological Survey of India*, Déli, v. 7, jan. 1951, pp. 12-3.

CIDADES ALUVIAIS   363

de cultivo de algodão e para importar pedras semipreciosas do Afeganistão, conchas do mar Arábico, peixes do lago Manchar e cedro do Himalaia.

Ao contrário do Egito com suas pirâmides ou da Mesopotâmia com seus templos, suas maiores estruturas não eram símbolos de tirania monárquica ou poder sacerdotal, mas edifícios cívicos, como os banhos públicos e os depósitos de grãos. Descoberta numa época em que a Europa sofria com o impacto da Primeira Guerra Mundial, esta cidade utilitária, «desprovida de qualquer aparência de ornamento», foi saudada como uma utopia fabiana.[3]

A importância de encontrar uma civilização indiana pré--ariana não passou despercebida ao arqueólogo-chefe John Marshall: «antes mesmo de ouvir falar dos arianos», escreveu ele em 1931, «o *Panjab* e o *Sind* [...] desfrutavam de uma civilização própria avançada e singularmente uniforme». Nem teve menos importância para os propugnadores da liberdade indiana, que aproveitaram a descoberta como um ponto de apoio para o orgulho nacional. Essa não era uma cultura de invasores imigrantes, era coisa da terra. Numa época em que os antepassados de seus senhores coloniais ainda usavam ferramentas de pedra, os cidadãos do vale do Indo desfrutavam de uma vida de alta sofisticação urbana. O futuro primeiro-ministro da Índia Jawaharlal Nehru fez uma peregrinação às cidades e, anos depois, enquanto escrevia suas memórias em uma prisão colonial britânica, descreveu o impacto que a descoberta teve sobre ele: «aquela visão de 5 mil anos deu-me uma nova perspectiva, e o fardo do presente pareceu ficar mais leve». Foi, portanto, uma decepção aguda para alguns indianos quando as cidades do vale do Indo foram perdidas para o

---

3   J. Marshall (Org.), *Mohenjo-Daro and the Indus Civilization: Being an official account of Archaeological Excavations at Mohenjo-Daro carried out by the Government of India between the years 1922 and 1927*. Londres: Probsthain, 1931, p. 15.

Paquistão na Partição, e a busca de cidades igualmente antigas às margens do «Sarasvati» na Índia começou quase imediatamente.

Olhando para trás, além do rio, a partir da militarizada fronteira norte entre o Paquistão e a Índia, para a aparentemente pacífica civilização gestada nas planícies, a escala dessa concretização parece repleta de ironia. Essa cultura homogênea cobriu uma área maior do que as civilizações contemporâneas no Egito e na Mesopotâmia, estendendo-se do alto Himalaia às colinas do Afeganistão, descendo ao longo do rio até o mar. A regularidade do planejamento urbano em todos os mil assentamentos, os objetos uniformes, o tamanho idêntico de cada um dos milhões de tijolos, sugerem um império fluvial com uma marca estética mais exigente do que a da Inglaterra vitoriana, uma ambição tão grandiosa quanto a de Axoca e um impulso padronizador tão dominante quanto o da globalização corporativa moderna. Ao durar mais de quinhentos anos, teve sobrevida maior do que a da maioria dos grandes impérios. Mas não está claro quem o controlava. Segundo alguns historiadores, era um sistema socialista, governado nem por um déspota dinástico nem, como no Paquistão, pela tirania de um exército, mas por uma democracia de corpos cívicos.

Quem quer que estivesse no comando, era a relação econômica, entre as cidades interligadas das planícies do rio e as aldeias da serra, que facilitava as grandes obras de construção civil e naval das cidades. A madeira flutuava rio abaixo, de comunidades isoladas nas colinas — ainda na Idade da Pedra —, e, com isso, as cidades nas baixadas construíam celeiros, casas e barcos. O transporte de madeira pelo Indo e seus afluentes, entre o Himalaia e as planícies, é o comércio mais antigo que conhecemos na região. Antecipou a Rota da Seda, foi anterior aos navios do rei Salomão e facilitou a criação, no vale do Indo, de artefatos culturais que ainda perduram no Paquistão moderno.

CIDADES ALUVIAIS

No entanto, embora já fosse possível viajar nessa antiga via expressa da Caxemira a Carachi, sessenta anos de luta acabaram com isso. Onde antes os mercadores do vale do alto Indo trocavam madeira de cedro por contas de cornalina, ouro por tecido de algodão ou — como no caso dos aldeões às margens do Indo no Baltistão — vegetais por sal tibetano, hoje as únicas coisas trocadas são balas. Não doces, mas projéteis.

A Linha de Controle é uma linha de cessar-fogo temporário que foi traçada atravessando o vale do Indo em 1949 e redesenhada em 1972. Ao longo dela, a oeste, neste local de geleiras e lagos, o Exército do Paquistão trouxe batalhões e armas. A partir daqui, ele envia militantes através das montanhas para causar estragos na esmeraldina faixa de terra conhecida no Paquistão como «Caxemira Ocupada pela Índia». A luta no vale da Caxemira passou a ser considerada uma batalha entre o secularismo da Índia e o islamismo do Paquistão, mas a Caxemira também é a fonte de um importante tributário do Indo, o Jilum — e esta, talvez, seja a verdadeira razão para a guerra sem fim.

Com a cessação desse tráfego milenar, os cidadãos da Índia e do Paquistão sofreram o sufocamento de sua história mútua e a perda de acesso a terras, línguas e rostos que antes faziam parte de seu vocabulário comum. Mas foram os aldeões na orla do Indo quando ele entra no Baltistão vindo da Índia que levaram a pior entre todos, que, a bem da verdade, mal sobreviveram à divisão de seu rio em dois. Isolados das famílias e da cultura na fronteira, alvejados por projéteis indianos, incapazes de cuidar de seus campos ou viajar para cidades próximas em busca de suprimentos, os moradores do nordeste do Paquistão competem com os do Delta como os mais tristes de todo o vale do Indo.

O Baltistão já foi conhecido como «Tibete em miniatura» ou «Pequeno Tibete». Como nas adjacentes províncias indianas de Cargil e Ladaque, as pessoas aqui falam um dialeto tibetano e, embora sejam muçulmanos xiitas e não budistas, sua cultura, assim como sua língua, está ligada às terras do Leste. Em um planalto seco como o Baltistão, os campos rendem apenas uma safra anual, e, antes de 1947, os agricultores passavam três ou quatro meses do ano em viagens comerciais: a leste ao longo do rio até o Lé, ao norte até Cascar na China ou descendo as planícies Deosai para o vale da Caxemira. Mesmo depois de 1947, os aldeões ainda podiam pastorear seus rebanhos com discrição através da fronteira de fato. Só depois da guerra de 1971, quando o exército ocupou o Baltistão, é que percorrer os caminhos antigos se tornou mais difícil.

Quero visitar o lugar onde o rio — que por centenas de quilômetros e milhares de anos é indiano — se torna paquistanês, mas agora esta é uma zona de trânsito além da civilização. A capital do Baltistão é Skardu, uma cidade ribeirinha cujo forte varrido pela areia se projeta grandiosamente para o Indo. De Skardu à fronteira com a Índia, o Baltistão está fora dos limites para estrangeiros e civis locais. Para ir até lá, terei de pedir permissão ao exército.

Normalmente, tal missão me deixa apreensiva, mas, quando chego a Skardu, estou doente e, portanto, perco todas as inibições. De um pequeno escritório telefônico público na rua principal de Skardu, ligo para o quartel-general do exército em Rawalpindi e peço para ser levada até a fronteira. O exército, pelo menos, não suspeita que eu seja uma espiã: devo me reportar ao quartel-general da brigada na manhã seguinte, às 9h.

O major de brigada me olha de cima a baixo. Estou usando outras túnicas e calças floridas e quase enjoo quando ele me oferece um dos salgadinhos gordurosos disfarçados com maionese que vêm regularmente da cantina em vez de um almoço propriamente dito. «Isso é muito incomum», ele diz. «Nunca levamos civis ou mulheres para a Linha de Controle.» Ele permite que essa informação seja absorvida e então diz: «Você pode usar algo menos

CIDADES ALUVIAIS

gritante, alguma coisa... verde?». Levo um momento para perceber do que ele está falando. Será que os indianos me confundirão com um pássaro raro e atirarão em mim? «Você estará sob a vigilância inimiga», diz ele em tom de repreensão, e lembro-me dessa observação quando, semanas depois, na Índia, dirijo de Serinagar a Cargil e vejo uma placa na estrada: CUIDADO: VOCÊ ESTÁ SOB VIGILÂNCIA INIMIGA. Como a água no Indo, até a linguagem militar é a mesma nos dois lados da fronteira.

O major, porém, está exagerando: não sobre a falta de mulheres em dependências militares, mas sobre o perigo de ser atingido por foguetes indianos. O cessar-fogo foi declarado em novembro de 2003 e quase todos os fazendeiros voltaram para suas aldeias bombardeadas.

Nossa partida é atrasada em quatro, cinco, seis dias por causa das enchentes a montante. O Indo subiu, destruindo uma ponte perto da fronteira, e tornou as estradas intransitáveis. No sétimo dia, somos atrasados por nosso jipe, que quebra fora de Skardu. Estou às margens do Indo, olhando para as montanhas ao nosso redor. O rio daqui até a fronteira é marrom-acinzentado, espesso com lodo, e espalha suas bordas até as montanhas. Os penhascos são pontiagudos com serrilhados ou lisos com areia amontoada, como se alguma gigantesca criatura escavadora tivesse chutado a paisagem durante a noite. Em volta de cada riacho, vilas se agarram à rocha, campos arduamente terraceados, a vegetação é a minúscula franja de renda entre a rocha cinza opaca e o rio cintilante. À medida que dirigimos para o leste, um borrão de árvores de damasco indica assentamentos à distância, o único relevo em um vale cinza e marrom de água e luz.

Durante o dia que leva para chegar à fronteira, o rechonchudo oficial júnior de faces brilhantes e inocentes que foi incumbido de cuidar de mim fala sobre sua vida. Comprometido para casar, ele será enviado para Siachen assim que me devolver em Skardu.

O tom com que ele pronuncia esse nome trai seu pavor. Todos os soldados odeiam: a geleira onde nada mais vive, a altitude elevada, as condições de vida desumanas. Eles raspam a cabeça antes de partir, depois metem os capacetes e não os removem até voltarem para Skardu, tal é o perigo de ulceração pelo frio. No Baltistão, Siachen é cinicamente conhecida como Kuwait do exército: «Os soldados recebem o dobro, eles ficam muito ricos», me diz um residente invejoso de Skardu. Mas o policial de bochechas brilhantes protesta contra a injustiça dessa declaração: «Gastamos todo o nosso salário extra só em rações para tornar a vida minimamente suportável», diz ele.

«Qual é o motivo?», pergunto. «Por que você vai fazer isso?» Ele parece abalado e hesita antes de responder: «Para servir ao meu país».

Enquanto rodamos, fico surpresa ao descobrir que muitos dos nomes de aldeias são diferentes daqueles do mapa que eu carregava (uma pesquisa da CIA de 1953, ela própria baseada numa pesquisa da Índia de 1945 e há muito desconfidencializada). Na Índia, os assentamentos ladaques ao longo do Indo ainda são chamados pelos nomes pelos quais eram conhecidos cem anos atrás. Mas aqui no Paquistão quase todos os nomes foram substituídos. Parkootta tornou-se Mehdiabad, Gidiaksdo agora é Gidiakhad. Onde estão Bothicho, Phulbrok ou Kazburthang? Quais sonoros nomes tibetanos os novos nomes em urdu Madhupur e Mayadur substituíram? Na própria fronteira, a confusão só piora. Lá, uma vila que o exército chama por três nomes diferentes — Vadsha, Vachra, Vadhra — é *Chathatang* no meu mapa. O exército diz que está deserta, mas os aldeões que moram do outro lado do Indo discordam: eles me dizem que trinta famílias vivem lá, isoladas do mundo por um cordão militar. Sugiro ao meu acompanhante de faces brilhantes que façamos uma visita. «Impossível», ele diz.

CIDADES ALUVIAIS

Devemos ficar naquela noite em Hamzigon, a última dependência militar antes da Índia. Os oficiais espertos estão assistindo a um filme indiano sobre Axoca quando chegamos, e, como eles esperaram por nós para comer, nos sentamos sem jeito na sala da recepção enquanto indianas de biquíni dançam chamando a atenção na enorme tela da TV e procuro assuntos que sejam seguros de mencionar. Normalmente, nessas situações, falo sobre Alexandre, o Grande, mas, talvez por estarmos tão perto da fronteira, digo a eles que morava na Índia. «Trabalhei em Déli», digo, e aponto para a televisão, onde uma Kareena Kapoor vestida de *dhoti* está cantando seu amor por Axoca de um barco em Marble Rocks, um famoso ponto turístico em Madia Pradexe: «Já fui lá uma vez», digo com nostalgia e entusiasmo sobre Calcutá (Kolkata), o Rajastão e Querala. «Mas ainda não visitei a Caxemira», digo no silêncio repentino, e acrescento: «Houve a ameaça de terrorismo e...». O único movimento na sala é o dos seios de Kareena Kapoor na televisão. Por fim, o coronel Adil, que tem os olhos fixos e botas reluzentes, se pronuncia da fileira de soldados vestidos de cáqui no sofá. «Terrorismo é um termo de propaganda incorreto», diz ele, e sua voz fica mais estridente quando acrescenta: «O que acontece na Caxemira ocupada pela Índia é uma luta pela liberdade».

Alguma coisa em toda aquela visão de cáqui sobre cáqui solta minha língua, e, tendo errado uma vez, sigo tropeçando e abordo o assunto de Cargil. Essa pequena «situação de guerra» ocorreu em 1999, depois que o Paquistão invadiu o território indiano sem ser provocado. Surpreendentemente, os policiais no refeitório são francos. «Foi mal planejado», dizem, «o general Pervez foi imprudente.» Mas o que Musharraf esperava ganhar com sua invasão? Oficiais indianos argumentaram que Musharraf pretendia cortar o acesso da Índia ao Ladaque, sua distante fronteira ao norte, como uma ferramenta de barganha para reivindicar terras da Índia em outras partes da Caxemira ocupada pela Índia e com isso os afluentes do Jilum e do Chenab. «As posições são fáceis de defender uma vez que você ganhe o terreno elevado», um oficial sique em Cargil me diz mais tarde. «O Paquistão quase teve sucesso. As colinas aqui são traiçoeiras.»

A princípio, em maio de 1999, depois que a Índia descobriu tarde demais que seu vizinho havia cruzado a Linha de Controle, o Paquistão negou que os infiltrados fossem militares. (Desde sua primeira incursão no vale da Caxemira em 1947, o exército rotulou as incursões de seus próprios soldados de «atividade militante».) Em 1999, o exército mais uma vez chamou os soldados de «*mujahidin*», mas, em Skardu, conheço um homem que foi empregado durante a guerra para cruzar a fronteira e recolher esses «mártires» mortos. «Foi quando nós, baltis, soubemos que havia uma guerra acontecendo», diz ele, «quando vimos os corpos de nossos parentes.» Mesmo depois de a Índia ter capturado alguns dos «*mujahidin*» e provado que eram soldados, o Paquistão continuou a insistir que os homens não eram «recrutas regulares do exército». O que era uma meia verdade: a maioria daqueles enviados para morrer em Cargil eram soldados locais das Áreas do Norte em disputa, e, portanto, não faziam mesmo parte de um regimento padrão.[4] Proibidos de usar uniformes, disfarçados em agasalhos como militantes, os soldados estavam mal equipados para a guerra.

Em seguida, houve o suplício de lutar contra seus correligionários. As Áreas do Norte são predominantemente xiitas — assim como Cargil, na Índia. «*Wo bhi kafir hain* (eles também são infiéis)», dizia-se que um oficial sunita teria gritado para um soldado xiita relutante. «Atirar!»

---

4   B. Cloughley, *A History of the Pakistan Army: Wars and Insurrections*. Carachi: Oxford University Press, 2000, p. 376.

CIDADES ALUVIAIS

Matar muçulmanos se tornou um grande problema de identidade para um exército cujo ethos é religioso. Siques e hindus são alvos muito mais confortáveis do que os muçulmanos que foram enviados para lutar em Cargil. Assim, os oficiais punjabis tratam os xiitas como cafires, e vendem-se mentiras aos jovens recrutas para tornar suportável a matança de outros muçulmanos. Durante a viagem de Skardu a Hamzigon, minha escolta de bochechas brilhantes traça um paralelo com as operações do exército no Waziristão: «Noventa e nove por cento dos militantes mortos lá, pelo Exército do Paquistão, eram não muçulmanos», diz ele. «Ah é?», pergunto, pasmada. «Eram russos, espanhóis, italianos», diz, «relatórios internos do exército confirmaram isso.»

«Quantos soldados estão destacados ao longo da Linha de Controle?», pergunto agora ao coronel Adil, mas ele fica vermelho de raiva: «Lamento, mas não posso lhe contar». «Quanto da fronteira você patrulha?» «Ainda estamos em uma situação inimiga com a Índia», diz ele. «Não é bom discutir. É provável que a Inteligência indiana saiba de tudo, mas mesmo assim.»

Na verdade, Cargil foi uma vergonha para o Exército indiano, porque ele não agiu baseado em informações da própria Inteligência: que o Paquistão se preparava para cruzar a Linha de Controle. Foi constrangedor também para o primeiro-ministro do Paquistão, que afirma não ter sido avisado da operação pelo chefe do Estado-Maior do Exército — um certo general Pervez. Depois, quando o primeiro-ministro tentou demitir Musharraf, ele deu um golpe. Em outubro de 1999, o primeiro-ministro estava na prisão e Musharraf foi empossado como presidente.

Sentada no refeitório, digo ao coronel Adil que me mudei para Déli logo após o fim da Guerra de Cargil. Em 1999, a Índia tinha seus próprios políticos fundamentalistas no poder e a retórica sobre o Paquistão era mórbida e beligerante. Durante minha primeira semana trabalhando para uma organização ambientalista indiana, colegas me levaram para ver uma peça sobre Cargil e me lembro, na minha inocência na época, de ter ficado chocada com a xenofobia. Então, em 12 de outubro de 1999, cheguei e encontrei o escritório em comoção: «O Paquistão tem um novo ditador militar!». Sentei-me no prédio alto de tijolos, observando papagaios verdes voando por entre as árvores abaixo de mim e me perguntando como devia ser viver no Paquistão, para a mídia indiana: uma nação severamente religiosa, de coração violento, aparentemente o oposto de tudo que a Índia pluralista representava. «Ninguém gostava do Paquistão naquela época», digo aos soldados no sofá. «Acho que esse é um dos motivos pelos quais eu quis vir aqui.»

Depois de um jantar de costeletas de cordeiro e «pudim» — na verdade, creme inglês assado: uma relíquia do Raj —, sou levada ao meu quarto ao lado da mesquita pouco frequentada. A julgar pelo nome no bolso do paletó, que fica pendurado como que a me reprovar em um cabide do vestiário, ocupo os aposentos do coronel Adil. Há uma cópia pirateada da autobiografia de Clinton na estante e um livro intitulado *Surpresa Estratégica Militar: Incentivos e Oportunidades* na mesinha de cabeceira. Adormeço pensando na guerra — nas cidades do vale do Indo, que parecem não ter tido defesa, sem grandes fortificações ou paióis de armas. Que civilização deve ter sido.

Na manhã seguinte, em uma colina a menos de um quilômetro da Linha de Controle, olho para baixo ao longo do vertiginoso vale do rio na Índia. Em 1984, o explorador francês Michel Peissel afirmou que este lugar, Dansar, resolveu o mistério da lenda que Heródoto havia contado, de formigas gigantes que desenterravam ouro ao longo do Indo, pois os aldeões que aqui vivem costumavam procurar pelo ouro presente na areia das tocas das marmotas.[5]

---

5   M. Peissel, *The Ant's Gold: The Discovery of the Greek El Dorado in the Himalayas*. Londres: Harvill, 1984, p. 148.

CIDADES ALUVIAIS

Abaixo de mim estão as linhas de artilharia, paredes curvas de pedra construídas em crescentes sobrepostos ao longo da encosta. Eu me pergunto o que os estudiosos do futuro farão deles, os círculos de pedra de nossa geração devastada pela guerra.

Em Marol, um vilarejo crivado de balas usado como palco da Guerra de Cargil, os moradores apontam as marcas dos projéteis indianos. Por dois anos, enquanto a Índia bombardeou a fronteira com artilharia, os aldeões de Marol, Ganoks e Dansar (como Gambat Ganoks é agora conhecido) viveram em um acampamento em Skardu. A uma hora de caminhada, na Índia, os moradores de Darchiks e Dha vivem em aldeias ensolaradas — as mais quentes do Ladaque — cercadas por campos que produzem duas safras por ano e uma abundância de flores de todas as cores. No Paquistão, porém, a nova situação política empobrece os aldeões da fronteira em todos os sentidos. O íbex, que costumavam caçar, fugiu por causa dos disparos; eles vivem com medo do exército, suas safras fracassam frequentemente, não há eletricidade (a empreiteira trouxe os postes, mas não o cabo) e são forçados a encontrar trabalho em Skardu como empregados diaristas. Eles subsistem na periferia do Paquistão, a cem quilômetros de Skardu, a um quilômetro da Índia, sem nenhum direito como paquistaneses. (Baltistão é parte das disputadas Áreas do Norte e, portanto, está fora da Constituição: um útil status de limbo para as autoridades que podem construir represas e extrair recursos da província sem permitir que os baltis elejam seus próprios políticos para a Assembleia Nacional.)

«A que distância fica Lé?», pergunto aos aldeões, pois a ideia de viajar para a Índia a partir daqui parece ao mesmo tempo natural e trágica. «A cavalo ou a pé leva nove estágios, quatro ou cinco dias», dizem, e então acrescentam apressados: «Pelo menos é o que nossos mais velhos nos disseram. Ouvimos o nome 'Ladaque', mas nunca o vimos». Até 1947, os aldeões carregavam suas frutas e vegetais em barcos feitos de madeira e peles de animais (conhecidos como *zakh* na língua balti) e os levavam ao longo do rio até Olthingthang (ou Olding, como o exército o chama). Lá eles trocavam damascos por suprimentos trazidos de Cargil, Lé ou Serinagar. A própria Ganoks era um «ponto de parada» na rota de caravanas entre Ladaque e o Baltistão, onde os impostos eram cobrados.[6] Mas, agora que Olthingthang está na fronteira, o comércio local desapareceu. Em vez disso, é uma longa caminhada para o oeste até Skardu.

Os habitantes de Ganoks já compartilharam uma cultura incomum semelhante à dos kalash com as aldeias do lado indiano da fronteira. Esses «dardos», «minaros» ou «protoarianos» adoravam as fadas das montanhas e se diferenciavam de seus vizinhos baltis e ladaques pelos cocares floridos. Já no século XVII, Ali Sher Khan, que governava o Baltistão, impôs a seu povo, incluindo quem vivesse em Ganoks, a conversão ao Islã. Mas o desfiladeiro ao longo do Indo é tão estreito que os exércitos em marcha contornaram de todo as aldeias, e isso, mais do que qualquer outra coisa, manteve intactos os velhos costumes. Até 1947, as mulheres de Ganoks se casavam nas aldeias budistas dos dardos, agora na Índia. Com a independência e a disputa da Caxemira, vieram as estradas construídas pelo exército. Concomitantemente, o budismo das aldeias indianas e o islamismo de Ganoks — que por séculos foram finos véus sobre as fortes tintas da memória coletiva — endureceram como hábito. Na Índia, as aldeias se tornaram uma indústria turística, mas no Paquistão elas desapareceram de vista.[7]

6   R. Vohra, *An Ethnography: The Buddhist Dards of Ladakh: Mythic Lore – Household – Alliance System – Kingship*. Ettelbruck: Skydie Brown International, 1989, p. 39.

7   Do lado indiano, há relatos sobre invasões paquistanesas à Índia durante a Guerra de Cargil, contando que homens de Ganoks no Paquistão ainda falam brogskad, a língua dos dardos. Ver P. Swami, «Unknown Heroes of Batalik». *Frontline*, Chenai, v. 16, n. 15, pp. 17-30, jul. 1999.

CIDADES ALUVIAIS

375

A luta na Caxemira cortou a estrada do rio, e minha jornada adiante pelo Indo é impossível. A única fronteira aberta com a Índia está no Punjabe, uma viagem de três dias ao sul. É, portanto, uma grande rota em círculo: descendo até Laore e subindo por Jamu até Serinagar. Mas é uma rota com vantagens, pois me permite traçar a conexão entre as cidades do vale do Indo de Harapa e Manda e seu posto avançado neolítico no vale da Caxemira. Foi uma afiliação que engrandeceu as cidades da antiguidade, pois em sua capacidade de extrair recursos à distância e de usar o Indo como veículo de comércio estava seu poder.

Harapa fica às margens do mesmo rio extinto de Laore, o Rauí. No início do século XIX, foi aqui que Charles Masson encontrou misteriosos selos, gravados com figuras de animais e símbolos de uma língua desconhecida. Em 1922, eles encontraram sua correspondência nos que estavam sendo dragados em Moenjodaro, e, quando Harapa foi finalmente escavada, tornou-se evidente que as cidades eram modelo uma da outra. Infelizmente, muitos dos tijolos em Harapa foram removidos por construtores de ferrovias coloniais durante o lançamento da linha de Multan a Laore (eles viram uma pilha de tijolos velhos e os usaram como lastro). Algo semelhante aconteceu três séculos antes, quando os muçulmanos usaram os tijolos para construir uma mesquita, e mil anos antes em Moenjodaro, quando os budistas construíram uma estupa de tijolos. Camadas de história se dissolvem umas nas outras ao redor das ruínas dessas cidades antigas.

Harapa, como Moenjodaro, era habitada por cidadãos «hidropáticos»[8] que se deleitavam com o «luxo da água».[9] Construídas

8   Marshall (Org.), *Mohenjo-Daro and the Indus Civilization*, op. cit., p. 24.
9   A. Ardeleanu-Jansen, «Who Fell Into the Well? Digging up a Well in Mohenjo-Daro». In: A. J. Gail; G. J. R. Mevissen (Orgs.), *South Asian Archaeology 1991: Proceedings of the Eleventh International Conference of the Association of South Asian Archaeologists in Western Europe*. Stuttgart: Steiner, 1993, p. 1.

em plataformas gigantescas para elevá-las acima da planície de inundação, sua altura elevada tornava difícil canalizar a água do rio, e, portanto, vários poços fundos foram cavados. No centro da cidade havia um enorme banho público revestido de tijolos pintados de vermelho. Quase todas as famílias também tinham um banheiro interno, com escoamentos feitos de canos de terracota ou canais embutidos na parede para levar a água suja embora. Todas as ruas eram devidamente drenadas e as fossas de esgoto regularmente limpas. (Eu me pergunto de qual classe sairiam os limpadores de esgoto da Civilização do Vale do Indo: dos «bhangis» modernos ou dos ancestrais dos atuais pirs e saídes?) Nem Mesopotâmia nem Egito chegaram perto do domínio técnico sobre a água alcançado pelos povos do vale do Indo. Somente quando os romanos desenvolveram suas cidades termais, cerca de 2 mil anos depois, é que algum outro povo pôde rivalizá-lo.

Se a proveniência e a política dos povos do vale do Indo permanecem um mistério, muito pode ser aprendido sobre eles com sua arte, se arte o era. Existem pequenas estatuetas de terracota de animais como touros, íbex e rinocerontes e modelos de homens e mulheres. Retratos foram gravados em minúsculos selos quadrados e cilíndricos de argila e pedra. Isso sugere uma cultura que valorizava, e até mesmo idolatrava, mulheres poderosas. Um selo mostra uma mulher nua defendendo-se do ataque de duas feras. Outro mostra uma caçadora com chifres e cauda, atacando um tigre com as mãos. Foram descobertas numerosas estatuetas de barro de mulheres de seios fartos em cocares pretos em forma de leque e saias muito curtas — ícones de uma deusa mãe, ou talvez bonecas de criança. A representação mais agradável da feminilidade, porém, é o bronze de onze centímetros de altura de uma garota dançando. Ela está nua, exceto por algumas pulseiras e um colar de búzios de cauri, sua mão pousa levemente em seu

CIDADES ALUVIAIS

quadril, seus pés parecem bater o tempo e seu rosto é um estudo inescrutável em postura autoconfiante.

As características faciais da dançarina são semelhantes às do pequeno busto de um homem barbudo encontrado em Moenjo-daro. Ambos têm lábios carnudos e nariz arredondado — evidência, dizem alguns, de que o povo do Indo era descendente direto de migrantes que saíram da África há 80 mil anos. Talvez, como alguns historiadores há muito argumentam, o povo do Indo tenha sido posteriormente deslocado do vale por arianos imigrantes, tornando-se assim os «drávidas» não falantes de sânscrito do sul da Índia. *Meluhha*, a palavra que os mesopotâmicos usavam para as pessoas do vale do Indo, pode estar relacionada a *mleccha*, o termo que os falantes de sânscrito usavam para qualquer pessoa que não falava sua língua — como os do sul indiano. Mas, até que a escrita do vale do Indo seja decifrada, essa teoria permanece apenas isto — tentadora, mas sem fundamento.

Se ao menos soubéssemos o significado dos selos do vale do Indo, eles poderiam fornecer uma pista sobre o anonimato dos moradores da cidade. Mas, para todas as intrigantes relíquias recuperadas das ruínas, o roteiro permanece um mistério. Um século depois, houve algumas tentativas engenhosas, mas não convincentes, de decodificá-los. Um estudioso de Tamil Nadu, no sul da Índia, argumentou que a escrita estava relacionada à sua própria língua drávida materna. Os «historiadores» hindus do norte da Índia, desejando provar que os cavaleiros arianos eram nativos da Índia, adaptaram desnecessariamente o selo de um touro para fazê-lo parecer um cavalo (não há evidências de cavalos na Civilização do Vale do Indo).[10] No Paquistão, um historiador

10 Ver também o escritor alemão Egbert Richter-Ushanas, que alegou tanto que «as inscrições do Indo são idênticas aos versos do Rig Veda primordial» como que «os escritores do Indo [...] são idênticos aos primeiros videntes e sacerdotes

comparou os símbolos com marcas feitas por pedreiros muçulmanos ou povos lavadeiros modernos. Em Hiderabade, encontro um tradutor que afirma que o idioma está relacionado ao sindi, e, para minha alegria, escreve meu nome na escrita do vale do Indo.

Dada a falta de evidências claras, surgiram muitas teorias sobre a procedência, as crenças e a organização social do povo do Indo. Mas, se é verdade que as cidades do Indo são um paraíso perdido, onde até os trabalhadores viviam em casas organizadas e bem planejadas, com bom escoamento e acesso livre a poços de água doce, então o contraste com a modernidade é vergonhoso. No campo ao redor de Harapa, senhores feudais vivem em mansões caiadas de branco, uma reprimenda constante às cabanas de palha de seus empregados. Eu fico em uma aldeia onde o dono da terra tem um poço só para seu jardim e outro para todos os trezentos meeiros. Então, me pergunto de novo, quem queimou todos os tijolos e canalizou a água, há 5 mil anos? Teriam as cidades do Indo mantido escravos, cuja presença no registro arqueológico simplesmente desapareceu? No forno próximo ao sítio arqueológico de Harapa, vejo trabalhadores carregando tijolos crus cinzentos nos fornos e retirando os avermelhados das cinzas. Hoje, esse é um dos empregos mais mal pagos do Paquistão, um caminho rápido para a servidão por dívida. Pergunto-me se era diferente na época.

Do local da escavação em Harapa, é uma curta caminhada através de um campo de milho verde até a aldeia de Harapa Basti, onde vivem os ceramistas modernos. Há montes de potes quebrados aqui, paredes deles, colinas deles. As cidades do vale do Indo usavam resíduos de fornos como camadas à prova de umidade na maioria de seus edifícios. Séculos depois, os textos védicos descrevem «lugares em ruínas onde se podem coletar cacos de

---

védicos» (Richter-Ushanas, *The Indus Script and the Rg-Veda*. Déli: Motilal Banarsidass, 1997, pp. 7-9).

CIDADES ALUVIAIS

cerâmica para fins rituais».[11] Talvez fossem as ruínas de Harapa que os sacerdotes descrevessem.

Harapa Basti é uma aldeia pobre: tudo, de panelas de barro a ferragens e marcenaria, é feito à mão, pois não há eletricidade. Em uma rua particularmente notável pela produção em massa de potes de barro vendidos por uma ninharia em Laore, está um homem que ganha a vida reproduzindo artefatos da Civilização do Vale do Indo. Muhammad Nawaz tem pequenas réplicas de argila de figuras femininas, com seus seios sobrepostos como passas. Existem tigres de argila listrados, elefantes e pássaros que assobiam quando você sopra dentro. Usando seu torno e forno dia após dia, ele consegue reproduzir cópias exatas de potes harapianos — sugerindo que a tecnologia não tenha mudado durante 5 mil anos.[12] Aqui em Harapa Basti, pode-se quase imaginar que Harapa e Moenjodaro nunca tenham morrido, elas apenas submergiram nas marés das culturas vindouras.

Se ainda é impossível dizer se a língua do vale do Indo tem continuidade ou não com a da Ásia Meridional de hoje, é fácil observar paralelos não linguísticos: nos destroços dessas cidades, a antiguidade da vida paquistanesa é visível. A escultura do homem barbudo encontrada em Moenjodaro usa um xale gravado com um padrão de trifólio e incrustado com traços de pigmento vermelho — uma vestimenta semelhante ao *ajrak* vermelho e índigo, um lenço de algodão impresso à mão usado por todos os camponeses sindis. Os barcos conduzidos pelos barqueiros mohana de Sucur e as carroças de bois dirigidas por aldeões paquistaneses são quase idênticos aos esculpidos nos selos do vale do Indo ou moldados nos brinquedos de terracota. Uma versão do *borrindo* sindi, uma bola

---

11   Witzel, «Rigvedic history: poets, chieftains and polities», op. cit., p. 98.
12   Ver J. M. Kenoyer, *Ancient Cities of the Indus Valley Civilization*. Carachi: Oxford University Press, 1998, p. 151.

de argila oca com buracos onde o músico sopra, foi encontrada em Harapa. Até Islamabade, a planejada capital do Paquistão, ecoa a ordenada formação em grade de Moenjodaro.

Quando fui pela primeira vez a Moenjodaro — onde o solo salino tem destruído os tijolos e ameaçado os vestígios antigos —, estava pronta para ver essa cultura não islâmica como uma anomalia no Paquistão. Réplicas da famosa estátua da dançarina raramente são encontradas nas casas da elite (a dançarina, vestida apenas com pulseiras, não faz *purdah*). A falta de interesse na história antiga desta terra pareceu sintomática de um mal-estar maior: um desprezo pelos prazeres simples do que é *desi*, local — tecidos, cerâmica, arte —, que permeia as classes no Paquistão.

Mas, quando cheguei a Moenjodaro, mudei de ideia. Meu guia era um muezim, o homem que convoca às orações na mesquita local. «Dois andares», dizia ele com orgulho enquanto caminhávamos pela cidade escavada. «Olhe. Casa de dois andares.» Ele vivia em uma cabana térrea atrás do museu. Andando por essas ruas largas, passando por casas, poços e banhos, era impossível não sentir a perplexidade e o temor que os arqueólogos devem ter sentido quando essas cidades foram subitamente descobertas na década de 1920, e que o muezim expressava agora. A tarde lançava longas sombras sobre a alvenaria do terceiro milênio a.C. quando ele finalmente me levou à frente do complexo, onde havia uma fileira de potes modernos de barro e uma pequena mesquita de tijolos. Observei enquanto ele tirava os sapatos, fazia suas abluções e entrava para fazer a oração. Parecia uma justaposição harmoniosa: a mesquita simples de tijolos do século XX (sem nem mesmo um alto-falante) e as ruínas da cidade cosmopolita de tijolos que antes comercializava algodão pelos mares.

Como todas as civilizações ribeirinhas seguintes, o povo de Moenjodaro e Harapa enriqueceu desenvolvendo a tecnologia de defesa contra enchentes — tijolo queimado — que lhes permitiu

CIDADES ALUVIAIS

381

explorar o aluvião que o rio trouxe das montanhas.[13] Por volta de 7000 a.C., os fazendeiros do vale do Indo adaptaram a tecnologia da agricultura, que chegara do Oriente Médio na forma de trigo e cevada, para domesticar suas próprias plantas selvagens, o gergelim e a berinjela.[14] No Sinde, há uma lenda de que as tamareiras que crescem aqui germinaram das sementes que os soldados de Muhammad Bin Qasim cuspiram enquanto marchavam rio acima no ano 711. Na verdade, a tamareira, *Phoenix dactylifera*, é um dos primeiros cultivos do vale do Indo, plantada aqui antes de 5000 a.C.[15] Árvores de acácia e nim são retratadas nos selos do vale do Indo, assim como a árvore da figueira-sagrada (*Ficus religiosa*), um objeto de adoração na Índia atual.

O povo do Indo também domesticou a planta do algodão, e foi isto que o tornou próspero: a exportação de tecido rio abaixo e pelo mar Arábico para a Mesopotâmia e, possivelmente, para o Egito. Os faraós egípcios, dizem os sindis, usavam algodão do Indo. Séculos depois, o termo babilônico para tecido era *sindhu* e em grego era *sindo-n*[16] — como hoje, o algodão era o produto de exportação mais importante do vale do Indo.

Um complemento crucial para a prosperidade de Moenjodaro foi a construção de barcos. As cidades de Moenjodaro e Harapa foram construídas na sequência de uma «revolução nos transportes». Depois de dominar a tecnologia e aprender a usar o rio para exportar bens excedentes, tudo o mais acompanhou. Talvez, como afirmam alguns no Paquistão, Moenjodaro deva ser conhecida como *Mohana*-daro: a cidade do povo barqueiro. Desde o tempo das cidades do Indo, até o advento dos trens no século XIX, o rio foi a medula

13   Allchin; Allchin, *The Rise of Civilization...*, op. cit., p. 167.

14   J. Diamond, *Guns, Germs, and Steel: The Fates of Human Societies*. Nova York: W.W. Norton, 1999, p. 100.

15   Allchin; Allchin, *The Rise of Civilization...*, op. cit., p. 108.

16   Citado em *Illustrated London News*, 7 jan. 1928, p. 32.

382   ALICE ALBINIA

espinhal de todo o comércio local, conectando cidades e aldeias, recursos e pessoas que de outro modo jamais teriam se encontrado.

O alcance extraordinário do comércio de algodão do vale do Indo foi comprovado sem sombra de dúvida pelos selos encontrados em locais contemporâneos da Mesopotâmia. As aldeias habitadas pelos *meluhha* localizavam-se perto de cidades mesopotâmicas.[17] O que os *meluhha* trouxeram para casa, no vale do Indo, em troca, não é tão claro. Betume, talvez, para impermeabilizar o grande banho, possivelmente cobre. Outra teoria é a de que tenham importado trigo.

Para construir casas grandes e celeiros sólidos, as cidades do Indo precisavam de madeira alta e forte de árvores que não cresciam nas selvas úmidas das planícies.[18] O cedro era tão importante para as cidades do vale do Indo quanto para o rei Gilgamés às margens do Eufrates (que fez uma peregrinação épica até as montanhas para matar o demônio da floresta de cedro). O melhor e mais próximo cedro foi cultivado no Himalaia — daí a importância do Indo e seus afluentes. Para administrar esse comércio vital, um assentamento satélite harapiano foi estabelecido no norte, às margens do Chenab, um rio que flui das terras altas arborizadas para o Punjabe e para o Indo. Era Manda, o ponto médio de minha jornada de Harapa a Serinagar na Caxemira indiana.

Manda agora fica nas colinas acima de Jamu, na Índia, a poucos quilômetros da fronteira com o Paquistão. Também é uma cidade militarizada. Talvez por causa de sua localização estratégica em uma zona de fronteira sensível, o turismo não seja incentivado, e hoje esse sítio decisivo seja difícil de encontrar debaixo de mato. Durante o século XVIII, um forte foi construído na cidade

---

17   É possível que os *meluhha* do vale do Indo tenham se tornado os *mleccha* — bárbaros não falantes de sânscrito — da civilização rigvédica posterior.

18   Marshall (Org.), *Mohenjo-Daro and the Indus Civilization*, op. cit., p. 19.

CIDADES ALUVIAIS

do terceiro milênio a.C. e desde então toda a área foi invadida pela polícia e pelo governo estadual. O escritório do departamento de arqueologia local, dentro do forte, é uma bagunça inerme de arquivos em decomposição.

Adentro as ameias do forte e olho para baixo, através das guarnições, para o rio de fluxo veloz. Um barco de madeira traz doze passageiros sobre a água para o templo de Kali abaixo do forte, e, quando chega ao cais, a pequena embarcação gira na corrente. Ao contrário de Moenjodaro e Harapa, onde o rio mudou, o Chenab ainda flui em seu curso original, e, pela primeira vez, sou capaz de ficar no meio de uma cidade do vale do Indo e testemunhar com meus próprios olhos a conveniência proporcionada a essas cidades antigas por sua localização às margens de um rio.

Os arqueólogos acreditam que o próprio posto comercial de Manda era Burzahom, mais de cem quilômetros ao norte, no vale da Caxemira. A jornada de Jamu a Serinagar leva dez horas em um pequeno jipe sacolejante. Após um dia de escalada pela floresta íngreme de coníferas, o jipe chega à borda do vale e lá a Caxemira se abre, como as asas de uma borboleta verde e amarela sobre uma rocha marrom opaca. Bastam essa jornada e essa vista para entender a devoção que a Caxemira inspirou em imperadores e poetas por toda a história da Índia. Atordoada por militantes islâmicos, policiada pelo Exército indiano — cujos soldados permanecem como espantalhos tensos em cada campo de mostarda e pomar —, a Caxemira ainda não soçobrou pelos poderes marciais do Paquistão nem da Índia. Mas esteve muito perto.

Em 2600 a.C., Burzahom e Manda eram separadas por um abismo cultural. Ao contrário do sofisticado assentamento urbano de Manda, Burzahom era uma comunidade neolítica, retirada de seu contexto da Idade da Pedra apenas pelos artigos de luxo que recebia do povo a jusante — contas de ágata, potes pintados de preto, alfinetes de cobre, pulseiras e pontas de flecha. Enquanto os mercadores de Manda, que compravam a madeira de Burzahom, construíam casas de tijolos nas planícies, o povo de Burzahom continuava a viver em covas quadradas, retangulares, circulares ou ovais. Suas ferramentas eram feitas de pedra ou osso polido, eles queimavam cerâmica e untavam os esqueletos de seus mortos com ocre vermelho.[19] Nos terrenos adjacentes às suas fossas de pau a pique, eles erguiam menires em semicírculo. Um impulso que compartilhavam com outros povos pré-históricos, do norte do Paquistão à Inglaterra, da Irlanda ao Tibete. Em Burzahom, como em outros lugares, os enormes menires de pedra podem ter sido uma forma de adoração solar (o nome de Serinagar, nas proximidades, significa Cidade do Sol).

Como os caxemires altos e de bochechas rosadas de hoje, a comunidade neolítica de Burzahom era excepcionalmente saudável. Restos de esqueletos mostram que as pessoas eram altas — se não com três metros, como me dizem os aldeões modernos, tinham pelo menos dois — e bem nutridas. Comiam carne de veado e cabra. Por volta de 2000 a.C., porcos e arroz foram introduzidos da China e o trigo e a cevada, safras de inverno, cresciam facilmente, sem necessidade de irrigação.

Burzahom foi ocupada por humanos do Neolítico até pelo menos 1000 a.C., cerca de novecentos anos após o declínio de Moenjodaro e Harapa. Qualquer que tenha sido a calamidade que de repente tornou inabitáveis as cidades das planícies, parece não ter afetado os humanos na Idade da Pedra. Cercados pelas montanhas, à beira do lago, circundados por cedros altos, tinham tudo de que precisavam. O local nunca foi abandonado de todo, e hoje existe uma pequena aldeia perto dali. Um cemitério muçulmano abriga os menires.

---

19   B. M. Pande, «Neolithic Hunting Scene on a Stone Slab from Burzahom, Kashmir». *Asian Perspectives*, Hong Kong, XIV, 1971, p. 134.

CIDADES ALUVIAIS   385

Na planície, era diferente. Lá, por volta de 2000 a.C., as cidades do Indo ficaram desertas de chofre. Os arqueólogos ainda discordam sobre as causas desse êxodo abrupto. Talvez os recursos tenham se esgotado nas montanhas, talvez o desmatamento tenha causado uma devastação nas planícies. Alguns culpam os arianos: presumem que as cidades do Indo, debilmente fortificadas, não seriam capazes de defender-se do ataque de invasores a cavalo — um destino que o militarizado Paquistão espera nunca repetir. Outros sugerem que foi o rio, com suas enchentes e meandros, que causou a destruição.[20]

Se a dependência da água pelas cidades do Indo as arruinou, a história de hoje pode estar imitando a trama antiga. A escassez de água atingiu níveis críticos na Índia e no Paquistão. Os estados paquistaneses do Punjabe e do Sinde estão à beira de uma guerra pelo acesso às águas do Indo. Na Índia, os estados vizinhos do Punjabe (indiano) e Harianá disputam como as águas do Rauí e do Béas devem ser compartilhadas.[21] Ambos os países precisam das águas do Jilum e do Chenab, e muitos concordam que foi a sede d'água o que os levou a disputar o controle da Caxemira. Assim como Manda e Harapa extraíram recursos das montanhas distantes, a guerra em curso ecoa esse arcaico estribilho.

Em Burzahom, onde estão os menires, é fácil enxergar a Caxemira como um paraíso na terra, como os indianos há muito a veem. Esperemos que, quando o Paquistão, a Índia e a China terminarem de represar a vida de seus rios — quando as cidades de tijolos nas planícies perecerem mais uma vez —, este paraíso sobreviva, como tem feito até hoje.

20   O relato do dilúvio nos Puranas hindus, argumenta-se, deriva de lendas arcaicas sobre o instável rio Indo, parcialmente inspiradas por histórias mesopotâmicas (ver R. Thapar, *A History of India*. Harmondsworth: Penguin, 1966, p. 30).

21   S. Waslekar, *The Final Settlement: Restructuring India–Pakistan Relations*. Mumbai: Strategic Foresight Group, 2005, p. 58.

11.

UMA CAÇADORA DA IDADE DA PEDRA

Como se formou o mundo dos humanos?
No começo havia a água, congelada em um pouco de gelo,
Um pouco de poeira pousou sobre o gelo,
Um pouco de grama cresceu sobre a poeira
E daí surgiram três montanhas.
Mi-Yul Dangpo (canção dos dardos)

Burzahom, com seu semicírculo de menires neolíticos, tem sido estudada pelo menos desde os anos 1930. Mas, quando os arqueólogos indianos começaram a escavá-la, em 1964, descobriram que sua história era mais profunda do que meros 5 mil anos. Um grande menir de pedra fora usado como parede externa de um edifício ocupado no terceiro milênio a.C. Em sua parte inferior, enterrada profundamente na lama, havia um petróglifo feito muitos milhares de anos antes.

O entalhe, uma cena de caça, conta uma história rara e sugestiva. No meio da imagem há um cervo. À esquerda, um homem agachado, mirando com seu arco. No céu há dois discos com raios,

388 ALICE ALBINIA

possivelmente o sol e a lua ou o sol nascente, e perto deles há um cachorro. O arqueiro, o veado e o cachorro têm pênis proeminentes, mas há um segundo caçador no entalhe que não tem. De pé à direita, segurando uma longa lança que perfura o veado, há uma mulher rechonchuda vestida com uma saia. Este entalhe foi um achado maravilhoso. Se eu fosse uma feminista indiana, essa pedra seria meu ícone.

O extremo norte da Índia, da Caxemira ao Ladaque, é conhecido desde a antiguidade pela liberdade de suas mulheres. Os antigos falantes de sânscrito chamavam esta área de *Strirajya*: o governo das mulheres.[1] O *Mahabharata*, épico sânscrito definidor da Índia, fala com certa nostalgia da antiga liberdade das mulheres, que certa vez «vagavam ao seu bel-prazer, independentes». «Essa era a regra nos tempos antigos»; «ainda praticada entre os kurus do Norte».[2]

Uttarakuru, a terra dos kurus do Norte, era conhecida nos antigos textos em sânscrito como um paraíso. No *Ramayana*, os kurus do Norte são descritos como «liberais, prósperos, eternamente felizes e imortais. Em seu país não há frio nem calor, nem decrepitude, nem doença, nem dor, nem medo, nem chuva, nem sol». O limite de Uttarakuru era o rio Sila, que transformava em pedra qualquer coisa que o tocasse. Era uma terra governada por mulheres, onde nenhum homem podia morar por mais de meio ano.

Visitantes estrangeiros na Índia repetiram histórias que tinham ouvido sobre as lendárias mulheres de Uttarakuru. Provavelmente foi Uttarakuru que se tornou a «Hiperbórea» de Megástenes, a terra ao norte da Índia cujos habitantes viveram por mil anos.[3] No século VII, o *Sui Shu* (História da Dinastia Sui) descreveu

---

1   Karttunen, *India in Early Greek Literature*, op. cit., p. 187.
2   Muir, *Original Sanskrit Texts...*, op. cit., v. II, pp. 335-6.
3   Karttunen, *India in Early Greek Literature*, op. cit., pp. 186-9.

UMA CAÇADORA DA IDADE DA PEDRA 389

o Ladaque como o «Império das Mulheres Orientais».[4] O monge mochileiro Xuanzang, que viajou pelas terras budistas da Índia no século VII, repetiu essa tradição, observando que Uttarakuru é o «reino das mulheres», onde por «séculos é uma mulher quem governa». O marido da rainha «nada sabe sobre os assuntos do Estado», escreveu ele. «Os homens administram a guerra e semeiam a terra, e isso é tudo.»

De acordo com a história sânscrita do século XII, o *Rajatarangini*, de Kalhana, Uttarakuru ficava a nordeste da Caxemira, equivalendo ao Ladaque atual.[5] Os caxemires temiam e respeitavam as belas amazonas montanhesas. O rei Lalitaditya, que governou a Caxemira no século VIII, só conseguiu derrotar Strirajya fazendo sua rainha se apaixonar por ele. As mulheres de Strirajya, entretanto, seduziram os guerreiros de Lalitaditya expondo seus «altos seios».[6]

Os textos em sânscrito descrevem Uttarakuru como uma terra onde, para homens e mulheres, a promiscuidade era a norma.[7] Provavelmente uma referência à poliandria — quando uma mulher casa-se com mais de um homem — que ainda é praticada no Ladaque e no Tibete. A poliandria era, possivelmente, mais difundida na Índia nos tempos antigos do que é hoje: os cinco irmãos heróis do *Mahabharata* compartilham uma esposa, Draupadi. Mas no *Mahabharata* esse arranjo já era estranho e chocante o suficiente, quando da compilação do épico, para demandar muita explicação,

4   Francke acreditava que o *Sui Shu* tivesse sido compilado por volta do ano 586 (A. H. Francke, *Antiquities of Indian Tibet*, Part 1: *Personal Narrative*. Calcutá: Superint. Gov. Printing, 1914, p. 74). Na verdade, foi escrito no século seguinte, entre os anos de 622 e 656.

5   Kalhana, *Kalhana's Rajatarangini: A Chronicle of the Kings of Kashmir*. Trad. ingl. M. A. Stein. Londres, 1900, v. I, p. 137.

6   Ibid., p. 138.

7   Karttunen, *India in Early Greek Literature*, op. cit., p. 188.

sendo provavelmente a última memória, esmaecida, de uma era em que matriarcas ainda controlavam as famílias e as comunidades políticas. No noroeste da Índia, porém, no que hoje é o norte do Paquistão, Caxemira, Afeganistão e Ásia Central, a poliandria perdurou. Albiruni, o historiador muçulmano da Índia do século XI, observou que a poliandria era praticada desde o leste do Afeganistão até a Caxemira. Um texto chinês do século XVIII observou que prevalecia não apenas no Ladaque e no Tibete, mas também no Baltistão, no Indocuche e na Ásia Central.[8]

O fato de a liberdade das mulheres ser parte integrante da utopia nos textos indianos diz tanto sobre a atitude dos falantes de sânscrito dos épicos quanto sobre os próprios kurus do Norte. Outros visitantes do sexo masculino no Ladaque e no Tibete, entretanto, acharam a poliandria perturbadora. Albiruni chamou-a de «tipo de casamento não natural».[9] O padre jesuíta do século XVIII Desideri, um dos primeiros europeus a visitar o Tibete, condenou-a como um «costume odioso». Alexander Cunningham, escrevendo em 1854, especulou que a poliandria fosse a responsável pela baixa estatura das mulheres no Ladaque.[10] Em seu romance *Kim*, publicado em 1901, Rudyard Kipling descreveu essa área como as «terras onde as mulheres fazem amor» e contou uma lição admonitória sobre uma mulher budista poliândrica de

---

8   K. Enoki, «On the Nationality of the Ephthalites». *Memoirs of the Research Department of the Toyo Bunko (Oriental Library)*, Tóquio, n. 18, 1959, p. 54.

9   Albiruni, *Alberuni's India*, op. cit., v. I, p. 108.

10 Cunningham, *Ladák, Physical, Statistical, and Historical*, op. cit., p. 295. Ver, para comparação, a reação de Arthur Connolly a um cã que ele encontrou no caminho da Índia à Rússia: «Não era possível persuadi-lo de que nossa lei matrimonial não era revertida na Europa e que cada mulher não pudesse tomar pra si quatro maridos, ele havia lido num livro e não admitia a menor dúvida. Eu fui capaz, assim espero, de corrigir algumas impressões demasiado errôneas que ele formara a respeito da lassidão de nosso sistema moral» (Connolly, *A Journey overland from Russia to India*. Londres, 1834, p. 207).

UMA CAÇADORA DA IDADE DA PEDRA 391

Kinnaur (ao sul do Ladaque).[11] Essa Mulher de Shamlegh, com um «adorno de cabeça cravejado de turquesas», propõe casamento ao belo e jovem herói de Kipling e menospreza seus muitos maridos como «gado». Um contemporâneo de Kipling, um missionário morávio bastante assustado, o reverendo A. H. Francke, observou que havia uma forte tendência de adoração à mãe arcaica no budismo praticado no Ladaque e que, durante os censos britânicos, os filhos de famílias budistas tibetanas eram incapazes de declarar quem eram seus pais, tantos eram os candidatos possíveis. A poliandria, concluiu ele, era «um dos costumes mais horrendos».[12] Estudiosos chineses que escreveram sobre o Tibete na década de 1950 ecoaram séculos de consenso masculino, chamando a poliandria de «forma anormal de casamento» em que as mulheres são «fisicamente arruinadas por hábitos primitivos e bárbaros».[13]

Se algum desses homens tivesse perguntado a opinião das mulheres no centro dos casamentos poliândricos, teria se surpreendido com a resposta. A poliandria adelfa ou fraterna, como é conhecida a prática de irmãos que compartilham uma esposa, acabou sendo proibida no Ladaque pelo marajá da Caxemira em 1941, e no Tibete pelos chineses em 1959. No entanto, algumas famílias no Ladaque são ainda poliândricas, e no Tibete há de novo uma tendência de crescimento. A razão é em parte cultural, em parte relacionada à prudência econômica: a poliandria mantém a taxa de natalidade baixa, evita questões de herança e diminui a pressão sobre recursos escassos. Em comparação com a situação das famílias hindus e muçulmanas na Índia e no Paquistão, onde as

11   R. Kipling, *Kim*. Org. A. Sandison. Londres, 1987, cap. 14.
12   A. H. Francke, *A History of Western Tibet: one of the unknown empires*. Londres: Patridge, 1907, p. 172.
13   Citado em B. Jiao, *Socio-economic and Cultural Factors Underlying the Contemporary Revival of Fraternal Polyandry in Tibet*. Cleveland: Case Western Reserve University, 2001, p. 24.

392 ALICE ALBINIA

propriedades são subdivididas entre os novos filhos a cada geração, nas famílias poliândricas os irmãos compartilham uma esposa, de modo que a população não aumenta e as propriedades permanecem inteiras. Com vários pais contribuindo para o bem-estar de seus filhos juntos, as mulheres também se beneficiam. Em contraste marcante com outros lugares no vale do Indo, as mulheres do Ladaque são consideradas «poderosas» e «desinibidas», com uma «posição forte» na sociedade.[14]

A religião pré-budista do Ladaque e do Tibete ocidental era o bon, um amálgama de crenças animistas de caça com um conjunto mais formal de demônios, espíritos e especialmente deusas e fadas femininas. Os dardos, também conhecidos como *brokpa* («montanheses») ou *minaro*,[15] viviam no Ladaque antes da chegada, no século VIII, dos tibetanos, que hoje constituem a maioria étnica dos ladaques e ainda adoram divindades femininas na forma de pedras e chifres de íbex. Hoje, os dardos existem apenas naquela zona militar onde o Indo flui da Índia para o Paquistão, mas já dominaram a maior parte do Ladaque, pelo menos tão a leste quanto Lé, e é possível que tão a oeste quanto Guilguite e Chitral, no Paquistão.[16] E os kalash podem fazer parte do mesmo grupo cultural. Com seus diversos arranjos conjugais — poliandria e poliginia eram praticadas em suas aldeias até recentemente —,

14   H. Norberg-Hodge, *Ancient Futures: Learning from Ladakh*. Londres, 2000, pp. 57-8; também o vídeo baseado no livro (*Ancient Futures: Learning from Ladakh*. Dir. Eric Walton. 60 min, VHS, 1993).

15   Os dardos podem ser descendentes dos *minaro* ou um povo imigrante que adotou os costumes locais dos *minaro*.

16   Diz-se que Lamayuru, um antigo monastério imediatamente ao sul de Mulbekh, já foi uma colônia darda (ou um possível assentamento da religião bon) antes de virar budista. No século XX ainda havia dardos no Ladaque central, e Rohit Vohra, que estudou a cultura darda nos anos 1980, acreditava que, «arranhando além da superfície, ainda serão encontrados costumes dardos» (Vohra, *An Ethnography*, op. cit., 1989, p. 36).

UMA CAÇADORA DA IDADE DA PEDRA 393

os dardos, como os kalash, têm uma atitude mais relaxada em relação à sexualidade do que qualquer um de seus vizinhos e visitantes, sejam cristãos, muçulmanos ou hindus. Com suas fadas das montanhas, suas deusas da água e da caça e suas bruxas, eles ainda celebram o poder feminino. Talvez tenha sido a cultura darda a que primeiro tenha legado ao norte da Índia sua fama feminista.

O entalhe em Burzahom está, portanto, cronologicamente na vanguarda de uma tradição antiga. Mas, se for esse o caso, essa é uma teoria que não recebeu atenção dos arqueólogos indianos. Em parte, isso ocorre porque a pedra foi mal interpretada por estudiosos posteriores. Há quarenta anos — desde que a pedra original foi retirada da Caxemira pelo Levantamento Arqueológico da Índia e sequestrada para fora da vista do público — acadêmicos têm contado apenas, para sua análise, com fotografias ou desenhos feitos a partir de fotocópias ruins. E então esse entalhe, depois de permanecer inalterado por 8 mil anos, sofreu uma mudança de sexo. As primeiras fotos, tiradas em 1964, mostravam claramente que a figura com uma lança nas mãos era uma mulher de seios grandes, usando (ao contrário do homem) um vestido. B. M. Pande — que examinou o entalhe — afirmou em 1971 que a «lasquinha entre as pernas da figura feminina é uma fratura natural da rocha e não representa a genitália».[17] Uma década depois, essa lasca se havia tornado um pênis, e, em desenhos mais recentes, o seio da mulher — voluptuoso nas fotografias originais — tornou-se mais plano e acabou desaparecendo de todo. Eu me frustro por não conseguir estudar a pedra, uma vez que o Levantamento Arqueológico da Índia não mostra o original ao público (perguntei a eles). Terão medo da revolução que esse antigo exemplo de cooperação entre os sexos pode fomentar? Ou só esqueceram onde o puseram? Passei uma semana organizando uma entrevista com o

17 Pande, «Neolithic Hunting Scene...», op. cit., p. 135.

394 ALICE ALBINIA

homem encarregado do entalhe de Burzahom para então, trinta segundos depois de explicar meu pedido, ser conduzida para fora de seu escritório.

A maioria dos arqueólogos tem se preocupado mais em determinar a idade do entalhe do que a ordem social que ele representa. A mais recente interpretação indiana, de «arqueoastrônomos» em Mumbai, é que o entalhe seja um «mapa celeste» do sexto milênio a.C. Os discos no céu são a lua cheia e uma supernova (uma estrela em implosão no final de sua vida). O veado, o cão e as figuras humanas (ambas vistas como homens) são constelações, e os quatro pênis que se veem no entalhe são representados como estrelas no céu da Caxemira. Os arqueoastrônomos decidiram que o povo de Burzahom esculpira uma imagem da Supernova HB9 na rocha, uma estrela que morreu em uma explosão de luz branca em 5700 a.C. Se eles estiverem certos — e essa estimativa corresponde a palpites anteriores quanto à antiguidade do assentamento, com base na descoberta de ferramentas de pedra —, então o entalhe foi desenhado por pessoas que viveram na Caxemira 3 mil anos antes de Harapa.[18]

Enquanto estou ao lado dos menires em Burzahom, o zelador se aproxima. Pergunto a ele por que não há museu, ainda que, segundo os relatos arqueológicos da época das escavações, ele devesse ter sido construído na década de 1970. Eu já visitei o Departamento de Arqueologia do Estado, em um dos guardados edifícios governamentais de Serinagar, onde funcionários se sentam a beber chá o dia todo em salas escurecidas, atrás de pilhas altas de arquivos a serem lidos. O pessoal de lá me explicou que

---

18 O que corrobora estimativas anteriores: «o sítio megalítico de Burzahom [...] contém um grande número de pedras artificialmente lascadas, entre as quais há lascas e núcleos que remontam à técnica paleolítica» (H. de Terra; T. T. Paterson, *Studies on the Ice Age in India and Associated Human Cultures*. Washington: Carnegie institution of Washington, 1939, p. 233).

UMA CAÇADORA DA IDADE DA PEDRA

«fundos para um museu não eram previstos» e que «há muita
tensão no vale». Mas o zelador tem uma ideia: «Há um homem que
trabalha aqui», diz ele, «um homem da universidade. Um homem
bom e sincero». «É o dr. Bandy?», pergunto, pois ouvi falar dele
no Departamento de Arqueologia do Estado. «Exatamente», diz
o zelador, descendo comigo até a aldeia e batendo na porta do
primo, que dirige um autorriquixá. «Leve-a para a universidade.»

A universidade fica ao norte de Serinagar, além do lago Nagin
e em frente à mesquita, que se distingue por possuir um fio de
cabelo da cabeça do profeta Maomé. No portão, faço perguntas e
sou levada por uma longa avenida de roseiras em direção ao Museu
da Ásia Central, onde, apesar da «tensão» de viver em uma zona
de guerra, o dr. Bandy e sua equipe reuniram uma coleção envol-
vente de artefatos que representam a história da Caxemira dos
últimos dez milênios. O dr. Bandy me mostra a reconstrução de
uma das moradias em Burzahom e o entalhe ausente impresso em
grande formato. Sentamos em seu escritório enquanto ele elucida
as diferentes teorias sobre as pessoas que esculpiram a cena de
caça em Burzahom. «Você precisa conhecer meu aluno, Mumtaz
Yatoo», diz o dr. Bandy, pegando o telefone. «Ele acaba de descobrir um entalhe na rocha ainda mais antigo do que o de Burzahom,
nas colinas perto de Sopore, a cidade natal dele.»

Mumtaz chega dez minutos depois, carregando cópias dos
artigos que escreveu sobre o entalhe e sorrindo com o espetáculo
de minha excitação. «Provavelmente é do Paleolítico, tem até 20
mil anos», diz ele, abrindo um desenho do entalhe na mesa do
escritório. «Ferramentas de pedra foram encontradas na floresta
próxima, o que mostra que a área foi ocupada por humanos antes
mesmo disso.»

Filho de um fazendeiro local de maçãs, Mumtaz foi apresentado ao entalhe depois de meses de busca metódica feita por um
pastor. Ele está, diz Mumtaz, localizado no alto de uma colina

arborizada no norte da Caxemira, gravado em uma face de rocha e, portanto, inamovível, até mesmo para o Departamento de Arqueologia da Índia. Satisfeito com meu entusiasmo por sua descoberta, ele próprio se oferece para me levar lá: «Você pode ficar em Sopore com minha família», diz. «Quando podemos partir?»

Partimos de Serinagar na manhã seguinte, pegando o ônibus para o norte, cruzando pomares de maçã cuidadosamente cultivados, até Sopore, onde Mumtaz convence um amigo a nos levar até a vila de Bomoi. O amigo nos deixa onde a estrada termina na margem da aldeia, e caminhamos o resto do trajeto por uma trilha de terra e subindo as colinas.

Choveu forte neste verão e a terra está pesada e escura. A luz da tarde penetra pelas folhas das árvores delgadas da Caxemira, iluminando a encosta e o arvoredo onde mulheres com lenços na cabeça colhem ervas. Movendo-nos devagar através do brilho luminescente lançado pelas árvores, é como se nadássemos abaixo da superfície de um lago salpicado de luz, para outro mundo, mais sereno, longe de *jihadis* e homens armados. Mas isso é uma ilusão. «Esta área era um viveiro dos *mujahidin*», diz um dos moradores, mais tarde.

As mulheres da aldeia Bomoi nos ignoram, mas os homens parecem ter toda a tarde de folga: à medida que subimos, todos os homens saudáveis entre as idades de 7 e 27 anos abandonam o que estão fazendo e nos seguem de repente, através das árvores e até a face da rocha. Deve haver uma multidão de cinquenta homens e meninos no momento em que chegamos à pedra, todos eles vestindo o *pheren* da Caxemira, um poncho longo de lã. Os meninos falam pouco inglês, mas estamos na temporada de críquete e, da tagarelice caxemíri que me cerca, falas inteiras de comentaristas da BBC surgem totalmente formadas: «Flintoff está entrando para jogar», diz um garoto de doze anos. «É um *bouncer*!», diz outro.

UMA CAÇADORA DA IDADE DA PEDRA

«Da próxima vez», diz Mumtaz, «viremos durante um jogo de críquete, e ninguém vai notar.»

A face da rocha marrom-clara irrompe sobre nossa cabeça e ainda hoje se distingue das rochas ao redor por estar livre de líquen e musgo. O entalhe em si é marcado a fundo, mas desbotado, e a melhor vista é obtida da clareira de árvores abaixo, o que leva Mumtaz a especular que possa ter sido o assento de um sacerdote ou sacerdotisa. Nada que eu tenha visto no norte do Paquistão, ou que vá ver ao longo do Indo no Ladaque, é exatamente como este quadro surreal e onírico. É um desenho agitado, frenético até, uma cena de caça alucinante. Há homens-palito usando máscaras ou armaduras, correndo de um lado para outro. No meio há dois animais abatidos ou peles de animais. À esquerda e abaixo, do lado direito, há círculos de tamanhos variados, cada um composto de anéis concêntricos. Conectando todos esses elementos, há longas linhas esculpidas.

Pouco se sabe sobre a vida dos humanos do Paleolítico, menos ainda sobre o significado de sua arte. Arqueólogos e historiadores da arte discutiram sobre as pinturas rupestres encontradas na Espanha e na França — as suaves pinturas de bisões e veados que inspiraram Picasso e tiveram datação de carbono de 15 mil a 32 mil anos. Figuras humanas mascaradas foram interpretadas como xamãs ou oráculos, e amplas correlações foram traçadas com os ritos de caça tribais de outras partes do mundo, em que a pele e os ossos do animal morto são colocados no chão como um meio de regenerar simbolicamente a besta caçada. Ambos os elementos — os caçadores mascarados e a fera esfolada — parecem estar representados no entalhe Bomoi. Defensores da escola da História do Paleolítico que afirma que a sociedade humana em todo o mundo nesta época era dominada por rituais de caça conduzidos por magia sem dúvida leriam este entalhe como uma representação de ritos xamânicos. Mas Mumtaz, os moradores e eu temos outras teorias concorrentes.

Com seus discos raiados e cena de caça humana, o entalhe em Bomoi claramente é relacionado ao de Burzahom, e isso sugere uma continuidade local da cultura ao longo de um período de 20 mil anos. De pé sob as árvores, tentando distinguir as linhas esculpidas desbotadas, me pergunto se há alguma conexão entre os escultores de pedra do Paleolítico e os dardos, que ainda caçam íbex e são os primeiros habitantes conhecidos do vale nordeste do Indo — ou se é absurdo traçar correlações entre o homem do Paleolítico e o moderno, que, ainda que tenham uma herança genética comum e habitem uma mesma paisagem, podem não necessariamente compartilhar da mesma cultura. Se houver uma resposta, ela está no Ladaque. Grupos dardos ainda existem ao norte de Sopore ao longo do rio Kishanganga,[19] mas os aldeões dardos mais distintos são aqueles próximos ao Indo, na fronteira entre o Baltistão e o Ladaque e no vale do Zanskar, um de seus remotos afluentes no centro do Ladaque.

Enquanto Mumtaz e eu examinamos a pedra, as crianças se aglomeram ao nosso redor. Estupefatos com a mulher estranha que atravessou direto sua aldeia para ver alguns arranhões antigos em uma rocha, um deles diz, zombeteiro, em inglês: «Pedra muito grande. Pedra muito sólida». «Rocha muito importante», diz Mumtaz, e pergunta aos meninos caxemires: «Bem, o que vocês acham que isso mostra?». Há algum burburinho. «Eles estão dizendo», traduz Mumtaz, «que foi esculpida por um inglês há cem anos.» Mumtaz aponta para o círculo superior: «Aquele é o sol (*aftab*). Essa é a lua (*zoon*). E isso», ele indica o círculo à esquerda

---

19   R. Vohra, «Ethnographic Notes on the Buddhist Dards of Ladakh: The Brog-Pa». *Zeitschrift für Ethnologie*, Berlim, v. 7, n. 1, 1982, p. 69.

UMA CAÇADORA DA IDADE DA PEDRA

com raios projetando-se como pernas, «isso é um samovar. Um bule de chá».

Eu rio, mas, com meu viés usual para as coisas aquáticas, desenvolvo uma teoria diferente. Por meio das árvores, a paisagem abaixo cintila com a água, refletindo as cores da fecundidade do vale. «Que lago é esse ao longe?», pergunto a Mumtaz. «O lago Wular», responde. «Então», digo, «os círculos concêntricos são piscinas de água ondulante. Os raios que saem deles são seus afluentes. Os três grandes círculos representam lagos, e os círculos menores são lagoas. Este é Wular», aponto para o círculo superior, «e este é o lago Dal», meu dedo se move para o círculo do meio. «Não, esse seria Manasbal», diz Mumtaz, «o de baixo talvez seja Dal.» «E este», meu dedo traça a longa linha curva que corta a imagem horizontalmente de lado a lado, «é o rio Jilum.» «Engenhoso», diz Mumtaz, «mas acho mais provável que esses três círculos sejam o sol nascente.» «Última bola do *over*!»,[20] diz um menino atrás de mim.

Meses depois, quando estou de volta à Inglaterra, Mumtaz escreve para me dizer que logo depois que passei por Sopore, a equipe de arqueoastronomia de Mumbai visitou o petróglifo com ele e propôs uma teoria ainda mais ambiciosa: «Os círculos são um cometa em movimento através do céu», escreve Mumtaz, «e simultaneamente os lagos que se formaram na Caxemira depois que os cometas se espatifaram na terra.» A pesquisa ainda está em um estágio inicial, mas os astrônomos tentam estabelecer se os lagos Wular, Manasbal e Dal foram de fato formados pelo impacto de um meteoro e pesquisam o registro astronômico de chuvas de meteoros da Era Paleolítica. Eles têm certeza de que o entalhe foi

---

20 No críquete, um *over* é o total de seis bolas arremessadas pelo arremessador em sua casa, até a casa oposta do adversário. [N. T.]

desenhado por humanos que caçaram e forragearam sua comida nas encostas vizinhas, assim como as mulheres o fazem agora.

Do outro lado da rocha do entalhe há uma pequena caverna onde se pensa que humanos do Paleolítico possam ter acampado. De lá, Mumtaz, seus três amigos da aldeia e eu caminhamos por entre as árvores e pela encosta da colina. Apenas as crianças nos seguem agora. Pulamos um riacho quase invisível e caminhamos em direção a um cemitério neolítico onde os aldeões encontraram maças de pedra, machados e bolas de bodoque — e onde Mumtaz uma vez ergueu os olhos da escavação para ver cinco lobos olhando para ele com grandes olhos amarelos. Do alto da colina, me viro e vejo as crianças paradas abaixo de nós, dispostas em uma linha desamparada à margem do riacho que acabamos de cruzar. «Por que eles pararam?», pergunto. «Eles não nos seguirão além dos limites da aldeia», diz Mumtaz.

Ao anoitecer, chegamos à próxima aldeia. Lá, casas estão sendo reconstruídas após o terremoto da Caxemira — usando madeira de estilo antigo em vez de concreto, pois as técnicas de construção modernas têm se mostrado instáveis nesta terra tectonicamente traiçoeira. À medida que avançamos pelas bordas dos campos inundados, os aldeões falam da Caxemira, abrindo sua vida em histórias de decepção. Eles falam com amargura dos *mujahidin* paquistaneses: «Hoje em dia não somos tão enganados por suas falsas promessas de liberdade», diz um dos homens. Nem o Estado indiano oferece muita esperança: ninguém na Índia, dizem eles, quer empregar um muçulmano da Caxemira. A única vantagem que os caxemires têm é a lei que proíbe os indianos de comprar terras no vale: «Assim, até os pobres aqui têm uma casa e uma terra para plantar».

Eles nos pressionam a passar a noite na aldeia, mas Mumtaz se recusa. De volta a Sopore, sua mãe prepara nosso jantar.

UMA CAÇADORA DA IDADE DA PEDRA   401

Naquela noite, discuto o resto de minha jornada com Mumtaz. A partir daqui, viajarei para o leste, seguindo traços da cultura paleolítica até o Ladaque, o deserto de grande altitude dividido horizontalmente pelo Indo. Mumtaz, que sabe tanto sobre a história da Caxemira, nunca foi ao vizinho Ladaque. A disputa indo-paquistanesa tem suas próprias repercussões internas na Índia, e os ladaques, que são predominantemente budistas, já não confiam nos seus vizinhos muçulmanos. Assim, na manhã seguinte, despeço-me de Mumtaz e, com os bolsos cheios de maçãs de seu pomar, viajo sozinha para o Ladaque.

Separado da Índia por seis a oito meses do ano, o Ladaque, em comparação, abriu-se há pouco ao exército (1962) e ao turismo (1974), somente depois que adquiriu importância estratégica para a Índia por causa de duas disputas de fronteiras internacionais: uma com a China ao norte e outra com o Paquistão a oeste. O quão completamente ele existe, distante da corrente dominante indiana, foi ilustrado claramente quando L. K. Advani, o hindu de direita, ministro do Interior da Índia, visitou o Ladaque no final da década de 1990. «Qual é o rio daqui?», ele perguntou a seus anfitriões, que lhe disseram que era o Senge Tsampo, usando o nome tibetano local para o rio. «O Sindhu», acrescentaram, usando a denominação sânscrita. «O quê?», Advani perguntou, então alguém explicou: «O Indo». De volta a Déli, talvez para compensar seu pobre senso de geografia, Advani fundou o «Sindhu Darshan», uma peregrinação hindu anual ao Ladaque budista para purificar o rio com as águas do Brahmaputra e do Ganga antes que ele flua para o Paquistão muçulmano. É uma missão dos grupos extremistas hindus aos quais Advani é afiliado para recuperar a «Índia ocidental» do Paquistão, e, assim, nas mãos do ministro do Interior, o Indo — que havia sido esquecido em boa parte da Índia — tornou-se «um símbolo de nacionalismo e integração nacional», evocando os sacrifícios feitos pelos soldados indianos durante a Guerra de Cargil e a perda de vidas e terras na Partição.[21]

Se a pré-história do Ladaque foi banida pelos políticos, também foi negligenciada pelos historiadores. Numerosos estudiosos escreveram sobre a Caxemira desde que Kalhana colocou seus pensamentos no papel pela primeira vez, mas a história antiga do Ladaque foi muito pouco estudada. Durante os últimos sessenta anos desde a Independência, o Levantamento Arqueológico da Índia fez apenas exames superficiais dos assentamentos neolíticos e paleolíticos do Ladaque, e nunca houve um levantamento abrangente, por um arqueólogo treinado, dos milhares de entalhes em rocha pré-históricos ao longo do rio. Assim, os historiadores ainda não têm certeza de quando os humanos chegaram pela primeira vez ao Ladaque, de onde vieram e como eles se relacionam com os dois grupos distintos que sobrevivem aqui — os dardos e os tibetanos.

Vinte anos atrás, uma pista isolada foi publicada em um jornal acadêmico: um entalhe em pedra de um gigante, feito às margens de um pequeno afluente do Indo perto de Cargil, aquele distrito do Ladaque ocidental habitado por xiitas. O novo gigante era semelhante aos cerca de cinquenta entalhes encontrados às margens do Indo, em Chilas, no Paquistão — uma grande figura humana com braços estendidos e uma pequena cabeça redonda. Mas, curiosamente, ele também tinha um pênis comprido e uma criança de cabeça para baixo no útero — um assunto nada fácil de discutir com muçulmanos educados e observantes da *purdah*. No entanto, o artigo não especificava a localização do entalhe, então desenhei uma versão editada dele em meu caderno e parti para Cargil.

A rota atravessa o passo Zoji-La, e aqui a paisagem muda tão dramaticamente quanto no outro extremo do vale da Caxemira, de campos verdejantes e árvores para vales secos e rochas de arestas

---

21 <www.bjp.org/today/june_0203/june_2_p_25.htm>.

UMA CAÇADORA DA IDADE DA PEDRA 403

insuspeitadas. Lembro-me da fábula popular sobre a fúria de uma deusa rejeitada, contada pelo povo do Ladaque para explicar a secura de seu país. A deusa tibetana Du-zhi Lhamo descobriu que seu marido planejava deixá-la para trás na Caxemira, enquanto viajava para o Ladaque, porque, ele reclamou, ela teria o cheiro da Caxemira. Irritada com esse insulto, ela deu as costas ao Ladaque, fazendo com que ele «secasse e a Caxemira se tornasse fértil».[22] Talvez por sua aridez, o povo desta terra sempre foi econômico, autossuficiente (e poliândrico). Dadas as possibilidades limitadas da agricultura em uma altitude tão elevada, cada família no Ladaque passa o verão secando a safra anual de verduras e raízes para durar o longo e rigoroso inverno.

O ônibus me deixa na estrada vazia de Lé e desço o caminho para o vale do rio, onde, na pequena aldeia lá embaixo, mostro aos homens, sentados do lado de fora da casa de chá, o desenho que fiz. Mas eles balançam a cabeça. Nunca viram nada igual, dizem, e percorreram estas colinas por toda a sua vida. Eles chamam o lojista e depois um ancião da aldeia. Eles também balançam a cabeça. Alguém me oferece uma xícara de chá como consolação.

Às 14h a escola fecha e o diretor, um professor do ensino médio e Fatima, uma professora do ensino fundamental, vêm e juntam--se a mim. O diretor é um homem de mente aberta que me diz que sua família só se converteu do budismo ao Islã «há uma geração». «Grande parte de nossa cultura ainda é budista», diz ele. Ele fica intrigado com o entalhe, embora também nunca o tenha visto.

A cada xícara de chá se aprofunda minha convicção de que o entalhe deve ter sido destruído por antinudistas. Até que chega um trabalhador da aldeia vizinha. «Sim», ele diz, «há algo parecido, logo acima do riacho. Lembro-me disso da minha infância.»

22   Francke, *Antiquities of Indian Tibet*, op. cit., p. 107.

Os professores e eu entramos no carro do diretor e rodamos a curta distância até a vila vizinha. Quando chegamos à face da rocha, descobrimos, para nosso alívio, que ninguém sabe sobre o entalhe apenas porque uma cortina de salgueiros foi plantada nos últimos dez anos e isso o tirou de vista. Desde que foi talhado pela primeira vez na rocha, milhares de anos atrás, a terra cedeu e a gravura agora fica na face de um penhasco de seis metros de altura. Do chão, só consigo ver partes do entalhe entre as folhas esvoaçantes do salgueiro.

Os três professores estão na parte inferior do penhasco enquanto eu subo a escarpa pedregosa e sigo pelos afilados estratos. Se cair, quebro as duas pernas. Já posso ver os braços estendidos do gigante e os dedos longos e finos. Quando chego mais perto, posso ver o pênis e o bebê de cabeça para baixo no útero. Na altura das minhas pernas, há entalhes mais grosseiros de caçadores e íbex; e, onde meu umbigo toca a rocha, há animais desenhados com esmero e um pássaro que deve ter sido adicionado muitos séculos depois. Mas não consigo ver o rosto do gigante por entre os galhos: e meus joelhos tremem de medo. O diretor grita que alguém trouxe uma escada, então desço devagar.

Há duas escadas. Uma é colocada contra o penhasco. Ela alcança a base do entalhe e o diretor a sobe e puxa os galhos. A outra está apoiada em uma árvore, e, enquanto Fatima clama para que eu tome cuidado, subo e rastejo por um galho de onde posso levantar e agachar para examinar a gravura pouco a pouco através das folhas. A face da rocha é de um rosa quente e, como em Bomoi, as linhas gravadas têm cores mais escuras do que as áreas não entalhadas. Eu tinha suposto pelo desenho que a genitália e o útero haviam sido acrescentados mais tarde, mas de perto não há diferença perceptível na textura das linhas marteladas na rocha. Talvez este gigante realmente tenha sido planejado desde o início como uma divindade de ambos os sexos.

UMA CAÇADORA DA IDADE DA PEDRA 405

Dançando para cima e para baixo no salgueiro, enquanto tento vislumbrar o útero-pênis do gigante, penso no imenso entalhe muito mais recente em Mulbekh, a vinte quilômetros daqui vale acima. Aquele Buda Maitreya de nove metros de altura, cuja corda da túnica balança entre as pernas como um membro maciço, foi esculpido em uma «rocha em forma de falo» (como diz a literatura do governo de Cargil)[23] no século VIII. Ficando cara a cara com o gigante homem-mulher, me pergunto se foi isso que teria inspirado o pedreiro de Mulbekh. Além disso, há algo feminino na inclinação dos quadris do Buda de Mulbekh — a união de masculino e feminino é uma noção tântrica — e posso entender como, quando os arqueólogos britânicos começaram a explorar o Ladaque, confundiram algumas das estátuas de Buda mais sensuais com representações de mulheres.[24]

Quando os primeiros missionários budistas chegaram a esta terra no século I, muitas vezes se apropriaram dos locais de adoração e divindades do povo local. Tanto os megálitos verticais como os entalhes rupestres foram inscritos com imagens de estupas para torná-los budistas. Gigantes, uma óbvia porção central da cosmologia dos povos autóctones desta terra, também inspiraram as lendas budistas. A teoria tibetana da Origem do Mundo é a de que a terra foi separada do corpo desmembrado de um gigante, e a épica nacional ladaque, extraída de histórias pré-budistas, descreve a morte de um gigante. Nem todos esses gigantes, ao que parece, eram do sexo masculino.[25]

---

23 <http://kargil.gov.in/tourism/monastery.htm>.

24 Francke discordou de Cunningham sobre as esculturas em Dras. O primeiro acreditava que fossem Budas Maitreya, o último, que fossem monjas. Ver Francke, *Antiquities of Indian Tibet*, op. cit., p. 105.

25 Id., «The Eighteen Songs of the Bono-na Festival». *Indian Antiquary*, Bombaim, maio 1905, p. 95.

406 ALICE ALBINIA

Hoje, os dardos que vivem ao lado do Indo no Ladaque ainda adoram deusas e contam histórias de uma bem-aventurada antiguidade quando humanos e divindades viveram juntos — até que os homens tentaram estuprar as deusas, e depois disso os humanos foram banidos. Michel Peissel, um explorador francês interessado na continuidade das crenças da Idade da Pedra na era atual, observou em 1984 que, embora as divindades dardas originais fossem mulheres — deusas das fontes e da água, da caça, da fertilidade e da fortuna —, elas haviam sido substituídas recentemente por Babalachen (Grande Deus Pai), presumivelmente pela influência de missionários budistas, cristãos ou muçulmanos. A teoria de Peissel, no entanto, era a de que a religião matriarcal original tinha sido gradualmente substituída por um «movimento de libertação dos homens, em revolta contra o governo das mulheres nos tempos neolíticos».[26] A cultura darda, sugeriu ele, longe de ser o último remanescente do desaparecido paraíso feminista do qual os antigos falantes de sânscrito, os viajantes chineses e os caxemires ouviram falar, seria, para alguns homens, nada mais do que uma distopia. As mulheres dardas são membros importantes da sociedade, mas Peissel as caricaturou como «ferozes [...] agressivas e barulhentas» espancadoras de maridos, «verdadeiras bruxas, de fato». A liberdade das mulheres em Uttarakuru frequentemente chocava os comentaristas homens, e parece que Peissel não era exceção.

As autoridades indianas proibiram Peissel de visitar as aldeias dardas às margens do Indo, que estavam fechadas para estrangeiros na época, e assim ele foi incapaz de testar algumas de suas teorias mais extravagantes. Depois que ele deixou o Ladaque, duas aldeias foram abertas a estrangeiros no final da década de 1980 e,

---

26 A religião cujos traços foram observados por Peissel pode ter sido a bon, com seus demônios, deuses e deusas. Foram divindades bon que Padmasambhava «amainou» durante sua viagem pelo Ladaque e pelo Tibete no século VIII.

UMA CAÇADORA DA IDADE DA PEDRA

enquanto estou na Índia, as licenças são emitidas pela primeira vez em sessenta anos até as duas limítrofes, bem na fronteira com o Paquistão. O exército também abre uma estrada de acesso a partir de Cargil, e é com uma sensação de *déjà vu*, portanto, que me vejo rodando noutra estrada de abastecimento militar até a fronteira. Conforme o jipe dá voltas e mais voltas na estrada íngreme da montanha, vejo as aldeias dardas agrupadas ao longo do fio cintilante de água por onde o Indo flui e lembro-me de quando estava de pé, ao lado de um soldado, do outro lado da Linha de Controle, esticando meus olhos para olhar, através do silêncio daquele lugar triste, para a Índia.

Os assentamentos dardos no Ladaque, com seus campos fecundos de cevada orlados de malmequeres e dedaleiras, não poderiam ser mais diferentes. Como as kalash, as mulheres dardas usam *peraks* — longos toucados cobertos com moedas, flores e miçangas. Francke comparou a moda aos capelos das cobras: «Talvez», escreveu ele, «as mulheres ladaques desejassem se parecer com as Naginis» — as deusas-serpentes femininas da Índia antiga, guardiãs budistas de lagos e rios — «porque essas fadas d'água eram famosas por sua beleza».

As sociedades de caçadores-coletores aparentemente viviam sem hierarquia social, e o mesmo acontece com os dardos hoje. As aldeias budistas vizinhas às margens do Indo ainda praticam um sistema de castas, com ferreiros e músicos tratados como párias e banidos para as periferias do assentamento. Os dardos, considerados impuros por todos os outros ladaques, vivem como iguais. Mesmo as mulheres, que os kalash acreditam ser fundamentalmente impuras, nas aldeias dardas têm o mesmo poder e status que os homens.

Talvez em retaliação por serem tratados como moralmente suspeitos pelos budistas, os dardos até recentemente consideravam os forasteiros impuros. Antes de as aldeias serem abertas ao público, galhos de zimbro eram queimados para limpar aqueles que voltavam de viagens comerciais a Lé ou Skardu. Os dardos já não são tão renitentes e ninguém sacode um galho de zimbro em chamas em meu desagravo, enquanto escalo os caminhos íngremes para o novo mosteiro budista no topo da vila de Darchik. As casas dardas são construídas muito próximas umas das outras, de modo que seus segundos andares se geminam acima da calçada e, no inverno, quando as aldeias ficam cobertas de neve, os vizinhos visitam uns aos outros pulando de telhado em telhado.

Chove forte quando chego a Dha, mais a leste no Indo, e tenho um gotejante quarto de hóspedes só para mim em uma casa chamada Bangbang. Aqui, no topo de uma colina no meio da aldeia, de onde lá embaixo à direita se observa o Indo, mora a família que detém o mais longo registro local de casamentos poliândricos, de acordo com Rohit Vohra, que estudou a cultura darda no final dos anos 1980.[27] Os dardos ainda se casam apenas entre si, e Vohra observou poliandria, monogamia, poliginia e casamentos em grupo «em que todos os parceiros têm acesso uns ao outros» (duas irmãs casadas com dois irmãos, uma esposa compartilhada entre pai e filho).[28] Dada a eficácia com que esses arranjos obnubilam a ascendência biológica, é a continuidade do nome da família, e não a genética, o que importa — e isso é igual por todo o Ladaque. Quando um casal não tem filhos homens, adota um genro para a casa, em vez de perder o nome da família casando as filhas fora da família.

Até que antropólogos — e turistas — chegassem para assistir às danças da fertilidade, os dardos não eram pudicos em celebrar o sexo. Durante seus festivais de música, homens e mulheres

---

27 Vohra, *An Ethnography*, op. cit., p. 110.
28 Id., *The Religion of the Dards of Ladakh: Investigations into their pre-Buddhist 'Brog-pa Traditions*. Ettelbruck: Skydie Brown International, 1989, p. 25.

UMA CAÇADORA DA IDADE DA PEDRA   409

trocavam insultos («Seu pênis é como o pênis de um cachorro / Sua vagina é como a vagina de uma cadela») e barganhavam o preço do sexo. Mas Francke, que primeiro traduziu essas canções para o inglês há cem anos, empregou os serviços de um dardo que ele pessoalmente converteu ao cristianismo, e, juntos, velaram a natureza orgiástica das canções. Eles os chamavam de «hinos», e frases ambíguas e enganosas como «Este não é um terreno do prazer» e «Ó mostrai (amor!)» camuflavam o verdadeiro significado das canções que, na verdade, significavam «Nós transamos?». Uma canção que Francke havia cristianizado com o título de «Amamos uns aos outros» era, na verdade, tão sexualmente explícita que, oitenta anos depois, os dardos recusaram-se a explicar a Rohit Vohra o que significava.[29]

Se Francke era enganoso, os esforços de Vohra para manter sua análise antropológica dentro dos limites da polidez acadêmica engendraram uma linguagem de perplexidade vaga. Ele chegou a sugerir que a dança obscena culminaria em um «ato» cuja «natureza degradante ao extremo» «revela aos participantes a verdadeira natureza das coisas». Desde então, visitantes indianos e estrangeiros vêm aqui na esperança de testemunhar a «degradação» darda, e agora os moradores se recusam a apresentar suas danças em público.

Além das canções sobre sexo, os dardos também cantam odes à caça e ao pastoralismo antigo, canções que descrevem a migração do oeste, e descrições cosmológicas da criação do mundo a partir da água. Quando pergunto ao dono da casa Bangbang sobre essas canções, ele me conduz pelas ruas de pedra da aldeia, passando pelo monastério budista até o velho forte, onde agora as macieiras crescem selvagens fazendo sombra umas às outras. Escalamos os muros em ruínas e colhemos, no caminho, as frutas de casca

29   Ibid., p. 99.

branca e cor-de-rosa, até que, do nada, o chão se acaba e me vejo olhando para o Indo na ravina muito abaixo de nós. Um casal de idosos senta-se à sombra de uma macieira, ele com um longo casaco de pele de carneiro, ela com um cocar de flores pesadas que balança enquanto ela fala. Fico feliz quando é a esposa que se oferece para cantar, entoando com doçura sua voz vacilante e nonagenária. «É uma canção em nossa língua brog skad», diz o marido depois, «sobre flores.»

Pergunto aos três idosos sobre as pedras monolíticas de formatos estranhos que vi nas colinas áridas acima da aldeia, imaginando se são equivalentes dardos dos altares sangrentos e moradas dos espíritos no Baltistão. Mas os velhos dão de ombros. Também tenho curiosidade sobre os muitos entalhes de íbex e humanos que vi nas rochas perto do rio. Essas, diz o sr. Bangbang, são esculpidas pelas Iliproo: «Fadas que, caso você as encontre na estrada à noite, darão o que seu coração deseja: dinheiro, se você precisar de dinheiro. Filhos, se precisar de filhos», diz, me olhando e levantando uma sobrancelha.

Quando Michel Peissel visitou as aldeias dardas em Zanskar, um vale de rio remoto que corre ao norte para o Indo, os aldeões contaram a ele que seus ancestrais seguiam enormes bandos de íbex até as pastagens altas no verão e caçavam o suficiente para durar ao longo do inverno, que passavam em cavernas junto ao rio congelado. Eles também lhe disseram que caçavam os íbex perseguindo-os nos penhascos — uma das formas mais antigas de caça do mundo, de uma época anterior à invenção dos arcos e flechas. Mesmo hoje, disseram, depois de cada caçada, a deusa que possuía o corpo do íbex tinha de ser aplacada com uma oferenda das entranhas, chifres e um entalhe do animal em uma rocha. Assim, cada animal caçado era comemorado por seu desenho na paisagem — uma explicação elegante para a abundância de entalhes de íbex ao longo de todo o norte do Indo.

UMA CAÇADORA DA IDADE DA PEDRA

A maioria dos dardos do Ladaque se tornou budista, mas a reverência ao íbex, bem como a adoração a gigantes, perseverou nesta terra, embora de uma forma modificada. Os budistas ladaques acreditam que o Buda foi um íbex em uma de suas vidas passadas, e, em um monastério perto da fronteira com o Tibete, há um arco sagrado de chifre de íbex. Na margem do rio abaixo de Alchi, o mais exuberantemente pintado dos mosteiros do Ladaque, há graciosos entalhes de íbex com desenhos budistas sobrepostos. Aqui também foram encontradas ferramentas de pedra do Paleolítico,[30] o que mostra que este local sempre foi um importante povoamento e travessia de rio.

De todos os milhares de entalhes no Ladaque, apenas um punhado foi mencionado em publicações acadêmicas, e, se não fosse por um único ladaque, eu nunca teria visto a rica coleção de petróglifos pré-históricos do país. Durante os últimos doze anos, na ausência de qualquer interesse do Levantamento Arqueológico da Índia, a exploração mais completa e dedicada foi realizada por uma dupla amadora: Tashi Ldawa Tsangspa, um cidadão local, e S. D. Jamwal, um policial entusiasmado lotado aqui, vindo de Jamu. O policial já foi transferido. Isso deixou Tashi só, e é ele quem me mostra as gravuras rupestres que encontrou ao longo de todo o Indo, de Cargil a Lé e do leste até a fronteira com o Tibete.

Conheço Tashi em Cargil, onde trabalha como palestrante, e ele me leva para ver um novo local de arte rupestre que acaba de localizar nos arredores dessa cidade xiita austera e nervosa: uma enorme rocha marrom polida coberta com entalhes pré-históricos de íbex e caçadores e grafites modernos de falantes de urdu.

---

30 Há também gravuras pequenas, nítidas, de caçadores de pernas curvadas, como se fossem rascunhos dos caçadores em estilo-Matisse de Gakuch (que no contexto paquistanês pareciam tão raros).

Tashi aponta bem para o meio da pedra, e ali, tão patinada quanto a rocha que a circunda, quase invisível, está uma marca de mão.

Passei muito tempo pensando sobre as impressões das mãos no mês seguinte, pois as encontramos em quase todos os grandes sítios de arte rupestre. Nas rochas escuras ao longo das margens do Indo, são sempre as marcas das mãos as mais ricamente coloridas e, portanto, os mais antigos dos entalhes que vemos. As mãos são entalhadas em um estilo — pequenas, estreitando no pulso, com os dedos juntos — que tem forte semelhança com as mãos «pintadas com saliva» e pigmento ocre pelos pintores de cavernas paleolíticas na Espanha e na França. Mas, embora eu possa entender que em uma caverna soprar tinta para fora da boca e em torno de uma mão estendida seja fácil e prático, é difícil esculpir na rocha, e uma mão em particular requer paciência e habilidade. A mão era especial em muitas culturas antigas. Era um símbolo pagão na Arábia pré-islâmica e tornou-se a «Mão de Fátima» erguida acima de cada santuário e local de culto xiita. Aristóteles chamou a mão de «órgão universal»; são as nossas mãos, escreveu ele, que nos distinguem dos animais: «a mão, de todas as ferramentas, a que se presta aos serviços mais variegados, foi dada pela natureza ao homem, o animal, de todos os animais, o mais capaz de aprender os mais variados artesanatos». Talvez uma marca de mão fosse uma assinatura pré-histórica: a maneira pela qual os seres humanos assinalavam sua presença uns aos outros em um tempo anterior à aquisição da escrita. As mãos também não têm sexo, podendo ser masculinas ou femininas.

As pinturas e desenhos de humanos da era moderna tendem a se concentrar nas características faciais. Mas, para os humanos da Idade da Pedra no Ladaque, parece que os olhos, o nariz e a boca não eram temas tão importantes. As pernas também se tornam insignificantes e há apenas uma ênfase ocasional na genitália. Em vez disso, existem muitos entalhes pequenos e intrincados de

UMA CAÇADORA DA IDADE DA PEDRA

humanos em linhas — dançando talvez — com suas mãos enormes, como luvas de boxe imensas, erguidas no ar. Não há casais retratados, e as poucas imagens de indivíduos são de caçadores solitários ou gigantes — também com dedos proeminentes.

Uma tarde, Tashi e eu deparamos com uma praia rochosa nas margens do Indo que é tão cheia de entalhes que um dia deve ter sido um ponto de encontro — sagrado, festivo ou comercial. Perto do rio há uma enorme rocha cheia de desenhos de íbex e humanos dançando. Estou agachada no chão, transcrevendo-os em meu caderno, quando de repente Tashi grita: «Um gigante!». Metade enterrado e extremamente desbotado, é uma figura com cabelo espetado, braços estendidos por mais de dois metros, uma réplica exata de muitos daqueles encontrados às margens do Indo, no Paquistão.

Então, em uma mesa de rocha próxima, encontramos outro contorno humano, com quase dois metros de comprimento. Mas essa figura não tem o cabelo espetado de costume ou braços estendidos e pernas fortes: os braços são firmes ao lado do corpo e os pés juntos. «É uma pessoa morta», digo a Tashi instintivamente, «o contorno de uma mortalha.» Cerca de um metro acima da cabeça, e mais preta do que a linha da mortalha, há uma marca de mão, os dedos apontando para o rio. «Você acha que este era um local de funeral? Um campo de cremação? Um local de execução?» Os budistas nesta região às vezes eliminavam os cadáveres jogando-os no rio — mas talvez a prática fosse muito mais antiga. Na quietude deste lugar, o contorno solitário na rocha é assustador, e, ao olhar para ele, estremeço. Durante o resto do meu tempo no Ladaque, sonho com essa imagem à noite, e ainda não tenho certeza se li ou sonhei que, em uma antiga forma de pena capital, os transgressores eram amarrados com uma corda e jogados vivos no Indo.

Em Domkhar mais a leste, onde o rio se estreita, há muitos entalhes antigos, incluindo outro gigante menor de cabelos espetados, reforçando a noção de que os antigos ladaques eram adoradores de gigantes.[31] Tashi e eu sentamo-nos sobre as rochas à beira do rio com o Lambardar (chefe) da aldeia, comendo farinha de cevada torrada — *ngampe*, como os ladaques a chamam, *tsampa*, como é conhecida no Tibete —, por milênios o alimento básico para as pessoas desta terra montanhosa. A cevada é a cultura mais antiga conhecida na Caxemira e era comida em Burzahom antes da chegada do arroz da China. Mas, embora haja continuidades na dieta desde os tempos do Paleolítico, tanto Tashi quanto o Lambardar concordam que não sentem nenhuma conexão com as pinturas antigas. «Os dardos acreditam que os entalhes foram feitos por fadas», digo. Tashi balança a cabeça: «A maioria dos ladaques, como eu, descende de invasores que vieram do Tibete há centenas de anos. Esses entalhes foram feitos pelos habitantes originais desta terra».

A partir do momento em que deixamos Domkhar em direção a Khaltsi, o vale do Indo se metamorfoseia: o desfiladeiro estreito se abre, o rio corre a planície desértica e o vale é guardado pelas cadeias de montanhas paralelas que são os limites sul e norte do Ladaque. O Indo, progredindo entre essas cristas de pedra gêmeas, é tão grosso de lodo que tem a mesma cor da rocha. As vidas humana e botânica se reúnem em torno dos riachos glaciais que

---

31 Francke descreveu como os dardos costumavam construir pontes: «Eles amarram várias vigas às margens, de modo que se projetem na direção do rio. Em pouco tempo elas estão congeladas numa incrustação de gelo de tamanha solidez que é possível andar sobre elas até onde terminam. Então muitas outras vigas são amarradas às primeiras [...] e assim sequentemente, até que a margem oposta seja atingida» (Francke, *A History of Western Tibet*, op. cit., p. 157). Laurianne Bruneau, que está escrevendo uma tese sobre gravuras rupestres no Ladaque, mostrou-me uma fotografia de um entalhe gigantesco mais ainda a leste, em Stakna no Ladaque central. Ela crê que possa ter sido recentemente destruído pela construção de pontes na região. Ver M. Vernier, *Exploration et documentation des pétroglyphes du Ladakh, 1996-2006*. Como: Nodo libri, 2007, p. 50.

UMA CAÇADORA DA IDADE DA PEDRA   415

correm para o rio, mas os mosteiros se diferenciam. Empoleirados no alto de penhascos íngremes ou em ilhas rochosas no rio, esses edifícios austeros, caiados de branco com seus telhados planos e pesadas vigas marrons, se agarram à pedra árida como se fossem teimosos acúmulos da natureza.

Embora os mosteiros alardeiem o budismo do Ladaque, mesmo nesses locais mais sagrados a cultura que ele suplantou não desapareceu completamente. Em um mosteiro a oeste de Lé, Tashi aponta para um prédio pintado de vermelho na borda do complexo do mosteiro totalmente branco. «Vê isso?», ele pergunta. «É uma homenagem a Paldan Lhamo, nossa deusa protetora.» Paldan Lhamo era uma das antigas divindades nativas do Tibete e do Ladaque, uma feroz demônia bon absorvida pelo panteão budista apenas no século VIII. No Ladaque, ela é retratada vestindo a pele esfolada de seu filho, carregando uma bolsa de doenças, a cintura envolvida por cabeças humanas decapitadas, tendo cobras como rédeas de sua mula. Mais tarde, quando visitamos Matho — passando por um campo onde os homens e mulheres cantam «Bom trabalho, belo trabalho» enquanto foiceiam — e subimos a uma caverna certa vez habitada por humanos do Neolítico, Tashi aponta para uma marca na rocha na entrada da caverna. «Os aldeões dizem que esta é a forma de Paldan Lhamo», diz ele, «e que a própria paisagem desenhou uma imagem da deusa na rocha.»

Ao longo de todo o rio, onde antigos assentamentos foram encontrados, a prática de respeitar as mulheres poderosas ainda prevalece. Existem muitas *lhamos* — oráculos mulheres ou curandeiras — no Ladaque. Em uma pequena aldeia perto de Lé, uma *lhamo* se tornou famosa localmente por sugar doenças dos enfermos. O taxista que me leva para conhecê-la converteu-se recentemente ao islamismo, e acredita que ela seja uma fraude: «Embora seja minha prima, sei que essas pessoas têm a cabeça no comércio», diz ele, e acrescenta: «Ela provoca os muçulmanos». A *lhamo* prescreve aos pacientes muçulmanos a terapia supostamente retrógrada de pendurar uma bandeira de oração em sua mesquita local. «Todas as mesquitas no Ladaque já foram decoradas assim no passado», explica o taxista, «até que nossos muçulmanos instruídos nos disseram para não mais fazê-lo.»

No domingo de manhã, há uma longa fila de pacientes esperando no jardim da mulher oráculo pelo início de sua sessão de cura — crianças com gripe, um homem com um problema nas costas, uma menina apaixonada. Depois de uma hora, quando clientes suficientes estão reunidos, somos conduzidos à cozinha da *lhamo*. Ela entra na sala usando um poncho em brocado chinês de seda e um alto chapéu dourado e ajoelha-se diante de uma pequena lareira. Enquanto sua neta vestida com um agasalho rosa lhe entrega as ferramentas de seu transe, ela geme, resmunga e grita em rápida sucessão. Um por um, seus pacientes são obrigados a levantar a camisa e expor a barriga à *lhamo*, que se lança sobre eles com a língua para fora e pressiona os lábios contra a pele perto do umbigo. Ela suga e, se os pacientes são bem-comportados, eles jogam o corpo para trás, horrorizados ou em choque. Então, a *lhamo* levanta a cabeça e cospe em um prato de cinzas. A neta se apoia no fogão da cozinha, lixando as unhas de tédio.

«Por que existem tantos oráculos mulheres?», pergunto, quando é a minha vez de sentar diante dela, esperando uma referência a Strirajya, ou alguma outra tradição atávica do norte sobre o poder feminino. Mas a *lhamo* parece desdenhosa. «Tudo se resume ao acaso», ela explica no dialeto tibetano lhamo, que tem de ser traduzido para a sala e retransmitido em ladaqui, hindi e inglês. «Às vezes os homens se tornam oráculos, às vezes, as mulheres. Meu espírito», ela se gaba, «vem de Amdo, no Tibete, onde nasceu o décimo quarto Dalai Lama.»

Mais tarde, um budista me disse que o número de oráculos no Ladaque aumentou depois que os chineses invadiram o Tibete

UMA CAÇADORA DA IDADE DA PEDRA

porque os espíritos fugiram para o oeste, rio afora, para escapar da opressão. E, de fato, embora na época o transe da *lhamo* não pareça convincente, mais tarde, quando chego ao Tibete colonizado, penso melancolicamente no Ladaque com seus oráculos e monges, mosteiros e mesquitas, políticos e sociedades locais, revistas e debates. Desse ponto de vista, a *lhamo* parece simbolizar a liberdade.

A tranquilidade do Ladaque se dissipou novamente perto da fronteira com o Tibete. Aqui, onde o rio espuma e serpenteia mais uma vez por desfiladeiros sombrios, e é fácil imaginar como surgiu a crença em ferozes espíritos da água, os soldados se abrigaram. A pintura em pedra substituiu o entalhe em pedra: «O paraíso está na sombra das espadas», escreveu o exército em letras brancas devotas na estrada; «Querido, eu gosto de você, mas não vá tão rápido», retruca a Autoridade de Estradas de Fronteira em amarelo lúgubre. A pintura vai desbotar, mas há centenas de entalhes antigos também caminhando para o esquecimento. A construção é um grande negócio e os moradores fatiam pedras como bolo para vender aos construtores. Logo além do Gaik — um sítio paleolítico datado por carbono como do quinto milênio a.C.[32] — há um grande entalhe geométrico em uma rocha, talvez a máscara de um oráculo gigante. Perto, há muitas outras formas de máscara menores, mas igualmente misteriosas. Uma escola inteira de história foi forjada em torno de entalhes semelhantes na Sibéria, e, se essa área fosse estudada de maneira adequada, poderia mudar a visão dos historiadores sobre o passado. Em vez disso, o vale ecoa com o tum-tum-tum dos homens com martelos. Em breve, esses petróglifos exclusivos serão vendidos aos construtores como entulho. Onde, me pergunto, está o Levantamento Arqueológico da Índia?

---

32 R. S. Fonia, «Ladakh Corridor to Central Asia: An investigative report of prehistoric cultures». *Journal of Central Asian Studies*, Srinagar, v. 4, pp. 35-41, [1994?].

Se evidências antigas do Império das Mulheres Orientais estão sendo gradualmente destruídas, a natureza oferece lendas geológicas em seu lugar. As rochas pendentes ao longo desta parte do rio quase se tocam através da água barulhenta, e a cada curva o vale revela uma cena diferente — a silhueta de uma mulher, uma encosta de seixos compactados por alguma força geológica inimaginável, as marcas onde um riacho uma vez passou sobre a rocha como rugas em um rosto.

Os assentamentos humanos são efêmeros nesta paisagem, sendo um país nômade. A ponte Mahe, no leste mais distante do rio a que os civis estão autorizados a ir, é também onde o Changthang começa: o árido planalto tibetano ao norte do Himalaia, que se estende do Ladaque ao Tibete. No Ladaque, muitos dos nômades que vivem em Changthang — conhecidos como *changpa*, ou *drokpa* em tibetano — fugiram para cá pelo Indo quando os chineses invadiram. Assim, preservaram o antigo pastoralismo que já foi praticado em todo o mundo pelos humanos do Paleolítico e a poliandria que fazia parte da antiga estrutura de Strirajya, que os invasores tentaram destruir sistematicamente. É difícil manter essas antigas tradições, mas os changpa atuais deixam os citadinos de Lé com inveja de seu comércio de lã de *pashmina* («Eles cozinham a gás, dirigem caravanas ciganas e comem arroz importado», alguém me diz). Os drokpa do Tibete, descobri mais tarde, não tiveram tanta sorte.

Estou na ponte olhando para o Indo através da névoa de bandeiras de orações budistas, esvoaçando esperançosas. Um jovem soldado indiano, desconfiado de minha câmera, pega sua arma e anda até juntar-se a mim no meio da ponte. «Até a guerra com a China», digo a ele, «os changpa migraram ao longo deste rio entre o Ladaque e o Tibete. Agora tudo isso mudou.» «Tudo mudou», ele concorda. «Antigamente, há trinta anos, não havia nada além de planícies aqui, não havia montanhas.» Olho para ele

UMA CAÇADORA DA IDADE DA PEDRA

com surpresa e rio, até perceber que, com sua concepção juvenil do tempo, ele perdeu a palavra *arab* (milhão).

Essa terra já foi plana, há 50 milhões de anos, antes que a placa indiana colidisse com a Ásia, deslocando o mar, lançando o rio em sua longa jornada para o sul, empurrando as montanhas para o céu. Em Zanskar, encontrei três delicados fósseis de conchas — relíquias do oceano Tétis — incrustados em uma rocha negra e lisa perto do rio. Aqui na fronteira entre os dois países, a antiguidade geológica do rio começa a se afirmar. E o Indo, que é mais antigo que as montanhas, mais antigo que o Ganges, segue a linha da falha do Tibete ocidental até o Ladaque, traçando a junção sísmica entre as placas continentais.

Diante das revoluções tectônicas que convulsionaram esta terra e criaram este rio, a perda de alguns arranhões humanos da superfície do batólito de granito por onde passa o Indo parece, no momento, não significar coisa alguma.

12.

O RIO QUE SE DISSIPA
Cinquenta milhões de anos atrás

Há uma planície na Ásia, cerrada de todos os lados por uma cadeia de montanhas... O Grande Rei bloqueou todas as passagens entre as colinas com diques e comportas e assim impediu que a água fluísse... A partir dessa época, as cinco nações que antes costumavam usar o riacho... estiveram em grande angústia... o rei nunca dá ordem para abrir os portões até que os suplicantes lhe paguem uma grande soma em dinheiro acima e além do tributo.
Heródoto, *Histórias*, século V a.C.[1]

Nas extensões do alto Indo, na cidade de Ali (a sede construída pelos chineses no extremo oeste do Tibete), faço o check-in em um hotel e pago a multa obrigatória por entrar ilegalmente na «Região Autônoma» — e então corro para o rio. A cidade, também chamada de Shiquanhe (o nome chinês para o Indo) e Senge Khabab (o nome

---

1   Heródoto, *The Histories*, op. cit., pp. 273-4.

tibetano da nascente), se estende pelo rio duzentos quilômetros a montante de onde estive pela última vez, vendo-o passar por mim no leste do Ladaque.

Fui impedida de continuar ao longo do rio pela fronteira militarizada, monitorada pelo Exército indiano de um lado e pelos chineses do outro, e assim, para completar minha jornada até a nascente, tive de fazer uma volta de 4 mil quilômetros até o ponto de passagem legal mais próximo. Isso significou ter de descer de novo até as planícies do Punjabe, viajar a oeste para o Paquistão, cruzar a fronteira montanhosa com a China e, em seguida, sentido leste, em um jipe dirigido por um louco, através do deserto de alta altitude de Aksai Chin (que os chineses tomaram da Índia na década de 1960) e daí para o Tibete (propriedade saqueada).

Agora que cheguei aqui, permaneço na margem do rio, confusa, me questionando se estou no lugar errado. Há uma bota azul e um pneu de bicicleta onde a água devia estar. Pacotes de macarrão instantâneo chinês esparramam-se como flores — mas onde está a água? Meu mapa mostra claramente o Indo passando direto pelo meio desta cidade. Terei viajado 1.400 quilômetros desde Cascar... na direção errada? Examino a lista de termos em «Chinês de Emergência» no meu guia e interrompo um transeunte: «*Xuaá*?», digo, «Água? Tsangpo? Rio? Darya?».

O viandante, um chinês de meia-idade que claudica, olha para o rio e para mim. Faz um barulho como uma tosse de gato, um movimento cortante com a mão, varre o ar. Em seguida, ele folheia meu livro de frases e vasculha minha bolsa. O primeiro não lida com emergências do tipo ribeirinho, mas na segunda ele encontra minha lanterna de mão ladaque. Ele segura meu rosto, liga e desliga a lanterna, e tenho a forte impressão, embora não a certeza, de que me amaldiçoa em chinês. Antes que ele possa me agredir por minha estupidez, tudo se me ilumina: a resposta à minha pergunta é *eletricidade*.

O RIO QUE SE DISSIPA

Vinte e quatro horas atrás, enquanto eu voava baixo por Aksai Chin, vomitando repetidamente por causa da altitude, incapaz de me comunicar com qualquer um ao meu redor, fui perturbada por um pensamento, que escrevi como um presságio em meu caderno. Leio aquele bilhete agora, rabiscado com uma letra distorcida pela falta de oxigênio: «O que acontecerá se os chineses represarem o Indo?».

Mancando, o homem me conduz até um táxi e dá uma série de instruções rápidas ao motorista. Não tenho amigos no Tibete e nenhuma linguagem comum com este estranho. O fato de eu ter decidido confiar nele não é consequência de meu julgamento, é um instinto nascido da exaustão e da angústia. Além disso, tenho de descobrir o que aconteceu ao Indo. Eu agarro o assento irregular do táxi enquanto vejo a cidade passar lentamente.

Apesar de sua imponente delegacia de polícia, soldados corteses e blocos de torres de vidro temperado vazios, opacos de poeira, Senge-Ali é uma pequena cidade com apenas cinco ruas de largura. Existem muito poucos habitantes tibetanos. Chineses da etnia han dirigem os supermercados, marcham para cima e para baixo em uniformes verdes do lado de fora dos prédios do governo e passam batom dentro dos salões de cabeleireiro iluminados por neon que funcionam também como bordéis de soldados. Imagino que as cidades do Raj britânico parecessem tão anômalas quanto esta: na organização há algo como de necrotério, com que a cultura estrangeira se sobrepõe à paisagem.

O asfalto logo termina, junto com os prédios burocráticos, e depois disso nós sacudimos ao longo de um trilho. Colinas escuras cercam a cidade, removendo qualquer grande ilusão de modernidade. Seu aspecto proibitivo é reconfortante: os humanos ainda não conseguiram domar esta terra, elas parecem dizer. Olho pela janela para o vazio de pedra enquanto o motorista de táxi e meu guia improvisado conversam. Depois de um tempo, vejo, ao longe, atravessando a estrada, uma barreira, um posto de controle do exército. O motorista para ao lado e buzina.

São apenas 9h da manhã e o soldado ainda dorme: sai devagar da cabana, esfregando os olhos, e indica que devo rastejar por baixo da cancela, mas o carro não tem permissão para avançar mais. Para minha consternação, o motorista dá meia-volta. «Por favor, pare», eu digo, «por favor.» Será uma longa caminhada de volta por esta estrada vazia. Mas meu guia se inclina para fora da janela e deixa claro que o carro não vai esperar. Entrego o dinheiro da passagem, o carro desaparece em uma nuvem de poeira e estou sozinha.

Não totalmente sozinha: há o soldado. Ele boceja e acena para mim.

Ainda não tenho certeza se o estranho e eu havíamos nos entendido perfeitamente. Mas já não tenho escolha, então obedeço ao policial e sigo pela trilha. Além do posto de controle, há um aglomerado de pequenas cabanas e uma grande cerca, protegendo um complexo. Ouço um cachorro latir e pego uma pedra para me defender. O portão do complexo se abre e de lá sai um grande caminhão sujo, com vinte trabalhadores chineses na carroceria. Ele faz a curva na estrada à nossa frente e desaparece.

Dez minutos depois, eu também faço a curva e então vejo.

A barragem é enorme, imaculada. Sua enorme curva de concreto surge do leito do rio como uma vasta onda congelada no ar. Olho para ela sem acreditar, lutando contra minhas lágrimas. A estrutura em si está completa, mas os elementos hidrelétricos no leito do rio ainda estão sendo instalados. Há poças de água deste lado da barragem, mas nenhum fluxo. O Indo foi estancado.

Caminho em direção à represa, esperando ser detida e revistada a qualquer momento, mas ninguém nem pergunta para onde vou. A cerca ao longo da estrada está debruada com bandeiras multicoloridas — State Grid of China (Companhia Nacional da

O RIO QUE SE DISSIPA

Rede Elétrica da China), dizem em chinês e em inglês — e eu as sigo, cruzo uma ponte sobre o rio seco, subo as margens a montante onde os trabalhadores chineses estão acampados. Quando chego à própria barragem, dou um passo hesitante em sua direção — e mesmo assim ninguém me impede. Em vez disso, quando chego ao meio e paro para olhar a usina hidrelétrica, os homens com capacete acenam. Eles fazem mímica para que eu tire fotos deles, mas, por precaução, acostumada com os sinais proibitivos em todas as pontes da Índia e do Paquistão, não retiro a câmera da minha bolsa.

Do outro lado da barragem, a estrada termina abruptamente, submersa na água. O lago do rio é enorme. Opaco e verde, ele preenche o vale da montanha, e a injustiça me faz querer gritar: demandas impostas pelas necessidades alheias, em algum lugar distante da China. A barragem servirá apenas para eletricidade? Ou os chineses irão usá-la para complementar a queda do nível do lençol freático, como fazem os paquistaneses, fornecendo irrigação ou água potável em outras partes da Grande República?[2] Fico à beira do lago enquanto a água bate em meus pés. Depois de um tempo, os trabalhadores me chamam e volto em silêncio.

De agora em diante, pelo resto da jornada até a nascente do rio, sinto-me abalada: não há mais Indo. «Eles interromperam o rio», explica um policial tibetano gentil, mais tarde naquele dia, «dois meses atrás.» Portanto, nos últimos dois meses, ao viajar para leste através do Baltistão, da Caxemira e do Ladaque, não é o Indo que tenho seguido até a nascente, nem a história do Indo que tenho escrito, mas a soma de seus afluentes: o Gar, o Zanskar, o Shyok, o Shigar. «Houve algum protesto?», pergunto, e o policial ri. No Ladaque, quatrocentos budistas marcharam contra a

---

2   G. Monbiot, «The freshwater boom is over. Our rivers are starting to run dry». *Guardian*, Londres, 10 out. 2006.

barragem de Basha, a jusante no Paquistão, que submergirá os entalhes rupestres das eras pré-histórica e budista em Chilas. No Paquistão, os sindis protestam regularmente contra a construção de barragens do exército no Punjabe. Aqui, na Região Autônoma do Tibete, os habitantes não têm fóruns para debater como sua paisagem, costumes e língua devem ser preservados, já não têm poder algum sobre seu rio ou sua terra.

Minha própria tristeza só se dilui um pouco pela apreensão ao embarcar no estágio final de minha jornada até a nascente deste rio outrora imortal. Volto para Senge-Ali com um grupo de trabalhadores da barragem e procuro transporte para Darchen. Trezentos quilômetros de distância a leste, a vila de Darchen é o ponto de passagem para os peregrinos que desejam circundar a montanha sagrada de Kailash. Da bacia hidrográfica dessa icônica massa rochosa, nascem quatro grandes rios da Ásia Meridional. O Indo flui para noroeste, em direção ao Paquistão, o Sutle para sudoeste, cruzando a Índia, o Karnali para o sudeste, desaguando no Ganga, e o Bramaputra para o leste, em Bangladesh.

Onde os quatro rios nascem, quatro religiões — bon, budismo, jainismo e hinduísmo — congregam-se em peregrinação. A adoração de montanhas e rios é intrínseca à urdidura da tradição da Ásia Meridional, e a montanha onde esses rios começam é pináculo desse entrelaçamento filosófico. Os budistas tibetanos chamam-na de Kangri Rinpoche: «Montanha de neve preciosa». Os textos bon dão-na muitos nomes: Flor da Água, Montanha da Água do Mar, Montanha das Nove Suásticas Empilhadas. Para os hindus, é a casa do selvagem deus montanhês Síva e um símbolo de seu pênis; para os jainistas, é onde seu primeiro líder teve a iluminação; para os budistas, é o umbigo do universo; e para os adeptos de bon, a morada da deusa do céu Sipaimen. Para os primeiros viajantes europeus que ouviram falar de suas dimensões mitológicas, era tanto o Jardim do Éden quanto o monte Ararat. Para os modernos

O RIO QUE SE DISSIPA   427

trilheiros chineses e ocidentais, ainda é uma zona de exploração
que tem prestígio devido à intensidade da caminhada, à dificuldade de chegar lá e à falta de amenidades. Este não é um lugar para
frívolos itinerários ocidentais. O monte Kailash dos hindus — assim
o dizem os guias de viagem — tem as raízes no sétimo inferno e
irrompe no céu mais alto. Certamente se explica pelo fato de estar
no que alguns trilheiros chamam de «zona morta»: um lugar de
altitude tão elevada, sujeito a variações tão dramáticas no clima,
que todo ano peregrinos e montanhistas morrem tentando fazer
a caminhada de três dias ao redor da montanha. A fonte do Indo,
no entanto, fica a dias e dias de caminhada ao norte, nos montes
além de Kailash.

Até agora, todo o meu plano para chegar à fonte foi baseado
na suposição de que em Senge-Ali — como em outros lugares da
minha jornada — poderei reunir todo o conhecimento confiável de
que preciso sobre a configuração do terreno com a população local.
Por curiosidade, conveniência e total falta de conhecimento em
montanhismo, já decidi que quero ver a montanha e seu rio assim
como os peregrinos tibetanos, sem a parafernália dos trilheiros
modernos. Procurando em vão nos guias de viagem por itinerários
para a nascente, voltei-me para o mapa do Tibete ocidental e decidi
que as pessoas que realmente vivem nas montanhas deveriam ter
tudo de que preciso. Em Senge-Ali, pensei, eu seria capaz de encontrar um guia tibetano, alugar uma barraca e um fogão e, assim,
resolver meus vagos temores de caminhar até as montanhas sem
falar nenhuma língua local e sem mapas precisos.

Essas ilusões provam-se ridículas, na realidade. A cidade tem
um supermercado que vende abacaxi em lata, butiques vendendo
roupas íntimas da Tailândia e até mesmo um bar de karaokê. Mas,
embora atenda à administração chinesa, aos soldados e comerciantes, a maioria dos grupos de peregrinação e grupos turísticos
para Kailash vem do leste, de Lhasa ou do Nepal, e eles já trazem

428

ALICE ALBINIA

tudo de que precisam de outros lugares: equipamentos, provisões, perícia técnica.

Depositando todas as minhas noções românticas e tênues esperanças nos residentes de Darchen — onde deve haver pelo menos uma pessoa que saiba o caminho até a origem do Indo —, compro um assento em um jipe. Os outros sete passageiros são turistas chineses, todos estranhos uns aos outros, todos filhos únicos. Num dia normal, a viagem para Darchen leva seis horas, mas as chuvas foram fortes este ano, cinco rios inundaram e assim demora dois dias e uma noite até chegar ao nosso destino. Quebramos a cada poucas horas — o motor do jipe inunda. Tenho muito tempo para contemplar a paisagem.

Estamos em tamanha altitude aqui — o planalto tibetano é duas vezes mais espesso que o resto da crosta terrestre — que nunca antes vi o céu tão grande, ou tão cheio de nuvens e luz: o sol parece emanar de seis partes diferentes do céu, como um Turner[3] fora de proporção. A paisagem também percorre toda a gama de formas conhecidas no vale do Indo: rios em enchente, deserto arenoso como no Sinde, colinas verdes punjabi, montanhas cobertas de neve, tudo em um piscar de olhos. Sinto como se todo o vale do Indo estivesse exposto diante de mim em uma única vista. *Senge Khabab*, é como os tibetanos chamam a fonte do Indo: a Boca do Leão. Da nascente ao mar, todo o percurso do rio está contido neste triste lugar.

Chegamos a um rio, mas as rodas do jipe rodam em falso, espargindo lama em sua margem, e não conseguimos atravessá-lo. Começa a chover. Do outro lado há dois ônibus cheios de tibetanos, e, encalhado no meio das águas ruidosas (passo mal quando vejo

---

3   Em referência às obras de Joseph Mallord William Turner (1775-1851), pintor, gravurista e aquarelista romântico inglês, conhecido como William Turner. [N. T.]

O RIO QUE SE DISSIPA

isso), há um ônibus cujos passageiros apertam alarmados o nariz contra o vidro. Uma escavadeira do exército chinês entra no rio para resgatá-los. O motorista do ônibus recebe uma corda de um soldado e sobe com ela para a frente, desce na água negra e veloz e conecta os dois veículos. A escavadeira oscila para trás, o ônibus dá uma guinada para o lado, a corda estala e cinquenta passageiros tibetanos balançam, temerosos.

Também há uma segunda escavadeira. Observo pasmada como, com um sinal de um oficial do exército chinês, ela ignora os outros dois ônibus e se move pelo rio até onde nosso jipe está atracado na lama. Meus companheiros de viagem são chineses: o exército vem em nosso socorro. Um soldado amarra nosso jipe na escavadeira com um cabo de metal e somos rebocados para o outro lado do rio em um instante. Essa operação bacana, percebo quando chegamos do outro lado, está sendo filmada por um jovem oficial. Ele continua filmando enquanto os alunos aplaudem, os soldados saúdam e o motorista aperta a mão de todos. Os tibetanos ainda estão presos em seu ônibus oscilante enquanto aceleramos para longe deles.

O governo chinês, que abriu Kangri Rinpoche ao tráfego de peregrinos e turistas no final da década de 1980, deve ganhar muito dinheiro com as taxas de visto e multas. Mas é difícil ver qual é o benefício para os tibetanos. Darchen, quando finalmente a alcançamos, tem toda a alegria de uma reserva indígena americana, e a analogia vai além da coincidência de homens bêbados com longos cabelos pretos em tranças (usando chapéus de caubói, para tornar a questão mais confusa). A visão da herança do Tibete à venda em dólares ou yuan, o desaparecimento da linguagem e da cultura, o domínio dos negócios, lojas e mercadorias da China — não fosse pela altitude, eu seguiria o exemplo local e afogaria minhas mágoas em uma garrafa de cerveja Lhasa.

O homem que dirige a cabine telefônica me salva do desânimo. Sou diferente de todos os outros clientes dele, pois começo a chorar toda vez que uso o telefone. É estranho lembrar agora, mas choro quase todos os dias que passo no Tibete. Não são apenas lágrimas de simpatia pelas pessoas e por uma cultura que se dissipa tão rápido quanto o rio morre (embora eu também o sinta). Nem lágrimas de raiva pelo projeto de colonização chinesa. Agora, choro por mim mesma. Sinto-me em perigo — de uma maneira que não senti nem em proximidade com tribais armados, com senhores feudais que estupram camponesas, nem de nenhuma outra do vasto estoque de histórias de horror do baixo Indo — pelo que não é quantificável ou razoável: o vazio da paisagem. Em Cascar, em Senge-Ali, em Darchen: toda vez que falo com meu marido ao telefone, derramo lágrimas como um rio em enxurrada.

Fico lá, chorando, na loja de Tsegar, enquanto tibetanos se aglomeram ao meu redor, esperando sua vez, e, por três dias, Tsegar senta e observa, curvado, em sua jaqueta de couro, até que, por fim, me leva para sua casa, ao lado, onde há um telefone para o qual meu marido pode ligar de volta e uma sogra que felizmente não diz nada enquanto se arrasta pela cozinha em suas longas vestes tibetanas varrendo os excrementos do cabrito de estimação e me servindo xícaras e xícaras de chá tibetano salgado e amanteigado. «O que há de errado com você?», meu marido pergunta, pois choro ao menor carinho dele. Mais tarde, atribuí isso ao efeito psicossomático da altitude. Ou à geologia estranha: o «campo de anomalias negativas da crosta terrestre» do Tibete, medido pelo satélite Magsat, como diriam os geólogos.

Tsegar é a única pessoa em Darchen que fala inglês compreensível, e ele traduz para mim, com coragem, do tibetano e do chinês, enquanto luto contra a indiferença do tratador de iaques, a pessoa oficialmente responsável por distribuir iaques e guias para peregrinos e turistas. Setembro é o fim da temporada em Darchen, e

O RIO QUE SE DISSIPA

o tratador de iaques já ganhou dinheiro suficiente. Ele agora quer ser deixado em paz para gastá-lo com bebida e repouso, e consome todos os esforços de Tsegar para despertá-lo de sua letargia e persuadi-lo a convocar, de uma aldeia próxima, um velho tratador de pôneis chamado Chumpay, que conhece o caminho para o Indo. Enquanto isso, em uma loja de macarrão oriental, encontro oito trilheiros do Clube de Montanhistas da Polônia que têm uma barraca sobressalente, que Chumpay e eu podemos dividir, e que decidem, por capricho, caminhar comigo até a fonte. Eles estão com pressa de partir, então partimos imediatamente. Mas, no segundo dia, a mais jovem do grupo cai em um rio de montanha glacial e seu namorado fica encharcado de chuva, então os dois voltam. No terceiro dia, atravessamos uma nevasca. E, na manhã do quarto dia, os seis homens restantes, cada um com 1,80 metro de altura, vestidos com Gore-Tex, equipados com bastões de trilha, câmeras digitais giratórias e refeições em pó ricas em vitaminas, anunciam-me que continuar na neve «seria um suicídio». Somos forçados a voltar. Estou tão incandescente de raiva que ela me camufla contra a queda de neve pesada, e infantilmente eu finjo que os poloneses são invisíveis também e, portanto, falo apenas com Chumpay durante a longa marcha de volta para Darchen.

Em Darchen, mais uma vez, o tratador de iaques pega meu dinheiro e explica a Tsegar que Chumpay está voltando para casa, em sua aldeia, para uma importante cerimônia de distribuição de carne de iaque. Ele não estará disponível pelos quinze dias seguintes, quando minha licença terá expirado e a neve do inverno terá congelado as passagens. Seu amigo, a única outra pessoa em Darchen que conhece o caminho para Senge Khabab, se recusa a me acompanhar por causa do frio e da distância. «Há um monge de Driraphuk Gompa que conhece o caminho», diz Tsegar naquela tarde, «mas ele foi para Lhasa.» E, quando meu marido liga naquela noite, me desfaço em lágrimas mais uma vez, como um glaciar globalmente aquecido.

Na manhã seguinte, Tsegar tem uma ideia, mas parece cauteloso quanto a isso, como se pudesse resultar em um desastre. Deixando sua sogra encarregada da cabine telefônica, ele me leva ao longo do rio de Darchen e desce sua rua mais suja até o final, onde há uma pilha de lixo tão imponente, que os ferozes cães de aldeia que jazem ao lado parecem sedados por seus vapores e uivam cansados, e nem se mexem quando nos aproximamos. Em frente à lixeira fica uma espécie de cabana, e, dentro, está o homem que viemos encontrar, um nepalês chamado Karma Lama, cujo odor pessoal — ao final de dez dias eu conheço bem — é semelhante ao do lixão, pútrido e doce. Karma Lama senta-se enrolado em cinco cobertores sujos no meio de uma sala que parece como se a mesma lata de lixo tivesse passado por aqui antes de se instalar do lado de fora, mas ele fala um pouco de hindi, nasceu com «a impressão da mão de um Lama na barriga» e diz que conhece o caminho para Senge Khabab.

O negócio é concluído rapidamente: Tsegar acerta a taxa (a mesma que a do governo, mas sem a cota governamental), um tibetano é arrancado da rua para servir de carregador, e Karma Lama convoca seus vizinhos: dois peregrinos magricelas de Lhasa, com não mais que vinte anos, cabelos penteados para trás com glostora e sapatos de bico fino, e eles me vendem sua barraca. Nós a desenrolamos no chão do lado de fora. É grande, branca, com desenhos em azul, vermelho e amarelo nas laterais. Mas não há estacas e: «Não é à prova d'água», indico. «Mas todos os tibetanos dormem em tendas como esta», diz o carregador, cujo nome é Yujaa. Tsegar concorda. Ele gesticula para o outro lado do rio em direção ao acampamento dos peregrinos tibetanos. «Compre algumas lonas de plástico na loja chinesa», ele diz.

O RIO QUE SE DISSIPA

Então é isso mesmo o que fazemos. Dou a Karma dez yuans para as lonas, Yujaa oferece o fogão de seu amigo, concordamos em passar o dia seguinte comprando suprimentos e empacotando e marcamos nossa partida para depois de amanhã. «Nós, tibetanos», disse-me Tsegar com pessimismo ao nos despedirmos, «temos muita bagagem.»

Na noite seguinte, caminho sob a chuva até a casa de Yujaa para nossa última reunião antes da partida. Lá eu o encontro sentado em êxtase doméstico enquanto sua esposa molha, penteia e trança seu cabelo, e sua filha pequena mija no chão através de suas roupas. (Os tibetanos vestem seus bebês em várias camadas, todas com fendas na virilha para evitar a necessidade de se despir no frio.) A casa de Yujaa também é uma casa de chá, e, enquanto esperamos pela chegada de Karma, Yujaa joga cartas intensamente com uma mulher tibetana e um soldado chinês. Ele e a esposa não falam inglês e eu não falo tibetano, então nos comunicamos com encolher de ombros e sorrisos até escurecer, quando finalmente volto para a casa de Tsegar, refletindo sobre o paradeiro de Karma.

Em meu estado de desânimo mórbido, imaginei que Tsegar fosse viúvo, com apenas uma sogra para cuidar de seus dois bebês, mas sua esposa estava apenas em uma viagem de compras em Lhasa, e ao voltar eu a encontro, uma mulher alta e alegre mascando chiclete, reinstalada em triunfo e, com ela, como uma comitiva real, suas seis irmãs mais novas. As irmãs gostam de assistir a filmes chineses, e todas ficam satisfeitas quando Tsegar revela que o novo painel solar gerou eletricidade suficiente para alimentar a televisão em preto e branco. Assim é que nos sentamos felizes comendo macarrão com carne de iaque, quando a porta se abre — e parado numa rajada de ar frio e chuva está Karma Lama, a fada má, com o cabelo espetado na cabeça e vapores de álcool saindo dele como névoa. Ele gastou o dinheiro das lonas de plástico em conhaque chinês e agora não quer mais caminhar até o Indo. A bagagem é muito pesada e está chovendo.

As sete irmãs assistem boquiabertas, seus olhos passando de um combatente para outro, enquanto Tsegar e Karma discutem. Karma gesticula para a bagagem amontoada perto da porta, para o céu, para mim. Tsegar dá de ombros, levanta a bagagem peça por peça e pronuncia seu veredicto em tibetano. Sei que uma trégua foi firmada quando Karma, choramingando de leve, senta-se em uma das camas e aceita uma xícara de chá de manteiga de iaque da esposa de Tsegar. Quando finalmente sai, ele mesmo fecha a porta em silêncio atrás de si. «O que você disse?», pergunto. Tsegar sorri. «Eu entendo como a mente dele funciona», ele diz. «Eu lhe disse como você está feliz por ele falar hindi. Isso o agradou. Agora ele não trará mais nenhum problema.»

Na manhã seguinte, Karma aparece às 8h, aparentemente repreendido, mas parecendo e cheirando como se tivesse se embrulhado em todos os seus pertences e rolado pelas ruas de Darchen. Com ele está Yujaa, o porteiro, enfeitado com um chapéu tricotado à mão e botas polidas. Eu uso minhas calças de Quetta, uma jaqueta de lã de iaque costurada há seis anos por um alfaiate em Déli e um chapéu de sol de palha de Cascar. Mas deve estar faltando algo, porque a esposa de Tsegar vasculha um armário pintado com dragões e tira um cachecol sintético de cor fluorescente: «Agora você parece tibetana», ela diz. Tsegar, após avaliar cada um de nós, compra três pares de luvas de limpeza amarelas da loja chinesa: «Contra a neve». Calçamos as luvas, colocamos as mochilas nas costas, Karma pega o fogão e Yujaa e eu pegamos cada um o seu mastro metálico de três metros, das barracas, que agora vejo que têm mais do que uma semelhança passageira com lanças de justa, e me sinto feliz por não estarmos cavalgando até a fonte em pôneis (que é como muitos indianos ricos começam sua peregrinação) e que a energia eólica ainda não tenha atingido o

O RIO QUE SE DISSIPA

Tibete: «quixotesco» é um adjetivo que prefiro esquecer. Assim equipados, partimos.

Nunca vi Darchen tão enevoada. De certa forma, é um alívio, pois os feios edifícios chineses mal são visíveis, mas também não o são as colinas ao sul, nem nada além do caminho estreito à frente. Uma nuvem branca paira acima de nós e goteja chuva sobre nossas malas. Isso faz Yujaa e eu nos agilizarmos, mas dá a Karma uma desculpa para perder tempo. Ou talvez ele esteja fazendo longos intervalos para o conhaque.

O monte Kailash — ou Kangri Rinpoche, como os tibetanos o conhecem — fica apenas mil metros acima de nós. Parece menor do que antes, mas maior em impacto: em todos os lugares para onde viramos naquele dia e no seguinte, ele assoma sobre nós, suas estrias pretas e brancas brilhando através da névoa como uma joia. Durante a caminhada de um dia inteiro de Darchen a Driraphuk Gompa, o mosteiro que marca o fim da primeira etapa da peregrinação ao Kailash, as colinas vermelhas parecem inclinar-se em nossa direção, como se pudessem despencar no rio. Passamos por muitos peregrinos bon vindos no sentido contrário — naquele dia, há três vezes mais deles do que budistas e hindus — e apenas duas tendas de chá pequenas. Na segunda delas, sentamos e esperamos por Karma. Um grupo educado de sul-coreanos já está lá: um pessoal de aparência cara, com barracas compactas, uma fila de iaques e até bolsas de oxigênio para mitigar os perigos do mal da altitude. Os olhos de Karma se iluminam quando ele vê o oxigênio. Minutos após sua chegada, ele planeja roubar uma bolsa.

Continuamos andando, o travesseiro de oxigênio de Karma esvoaçando sobre ele como um balão de fala de quadrinhos. Quando chegamos ao mosteiro, Karma dá um chilique e exige passar a noite aqui com seus amigos, em vez de seguir até os nômades, que vivem uma hora de caminhada à frente. «Se você continuar gritando e zangado», digo-lhe, novamente em lágrimas, «vou dar meia-volta e retornar a Darchen.» Na verdade, nada me faria voltar, nem mesmo o delírio bêbado de Karma. Mas as lágrimas conseguem duas coisas: Karma fica atônito em silêncio e eu decido superar meu medo, resignando-me a ser conduzida pelas montanhas por um bêbado excêntrico e confiando na sabedoria de Yujaa, com quem não posso me comunicar verbalmente, mas desenvolvo um fluente entendimento mútuo baseado na linguagem dos gestos. Ficamos aquela noite no mosteiro.

Os monges (são seis) estão todos vestidos com corta-ventos de lã vermelho-escura da marca Timberland. Apesar de respeitar a proibição chinesa de exibir fotos do Dalai Lama — apenas nos lugares mais remotos encontrei tibetanos que conseguiam ignorar essa restrição —, eles parecem satisfeitos, visitados por peregrinos de toda a Ásia. Eu mastigo espinafre cru do jardim deles (temo que possa pegar escorbuto) e todo mundo bebe ensopado de pernil de iaque («Comida ruim no Gompa», lamenta Yujaa no dia seguinte). Os monges se revezam para traduzir as palavras em meu anel, uma moeda tibetana de prata que tenho usado por uma década: uma das muitas cunhadas pelo Governo tibetano entre 1911 e a invasão chinesa de 1951. No verso estão os oito símbolos auspiciosos do budismo tibetano — todo monge os reconhece, mas o verso causa mais problemas. Diz: «o Palácio de Ganden, vitorioso em todas as direções»,[4] e é, portanto, um símbolo da independência tibetana. Os monges parecem considerá-lo com uma mistura de curiosidade, medo e orgulho.

Quando saio da cozinha fumacenta para ir para minha cama no dormitório do mosteiro, um monge me diz: «Havia um grupo de americanos que tentou chegar ao Indo. Eles tiveram de voltar:

---

4   W. Bertsch, *The Currency of Tibet: A Sourcebook for the Study of Tibetan Coins, Paper Money and other Forms of Currency*. Dharamsala: Library of Tibetan Works & Archives, 2002, p. 34.

O RIO QUE SE DISSIPA

todo o vale estava inundado, havia água, água por toda parte». Ele olha para mim enquanto Karma traduz. «Quando foi isso?», pergunto. «Há uma semana», diz o monge, e, para sua surpresa, eu rio: éramos eu e os poloneses. Nossas desventuras já se tornaram parte do folclore do Kangri Rinpoche.

Acordamos com neve espessa. Karma encontrou um tridente xivaísta sob as escadas do mosteiro e avança corajosamente para a branquidão ofuscante, usando-o como bastão de caminhada. Yujaa e eu o seguimos como escudeiros, de perto. Estamos abandonando a trilha dos peregrinos do Kailash e, portanto, de agora em diante, não temos mapa algum. Mas eu caminhei por este vale há uma semana com Chumpay e sei mais ou menos para que lado devemos ir. Karma, entretanto, tem outras ideias.

Por volta das 11h, vemos, como eu esperava, duas barracas à distância com fumaça subindo negra contra a neve. Elas pertencem aos drokpa, os nômades que têm direitos de pastagem neste vale. Esta família de nômades é muito dada a muxoxos, e Karma fornece uma tradução seletiva sobre o chá e a coalhada: eles fazem muxoxos sobre o longo caminho que temos à frente, sobre o peso de nossas mochilas, sobre a dificuldade do caminho, sobre a minha distância de casa e minha condição solitária (este é um tema ao qual eles retornam com estalidos especialmente vigorosos). Posso presumir que eles também criticam o fato de que, graças à desesperança de Karma, possamos nos perder e morrer, mas felizmente não sei nada de tibetano e, portanto, perco o interrogatório pesado a que Karma os submete sobre a melhor maneira de chegar ao Indo (eles não sabem). A gravidade da situação parece ter afetado toda a família: a avó alta e curvada que nos serve coalhada de iaque, seu filho jovem e forte com sua longa trança, sua filha tímida que nos encara. Apenas o avô parece despreocupado. Ele se deita em sua cama na tenda, bebe chá e se esforça para mudar de assunto.

Recuso a gentil oferta dos drokpa de um cavalo de carga (lembrando como o pônei de Chumpay detestava cruzar os riachos glaciais que teremos à frente) e continuamos nosso caminho. Em nosso retorno, sete dias depois, não reconhecerei este lugar até que alcancemos a tenda dos nômades de novo. A essa altura, a luz brilhante do sol terá derretido totalmente a neve e o vale gramado coberto de pedras gigantescas parecerá um lugar completamente diferente, uma peculiaridade geológica. Hoje, o vale dos nômades é uma longa extensão de neve ondulante e branca.

Algumas horas mais tarde, Yujaa e eu paramos do outro lado do vale em uma pequena colina, para o almoço, e esperamos por Karma. A partir daqui, o único caminho é subir para as montanhas. Yujaa aperta a neve dentro da chaleira e pega seus fósforos e alicates. Só ele sabe acender o fogão do amigo — que na verdade é apenas um maçarico, e tão potente que, mesmo com cuidado, Yujaa abre um buraco na tampa da chaleira. Ele carrega cinco alimentos: *tsampa* (farinha de cevada torrada), manteiga de iaque, pernil de iaque seco, folhas de chá e sal. Eu tenho o macarrão instantâneo chinês que já detesto, algumas amêndoas que comprei em Raualpindi e um cereal instantâneo doce de Cascar que troco com Yujaa por *tsampa* (ele leva para casa, para seu bebê). Yujaa faz questão de que eu coma *tsampa*, umedecido com chá e temperado com manteiga de iaque, pelo menos uma vez ao dia. Ele não consegue conceber um dia sem *tsampa*, é a espinha dorsal, a substância e o tempero da dieta tibetana. A atitude de Karma em relação à comida, que é a atitude indiana de ocultar toda a suavidade com pimenta em pó, repugna Yujaa. Ele estremece quando Karma adultera seu *tsampa* com açúcar, aveia ou coalhada. Mas as enormes rações de Karma são uma parte importante de sua autoimagem; ele as desembrulha com amor todas as noites e as espalha ao seu redor como um feitiço: pequenos ramos de especiarias, sacos de pano com grãos e farinha, sopa instantânea roubada de um turista

O RIO QUE SE DISSIPA

e alimentos que adquiriu aqui e ali, todos embrulhados em pacotes individuais e escondidos consigo.

Yujaa e eu sentamos solenemente no meio do campo de neve, bebericando chá salgado e observando a aproximação lenta de Karma. Mas, quando ele chega até nós, descarrega suas malas e, em vez de sentar-se, sobe a colina. «Aonde você vai?», Yujaa grita, e Karma segue para o topo da colina, onde mal se veem três cavaleiros drokpa, silhuetas pretas delineadas contra a neve. Os cavaleiros esperam que Karma se aproxime, e então os quatro homens entram numa longa discussão. Há muita gesticulação em direção ao oeste e, por fim, nosso nepalês desce a colina em nossa direção.

Faltam apenas três horas, ele anuncia, para o próximo assentamento drokpa. Os cavaleiros vieram de lá, assim podemos seguir seus rastros e passar a noite no acampamento. Tudo o que precisamos fazer é subir aquela colina. Ele acena com indiferença em direção a uma montanha marrom distante. «Não é por ali?», pergunto, apontando a rota que fiz com Chumpay, sentido norte. «Há muitos caminhos para Senge Khabab», Karma diz filosoficamente, e então acrescenta: «Quem de nós já esteve lá, você ou eu?».

Normalmente, os caminhos pelas montanhas seguem a linha de menor resistência: um «passo» é, por definição, um ponto de passagem baixo. Mas naquela tarde, seguindo as instruções de Karma, subimos direto a montanha, e parece que meus pulmões vão explodir. À medida que subimos, deixando Karma cada vez mais para trás, podemos ouvir os trovões à distância se aproximando e, quando alcançamos os lagos no topo, podemos ver nuvens negras se juntando do outro lado. Por uma hora, Yujaa e eu caminhamos ao longo do topo da montanha, seguindo os rastros dos cavaleiros, mas sem poder ver as tendas drokpa que certamente estão armadas logo ali. Já caminhamos há três horas e já está escurecendo. Alcançamos as bandeiras de oração que marcam o ponto mais alto e olhamos para o vale abaixo de nós.

Começa a chover. Se a chuva ficar forte, lavará os rastros na neve e essas marcas no momento são o único guia que temos.

Foi, pensando bem, o ponto mais bonito de nossa jornada: o crepúsculo profundo do vale, os contornos gravados com rudeza como os traços pretos e cinzentos de uma litografia. Mas nunca fiquei tão assustada como agora, descendo no nada: no granizo, na escuridão, no frio de um desconhecido vale montanhoso tibetano.

Caminhamos por três horas com o granizo batendo em nossas costas, por uma paisagem tão pantanosa que pisamos de uma ilha de solo para outra enquanto o gelo derretido espirra em nossos pés. Olho para trás e vejo Karma, uma pequena figura azul à distância. Então os rastros acabam: descemos tanto que a neve derreteu. Limpo a chuva do rosto e me forço a não entrar em pânico.

A paisagem aqui é insondável. Pensei que tivéssemos descido para um vale, mas na verdade só chegamos à borda do vale: agora nos encontramos no topo de mais um vale onde a grama aparece através do gelo em manchas verdes. *Ande mais rápido*, indica Yujaa, pois estou tremendo, meus pés estão molhados e a tempestade não dá sinais de diminuir. *Deixe Karma para trás*, ele diz. Mas não podemos deixar Karma, por mais lentamente que ele caminhe, não temos escolha a não ser esperar, de costas para o granizo, enquanto a noite cai.

E então, em meia hora, tudo muda. As nuvens sobre nós se deslocam, o granizo para, e o sol, que pensei que tinha se posto para a noite, sai, luminoso, sagrado, iluminando o vale na luz morna da noitinha. Descemos ainda mais, ao longo de um riacho e até um planalto. Agora as nuvens se dissipam e, pela primeira vez, posso ver o vale até onde o solo está repleto de centenas de pequenos pontos pretos. Talvez seja algum tipo de formação rochosa estranha, parte da geologia errática do Tibete ocidental. Chamo Yujaa e aponto. Mas ele pronuncia a palavra que eu não ousava esperar:

O RIO QUE SE DISSIPA

«Iaques».

«São drokpa?», pergunto.

«Sim, drokpa.»

Sorrimos um para o outro de alívio: estamos seguros.

À medida que o sol da noitinha ilumina todo o vale inferior, destacando os traços brancos de ovelhas na encosta mais distante, o pasto verde e as tendas de lã preta de iaque, descemos até um rio de montanha e mergulhamos na água, e, apesar de nossas malas pesadas, corremos em direção às tendas drokpa, acampadas ao lado do rio que corta a baixada do vale. Agora podemos ver os próprios drokpa, pequenas marcas pretas na colina à frente, arrebanhando seus animais para a noite. Sentamos e esperamos até que um casal drokpa traga suas ovelhas para o outro lado do rio — eles caminham pela água congelante com botas de beisebol — e então os abordamos sem a menor vergonha e pedimos ajuda.

Quando Karma chega naquela noite, temos um novo companheiro: Sonamtering. Ele tem um sorriso largo, uma longa trança e uma franja de cachos na testa. Na semana seguinte, seu ar de autoridade tranquila tem tamanho efeito de sobriedade sobre Karma que ele para totalmente de beber (ou talvez a bebida tenha acabado), anda mais rápido e já não tem chiliques. «Alicay», é como Sonamtering me chama, e sua voz é tão calma e reconfortante quanto uma canção de ninar.

Sonamtering é o irmão mais novo e o marido mais novo — pois os dois irmãos vivem na mesma tenda com uma jovem esposa entre eles. Karma também divide a esposa com seu irmão (no caso dele, ao que parece, viagens religiosas prolongadas ao Tibete são um meio de lidar com o conflito de interesses conjugais). A poliandria foi proibida no Tibete como parte de uma ofensiva geral chinesa sobre o modo de vida tibetano durante a Revolução Cultural. A instituição da família como unidade econômica nuclear foi abolida e um sistema comunal foi imposto aos drokpa. Essa reorganização brutal do antigo meio de vida dos drokpa levou muitos deles à fome, e à morte de vários nômades.[5]

Os drokpa que sobreviveram ao «inverno do genocídio» (1967-68) puderam viver para ver a reversão desses experimentos.[6] Em 1981, todo o rebanho foi redistribuído de novo entre todos os drokpa vivos (nove iaques, vinte e cinco ovelhas e sete cabras) e a vida voltou a uma parcial normalidade. Até mesmo a poliandria, embora ainda ilegal na constituição chinesa, agora é tolerada pelas autoridades e hoje cresce no Tibete.[7] Os drokpa ainda não são tributados, e, enquanto os idosos vão à cidade durante períodos de extrema dificuldade para pedir suprimentos básicos do governo, Sonamtering diz que a polícia e o exército nunca vêm até aqui, é remoto demais.

Na manhã seguinte, Sonamtering está pronto antes mesmo de fazermos as malas. Ele ainda usa suas botas de beisebol de algodão e agora um sobretudo de lã de ovelha com mangas compridas, ainda que use só uma delas. A outra ele pendura na cintura como um bolso extra, e ali guarda uma faca, uma sacola de *tsampa* e seus preciosos óculos.

Despedimo-nos da esposa, do irmão e dos filhos de Sonamtering e, deixando para trás a serenidade de suas pastagens de verão, escalamos o vale em direção ao desfiladeiro, o passo Tseti-La. Este, explicou-me o irmão de Sonamtering ontem à noite, enquanto me desenhava um mapa de nossa rota até a nascente, é o passo mais alto na jornada que nos espera à frente.

Enquanto subimos, começa uma chuva que depois desaba, mas Sonamtering apenas sorri e se oferece para levar o fogão de Karma e o mastro da barraca por mim. Ando logo atrás de Yujaa,

5 Ver *World Tibet Network News*, 28 dez. 1994.
6 Allen, *The Search for Shangri-La*, op. cit., p. 6.
7 Jiao, *Socio-economic and Cultural Factors...*, op. cit.

O RIO QUE SE DISSIPA 443

e, no instante em que começo a me desesperar — já que o granizo entrou entre as fendas de minha roupa à prova d'água (estou usando a lona plástica) —, o sol reaparece. Olhando ao nosso redor, descobrimos que estamos no meio da passagem: uma enorme planície de grama, neve e lagos cercada por um anel de glaciares e montanhas.

Sonamtering nos conduz através da trama de riachos e rios que cortam a planície até chegarmos a um lugar de que ele gosta, sob o olhar da geleira mais ao norte. Depois de comer o *tsampa*, estendemos nossos casacos e sapatos na grama e, à medida que secam sob o sol, caímos no sono com o rugido da geleira, como se fosse o do mar, em nossos ouvidos.

«Olhe, um cavalo *jungli* [selvagem]», diz Karma, acordando-nos uma hora depois. «Deve ter perdido seu filhote.» Ele está parado nos observando do outro lado do lago. Há algo infantil em suas pernas finas e cabeça enorme, sua delicada coloração em marrom-claro e branco. Vemos muitos desses *kiang* ou *kuang*, o asno selvagem tibetano, enquanto caminhamos na direção do Indo. Quando nos veem, galopam ao longo do horizonte ou nos observam enquanto passamos por eles com vagar.

O Ladaque é um deserto, mas no Tibete há uma abundância de água fluindo da terra. A maior parte da energia de nossa caminhada é gasta em pisar e pular sobre riachos, transpor rios, manter-nos aquecidos da neve e proteger-nos da chuva e do granizo. Na verdade, a maior parte da água no rio Indo vem de sua porção superior — do Tibete, do Ladaque e do Baltistão — e não de seus afluentes do Himalaia no Punjabe. Toda a água que drena dessas montanhas, me recordo então, está sendo estancada pela nova barragem de Senge-Ali.

Depois de cruzar Tseti-La, entramos em uma série de vales montanhosos. De agora em diante, a terra ao nosso redor muda a cada passo, muda de cor, forma, tez. Às vezes, caminhamos por desfiladeiros onde pedras verdes se mesclam de preto e depois de vermelho. Há colinas escarpadas e, ao lado delas, colinas suaves e onduladas e, depois, colinas com redemoinhos de cores diferentes. Há montanhas de afloramentos rochosos verrucosos, com abrasões sobre toda a superfície, como a pele áspera de um cotovelo. Há campos de cascalho em que cada pedra é de uma cor diferente: laranja, vermelho, branco, cinza, azul, marrom; e cada uma delas com uma consistência diferente: com veios de cristal, com pinceladas de cor sobre uma base branca ou preta, cavadas como favos de mel, lisas e polidas, salpicadas, ou aneladas como Saturno.

Ocasionalmente, entre as pedras, aparecem flores silvestres vermelhas, amarelas ou roxas. E, nas fissuras que atravessamos entre as rochas, no silêncio vazio e sem humanos deste enorme lugar, é fácil imaginar a força que o criou: as placas se chocando há 50 milhões de anos, a Índia avançando para o norte em direção à Ásia, deslocando o oceano Tétis de modo que o fundo do mar se transformou em montanhas, deixando esse rio em seu rastro. No ar rarefeito perto da nascente, existe todo um novo vocabulário de termos geológicos peculiares que enchem a boca: orogênico, turbidito, zirconita, gnaisse.[8]

O próprio Kangri Rinpoche, dizem os geólogos, é composto dos destroços dos vulcões que irromperam durante a colisão tectônica das placas indiana e eurasiática. Aqui, finalmente, a geologia e o mito coincidem, pois essa montanha sagrada, como o rio formado por suas águas derretidas, é mais antiga que o Himalaia,

---

8 «Formação de montanhas»; «uma série de estratos terciários [...] consistindo em ardósias, margas e arenitos fucoides»; «um silicato nativo de zircónio, presente em cristais tetragonais, de várias cores, vermelho, amarelo, castanho, verde etc.»; «uma rocha metamórfica, composta, como o granito, de feldspato ou ortoclásio e mica, mas que se distingue por sua estrutura foliada ou laminada» (*Oxford English Dictionary*).

O RIO QUE SE DISSIPA

uma das mais antigas e mais altas montanhas que se elevam sobre o planalto tibetano.

O Indo, nascido na esteira de Kangri Rinpoche entre 30 milhões e 45 milhões de anos atrás,[9] é o «rio mais antigo conhecido» na região.[10] Nuvens sopraram do mar, se prenderam às montanhas e caíram formando geleiras. No verão, essas geleiras derreteram e fluíram no sentido oeste. Assim foi criado um rio, que se estende do Tibete ao mar Arábico e que, com sua enorme área de drenagem e grau incomum de erosão, criou, por sua vez, em sua foz, um dos maiores leques submarinos de águas profundas do mundo. O Delta é composto de sedimentos trazidos do Tibete, do Ladaque e de Caracórum.

A imensidão dessa escala de tempo geológica diminui a história humana do rio, tornando-a invisível em comparação. No lugar dela, enquanto caminhamos, penso nos habitantes pré-humanos deste sistema fluvial, no golfinho cego, que é um de seus habitantes mais antigos — uma relíquia suposta do recuo do oceano Tétis. Tão turvo de pesados sedimentos é o Indo, que o golfinho do rio evoluiu sem o uso da visão. Em vez disso, o *Platanista minor* captura suas presas por ecolocalização e dorme «em voo», como um pássaro, obtendo intervalos de repouso de dois a três segundos.

As aves também sempre usaram a via aberta pelo Indo nas montanhas. Um milhão de aves migratórias da África Oriental, Ásia e Europa voam ao longo do Indo todos os anos. Para os

---

9   Peter D. Clift crê que o rio Indo primordial se formou pelo menos há 45 milhões de anos (Clift, «A Brief History of the Indus River». In: P. D. Clift et al. (Orgs.), *The Tectonic and Climatic Evolution of the Arabian Sea Region*. Londres: Geological Society, 2002, p. 254). John R. Schroder Jr. e Michael P. Bishop estimam 30 milhões de anos (Schroder Jr.; Bishop, «Tindus to the sea: evolution of the system and Himalayan geomorphology». In: Meadows; Meadows (Orgs.), *The Indus River*, op. cit., p. 243).

10   Clift, «A Brief History of the Indus River», op. cit., p. 237.

ornitólogos, o Indo é a «Rota de voo internacional número 4».[11] Alguns pássaros entram no vale do Indo pelas passagens de Caracórum, Khyber e Kojak (como os guerreiros muçulmanos medievais e os contrabandistas do século XXI). Outros acampam nos lagos de água doce do Sinde durante o verão, como os pescadores e os nômades. Outros, ainda, emigram a oeste do Himalaia durante o clima quente e voltam para o leste no inverno. O Indo é visitado por aves marinhas, aves de rio, de pântano, de deserto, de floresta e de montanha.[12] Há petréis da Antártica em Carachi, cegonhas da Alemanha nos lagos sindis, pombas-rolas vermelhas da Índia no Punjabe e grous de pescoço preto do Tibete no Ladaque. Em suas migrações anuais, os pássaros provavelmente seguem as rotas que seus pioneiros ancestrais tomaram após o fim da última Idade do Gelo.[13] Esse fenômeno entrou na mais antiga cultura registrada dos humanos habitantes da rota de voo dos pássaros: um tema ancestral na poesia hindu é a jornada da alma em direção a Deus como o ganso que migra para o lago Manasarovar.[14] Os karigares, uma tribo que garimpa ouro no Indo de Chilas a Attock, acreditam que o ouro é trazido das altas montanhas pelas garras de grous em migração.[15] Mas, à medida que o rio encolhe, também diminui o número de flamingos, pelicanos e gansos.

11   M. F. Ahmad, «The Wildlife of the Indus River and Allied Areas». In: Meadows; Meadows (Orgs.), *The Indus River*, op. cit., p. 9.

12   Mubashir Hasan, *Birds of the Indus*. Carachi: Oxford University Press, 2001, p. xvi.

13   J. Dorst, *The Migrations of Birds*. Trad. ingl. C. D. Sherman. Londres: Heinemann, 1962, p. 376.

14   H. R. M. Pauwels, «The Great Goddess and Fulfillment in Love: Radha Seen Through a Sixteenth-Century Lens». *Bulletin of the School of Oriental and African Studies*, Londres, v. 59, 1996, p. 34.

15   I. Ansari. «Kerigar: Gold Pickers of the Indus». *Journal of Pakistan Archaeologists Forum*, org. A. Ibrahim e K. Lashari, v. 2, 1 & 2, 1993, p. 155.

O RIO QUE SE DISSIPA

O baixo Indo foi colonizado pela primeira vez pelo *Homo sapiens* após a migração vinda da África há cerca de 80 mil anos.[16] Quarenta mil anos depois, foi o Indo que os humanos cruzaram para chegar à Índia e foi o Indo que seguiram ao norte para povoar o Tibete e a Ásia Central. Recentemente, o baixo Indo alimentou o *Homo sapiens* aos milhões e, por sua vez, foi transformado. Mas, no Tibete, os povos indígenas não alteraram o rio de forma alguma. Os drokpa, como Sonamtering, assistem à chegada e à partida de aves migratórias de suas pastagens ancestrais, mas nunca as matam ou comem. Eles não comem peixe do rio. Nem cercam a terra, fazem desmontes ou semeiam-na. O contraste com os fabricantes de barragens é instrutivo. Se uma represa é o símbolo supremo da tentativa do homem de controlar a natureza, os nômades do planalto tibetano são exemplos de harmonia.

Neste lugar, Karma está tão livre como um ganso migrante do Manasarovar: ele caminha devagar, sempre por último, recolhendo as coisas que deixamos de ver — lã de ovelha no Tseti-La, pedras lindamente coloridas, cogumelos e, perto do Indo, urtigas — e apresentando-as a nós com recato, um tesouro parecido com os recolhidos pela ave pega-rabilonga, quando paramos à noite para acampar. A bolsa de oxigênio, que por três dias flutuou acima de sua cabeça como um estandarte, desprende-se de seu tridente enquanto cruzamos o passo Tseti-La e voa para a neve, mas é logo substituída. No quarto dia, os finos fios de lã de ovelha esbranquiçada e lã preta de iaque tornaram-se uma trama espessa, emaranhada nos garfos do tridente. Ele começa a se parecer com um Netuno montanhês, algas espalhadas, cracas incrustadas.

«Onde está Senge Tsampo?», pergunto a Sonamtering de vez em quando, usando o sonoro nome tibetano para o rio Indo,

---

16 S. Oppenheimer, *Out of Eden: The Peopling of the World*. Londres: Constable, 2003, mapa.

e ele aponta para as colinas ao longe. Um pouco mais adiante. Com Sonamtering como guia, nunca mais volto a sentir o puro medo que experimentei quando parecia que a imprudência de Karma havia nos levado ao topo de uma montanha, em um mundo hostil e desconhecido. Mas fico estupefata enquanto caminhamos, minúsculos pontos sob um céu em perene mudança, com uma paisagem vazia de humanos.

Acampamos naquela noite em um vale que é uma ondulação suave de colinas e encostas. Sonamtering escolhe um lugar perto de um riacho de montanha, protegido pelo topo de uma colina, e, assim que nossa tenda é erguida — isso leva tempo, torcendo os mastros no lugar, carregando pedras para prender as cordas no lugar de estacas —, a chuva começa a cair forte. Eu me deito ao lado de Yujaa na tenda, rezando para que os raios, que parecem aproximar-se a cada estrondo, não venham dar nas varas de metal da nossa tenda, que os riachos da montanha não se espraiem pelo planalto e removam a lona de baixo de nós.

De manhã, Karma se levanta ao primeiro raiar do dia, cantando suas orações budistas. Tendo me acostumado com a alvorada por volta das 5h no Ladaque, parece estranho que no Tibete ainda esteja escuro às 7h: o país é regido de forma anacrônica pelo tempo em Pequim, mais de 5 mil quilômetros a nordeste. Nesta manhã, quando Karma retorna com uma chaleira cheia de água de um riacho e chama Yujaa para acender o fogão, Sonamtering faz um anúncio. «Hoje», ele diz, «veremos o Senge Tsampo.»

Depois de um dia de caminhada por uma planície de seixos larga e vazia como uma praia, finalmente chegamos ao rio. É profundo e rápido, mesmo tão perto da fonte. Sonamtering mostra sua casa de inverno do outro lado — impossível de alcançar agora, pois o desfiladeiro é íngreme e as águas, glaciais. Ele mora aqui por cinco meses na estação fria, pois, ao contrário dos pastores do

O RIO QUE SE DISSIPA 449

Himalaia que descem às planícies no inverno, os drokpa sobem às altitudes mais elevadas, onde há juncos para alimentar seus iaques. A imensa paisagem está muito inerte. Então algo se move: viramos e vemos uma manada de *kiang* no horizonte. Yujaa grita e pula para assustá-los. Como eu, ele nunca viajou tão longe nas montanhas antes e os considera assustadores.

Duas horas depois, uma ponte surge do nada. «O que é aquilo?», pergunto a Karma. «Uma ponte», ele responde, e ri da minha estupidez. Nós nos aproximamos. Feita com a robustez do concreto armado, a ponte me lembra, em sua incongruência — distante como está de carros e caminhões —, da que eu vi no Sinde, perto de Johi, uma enorme ponte suspensa no deserto, mas sem nenhuma estrada a quilômetros de cada lado. Aquilo foi um golpe de planejamento, um escândalo de apropriação indébita. Esta aqui é utilitária, um exemplo da previsão chinesa: pois, embora não passe nada por ela agora, algo passará, um dia — caminhões do exército, talvez, para conter uma insurreição, ou jipes de prospecção, atrás de algum mineral. O ouro ainda era extraído perto da fonte do Indo no início do século xx, e, como Heródoto bem o sabia, o rio sempre fora associado ao metal ao longo de sua história humana. (O Indo maciçamente represado rende hoje cada vez menos ouro e, desde a construção da represa de Tarbela, os karigares já não trabalham a jusante de Darband.) Geólogos chineses, no entanto, identificaram recentemente seiscentos novos locais propícios à mineração no Tibete, uma descoberta que, diz o governo, «basicamente irá aliviar a escassez de recursos minerais da China». Ou talvez os chineses estejam simplesmente apostando nos jipes de turistas.

Atravessamos a ponte que cruza o Kla-chu, um afluente do Indo, pouco antes da junção dos dois rios, e caminhamos ao longo do Indo: agora uma multidão de sinuosos riachos cor de prata. Em uma hora, temos outra visão desconhecida: um grupo de cabanas de pedra abandonadas, um segundo local de invernada drokpa, e armamos nossa barraca no quintal do lado de fora, próximo a um monte de pelotas de esterco de ovelha, um depósito de combustível. É instintiva a falsa sensação de segurança que se sente por estar à vista desses resquícios de cultura humana. A ponte, as cabanas vazias, a estrada pela qual nunca passam carros — aqui também há solidão, como se tivéssemos tropeçado numa civilização perdida.

Naquela noite, véspera da chegada à fonte, Karma, o pega-rabilonga, encontra uma velha chaleira do lado de fora de uma das cabanas drokpa. Ele pica e ferve as urtigas colhidas na margem do rio, joga os cogumelos que recolheu durante a caminhada, um pouco de manteiga de iaque e *tsampa*, e então se agacha sobre o fogo que fez usando o esterco de iaque (só Yujaa tem domínio sobre o maçarico), tirando o cabelo dos olhos e cantando suas orações, mexendo na panela como uma bruxa feliz. Os três tomam a sopa naquela noite. Eu os observo com cautela, lembrando-me da minha experiência de *majun* em Kala Daka e esperando que Karma conheça bem seus fungos, que eu não os encontre mortos pela manhã. Na alvorada, ao ser acordada pela cantoria, Karma é inocentado e termino com a sopa no café da manhã. É espessa e saborosa. Já os cogumelos são tão suculentos quanto a carne de iaque de Yujaa é fibrosa.

Normalmente, somos acordados todas as manhãs por Karma, enquanto ele se move do lado de fora da tenda, a cantar suas preces. Mas hoje é Yujaa quem começa a cantoria, e as canções são ricas e expressivas; canções de amor para Darchen e elegias ao Kangri Rinpoche. Yujaa canta porque está feliz: estamos agora a uma hora de caminhada até a fonte e então poderemos dar meia-volta e ir para casa. Ele está contando os dias. Sonamtering, que tem uma voz profunda e modulada, une-se tímido a ele, e ouvi-lo

O RIO QUE SE DISSIPA

é como ouvir a água correndo, mas, quando Yujaa canta, é como ouvir o próprio prazer.

Temos de atravessar três rios no caminho para a nascente. Até agora, cada vez que alcançamos um riacho muito largo, simplesmente caminhamos rio acima até onde ele se estreita, ou jogamos algumas pedras para cruzar pisando (exceto Karma Lama, que entra sem tirar as botas, enquanto os outros choram de tanto rir). Aqui, porém, os rios são largos demais para saltar. Sonamtering, Yujaa e eu sentamos à margem do rio, tirando os sapatos. A água, quando entramos nela, é tão gelada que me traz lágrimas aos olhos; e a água do segundo rio chega às minhas coxas. Olho para os meus pés movendo-se pelo leito, sobre os seixos da cor dos desfiladeiros pelos quais passamos: azul-celeste, rosa-*tsampa*, amarelo-cúrcuma.

Secamos nossos pés ao sol e nos aquecemos caminhando rapidamente. De repente, encontramos a fonte. «Aí está», diz Karma, apontando para uma longa linha baixa de *chortens* (estupas tibetanas) à distância e uma massa de bandeiras de oração, esticadas pelo vento. «Mas não pode ser», digo, esperando uma caminhada mais íngreme até a fonte e pensando: afinal, ele nunca tinha ido a Senge Khabab. Mas seguimos o riacho até o topo desta colina suave e lá ele termina, em uma pálida face de rocha, ao pé da qual a água borbulha da terra musgosa.

«Esta é a boca do leão», diz Karma, apontando para a face da rocha enquanto traduz as palavras de Sonamtering para o hindi. Ele aponta para a colina atrás dela: «Essa é Senge Uré, a juba do leão». Seu dedo se move para o oeste. «Aquele é Senge Norboo, suas garras. Aquele é Senge Nama, o rabo do leão.»

Karma senta-se ao lado da fonte, acende uma fogueira de esterco e começa um encantamento de uma hora de duração. Ele diz que é do guru Padmasambhava, o homem que veio do Suat (no Paquistão) para espalhar os ensinamentos de Buda pelo Tibete dominado pela religião bon, subjugando ou matando os demônios: as montanhas são as entranhas petrificadas deles. Sonamtering observa com interesse, como faz com tudo o que fazemos, mas Yujaa apenas ri. Ele não tem o menor respeito pelos encantos e feitiços autoadministrados de Karma.

Depois que as orações de Karma terminam, seguimos o riacho morro abaixo de novo e verifico: o rio a que ele se une é dez vezes mais largo. Portanto, esta é Senge Khabab — a corrente que sai da boca do leão. Mas será mesmo a verdadeira fonte do Indo? Entendo que ao rio principal possa unir-se um afluente maior em volume do que ele — este é o caso no Ladaque, onde o Zanskar deságua no Indo. Mas pode uma fonte realmente ser uma fonte se outros afluentes elevarem-se mais acima do mar do que ela?

Naquela noite, na barraca, pergunto a Sonamtering qual dos afluentes do Indo dos que cruzamos esta manhã é o mais longo. «Todos eles», diz, «começam a pelo menos um dia de caminhada daqui. O Bukhar começa perto da aldeia de Yagra. A fonte do Lamolasay fica em um lugar sagrado: há um mosteiro lá. O Dorjungla é uma caminhada muito difícil e longa, talvez três dias, e há muitas pedras pontiagudas, mas sua água é límpida e azul, daí o outro nome do afluente, Zom-chu (que Karma Lama traduz como 'Água azul'). O Rakmajang surge de um lago escuro chamado mar Negro.»

Um dos afluentes mais longos — e portanto candidato à nascente técnica do rio — é o Kla-chu, o rio que cruzamos ontem pela ponte. Também conhecido como Lungdep Chu, ele deságua no Indo vindo do sudeste e surge a um dia de caminhada de Darchen. Mas Sonamtering insiste que o Dorjungla é o mais longo dos «três tipos de água» que caem no Senge Tsampo.

Fico deitada na tenda, pensando: os tibetanos devem ter escolhido Senge Khabab por um bom motivo. Esses drokpa conhecem cada parte do Changthang que é deles por direito de pastagem.

O explorador Sven Hedin, do início do século xx, foi informado por seus guias tibetanos que Senge Khabab emite a mesma quantidade de água no inverno e no verão e que, ao contrário dos outros afluentes, não depende do degelo sazonal da neve. Isso é uma verdade visível, pois essa fonte não surge de uma geleira, mas do solo e, portanto, talvez seja conhecida como a nascente devido à sua confiabilidade durante todo o ano.

No entanto, naquela noite, na barraca, sugiro aos três homens que, em vez de partirmos de volta amanhã, continuemos até onde o Dorjungla nasce. Eles se olham e riem. Karma traduz meu hindi para o tibetano, Yujaa balança a cabeça em descrença e ouço Sonamtering pronunciar meu nome — Alicay — em meio a suas risadas. Naquela noite, enquanto nossa tenda está repleta com a música do canto de Yujaa, decido aceitar, pelo bem de meus companheiros, ao menos, que eu realmente atingi a fonte do Indo.

No dia seguinte, voltamos para casa. Yujaa está animado. Sonamtering está ansioso para ver sua *shrimati* (palavra nepalesa de Karma para «esposa»). «Se ele ficar longe por mais tempo», Karma provoca, «sua *shrimati* irá xingá-lo.» O próprio Karma está alegre e conversa comigo durante toda a volta até Tseti-La. Mas, enquanto caminhamos para casa pelas montanhas, sou dominada pela tristeza, ou mesmo pelo desespero. Ainda que escalemos Tseti-La novamente, de modo que o pico do Kangri Rinpoche fique à vista, e Yujaa e Sonamtering caiam de joelhos, prostrando-se na neve como muçulmanos recitando o namaz, ainda que Sonamtering, antes de voltar para casa, suba e desça a encosta da montanha, colhendo uma flor selvagem azul — a *Pang-kin-u-lu,* diz ele —, e dê uma a cada um de nós, ainda que, dois dias depois, completemos nossa circunvolução na montanha, obliterando assim os pecados de uma vida, ainda que entre na casa de Tsegar em Darchen e veja o sorriso de alívio em seu rosto, ainda assim, estou cheia de tristeza.

454   ALICE ALBINIA

Sinto-me triste pelo rio: por este rio selvagem e magnífico, moderno, histórico, pré-histórico, por este rio que fluiu por milhões de anos antes mesmo que qualquer humano o visse, por este rio que alimenta o solo desde que a terra ergueu-se do oceano.

A maioria das histórias de criação do mundo começa com água. Todas aquelas contadas pelos dardos do Ladaque, pelos kalash de Chitral, pelos arianos do Rig Veda, atribuem a criação do mundo à brotação da terra a partir da água. No Alcorão está escrito:

> Que o homem considere, portanto, do que ele é criado:
> Ele é criado da água que jorra.

Mas por quanto tempo as águas continuarão a jorrar? O rio escorre por entre nossos dedos, represado até que desapareça. O Atharva Veda chama o Indo de *saraansh*: o que flui para sempre.[17] Um dia, quando não houver mais nada, exceto leitos secos de rios e poeira, quando esse nome ancestral se tornar obsoleto, então as canções cantadas pelos humanos serão hinos fúnebres de amargura e arrependimento. Elas dirão como o Indo — que uma vez «circundou o Paraíso», dando à luz civilizações e espécies, línguas e religiões — foi, pela insânia da humanidade, dissipado por completo.

---

17   Das, *Shri Sindh Sapt Nad Sadhubela Teerath Mahatamay*, op. cit., p. 34. Traduzido gentilmente do sindi e do sânscrito por Gian Chand. *Sarana*, «que leva a partir ou fluir»: M. Monier-Williams, *Sanskrit-English Dictionary*. Déli: Banarsidass, 1995, p. 1109.

GLOSSÁRIO

Existem muitas variações, em toda a Ásia Meridional e além, na maneira como as palavras das línguas locais são transliteradas e usadas em inglês.[1] As formas usadas aqui seguem a prática local atual: portanto, «*shalwar*» (como no Paquistão) em vez de «*salvar*» (como na Índia).

Nota de tradução: Sempre que um termo já tenha uma versão de uso corrente na língua portuguesa, optou-se, na tradução, pelo uso desta, com o acréscimo da *transliteração* na língua *inglesa* usada no original pela autora e a notação «(tr. ing.:)». Por exemplo: *nababo* (tr. ing.: *nawab*).

A — Árabe
C — Chitrali
Pali — Pali*
Pa — Pachto
P — Persa / Farsi
Pu — Punjabi
Sct — Sânscrito
S — Sindi

---

1   E nas demais línguas europeias. [N. T.]

456   ALICE ALBINIA

T — Tibetano
U — Urdu, Hindi

* Língua das primeiras escrituras budistas existentes na Índia

agni — fogo; fogo divino do Rig Veda (Sct)

ahl-al-kitab — literalmente, «povo do livro». Isto é, aqueles que tomam a Bíblia, as escrituras judaicas ou o Alcorão como seu guia religioso. Segundo algumas interpretações, os hindus também seriam *ahl-al-kitab*, porque seguem os ensinamentos religiosos dos Vedas (A)

ajrak — xale de algodão ricamente colorido de índigo e vermelho estampado à mão, usado por camponeses e políticos sindis; a palavra é uma assimilação sindi da palavra árabe *azraq*, azul (S)

alim — pessoa teologicamente erudita (A)

arya — nobre, um termo do Rig Veda, de que deriva a expressão «ariano» (Sct)

asthana — o trono de um santo (P)

asvamedha — cavalo sacrificial, um ritual real para reivindicar terras na Índia antiga (Sct)

azan — chamado à oração que sai das mesquitas alertando os muçulmanos para se prepararem para as cinco orações diárias (A)

basti — um assentamento (U)

begume (tr. ing.: *begum*) — senhora; um título para mulheres casadas (U)

bhajan — canções devocionais hindus

bhang — maconha (U)

bhangi — o nome genérico para limpadores de esgoto na Índia e no Paquistão, geralmente hindus de baixa casta ou cristãos (U)

bhangra — tradicionalmente uma dança de colheita punjabi realizada por homens (Pu)

brami (tr. ing.: *brahmi*) — escrita indiana cunhada pelo imperador Axoca para seus decretos

burca (tr. ing.: *burqa*) — veste com cobertura total do corpo, usada por algumas mulheres muçulmanas (A)

Cã (tr. ing.: *Khan*) — um nome de clã ou título que denota um líder (Pa)

cafir (tr. ing.: *kafir*) — «descrente», um não muçulmano (A)

chaal — marcha, caminhada (U)

GLOSSÁRIO

457

chai — chá (U)

charpai (tr. ing.: *charpay*) — literalmente, «quatro pés». Uma cama de madeira com um estrado de corda tecida, onipresente na Índia e no Paquistão (U)

chillah — uma sessão de meditação com duração de quarenta dias (P)

chorten — uma estupa ou relicário budista no Tibete (T)

dargah — um complexo de santuário: a própria tumba e suas dependências externas anexas (U)

Dasa — *das*, como em *Dasa Avatara*, é a palavra urdu para o número dez. Os dasas eram uma tribo indígena demonizada pelos *arya*, os escritores do Rig Veda (Sct)

dhammal — dança religiosa ao ritmo de um tambor em santuários sufis (P)

djin (tr. ing.: *djinn*) — gênio; um espírito, às vezes benigno, frequentemente maligno, que se acredita habitar seres humanos (particularmente bonitos) e causar angústia (A)

dupatta — lenço de cabeça (U)

Eid-ul-Azha — a celebração no final do *Haj* que comemora o pacto de Abraão com Deus (A)

Eid-ul-fitr — celebração muçulmana no fim do Ramadã, o mês sagrado do jejum (A)

estupa (tr. ing.: *stupa*) — relicário budista, onde os ossos ou restos mortais de Buda e outros budistas sagrados são armazenados. As estupas variam em tamanho, desde pequenos monumentos até estruturas tão grandes quanto templos (Pali)

faquir (tr. ing.: *faqir*) — um devoto religioso de um santo que coloca a fé acima dos cuidados materiais; do árabe *faqr*, pobreza (A)

ghazi — guerreiro sagrado (A)

giddha — o equivalente feminino da dança *bhangra* (Pu)

gompa — mosteiro tibetano (T)

gurdwara — templo sique (P)

guru — líder religioso (Sct)

Hadiz (tr. ing.: *Hadith*) — as tradições recolhidas ou ditos do Profeta, e um importante ponto de referência para devotos muçulmanos (A)

Haj — a peregrinação a Meca e Medina que se ordena a todo muçulmano realizar pelo menos uma vez na vida. Um *hajji* é alguém que realizou o *Haj* (A)

halal — «permitido»; o equivalente islâmico do conceito judaico de *kosher*, particularmente em referência à carne (A)

haleem — uma espécie de mingau de carne (U)

halwa — um doce cozido quente (U)

haram — o oposto de *halal*: proibido (A)

hari — camponês ou meeiro (S)

hijra — travesti, transexual. No Paquistão, as *hijras* ganham a vida dançando em casamentos, abençoando crianças recém-nascidas ou por meio da prostituição: um serviço que geralmente oferecem a preços mais baixos do que as mulheres cis (U)

hujra — hospedaria masculina situada fora do complexo familiar (Pu)

iftar (tr. ing.: *iftari*) — comida com a qual o jejum é quebrado durante o Ramadã, o mês sagrado do jejum (A)

iogue (tr. ing.: *yogi*) — pessoa sagrada hindu (Sct)

jannat — céu; da palavra árabe para jardim: o árabe para céu é *jannat-ul-firdaus* (Jardim do Paraíso) (U)

jheenga — camarão (S)

jihad — existem dois tipos de *jihad*: a *jihad* maior é uma batalha espiritual interna pelo aprimoramento do eu; a *jihad* menor, uma defesa da fé que inclui a guerra santa (A)

jirga — uma reunião, geralmente de homens, convocada por uma comunidade para arbitrar uma disputa (Pa)

jungli — selvagem ou rude; do sânscrito *jangala*; daí veio a palavra inglesa *jungle* (U)

kaccha — literalmente, cru ou malcozido; temporário; o oposto de *pukka* ou *pakka*, cozido ou permanente. Assim, uma casa construída em concreto é *pukka*, enquanto uma favela ou barraco é *kaccha*. Esta palavra também descreve as terras férteis que ficam ao longo das margens de um rio diretamente em sua planície de inundação, e para as quais a posse da terra não é fixa (U)

kalma — credo islâmico (A)

kiang — asno selvagem; uma grafia alternativa é *kuang* (T)

GLOSSÁRIO

459

lakh — 100 mil; daí *lakhi*: a floresta de 100 mil árvores no Punjabe (Sct)

lama — professor religioso tibetano (T)

lhamo — professora religiosa tibetana (T)

lingam — símbolo do pênis de Śiva adorado por hindus (Sct)

madraçal (tr. ing.: *madrassah*) — escola religiosa islâmica (A)

maidaan — espaço aberto em um povoado ou cidade (U)

majun (tr. ing.: *majoon*) — uma confecção de ervas misturada por um *hakim*. Alguns *majuns* são feitos de haxixe, ópio e outras substâncias intoxicantes e às vezes são vendidos como afrodisíacos (A)

malique (tr. ing.: *malik*) — um chefe ou líder de uma tribo (A)

mandala — literalmente «círculo»; uma pintura, gráfico ou texto representando o cosmos e usado por budistas e hindus como um auxílio à meditação (Sct)

masjid — mesquita (A)

maulvi, mufti, mulá (tr. ing.: *mullah*) — professor religioso islâmico (A)

mela — literalmente «reunião»; uma reunião religiosa de hindus, ou uma feira (Sct)

mitha — doce (U)

mleccha — uma pessoa que não fala sânscrito, um proscrito (Sct)

mugarman — um tambor com pés, da altura da cintura, sagrado para os sidis; também chamados de *maseendo* (S)

mujahidin (tr. ing.: *Mujahideen*) — combatentes, soldados que lutam por sua fé; no Afeganistão, este foi o nome dado aos que lutaram contra o domínio soviético durante o período comunista, entre 1979 e 1989 (A)

murid — devoto de um santo (A)

nababo (tr. ing.: *nawab*) — chefe (U)

nafrat — inimizade, ódio (U)

naga (masculino), *nagini* (feminino) (tr. ing.: *nagis*) – deusas-serpentes, guardiães de rios, nascentes e lagos, reverenciados por budistas e frequentemente descritos na arte gandariana (Sct)

nala — uma vala ou dreno (U)

namaz — oração islâmica (P, U)

namkeen — salgado (U)

nazim — prefeito (U)

460

ALICE ALBINIA

paan — um confeito levemente inebriante de noz de bétele, pasta de limão e outros condimentos, mastigado após o jantar como um digestivo (U)
paanch — o número cinco (U)
panchayat — um grupo de cinco líderes comunitários (U/ Sct)
pândita (tr. ing.: *pandit*) — um professor religioso hindu (Sct)
pir — pessoa sagrada, geralmente um homem (U)
purdah — literalmente, «cortina»; a prática muçulmana de ocultar o cabelo ou o rosto das mulheres da vista alheia (A)

qalandar — um mendicante religioso errante (U)
Qawwali — canções religiosas devocionais cantadas nos santuários dos santos Chishti no subcontinente indiano (U)
Quaid-e-Azam — «Grande líder»; o título dado a Muhammad Ali Jinnah por seus acólitos (U)

raag — forma musical indiana (U)
raja — rei (Sct)
Ramadã (tr. ing.: *Ramzan*) — o mês sagrado de jejum muçulmano (A)
risalo — o nome genérico para uma seleta de poesia, do árabe (S/ A)
roti — pão achatado (U)

sadhu — pessoa sagrada hindu (Sct)
saíde (tr. ing.: *syed, sayed*) — descendentes do Profeta por seus dois netos Hasan e Hussain, filhos de sua filha Fátima e seu primo Ali; Saíde também é um título honorífico, significando «Senhor» (A)
Sajjada Nasheen — guardião do santuário do santo; uma posição hereditária (S)
sarovar — tanque de banho; lago (Sct)
sehri — refeição comida durante o Ramadã antes do nascer do sol; do árabe para «alvorada» (A)
sharab — álcool (A)
silsila — literalmente «corrente» ou «fio»; a escola ou doutrina a que sufis são filiados
sindoor — pó vermelho espalhado por esposas hindus na risca de seus cabelos, um símbolo de seu estado civil (Sct)
soma — icônica e misteriosa beberagem rigvédica bebida pelos antigos arianos (Sct)
sutra — texto religioso (Sct)

GLOSSÁRIO 461

tara — luar local em Chitral (C)

taravih — recitações do Alcorão realizadas na mesquita durante o Ramadã após as orações noturnas (A)

tsampa — farinha de cevada torrada, o alimento básico do Ladaque e do Tibete (T)

uale (tr. ing.: *wali*) — líder, por exemplo, do Suat (A)

urs — literalmente, «casamento», a palavra denota a data em que uma união finalmente ocorreu entre o buscador e o procurado. Na prática, um *urs* é a celebração do aniversário da morte de um santo realizado em seu túmulo (P)

wallah (masculino), *wali* (feminino) — um sufixo associativo (P)

xador (tr. ing.: *chador*) — um enorme xale de algodão usado no lugar de uma burca em algumas partes da então chamada Província da Fronteira Noroeste (U)

zabardast — literalmente, «vantagem»; admirável, maravilhoso (U)

BIBLIOGRAFIA SELECIONADA

Para a bibliografia completa (em inglês) consultada durante a escrita deste livro, por favor acesse: <https://www.alicealbinia.co.uk/empires-of-the-indus-bibliography>.

ABBAS, Shemeem Burney. *The Female Voice in Sufi Ritual: Devotional Practices of Pakistan and India*. Austin: University of Texas Press, 2002.

ABBASI, A. N. G. *Report of Technical Committee on Water Resources*. Islamabade, 2005 («Abbasi Report»). Disponível em: <http://www.cssforum.com.pk/off-topic-discussions/general-knowledge-quizzes-iq-tests/2173-report-technical-commitee-water-resources.html>.

ABUL-FAZL. *The Akbarnama of Abu-l-Fazl*. Trad. ingl. H. Beveridge. Calcutá: Asiatic Society of Bengal, 1910, v. III.

_____. *Ain-i-Akbari*. Trad. ingl. H. Blochmann e H. S. Jarrett, Calcutá: Asiatic Society of Bengal, 1927-49.

ADVANI, Kalyan B. *Shah Latif*. Déli: Sahitya Akademi, 1970.

AFZAL, M. Rafique (Org.). *Selected Speeches and Statements of the Quaid-i-Azam Mohammad Ali Jinnah [1911-34 and 1947-48]*. Laore: Research Society of Pakistan, 1976 (1966).

AHMAD, Aziz. *Studies in Islamic Culture in the Indian Environment*. Oxford: Clarendon, 1964.

AHMAD, Muhammad Farooq. «The Wildlife of the Indus River and Allied Areas». In: MEADOWS, Azra; MEADOWS, Peter S. (Orgs.). *The Indus River: Biodiversity, Resources, Humankind*. Carachi: Oxford University Press, 1999, pp. 3-11.

AHMED, Feroz. «Africa on the Coast of Pakistan». *New Directions: The Howard University Magazine*, Washington, DC, v. XVI, n. 4, pp. 22-31, out. 1989.

AHMED, Khalid. «'We were swept away in a flood of foreign expertise'». In: BENGALI, Kaiser (Org.). *The Politics of Managing Water.* Oxford/ Islamabade: Oxford University Press/ Sustainable Development Policy Institute, 2003.

AHMED, Muzammil. «Animal and Plant Communities of the Present and Former Indus Delta». In: MEADOWS, Azra; MEADOWS, Peter S. (Orgs.). *The Indus River: Biodiversity, Resources, Humankind*. Carachi: Oxford University Press, 1999, pp. 12-30.

AHUJA, N. D. *The Great Guru Nanak and the Muslims.* Chandigarh: Kirti, [1972?].

AITKEN, E. A. *Gazetteer of the Province of Sind.* Carachi, 1907.

AJWANI, Hazarisingh Gurbuxsingh. *A Short Account of the Rise and Growth of the Shri Sadhbella Tirath, at Sukkur.* Sucur: Swami Harnamdasji, 1924.

AKHUND, Abdul Hamid (Org.). *Shah Abdul Latif, his Mystical Poetry.* [S.l.: s.n., c. 1991].

AL UTBI. *The Kitab-i-Yamini, Historical Memoirs of the Amir Sabaktagin and the Sultan Mahmud of Ghazna.* Trad. ingl. James Reynolds. Londres: Oriental Translation Fund of Great Britain and Ireland, 1858.

AL-IDRISI. *India and the Neighbouring Territories in the Kitab NuzhatAl-Mushtaq Fi'Khtiraq Al-Afaq of Al-Sharif Al-Idrisi.* Trad. ingl. S. Maqbul Ahmad. Leiden: Brill, 1960.

AL-KALABADHI, Abu Bakr. *The Doctrine of the Sufis (Kitab al-Ta'arruf li-madhhab ahl al-tasawwuf).* Trad. ingl. Arthur John Arberry. Laore, 2001 (1935).

ALBIRUNI. *Alberuni's India: An Account of the Religion, Philosophy, Literature, Geography, Chronology, Astronomy, Customs, Laws and Astrology of India about A.D. 1030.* Trad. ingl. Edward C. Sachau. Londres: Paul, Trench, Trübner & Co, 1888.

BIBLIOGRAFIA SELECIONADA

ALI, Ihsan (Org.). *Frontier Archaeology III: Explorations and Excavations in NWFP, Pakistan*. Pexauar: Directorate of Archaeology and Museums, 2005.

ALI, Imran. *The Punjab Under Imperialism. 1885-1947*. Princeton: Princeton University Press, 1988.

ALI, Mubarak. *The English Factory in Sind: Extracts Regarding Sind from William Foster's «The English Factories in India»*. Jamshoro, Paquistão: Institute of Sindhology, University of Sind, 1983.

_____. *In the Shadow of History*. Laore, 1998.

ALLCHIN, Bridget. «South Asian Rock Art». *Journal of the Royal Society of Arts*. Londres, v. 135, n. 5366, pp. 138-56, 1988.

_____.; ALLCHIN, Frank Raymond. *The Rise of Civilization in India and Pakistan*. Cambridge: Cambridge University Press, 1993 (1982).

ALLCHIN, Frank Raymond. «A Pottery Group from Ayun Chitral». *Bulletin of the School of Oriental and African Studies*, Londres, v. 33, n. 1, 1970.

ALLEN, Charles. *The Search for Shangri-La: a Journey into Tibetan History*. Londres: Little, Brown and Company, 1999.

ALLWRIGHT, Gavin; KANAMARU, Atsushi (Orgs.). *Mapping the Tibetan World*. Tóquio: Kotan, 2004 (2000).

ALPERS, Edward. «The African Diaspora in the Indian Ocean: a Comparative Perspective». In: JAYASURIYA, Shihan de Silva; PANKHURST, Richard (Orgs.). *The African Diaspora in the Indian Ocean*. Trenton, NJ: Africa World Press, 2003.

ANCIENT Futures: Learning from Ladakh. Dir. Eric Walton. 60 min, VHS, 1993.

ANDREW, W. P. *The Indus and Its Provinces, Their Political and Commercial Importance Considered in Connexion with Improved Means of Communication*. Londres: W.H. Allen & Co, 1859.

_____. *On the completion of the Railway System of the Valley of the Indus*. Londres: W.H. Allen & Co, 1869.

ANSARI, Ishtiaq. «Kerigar: Gold Pickers of the Indus». *Journal of Pakistan Archaeologists Forum*, org. Asma Ibrahim e Kaleem Lashari, v. II, 1 & 2, pp. 155-66, 1993.

ANSARI, Sarah F. D. *Sufi Saints and State Power: the Pirs of Sind, 1843-1947*. Cambridge: Cambridge University Press, 1992.

ANTI-SLAVERY INTERNATIONAL; HUMAN RIGHTS COMMISSION OF PAKISTAN. «Bonded Agricultural Labourers in Lower Sindh Province – Pakistan», Submission to the United Nations High Commission on Human Rights. Genebra, 27-31 maio 2002. Disponível em: <www.antislavery.org/archive/submission/submission2002-pakistan.htm>.

ARAVAMUDAN, Srinivas. *Tropicopolitans: Colonialism and Agency, 1688-1804.* Durham: Duke University Press, 1999.

ARDELEANU-JANSEN, Alexandra. «Who Fell Into the Well? Digging up a Well in Mohenjo-Daro». In: GAIL, Adalbert J.; MEVISSEN, Gerd J. R. *South Asian Archaeology 1991: Proceedings of the Eleventh International Conference of the Association of South Asian Archaeologists in Western Europe.* Stuttgart: Steiner, 1993.

ARRIANO. *Anabasis Alexandri.* Trad. ingl. E. Iliff Robson. Londres: Heinemann, 1929.

_____. *Anabasis Alexandri.* Trad. ingl. P. A. Brunt. Cambridge, MA: Harvard University Press, 1976.

ASHLEY, James R. *The Macedonian Empire: The Era of Warfare Under Philip II and Alexander the Great, 359-323 BC.* Jefferson/Londres: McFarland, 1998.

ATTAR, Farid al-Din. *Muslim Saints and Mystics: Episodes from the Tadhkirat al-Auliya. (Memorial of the Saints).* Trad. ingl. Arthur John Arberry. Londres: Routledge & Kegan Paul, 1979 (1966).

BABUR, Zahiruddin Muhammad. *The Babur-nama in English (Memoirs of Babur).* Trad. ingl. Annette Beveridge. Londres: Luzac & Co., 1921.

BAILLIE, Alexander. *Kurrachee: Past, Present and Future.* Calcutá, 1890.

BAKER, P. H. B.; ALLCHIN, F. R. *Shahr-i Zohak and the History of the Bamiyan Valley Afghanistan.* Oxford: B.A.R., 1991.

BALFOUR, Edward. *Medical Hints to the People of India: The Vydian and the Hakim, What do they know of medicine?* Madras: Higginbotham & Co., 1875.

BALOCH, N. A. *Musical Instruments of the Lower Indus Valley of Sind.* Hiderabade: Mehran Arts Council, 1966.

_____. *Hosh Muhammad Qanbrani.* Carachi, [1975] (livreto em inglês e sindi).

_____. *Lands of Pakistan: Perspectives, historical and cultural.* Islamabade: el--Mashriqi Foundation, [1995].

BIBLIOGRAFIA SELECIONADA

BASHIR, Elena; ISRAR-UD-DIN (Orgs.). *Proceedings of the Second International Hindukush Cultural Conference*. Carachi: Oxford University Press, 1996.

BASU, Helene. «Slave, Soldier, Trader, Faqir: Fragments of African Histories in Western India (Gujarat)». In: JAYASURIYA, Shihan de Silva; PANKHURST, Richard (Orgs.). *The African Diaspora in the Indian Ocean*. Trenton, NJ: Africa World Press, 2003.

_____. «Redefining Boundaries: Twenty Years at the Shrine of Gori Pir». In: CATLIN-JAIRAZBHOY, Amy; ALPERS, Edward A. (Orgs.). *Sidis and Scholars: Essays on African Indians*. Trenton, NJ/Déli: Red Sea/ Rainbow, 2004.

BATTUTA, Ibn. *Ibn Battuta: Travels in Asia and Africa 1325-1354*. Trad. ingl. H. A. R. Gibb. Nova Déli: Manohar, 2001 (1929).

BEACHEY, R. W. *The Slave Trade of Eastern Africa*. Londres: Rex Collings, 1976.

BELL, Evans. *The Oxus and the Indus*. 2. ed. rev. e ampliada. Londres: Trübner, 1874.

BEMMANN, Martin. «Rock Carvings and Inscriptions along the Karakorum Highway». In: GAIL, Adalbert J.; MEVISSEN, Gerd J. R. *South Asian Archaeology 1991: Proceedings of the Eleventh International Conference of the Association of South Asian Archaeologists in Western Europe*. Stuttgart: Steiner, 1993.

BENGALI, Kaiser (Org.). *The Politics of Managing Water*. Oxford/Islamabade: Oxford University Press/ Sustainable Development Policy Institute, 2003.

BERTSCH, Wolfgang. *The Currency of Tibet: A Sourcebook for the Study of Tibetan Coins, Paper Money and other Forms of Currency*. Dharamsala: Library of Tibetan Works & Archives, 2002.

BEYER, Stephan. *The Cult of Tara: Magic and Ritual in Tibet*. Berkeley: University of California Press, 1978.

BIDDULPH, C. E. *Afghan Poetry of the Seventeenth Century: Being Selections from the Poems of Khush Hal Khan Khatak*. Londres: Kegan Paul, Trench, Trübner & Co., 1890.

BIDDULPH, John. *Tribes of the Hindoo Koosh*. Calcutá: Office of the Superintendent of Gov. Print., 1880.

BILGRAMI, Raft Masood. *Religious and Quasi-Religious Departments of the Mughal Period (1556-1707)*. Déli: Munshiram Manoharlal, 1984.

BOLITHO, Hector. *Jinnah: Creator of Pakistan*. Londres: John Murray, 1954.

BOSWORTH, Clifford Edmund. *The Ghaznavids: Their Empire in Afghanistan and Eastern Iran 994-1040*. Edimburgo: University Press, 1963.

BRYANT, Edwin. *The Quest for the Origins of Vedic Culture: The Indo-Aryan Migration Debate*. Oxford/ Nova York: Oxford University Press, 2002 (2001).

_____.; PATTON, Laurie (Org.). *The Indo-Aryan Controversy: Evidence and Inference in Indian History*. Londres: Routledge, 2005.

BUNBURY, E. H. *A History of Ancient Geography Among the Greeks and Romans*. Nova York: Dover, 1959 (1883).

BURNES, Alexander. «Extracts of Narrative and Journal of a voyage by the Rivers Indus and Punjnud to Lahore by Lieut: Alex Burnes, Ass. Resident, Cutch, On a Mission to Lahore In 1831 and Memoir on the Indus, and Sinde country by L. Burnes of the Bombay Army. 1831. Addressed to the Bombay Govt». 1831 [Dalhousie Muniments, National Archives of Scotland: G45/ 5/8 0].

_____. Letter from Captain Burnes to Gen. Ramsay relating to proceedings at Roopur. 31 out. 1831 [Dalhousie Letters, National Archives of Scotland: G45/5/93].

_____. *Travels in Bokhara: Together with Narrative of a Voyage on the Indus*. Londres: Murray, 1834, 3 v.

_____. Holograph Letter written by Capt. Alexander Burnes, 21st Bombay Native Infantry, from «On the Indus above Moultan» to H.E. John McNeil Minister at the Court of Persia, dated 6 June 1837. Jun. 1837 [MssEurD1165/2].

BURNES, James. *A Narrative of a Visit to the Court of the Ameers of Sinde*. Edimburgo: John Stark, 1831.

_____. Letter by James Burnes on the death of his brother. 1842 [Wellesley Papers, European Manuscripts Collection, British Library: Add. 37313, Series II, Volume XL].

_____. *Correspondence with Lord Palmerston*. Londres: J.E. Taylor, 1861.

BURRARD, S. G.; HAYDEN, H. H. *A Sketch of the Geography and Geology of the Himalaya Mountains and Tibet*. Déli, 1933.

BURTON, Richard. *Scinde; or, the Unhappy Valley*. Londres: R. Bentley, 1851.

BIBLIOGRAFIA SELECIONADA

_____. *Sindh and the Races that Inhabit the Valley of the Indus: with notices of the topography and history of the province*. Londres: W.H. Allen & Co, 1851.

_____. *Sind Revisited: With Notices of the Anglo-Indian Army; Railroads; Past, Present, and Future, etc.* Londres: R. Bentley, 1877.

_____. «Terminal Essay: Social Conditions: Pederasty». In: _____. *A Plain and Literal Translation of the Arabian Nights Entertainments*. Boston, 1919, v. X.

_____.; STOCKS, J. E. «Notes relative to the population of Sind; and the customs, language, and literature of the people etc.» [*Selections from the Records of the Bombay Government*, New Series, India Office Records, British Library: Fiche n. 1069-70], 1848.

BUX, Sufi Huzoor. *Shah Inayat Shaheed*. Mirpur Bathoro, 1981 (monografia em sindi).

CACOPARDO, Albert; CACOPARDO, Augusto. «The Kalasha in Southern Chitral». In: BASHIR, Elena; ISRAR-UD-DIN (Orgs.). *Proceedings of the Second International Hindukush Cultural Conference*. Carachi: Oxford University Press, 1996.

CAMMANN, Schuyler. *Trade Through the Himalayas: The Early British Attempts to Open Tibet*. Princeton, Princeton University Press, 1951.

CARLESS, T. G. «Memoir on the delta of the Indus and Report upon portions of the River Indus» [*Selections from the Records of the Bombay Government*, New Series, India Office Records, British Library: V/23/214, Fiche n. 1067-8], 1837.

CAROE, Olaf. *The Pathans: 550 B.C.-A.D. 1957*. Londres, 1958.

CARTER, G. E. L. «Religion in Sind». *Indian Antiquary*, Bombaim, set. 1917.

_____. *The Stone Age in Kashmir*. Amritsar, 1924 (Memoirs of the Archaeological Survey of Kashmir Series).

CARTER, Martha L. «Dionysiac Aspects of Kushan Art». *Ars Orientalis: The Arts of Islam and the East*, Ann Arbor, v. 7, pp. 121-46, 1968.

CATLIN-JAIRAZBHOY, Amy. «A Sidi CD? Globalization of Music and the Sacred». In: _____.; ALPERS, Edward A. (Orgs.). *Sidis and Scholars: Essays on African Indians*. Trenton, NJ/ Déli: Red Sea/ Rainbow, 2004.

_____.; ALPERS, Edward A. (Orgs.). *Sidis and Scholars: Essays on African Indians*. Trenton, NJ/ Déli: Red Sea/ Rainbow, 2004.

CHEESMAN, David. «The Omnipresent Bania: Rural Moneylenders in Nineteenth-Century Sind». *Modern Asian Studies*, Cambridge, v. XVI, n. 3, 1982.

CHOWDHURY, K. A.; GHOSH, S. S. «Plant Remains from Harappa 1946». *Ancient India: Bulletin of the Archaeological Survey of India*, Déli, v. VII, pp. 3-19, jan. 1951.

CLIFT, Peter D. «A Brief History of the Indus River». In: _____. et al. (Orgs.). *The Tectonic and Climatic Evolution of the Arabian Sea Region*. Londres: Geological Society, 2002.

CLOUGHLEY, Brian. *A History of the Pakistan Army: Wars and Insurrections [Second Edition: With a New Chapter on the Kargil]*. Carachi: Oxford University Press, 2000.

COHEN, Stephen P. *The Indian Army: Its Contribution to the Development of a Nation*. 2. ed. Déli: Oxford University Press, 1990 (1971).

_____. *The Pakistan Army. 1998 Edition. With a New Foreword and Epilogue*. Oxford: Oxford University Press, 1999 (1994).

_____. *The Idea of Pakistan*. Washington, DC: Brookings Institution Press, 2004.

COLL, Steve. *Ghost Wars: The Secret History of the CIA, Afghanistan, and bin Laden, from the Soviet Invasion to September 10, 2001*. Nova York: Penguin, 2004.

COLLINS, Larry; LAPIERRE, Dominique. *Mountbatten and the Partition of India*, v. 1: *March 22-August 15, 1947*. Déli: Vikas, 1982.

CONNOLLY, Arthur. *A Journey overland from Russia to India*. Londres, 1834.

COOMARASWAMY, Ananda K. *The Origin of the Buddha Image*. Nova York: New York University, 1927.

COUSENS, Henry. *Progress Report of the Archaeological Survey of Western India, for the year ending 30 June 1897*. Pune/Bombaim, 1898.

COVERTE, Robert. *A true and almost incredible report*. Londres, 1612.

CUNNINGHAM, Alexander. *Ladák, Physical, Statistical, and Historical; With Notices of the Surrounding Countries*. Londres: Allen, 1854.

CURTIS, Gregory. *The Cave Painters: Probing the Mysteries of the First Artists*. Nova York, 2006.

D'ANVILLE, Jean-Baptiste Bourguignon. *Éclaircissemens géographiques sur la carte de l'Inde*. Paris: Imprimerie royale, 1753.

BIBLIOGRAFIA SELECIONADA

DANI, A. H. *Ancient Pakistan*. Pexauar, 1967, v. III.

_____. *History of Northern Areas of Pakistan (up to 2000 AD)*. Laore: Sang-e-
-Meel, 2001.

DAS, Karashni Narayan. *Shri Sindh Sapt Nad Sadhubela Teerath Mahatamay*
[The Importance of the Seven Rivers of Shri Sindh, Sadhubela Teerath,
Anthology of passages about the Indus from Hindu scriptures in Sindhi
and Sanskrit]. Sucur, 1922.

DE TERRA, Hellmut. «The Megaliths of Bursahom, Kashmir, a New Prehistoric
Civilization from India». *Proceedings of the American Philosophical Society*,
v. 85, n. 5, pp. 483-504, set. 1942.

_____.; PATERSON, T. T. *Studies on the Ice Age in India and Associated Human
Cultures*. Washington: Carnegie Institution of Washington, 1939.

DEFENCE Journal. Carachi. Disponível em: <http://www.defencejournal.
com/2000/mar/wagah.htm>.

DIAMOND, Jared. *Guns, Germs, and Steel: The Fates of Human Societies*. Nova
York: W.W. Norton, 1999 (1997).

DORST, Jean. *The Migrations of Birds*. Trad. ingl. Constance D. Sherman.
Londres: Heinemann, 1962 (Paris, 1956).

DUARTE, Adrian. *A History of British Relations with Sind 1613-1843*. Carachi:
National Book Foundation, 1976.

DUNCAN, Emma. *Breaking the Curfew: a Political Journey through Pakistan*.
Londres: Arrow, 1989.

DUPREE, Nancy Hatch. *An Historical Guide to Afghanistan*. Cabul: Afghan Air
Authority, Afghan Tourist Organization, 1977 (1970).

DURING, Jean. «African Winds and Muslim Djinns. Trance, Healing, and
Devotion in Baluchistan». *Yearbook for Traditional Music*, v. 29, pp.
39-56, 1997.

EAST INDIA COMPANY. «Memoranda on the N.W. Frontier of British India
and on the importance of the river Indus as connected with its defence,
drawn up by the desire of Sir J. Malcolm», 1830 [European Manuscripts
Collection, Biblioteca Britânica: Add. 21178].

_____. *Abstract of Proceedings Relative to the Trade and Navigation of the Indus,
Since the Settlement of the Last Treaty Regarding That River*. Londres: J.
Unwin, 1837.

_____. «Treaty with the Ameers of Sinde, 22nd August, 1809». In: GREAT BRITAIN, FOREIGN OFFICE. *Correspondence Relating to Persia and Affghanistan*. Londres: J. Harrison & Son, 1839.

EHRENBERG, Victor. *Alexander and the Greeks*. Trad. ingl. Ruth Fraenkel von Velsen. Oxford: Blackwell, 1938.

ELLIOT, H. M. *The History of India, as told by its own historians: the Muhammadan period*. Org. John Dowson, Londres: Trübner, 1867-77, v. II.

ENOKI, Kazuo. «On the Nationality of the Ephthalite»s. *Memoirs of the Research Department of the Toyo Bunko (Oriental Library)*, Tóquio, n. 18, 1959.

ERDOSY, G. (Org.). *The Indo-Aryans of Ancient South Asia: Language, Material Culture and Ethnicity*. Berlim/ Nova York: de Gruyter, 1995.

ESTRABÃO. *The Geography of Strabo*. Trad. ingl. Horace Leonard Jones. Londres: William Heinemann, 1923.

EURÍPIDES. *Euripides V: The Bacchae*. Trad. ingl. William Arrowsmith. Chicago, 1959.

FA HSIEN. *A Record of Buddhistic Kingdoms: Being an Account by the Chinese Monk Fâ-Hien of His Travels in India and Ceylon (A.D. 399-414) in Search of the Buddhist Books of Discipline*. Trad. ingl. James Legge. Oxford: Clarendon, 1886.

FACCENNA, Domenico. *Sculptures from the Sacred Area of Butkara I*, Part 2: *Plates*. Roma: Istituto poligrafico dello Stato/ Libreria dello Stato, 1962.

_____. *A Guide to the Excavations in Swat (Pakistan) 1956-1962*. Roma: Istituto italiano per il Medio ed Estremo Oriente, 1964.

FALK, Harry. «The Purpose of Rgvedic Ritual». In: WITZEL, Michael (Org.). *Inside the Texts, Beyond the Texts: New Approaches to the Study of the Vedas: Proceedings of the International Vedic Workshop, Harvard University, June 1989*. Cambridge, Mass.: Department of Sanskrit and Indian Studies, Harvard University, 1997 (Harvard Oriental Series, Opera Minora 2).

FELDMAN, Herbert. *Karachi through a Hundred Years: The Centenary History of the Karachi Chamber of Commerce and Industry 1860-1960*. Carachi: Oxford University Press, 1960.

FERISHTA, Muhammad Kasim. *History of the Rise of the Mahomedan Power in India*. Trad. ingl. J. Briggs. Londres, 1829, v. I.

BIBLIOGRAFIA SELECIONADA

FILÓSTRATO, O VELHO. *The Life of Apollonius of Tyana: the Epistles of Apollonius and the Treatise of Eusebius*. Trad. ingl. F. C. Conybeare. Londres: Heinemann, 1912.

FOLTZ, Richard C. *Religions of the Silk Road: Overland Trade and Cultural Exchange from Antiquity to the Fifteenth Century*. Londres, 1999.

FONIA, R. S. «Ladakh Corridor to Central Asia: An investigative report of prehistoric cultures». *Journal of Central Asian Studies*, Srinagar, v. 4, pp. 35-41, [1994?].

FORSTER, George. *Sketches of the mythology and history of the Hindus*. Londres, 1785.

_____. *A Journey from Bengal to England*. Londres: Faulder, 1798.

FOSTER, William. *The English Factories in India 1634-1636*. Oxford: Clarendon, 1911.

_____. *The English Factories in India 1637-41*. Oxford: Clarendon, 1912.

_____. (Org.). *The Embassy of Sir Thomas Roe to India 1615-1619, as Narrated in his Journal and Correspondence*. Londres: Oxford University Press, 1926.

FOUCHER, Alfred. *L'Art Gréco-Bouddhique du Gandhâra*. Paris: Leroux, 1905-41.

_____. *La Vieille Route de l'Inde de Bactres à Taxila*. Paris: Éditions d'art et d'histoire, 1942.

FOX, Robin Lane. *Alexander the Great*. Londres, 1973.

_____. *The Search for Alexander*. Londres: Allen Lane, 1980.

FRANCFORT, Henri-Paul; KLODZINSKI, Daniel; MASCLE, Georges. «Archaic Petroglyphs of Ladakh and Zanskar». In: LORBLANCHET, Michel (Org.). *Rock Art in the Old World: Papers presented in Symposium A of the Aura Congress. Darwin (Australia), 1988*. Nova Déli: Indira Gandhi National Centre for the Arts, 1992.

FRANCKE, A. H. «The Eighteen Songs of the Bono-na Festival». *Indian Antiquary*, Bombaim, pp. 93-110, maio 1905.

_____. *A History of Western Tibet: one of the unknown empires*. Londres: Patridge, 1907.

_____. «The Dards at Khalatse in Western Tibet». *Memoirs of the Asiatic Society of Bengal*, Calcutá, v. 1, n. 19, pp. 413-9, 1907.

_____. *Ten Ancient Historical Songs from Western Tibet*. Bombaim, 1909.

_____. *Antiquities of Indian Tibet*, Part 1: *Personal Narrative*. Calcutá: Superint. Gov. Printing, 1914.

FREEMAN-GRENVILLE, G. S. P. «The Sidi and Swahili». *Bulletin of the British Association of Orientalists*, Londres, v. 6, pp. 3-18, 1971.

FRIESE, Kai. «The Aryan Handshake: Blood and Belonging in India». *Transition 83: An International Review*, Durham, NC, v. 9, n. 3, pp. 4-35, 2000.

FRYER, John. *A new account of East-India and Persia in eight letters*. Londres, 1698.

GOVERNO DA GRÃ-BRETANHA, FOREIGN OFFICE: General Correspondence from Political and Other Departments. *Indus Waters Dispute*, 1951 [National Archives, Londres: FO 371/92893].

GOVERNO DA PROVÍNCIA DA FRONTEIRA NOROESTE. *Hisbah Bill*. Law, Parliamentary Affairs and Human Rights Department. Government of NWFP. Pexauar, 2005.

GOVERNO DE BOMBAIM. *Handbook for Passengers from Bombay to Mooltan, Via Kurrachee, Kotree, and Sukkur, By the Steamers of The Bombay Steam Navigation Company, and Steamers of the Indus Flotilla*. Bombaim, 1861.

GREATHED, H. H. *Letters written during the Siege of Delhi*. Londres: Longman, Brown, Green, Longmans & Roberts, 1858.

GRIFFITH, Ralph. *The Hymns of the Rigveda: Translated with a popular commentary*. Benares: E.J. Lazarus, 1889.

GROSE, John Henry. *A Voyage to the East Indies*. Londres, 1772.

GUHA, Ramachandra. «Could Partition have been made less bloody?». *The Hindu*, Chenai, 28 ago. 2005.

GUNDERSON, Lloyd L. *Alexander's Letter to Aristotle about India*. Meisenheim am Glan: Hain, 1980.

HABIB, Irfan. *The Indus Civilization: Including Other Copper Age Cultures and History of Language Change till c. 1500 BC*. Nova Déli: Tulika, 2002.

HABIB, Mohammad. *Sultan Mahmud of Ghaznin*. 2. ed. Aligarh: Cosmopolitan, 1951 (1927).

HALEEM, Muhammad Abdel. *Understanding the Qur'an: Themes and Style*. Londres: I. B. Tauris, 1999.

HALL, J. H. W. *Scenes in a Soldier's Life*. Londres, 1848.

BIBLIOGRAFIA SELECIONADA

HALLIER, Ulrich W. «Petroglyphen in Nordpakistan: Neuentdeckungen an Gilgit und Yasin». *Antike Welt*, Mainz, v. 22, pp. 2-20, 1991.

HAMILTON, Alexander. *A New Account of the East Indies*. Edimburgo: J. Mosman, 1727.

HAMMOND, N. G. L. *Sources for Alexander the Great: an Analysis of Plutarch's Life and Arrian's Anabasis Alexandrou*. Cambridge: Cambridge University Press, 1993.

HANSARD'S Parliamentary Debates. Londres, v. LI, 1840.

HARRIS, Joseph E. *African Presence in Asia: Consequences of the East African Slave Trade*. Evanston: Northwestern University Press, 1971.

HASAN, Arif. «Another Time, Another Place: A journey through Karachi's pre-British past». *Herald*, Carachi, ago. 1986.

_____. *Understanding Karachi: Planning and Reform for the Future*. Carachi: City Press, 1999.

_____. «The changing nature of the informal sector in Karachi as a result of global restructuring and liberalization». *Environment and Urbanization*, Londres, v. 14, n. 1, pp. 69-78, abr. 2002.

_____. *The Unplanned Revolution: Observations on the Process of Socio-Economic Change in Pakistan*. Carachi: City Press, 2002.

HASAN, Mubashir. *Birds of the Indus*. Carachi: Oxford University Press, 2001.

HASAN, Mushirul. «The Partition Debate – II». *The Hindu*, Chenai, 3 jan. 2002.

_____. (Org.). *India Partitioned: The Other Face of Freedom*. Nova Déli, 1995.

HAUPTMANN, Harold (Org.). *The Indus: Cradle and Crossroads of Civilizations: Pakistan-German Archaeological Research*. Islamabade: Embassy of the Federal Republic of Germany, 1997.

HEDDLE, J. F. «Memoir on the River Indus». 1836 [*Selections from the Records of the Bombay Government, New Series*, India Office Records, British Library: V/23/214, Fiche n. 1066-7].

HEDIN, Sven. *Trans-Himalaya: Discoveries and Adventures in Tibet*. Londres: Macmillan, 1909.

HERÓDOTO. *The Histories*. Trad. ingl. George Rawlinson. Londres: J.M. Dent, 1992 (1910).

HOLDSWORTH, T. W. E. *Campaign of the Indus: In a Series of Letters from an Officer of the Bombay Division*. Prefácio de A. H. Holdsworth. Londres, 1840.

HORNBLOWER, Simon; SPAWFORTH, Antony (Orgs.). *The Oxford Classical Dictionary*. 3. ed. Oxford: Oxford University Press, 1999 (1996).

HOTCHAND, Seth Naomal. *A forgotten chapter of Indian history as described in the memoirs of Seth Naomal Hotchand*. Carachi, 1982 (1915).

HOTECHAND, Tirathdas. «The Risalo: Its Musical Compositions». In: AKHUND, Abdul Hamid (Org.). *Shah Abdul Latif, his Mystical Poetry*. [S.l.: s.n., *c*. 1991].

HUGHES, A. W. *A Gazetteer of the Province of Sindh*. Londres: G. Bell and Sons, 1874.

HULTZSCH, E. *Inscriptions of Asoka*. Oxford, 1925.

HUSAIN, N. et al. «Depression and Social Stress in Pakistan». *Psychological Medicine*, v. 30, n. 2, pp. 395-402, mar. 2000.

HUSAIN, Yusuf. *L'Inde Mystique au Moyen Âge: Hindous et Musulmans*. Paris: Maisonneuve, 1929.

INTERNATIONAL Seminar on Kalhora Rule in Sindh. Carachi: Seminar Organizing Committee, 1996.

IRAN SOCIETY. *Al Biruni Commemoration Volume*. Calcutá, 1951.

ISMAIL, Mohammed. «Ghazi Brotha's Effects on Swabi». *News International*, Carachi, 18 nov. 1995.

_____. «Community Perceptions of Male Child Sexual Abuse in North West Frontier Province, Pakistan». Pexauar, [*c*. 1997]. Disponível em: <https://archive.crin.org/en/docs/resources/publications/SexAbuse1.pdf >.

ISKANDARNAMAH: A Persian Medieval Alexander-Romance. Trad. ingl. Minoo S. Southgate. Nova York: Columbia University Press, 1978.

JACKSON, K. A. *Views in Affghaunistaun, &c. &c. &c. from Sketches taken during the Campaign of the Army of the Indus*. Londres: M.A. Nattali, 1842.

JALAL, Ayesha. *The Sole Spokesman*. Cambridge: Cambridge University Press, 1985.

_____.; SEAL, Anil. «Alternative to Partition: Muslim Politics Between the Wars». *Modern Asian Studies*, v. 15, n. 3, 1981.

JAYASURIYA, Shihan de Silva; PANKHURST, Richard (Orgs.). *The African Diaspora in the Indian Ocean*. Trenton, NJ: Africa World Press, 2003

JETTMAR, Karl. «Ethnological Research in Dardistan 1958». *Proceedings of the American Philosophical Society*, Filadélfia, CV 1, pp. 79-97, fev. 1961.

BIBLIOGRAFIA SELECIONADA 477

_____. *Bolor and Dardistan*. Laore, 1980.

_____. *The Religions of the Hindukush*, v. 1: *The Religion of the Kafirs: The Pre- -Islamic Heritage of Afghan Nuristan*. Warminister: Aris & Phillips, 1986.

_____. «An Ethnographic Sketch». In: DANI, Ahmad Hasan (Org.). *History of Northern Areas of Pakistan (up to 2000 AD)*. Laore: Sang-e-Meel, 2001.

_____. *Beyond the Gorges of the Indus: Archaeology before Excavation*. Carachi: Oxford University Press, 2002.

_____. (Org.). *Cultures of the Hindukush: Selected Papers from the Hindu-Kush Cultural Conference Held at Moesgard 1970*. Wiesbaden: F. Steiner, 1974.

JHA, Vivekanand. «Stages in the History of Untouchables». *Indian Historical Review*, Biannual Journal of the Indian Council of Historical Research, Déli, v. 2, n. 1, pp. 14-31, jul. 1975.

JIAO, Ben. *Socio-economic and Cultural Factors Underlying the Contemporary Revival of Fraternal Polyandry in Tibet*. Cleveland: Case Western Reserve University, 2001 (Dissertação acadêmica). Disponível em: <www.case.edu/ affil/tibet/tibetanSociety/documents/BenJiaodissertation.pdf>.

JONES, Schuyler. *Tibetan Nomads: Environment, Pastoral Economy, and Material Culture*. Copenhagen/ Londres: Rhodos International Science and Art Publishers/ Thames and Hudson, 1996.

JOSHI, Jagat Pati; BALA Madhu. «Manda: A Harappan Site in Jammu and Kashmir». In: POSSEHL, Gregory L. (Org.). *Harappan Civilization: A Contemporary Perspective*. Warminster: Aris & Phillips, 1982, pp. 185-95.

JOSHI, Rita. *The Afghan Nobility and the Mughals, 1526-1707*. Déli: Vikas, 1985.

JOTWANI, Motilal. *Sufis of Sindh*. Déli: Publications Division, Ministry of Information and Broadcasting, Govt. of India, 1986.

KALHANA, *Kalhana's Rajatarangini: A Chronicle of the Kings of Kashmir*. Trad. ingl. M. A. Stein. Londres, 1900, v. I.

KANTOWSKY, Detlef; SANDER, Reinhard (Orgs.). *Recent Research on Ladakh: History, Culture, Sociology, Ecology*. Colônia/ Londres: Weltforum, 1983.

KARTTUNEN, K. *India in Early Greek Literature*. Helsinque: Finnish Oriental Society, 1989.

_____. *India and the Hellenistic World*. Helsinque: Finnish Oriental Society, 1997.

KAYE, John. *Lives of Indian Officers: Illustrative of the History of the Civil and Military Services in India*. Londres: Strahan, 1867.

_____. *History of the War in Afghanistan.* 3. ed. Londres: W.H. Allen & Co., 1874.

KAZMI, S. Hasan Askari. *The Makers of Muslim Geography: Alberuni.* Déli: Renaissance, 1995.

KEAY, John. *The Honourable Company: History of the English East India Company.* Londres: Harper Collins, 1993 (1991).

_____. *India: a History.* Londres: HarperCollins, 2000.

KENOYER, Jonathan Mark. *Ancient Cities of the Indus Valley Civilization.* Carachi: Oxford University Press, 1998.

KEPEL, Gilles. *Jihad: the Trail of Political Islam.* Cambridge, Mass.: Belknap, 2002 (2000).

KERR, Ian. *Building the Railways of the Raj: 1850-1900.* Déli: Oxford University Press, 1995.

KHAKEE, Gulshan. *The Dasa Avatara of the Satpanthi Ismailis and the Imam Shahis of Indo-Pakistan.* Harvard, Cambridge (Mass.), 1972 (tese acadêmica não publicada).

KHAN, Adeel. *Politics of Identity: Ethnic Nationalism and the State in Pakistan.* Nova Déli/ Londres: Sage, 2005.

KHAN, Ghani. *The Pathans: A Sketch.* Pexauar: University Book Agency, 1958.

KHAN, Gulzar Mohammad. «Excavations at Zarif Karuna». *Pakistan Archaeology*, Carachi, v. 9, 1973.

KHAN, Makin. *Archaeological Museum Saidu Sharif, Swat: A Guide.* Saidu Sharif: M. Khan, 1997.

KHUHRO, Hamida. *Sind Through the Centuries.* Carachi: Oxford University Press, 1981.

_____. «Masjid Manzilgah 1939-40: Test case for Hindu-Muslim Relations in Sind». *Modern Asian Studies*, Cambridge, v. 32, n. 1, pp. 49-89, 1998.

_____. *Mohammed Ayub Khuhro: a Life of Courage in Politics.* Laore: Ferozsons, 1998.

_____. «Another Kind of Migration». In: SHAMSIE, Muneeza (Org.). *Leaving Home.* Carachi: Oxford University Press, 2001.

KI Jana Mai Kaun. Dir. Shargil Baloch. Carachi, 2004. Documentário produzido pela Action Aid.

KIPLING, Rudyard. *Kim.* Org. Alan Sandison. Londres, 1987 (1901).

KIRPALANI, S. K. *Fifty Years with the British.* Londres: Sangam, 1993.

BIBLIOGRAFIA SELECIONADA 479

KNIGHT, E. F. *Where Three Empires Meet*. Londres: Longmans & Co., 1893.

KOHLI, Surindar Singh. *Travels of Guru Nanak*. Chandigarh: Publication Bureau, Panjab University, 1969.

«LADVAGS rGyalrabs. The Chronicles of Ladakh, according to Schlagintweit's MS». Trad. ingl. A. H. Francke. *Journal and Proceedings*, Calcutá, Asiatic Society of Bengal, v. 6, n. 8, 1910.

LAFONT, Jean-Marie. *Indika: Essays in Indo-French Relations, 1630-1976*. Déli: Manohar/ Centre de Sciences Humaines, 2000.

LAMBRICK, H. T. *Sir Charles Napier and Sind*. Oxford: Clarendon, 1952.

LAMOTTE, Etienne. *History of Indian Buddhism*. Louvain-la-Neuve: Université Catholique de Louvain, 1988.

LARI, Yasmeen; LARI, Mihail S. *The Dual City: Karachi During the Raj*. Carachi: Heritage Foundation/ Oxford University Press, 1996.

LASHARI, Kaleem; IBRAHIM, Asma. «Mural Paintings of Dadu». *Archaeological Review 2000-2001*, org. Asma Ibrahim e Kaleem Lashari, Carachi, pp. 109-16, 2001.

_____. «Painted Tombs». *Dawn*, Review section, 15-21 jul. 2004.

LATIF, Shah Abdul. *Risalo of Shah Abdul Latif*. Trad. ingl. Elsa Kazi. Hiderabade, 1996 (1965).

_____. *The Risalo of Shah Abdul Latif Bhitai: Translated in Verse*. Trad. ingl. Amena Khamisani. 2. ed. Hiderabade: Bitshah Cultural Centre Committee, 2003.

LAURIE, William A. *Memoir of James Burnes*. Edimburgo, 1850.

LAWRENCE, Bruce. *The Qur'an: A Biography*. Londres: Atlantic, 2006.

LEEUW, J. E. van Lohuizen de. «New Evidence with Regard to the Origin of the Buddha Image». In: HARTEL, Herbert (Org.). *South Asian Archaeology 1979: Papers from the Fifth International Conference of the Association of South Asian Archaeologists in Western Europe*. Berlim: Dietrich Reimer, 1981.

LILIENTHAL, David E. «Another 'Korea' in the Making?». *Collier's Magazine*, Nova York, 4 ago. 1951.

LOPEZ, Donald S. *Buddhism*. Londres: Allen Lane, 2001.

MACKENZIE, D. N. *Poems from the Divan of Khushal Khan Khattak*. Londres: Allen and Unwin, 1965.

MAHABHARATA: *Translated into English prose from the original Sanskrit text.* Trad. ingl. Kisari Mohan Ganguli. Nova Déli, 1993 (1970).

MANRIQUE, Frei Sebastião. *Travels of Fray Sebastien Manrique 1629-1643: A Translation of the Itinerario de las Missiones Orientales*, v. II: *China, India, Etc.* Oxford: Hakluyt Society, 1927.

MANSERGH, Nicholas (Org.). *Transfer of Power: The Mountbatten Viceroyalty.* Londres: Her Majesty's Stationery Office, 1982.

MARIWALLA, C. L. «The Tri-islets in the Indus». *Sindhian World*, Carachi, (I:3), 1940.

MARKOVITS, Claude. *The Global World of Indian Merchants, 1750-1947: Traders of Sind from Bukhara to Panama.* Cambridge: Cambridge University Press, 2000.

MARSHALL, John. *A Guide to Taxila.* 2. ed. Calcutá: Superintendent Government Printing, India, 1921.

_____. (Org.). *Mohenjo-Daro and the Indus Civilization: Being an official account of Archaeological Excavations at Mohenjo-Daro carried out by the Government of India between the years 1922 and 1927.* Londres: Probsthain, 1931.

MASSON, Charles. *Narrative of Various Journeys in Balochistan, Afghanistan, and the Panjab, including a Residence in those Countries from 1826 to 1838.* 3 v. Londres: Bentley, 1842.

MAZHAR, Sheikh Mohammad Ahmad. *Sanskrit Traced to Arabic.* Laore, 1982.

MCCLURE, H. Elliott. *Migrations and Survival of the Birds of Asia.* Bancoque: White Lotus, 1998 (1974).

MCCRINDLE, J. W. *Ancient India as Described by Megasthenes and Arrian.* Londres: Trübner & Co, 1877.

MCLEOD, W. H. *Guru Nanak and the Sikh Religion.* Déli: Oxford University Press, 1996 (1968).

MEADOWS, Azra; MEADOWS, Peter (Orgs.). *The Indus River: Biodiversity, Resources, Humankind.* Carachi: Oxford University Press, 1999.

MICHEL, Aloys. *The Indus Rivers: A Study of the Effects of Partition.* New Haven/ Londres: Yale University Press, 1967.

MIRZA, Ilyas; JENKINS Rachel. «Risk factors, prevalence and treatment of anxiety and depressive disorders in Pakistan: systematic review». *British Medical Journal*, Londres, v. 328, n. 7443, 3 abr. 2004.

BIBLIOGRAFIA SELECIONADA   481

MISHRA, Madhusudan. *The Rgveda in the Indus Inscriptions*. Déli: Shipra, 2003.

MONBIOT, George. «The freshwater boom is over. Our rivers are starting to run dry». *Guardian*, Londres, 10 out. 2006.

MONIER-WILLIAMS, Monier. *Sanskrit-English Dictionary*. Déli: Banarsidass, 1995 (1899).

MOON, Penderel. *Wavell: The Viceroy's Journal*. Londres: Oxford University Press, 1973.

_____. *Divide and Quit: An Eyewitness Account of the Partition of India*. Déli: Oxford University Press, 1998 (1961).

MORGENSTIERNE, Georg. *Report on a Linguistic Mission to North-Western India*. Oslo: Mallingske, 1932.

MOSLEY, Leonard. *The Last Days of the British Raj*. Londres: Weidenfeld and Nicolson, 1962.

MOUNTBATTEN, Louis. «Viceroy's Personal Report N. 17. Plus Appendix I: Summary of the Award of the Punjab and Bengal Boundary Commission and the Radcliffe Report». 16 ago. 1947 [*Listowel Collection*, India Office Records, British Library: L/PO/6/123].

MUHAMMAD, Ghulam. «Festivals and Folklore of Gilgit». *Memoirs of the Asiatic Society of Bengal*, Calcutá, v. 1, 1907.

MUHAMMAD, Tufail; ZAFAR, Naeem. «Situational Analysis Report on Prostitution of Boys in Pakistan (Lahore and Peshawar)». Jun. 2006. Disponível em: <http://www.iccwtnispcanarc.org/upload/pdf/8664970408Situational%20analysis%20report%20on%20prostitutionof%20boys%20in%20Pakistan.pdf>.

MUIR, J. *Original Sanskrit Texts on the origin and history of the people of India, their religions and institutions*. Londres, 1868-73.

MÜLLER, Friedrich Max. *The Science of Language: founded on lectures delivered at the Royal Institution in 1861 and 1863*. Londres: Longmans, Green, and Co, 1891, v. I.

_____. *Vedic Hymns: Hymns to the Maruts*. Oxford: Clarendon, 1891 (Sacred Books of the East).

_____. *Collected Works of F. Max Müller*. Volume III: *Anthropological Religion*. Londres: Longmans, Green, and Co., 1903.

_____. «Lecture VI: The Infinite in Nature, Man, and the Self». In: _____. *Natural religion the Gifford lectures delivered before the University of Glasgow in 1888*. Londres: Longmans, Green, 1907 (Collected Works, v. 1).

MURRAY, Stephen O.; KHAN, Badruddin. «Pakistan». In: WEST, Donald J; GREEN, Richard (Orgs.). *Sociolegal Control of Homosexuality: a Multi-Nation Comparison*. Nova York: Plenum, 1997, pp. 119-26.

MUSSAFIR, Muhammad Siddiq. *Ghulami ain Azadi Ja Ibratnak Nazara*. Hiderabade, 1952.

_____. *Manazil Mussafir, Kuliyat Mussafir*. 2. ed. Hiderabade, 1965 (texto finalizado em 2 out. 1952).

NAIDU, Uthaya. *Bible of Aryan Invasions: 1500 BC-1000 AD*. Disponível em: <http://www.light1998.com/The-Bible-of-Aryan-Invasions/bibai1.html>.

NAIPAUL, V. S. *Among the Believers: an Islamic Journey*. Londres: A. Deutsch, 1981.

_____. *India: a Million Mutinies Now*. Londres, 1991 (1990).

_____. *Beyond Belief: Islamic Excursions among the Converted Peoples*. Londres: Little, Brown and Co., 1998.

NANAK (Guru). *Hymns of Guru Nanak*. Trad. ingl. Khushwant Singh. Bombaim, 1978 (1969).

NAPIER, Charles. Memorandum on Sind [1846], in «Correspondence concerning India» [National Archives, Londres: PRO/30/12/14/5], 1845-58.

_____. Memorandum by Sir Charles Napier on stream navigation of the Indus and Punjab rivers. 24 jul. 1849 [Dalhousie Muniments, National Archives of Scotland: GD45/6/402].

NAPIER, W. F. P. *The Conquest of Scinde*. Londres: T. & W. Boone, 1845.

NAPIER Papers: British Prospectus of North of India, Guzerat, and Indus Commercial Company [European Manuscripts Collection, British Library: Add. 49115], 1843.

NARAIN, A. K. (Org.). *Studies In Buddhist Art of South Asia*. Nova Déli: Kanak, 1985.

NAYYAR, A. H.; SALIM, Ahmed. *The Subtle Subversion: The State of Curricula and Textbooks in Pakistan*. Islamabade: Sustainable Development Policy Institute, [*c.* 2003].

BIBLIOGRAFIA SELECIONADA 483

NAZIM, Muhammad. *The Life and Times of Sultan Mahmud of Ghazna*. Cambridge: The University Press, 1931.

NORGBERG-HODGE, Helena. *Ancient Futures: Learning from Ladakh*: Londres, 2000 (1991).

O'FLAHERTY, Wendy Doniger. *The Rigveda, an Anthology: One hundred and eight hymns, Selected, Translated and Annotated*. Harmondsworth: Penguin, 1981.

OBENG, Pashington. «African Indian Culture Articulation: Mediation and Negotiation in Uttara Kannada». In: CATLIN-JAIRAZBHOY, Amy; ALPERS, Edward A. (Orgs.). *Sidis and Scholars: Essays on African Indians*. Trenton, NJ/ Déli: Red Sea/ Rainbow, 2004, pp. 143-7.

OPPENHEIMER, Stephen. *Out of Eden: The Peopling of the World*. Londres: Constable, 2003.

PADMANABHAN, Manjula. *Getting There*. Londres: Picador, 2000.

PANDE, B. M. «Neolithic Hunting Scene on a Stone Slab from Burzahom, Kashmir». *Asian Perspectives*, Hong Kong, v. 14, 1971.

PANDEY, Gyanendra. «India and Pakistan, 1947-2002: Statistics and Their Meaning». *Economic and Political Weekly*, Mumbai, v. 37, n. 11, 16 mar. 2002. Disponível em: <http://www.sacw.net/partition/gpandey2002.html>.

PANKHURST, Richard. «The Ethiopian Diaspora to India: The Role of Habshis and Sidis from Medieval Times to the End of the Eighteenth Century». In: JAYASURIYA, Shihan de Silva; PANKHURST, Richard (Orgs.). *The African Diaspora in the Indian Ocean*. Trenton, NJ: Africa World Press, 2003

PARPOLA, Asko. «The Coming of the Aryans to Iran and India». *Studia Orientalia*, Helsinque, v. 64, pp. 195-302, 1988.

PAUWELS, Heidi R. M. «The Great Goddess and Fulfillment in Love: Radha Seen Through a Sixteenth-Century Lens». *Bulletin of the School of Oriental and African Studies*, Londres, v. 59, 1996.

PEEL Papers. General Correspondence of Sir Robert Peel, as First Lord of the Treasury (incluindo carta atribuída a Sir Henry Pottinger, condenando o tratamento dos príncipes sindis por Lord Ellenborough) [European Manuscripts Collection, British Library: Add. 40538], 1844.

PEISSEL, Michel. *The Ant's Gold: The Discovery of the Greek El Dorado in the Himalayas*. Londres: Harvill, 1984.

POLLOCK, Sheldon. «Ramayana and Political Imagination in India». *Journal of Asian Studies*, Ann Arbor, Michigan, v. 52, n. 2, pp. 261-97, 1993.

POSSEHL, Gregory L. (Org.). *Harappan Civilization: A Recent Perspective*. 2. ed. rev. Nova Déli: Oxford & IBH, 1993 (1982).

____. *The Indus Civilization: A Contemporary Perspective*. Oxford, 2002.

PRAKASA, Sri. *Pakistan: Birth and Early Days*. Meerut/Déli: Meenakshi Prakashan, 1965.

PUREWAL, Shinder. *Sikh Ethnonationalism and the Political Economy of the Punjab*. Nova Déli: Oxford University Press, 2000.

QAMAR, R. et al. «Y-Chromosomal DNA Variation in Pakistan». *American Journal of Human Genetics*, v. 70, n. 5, pp. 1107-24, 2002.

QUINTO CÚRCIO RUFO. *The History of Alexander*. Trad. ingl. John Yardley. Harmondsworth: Penguin, 1984.

RAHIM, Muhammad Abdur. *History of the Afghans in India AD 1545-1631*. Carachi, 1954

RAJARAM, N. S. *Aryan Invasion – History or Politics?* Disponível em: <http://www. archaeologyonline.net/artifacts/aryan-invasion-history.html>.

RASHDI, Sayed Hussamuddin. «Sufi Shah Inayat Shaheed»; «Shah Inayat Sufi, the first Agricultural Reformist of Sindh» [both articles taken from his Sindhi work, *Chats about the Folk Villages*]. Hiderabade, 1981.

RASHID, Ahmed. *Taliban: The Story of the Afghan Warlords*. 2. ed. Londres: Pan, 2001 (2000; a 1. ed. tinha como subtítulo *Islam, Oil and the New Great Game in Central Asia*).

RAVERTY, H. G. *Selections from the Poetry of the Afghans*. Laore: Sang-e-Meel, 2002 (1862).

RECOLLECTIONS *of the First Campaign West of the Indus, and of the Subsequent Operations of the Candahar Force under Major-General Sir W. Nott*. Londres: Smith, Elder and Co., 1845 (autoria anônima, por um oficial de Bengala).

RICHTER-USHANAS, Egbert. *The Indus Script and the Rg-Veda*. Déli: Motilal Banarsidass, 1997.

RIG-VEDA-SANHITA. *A Collection of Ancient Hindu Hymns constituting the First Ashtaka, or Book, of the Rig-Veda*. Trad. ingl. H. H. Wilson. Londres, 1850-54.

ROBERTSON, William. *The History of America*. Dublin, 1777.

RODINSON, Maxime. *Mohammed*. Trad. ingl. Anne Carter. Londres, 1971.

BIBLIOGRAFIA SELECIONADA

ROSS, E. Denison. *An Arabic History of Gujarat*. Londres, 1910-28, v. II.

RUSSELL, William Howard. *My Diary in India in the Year 1858-9*. Londres, 1860.

SAIGOL, Rubina. «Curriculum in India and Pakistan». *South Asian Journal*, out.-dez. 2004. Disponível em: <www.southasianmedia.net/magazine/journal/6_curriculum_india.htm>.

SALOMON, Richard. *Indian Epigraphy: A Guide to the Study of Inscriptions in Sanskrit, Prakrit, and the Other Indo-Aryan Languages*. Oxford: Oxford University Press, 1998.

_____. *Ancient Buddhist Scrolls from Gandhara: The British Library Kharoshti Fragments*. Londres: The British Library, 1999.

SANGHUR, Aziz. «Pakistan's fishermen cast around for a solution». *Pakistan Fisherfolk Forum*. Carachi, 24 fev. 2006. Disponível em: <www.pff.org.pk/article.php3?id_article=92>.

SARDAR, Badshah. *Buddhist Rock Carvings in the Swat Valley*. Islamabade, 2005.

SARKAR, Sumit. *Modern India: 1885-1947*. Déli: Macmillan, 1985 (1983).

SCHILDGEN, Brenda Deen. «Dante and the Indus: The Salvation of Pagans». In: _____. *Dante and the Orient*. Urbana: University of Illinois Press, [c. 2002].

SCHIMMEL, Annemarie. «Shah Inayat of Jhok, a Sindhi Mystic». In: *Liber Amicorum: Studies in Honor of Professor Dr. C. J. Bleeker*. Leiden: Brill, 1969.

_____. *Sindhi Literature*. Wiesbaden: Harrassowitz, 1974.

_____. *Pain and Grace: A Study of Two Mystical Writers of Eighteenth Century Muslim India*. Leiden, 1976.

_____. *Pearls from the Indus*. Jamshoro (Paquistão): Sindhi Adabi Board, 1986.

SCHRODER JR., John R.; BISHOP, Michael P. «Tindus to the sea: evolution of the system and Himalayan geomorphology». In: MEADOWS, Azra; MEADOWS, Peter (Orgs.). *The Indus River: Biodiversity, Resources, Humankind*. Carachi: Oxford University Press, 1999, pp. 231-48.

SCINDY Diary [Lambrick Collection, India Office, British Library: MssEur F208/106], 1º ago. 1762-31 jul. 1764.

SEGAL, Ronald. *Islam's Black Slaves: The History of Africa's Other Black Diaspora*. Londres: Atlantic, 2001.

SETH, Mesrovb Jacob. *Armenians in India: From the Earliest Times to the Present Day*. Calcutá, 1937 (citado em *Sarmad, A mystic poet beheaded in*

1661. Disponível em: <www.crda-france.org/fr/6histoire/par_pays/inde_sarmad1.htm>).

SHAMSIE, Muneeza (Org.). *Leaving Home*. Carachi: Oxford University Press, 2001.

SHARMA, Arvind. *Studies in Alberuni's India*. Wiesbaden: Harrassowitz, 1983.

SHARMA, M. S. M. *Peeps into Pakistan*. Patna: Pustak Bhandar, 1954.

SHARMA, Sunil. *Persian Poetry at the Indian Frontier*. Déli: Permanent Black, 2000.

SHIROMANI GURDWARA PARBANDHAK COMMITTEE. *The Golden Temple: Its Theo-Political Status*. Amritsar, 2002 (por Sirdar Kapur Singh).

_____. *Sikh Reht Maryada: The Code of Sikh Conduct and Conventions*. Amritsar, 2004.

SIDDIQA, Ayesha. *Military Inc: Inside Pakistan's Military Economy*. Londres: Pluto, 2007.

SINGER, Isidore; GRAY, Louis H. «Sarmad, Mohammed Sa'id». In: *Jewish Encyclopedia*. 2002. Disponível em: <www.jewishencyclopedia.com/view.jsp?artid+257&letter+S>.

SINGH, Fauja; SINGH, Kirpal. *Atlas: Travels of Guru Nanak*. Patiala: Punjabi University, 1976.

SINGH, Khushwant. *A History of the Sikhs*. Volume 1: *1469-1839*. Déli: Oxford University Press, 2005 (1963).

SINGH, Maharaja Ranjit. Letter to Alexander Burnes. John Murray archive [hoje na Biblioteca Nacional da Escócia], n.d.

SMITH, Vincent. *The Oxford History of India*. Oxford: Clarendon, 1920.

SMYTH, J. W. *Gazetteer of the Province of Sind: B*. Volume I: *Karachi District*. Bombaim: Government Central Press, 1919.

_____. *Gazetteer of the Province of Sind: B*. Volume III: *Sukkur District*. Bombaim: Government Central Press, 1919.

_____. *Gazetteer of the Province of Sind: B*. Volume II: *Hyderabad District*. Bombaim: Government Central Press, 1920.

SORLEY, H. T. *Shah Abdul Latif of Bhit: His Poetry, Life and Times. A Study of Literary, Social and Economic Conditions in Eighteenth Century Sind*. Oxford, 1940.

BIBLIOGRAFIA SELECIONADA

SRIGRANTH.ORG (mecanismo de busca com materiais sobre Sri Guru Granth Sahib). Disponível em: <www.srigranth.org>.

STACUL, Giorgio. «Excavation near Ghalıgai (1968) and chronological sequence of protohistorical cultures in the Swat valley». *East and West*. Rome, v. 19, n. 1-2, pp. 44-91, 1969.

_____. *Prehistoric and Protohistoric Swat, Pakistan (c. 3000 BC-1400 BC)*. Roma: Ismeo, 1987.

STEIN, Aurel. *On Alexander's Track to the Indus*. Londres: Macmillan, 1929.

STEWART, Dugald. *The Collected Works*. Org. William Hamilton. Londres, 1854, v. IV.

STREEFLAND, Pieter. *The Sweepers of Slaughterhouse: Conflict and Survival in a Karachi Neighbourhood*. Assen, Países Baixos: Van Gorcum, 1979.

STUART, Tristram. *The Bloodless Revolution: Radical Vegetarians and the Discovery of India*. Londres: Harper, 2006.

SWAMI, Praveen. «Unknown Heroes of Batalik». *Frontline* [encarte do *The Hindu*], Chenai, v. 16, n. 15, pp. 17-30, jul. 1999.

SYED, G. M. *Religion and Reality*. Carachi, 1986.

TARN, W. W. *The Greeks in Bactria and India*. 2. ed. Cambridge: University Press, 1951.

TAVERNIER, Jean-Baptiste. *Les six voyages de Jean Baptiste Tavernier*. Trad. ingl. V. Ball. Londres, 1889 (Paris, 1676-77).

TEMPLE, Sir Richard Carnac. *A general view of Indian Muslim saints*. 1931 [*First monograph of author's researches into the nature of Zinda Peer, everliving saint of India*: Manuscrita e datilografada nos arquivos da School of Oriental and African Studies, 96086].

THAKUR, Naraindas S. *Jai Jhoole Lal Life Story: Amar Uderolal*. Pushkar, n.d.

THAPAR, Romila. *A History of India*. Harmondsworth: Penguin, 1966.

_____. «Megasthenes: Text and Context». In: _____. *The Mauryas Revisited*. Calcutá: Bagchi, 1987.

_____. *Asoka and the Decline of the Mauryas*. Déli: Oxford University Press, 1997 (1961).

_____. *Narratives and the Making of History: Two Lectures*. Nova Déli: Oxford University Press, 2000.

THE GREEK *Alexander Romance*. Trad. ingl. Richard Stoneman. Harmondsworth: Penguin, 1991.

THE HOLY *Qur'an*. Trad. ingl. M. H. Shakir. University of Virginia Electronic Text Center, 1997. Disponível em: <http://etext.lib.virginia.edu/koran.htm>.

THE KORAN. Trad. ingl. N. J. Dawood. Londres: Penguin, 2003 (1956).

THE *MAHABHARATA*. Trad. ingl. J. A. B. van Buitenen. Chicago: University of Chicago Press, 1973.

THE *PERIPLUS of the Erythraean Sea*. Trad. ingl. Wilfred Schoff. Nova York: Longmans, 1912.

THE ROMANCE *of Alexander the Great by Pseudo-Callisthenes*. Trad. ingl. Albert Mugrdich Wolohojian. Nova York: Columbia University Press, 1969.

THORNTON, Edward. *A Gazetteer of the Countries Adjacent to India on the North-West*. Londres: W. H. Allen, 1844.

TIBET INFORMATION NETWORK. *Mining Tibet: Mineral exploitation in Tibetan areas of the PRC*. Londres: Tibet Information Network, 2002.

TORU, Miura; PHILIPS, John Edward (Orgs.). *Slave Elites in the Middle East and Africa*. Londres: Kegan Paul International, 2000.

TSUCHIYA, Haruko. «Ancient Routes in Northern Pakistan; 1996 (II) and 1997 (I)». In: TADDEI, Maurizio; DE MARCO, Giuseppe (Orgs.). *South Asian Archaeology 1997*. Roma: Istituto italiano per l'Africa e l'Oriente, 2000, pp. 889-902.

TUCCI, G. *The Religions of Tibet*. Londres: Routledge & Kegan Paul, 1980.

VAHIA, M. N. et al. «Astronomical interpretation of a Palaeolithic rock carving found at Sopor, Kashmir». 2006 (to appear in *Puratattva* [journal of Indian Archaeological Society]). Disponível em: <www.tifr.res.in/~vahia/papers.html>.

VAHIA, M. N. et al. «Analysis of the picture found at Bomai in Sopore area by Mumtaz Ahmed Yatoo of Centre for Central Asian Studies. Serinagar, abr. 2005». 2006 (inédito).

VERNIER, Martin. *Exploration et documentation des pétroglyphes du Ladakh, 1996-2006*. Como: Nodo libri, 2007.

VIGNE, G. T. *A Personal Narrative of a visit to Ghazni, Kabul, and Afghanistan, and of a residence at the court of Dost Mohamed*. Londres: Whittaker, 1840.

BIBLIOGRAFIA SELECIONADA

____. *Travels in Kashmir, Ladak, Iskardo, the Countries Adjoining the Mountain--Course of the Indus, and the Himalaya, North of the Punjab*. Londres: Colburn, 1842.

VOHRA, Rohit. «Ethnographic Notes on the Buddhist Dards of Ladakh: The Brog-Pa». *Zeitschrift für Ethnologie*, Berlim, v. 7, n. 1, pp. 69-94, 1982.

____. *An Ethnography: The Buddhist Dards of Ladakh: Mythic Lore – Household – Alliance System – Kingship*. Ettelbruck: Skydie Brown International, 1989.

____. *The Religion of the Dards of Ladakh: Investigations into their pre-Buddhist 'Brog-pa Traditions*. Ettelbruck: Skydie Brown International, 1989.

WADA, Akiko. *Kalasha: Their Life and Tradition*. Laore: Sang-e-Meel, 2003.

WADDELL, L. Austine. *The Buddhism of Tibet or Lamaism*. 2. ed. Cambridge: Heffer, 1934 (1895).

WASLEKAR, Sundeep. *The Final Settlement: Restructuring India–Pakistan Relations*. Mumbai: Strategic Foresight Group, 2005.

WINK, André. *Al-Hind: The Making of the Indo-Islamic World*. Volume 1: *Early Medieval India and the Expansion of Islam 7th-11th centuries*. Oxford, 1999 (1990).

WITZEL, Michael. «Rigvedic history: poets, chieftains and polities». In: ERDOSY, G. (Org.). *The Indo-Aryans of Ancient South Asia: Language, Material Culture and Ethnicity*. Berlim/Nova York: de Gruyter, 1995.

____.; FARMER, Steve. «Horseplay in Harappa». *Frontline* [magazine of *The Hindu*], Chennai, v. 17, n. 20, 30 set. 2000. Disponível em: < https://frontline.thehindu.com/cover-story/article30255049.ece >.

WOLPERT, Stanley. *Jinnah of Pakistan*. Nova York/Oxford: Oxford University Press, 1984.

WOOD, John. Chart of the Indus River from Mittun to Attock. by Lieutenant J. Wood, Indian Navy. 1838 [India Office Records, British Library:v/23/ Fiche A29].

____. «Report upon the River Indus». 1838 [*Selections from the Records of the Bombay Government*, India Office Records, British Library:V/23/212, Fiche ns. 1068-9, A28-9].

____. *A Personal Narrative of a Journey to the Source of the River Oxus by the Route of the Indus, Kabul and Badakhshan*. Londres: Murray, 1841.

WORLD *Tibet Network News*, 28 dez. 1994. Disponível em: <http://www.tibet. ca/en/wtnarchive/1994/12/28_1.html>.

WRIGGINS, Sally Hovey. *XuanZang: A Buddhist Pilgrim on the Silk Road*. Oxford/Colorado: Westview, 1996.

XUANZANG. *The Life of Hieun-Tsiang, by the Shamans Hwui Li and Yen-Tsung*. Trad. ingl. Samuel Beal. Londres, 1888.

_____. *Si Yu Ki: Buddhist Records of the Western World*. Trad. ingl. Samuel Beal. Londres: Routledge, 2000 (1884).

ZAIDI, Mazhar; MUJTABA, Hassan; NABI, Farjad. «The Last of the Mohanos: Special Report». *News International*. Carachi, 21 out. 1994.

ZAIDI, Z. H. (Org.). *Quaid-i-Azam Mohammad Ali Jinnah Papers*, 10 v. Islamabade: National Archives of Pakistan, Quaid-I-Azam Papers Project, 1993-, v. VII: *Pakistan: Struggling for Survival, 1 January-30 September 1948*, 2002.

ZERJAL, Tatiana et al. «A Genetic Landscape Reshaped by Recent Events: Y-Chromosomal Insights into Central Asia». *American Journal of Human Genetics*, Chicago, 2002.

ZIRING, Lawrence. *Pakistan in the Twentieth Century: A Political History*. Carachi: Oxford University Press, 1997.

AGRADECIMENTOS

Ao final dos quatro anos que levei para escrever este livro, recebi alguns prêmios em dinheiro de Michael Holroyd e do Arts Council, por meio de um fundo administrado pela Royal Society of Literature e pela Jerwood Charitable Foundation, e esse magnífico presente financiou todo o último ano de minha viagem, pesquisa e escrita. No início, uma bolsa do Arts and Humanities Research Board fomentou muitas das ideias. No entremeio, agradeço ao meu agente, David Godwin, e ao meu editor, Roland Philipps, pelo apoio.

Foi um privilégio escrever este livro, viajar pelo curso do Indo e encontrar muitas pessoas que me contaram as histórias de seu rio e debateram sua história. Minhas dívidas são inúmeras no Paquistão, na Índia, no Afeganistão e no Tibete, e, junto com as já mencionadas nestes doze capítulos, gostaria de agradecer às seguintes pessoas. Em Carachi: Kaleem Lashari, Asma Ibrahim, dr. Shershah, Sadiqa Salahuddin, Mirza Alim Baig, Nadra Ahmed, Arif Hasan, Amina Jilani, Parveen Rehman, Abdul Wahid Khan, Ajmal Kamal, Amar Mahboob, Maheen Zia, Taimur Ohan, Maheramar Zia, Faisal Butt, Kamila Shamsie, o vice-almirante Syed Iqtidar Husain e Begum Romila Iqtidar, Maqbool Rahimtoola, Kashif Paracha, Taimur Kiddie e, sobretudo, o major Inayat Sher Khan e Shahzadi Inayat. Em Ibrahim Hyderi e Thatta: Muhammad Ali Shah e o Fórum de Pescadores do Paquistão, especialmente Gulab Shah, com quem fiz muitas viagens pelo Delta. Em Badin: a Young Sheedi Welfare Organization e a matriarca e futuras matriarcas da casa de Bilali. Em Hiderabade: Zafar e Rozina Junejo, Aslam Khwaja, Mallah Muhammad Arab do Sindh Taraqi Pasand Mallah Tanzeem, Mubarak Ali e os membros da Al-Habsh, e em particular o professor G. A. Allana. Em Bhit Shah, a família de Aijaz Shah; em Umerkot, Mussafir Husain Shah; em Johi, Abdul Fattar Dahri; em Sehwan Sharif, Saleem Lashari, Farzana Buriro e outros no Indus Resource Centre; em Shahdadkot, Parveen Magsi e família; em Sucur, Mian Iqbal Ahmad Qureshi, os faquires do santuário de Khwaja Khizr e, especialmente, Hasan Ali Khan, pela hospitalidade real que me ofereceu em Sucur. No Punjabe: dr. Z. H. Zaidi, professor Dani, Jamshaid e Sara Niaz, general Husain, dr. Ahsan Wagah, Eric de la Varenne, Manzoor Khaliq e o adorável Zainab Dar. Na Província da Fronteira Noroeste: principalmente Javed Iqbal e sua família, por sua generosidade pachto; também Dhanish, professor Ismail, Raj Wali Shah Khattak, Wazir Ajmal, Nizamullah, Bushra Gohar, BEFARe e a família de Mian Salim-ur-Rehman. Em Cabul: Hafizullah Ghastalai. No Baluchistão: os maravilhosos Qazis de Quetta; no Suat: Iqbal Rehman e sua família, a equipe de Khpal Kor e Ahsan, Aadil e Arif; em Guilguite: Sajjad Ali Firdous; em Chilas: Sabir Hussain; em Skardu: M. Ismail Khan. Em Serinagar: professor Bandey; em Lé: dr. BL Malla e sua equipe do Centro Nacional de Artes Indira Gandhi. Em Cascar: Abdulwahab do Uighur Tour and Travel Centre (abdultour@yahoo.com), que eu recomendaria como primeira escala para quem visita Xinjiang ou o Tibete ocidental. Quando saí de Darchen, Tsegar estava estendendo sua casa para uma casa de hóspedes, a Om Coffeehouse, e imagino que não haja lugar mais agradável para os visitantes.

AGRADECIMENTOS

Abdul Sattar Sheedi providenciou para que Arif Hussain de Talhar traduzisse do sindi os livros de Muhammad Siddiq Mussafir, o decreto de Uderolal e artigos de vários escritores sobre o sufi Shah Inayat. Gian Chand de Sucur traduziu do sindi dois livros hindus sobre o rio Indo e Shri Amar Udero Lal Sahib. O dr. Yunus Jaffery traduziu a carta escrita em persa pelo marajá Ranjit Singh para Alexander Burnes, que é citada no Capítulo 5. Wolf Forster traduziu do alemão um artigo sobre a arte rupestre do vale do Indo.

Também sou muito grata pela orientação de Martin Bemmann da Heidelberger Akademie der Wissenschaften, Felsbilder und Inschriften am Karakorum Highway, e do professor Peter Robb na Escola de Estudos Orientais e Africanos.

Usei muitas bibliotecas durante minha pesquisa. Obrigada aos arquivistas e funcionários do Pakistan Institute of International Affairs em Carachi, da Laar Museum and Library em Badin, da Sindhology Library na Universidade de Jamshoro (no Sinde), da Biblioteca do Templo Sadhubela em Sucur, da Biblioteca de referência do Templo Dourado, da Nehru Memorial Library em Déli, da Biblioteca da Universidade de Pexauar, da Biblioteca da Universidade Allama Iqbal em Serinagar, da Biblioteca Britânica, da Biblioteca da Escola de Estudos Orientais e Africanos em Londres, da National Art Library no Victoria and Albert Museum, dos National Archives em Kew, do John Murray Archive (na época em Londres, agora em Edimburgo), da Biblioteca Nacional da Escócia, da Biblioteca da Universidade de Cambridge e da Ancient India and Iran Trust Library em Cambridge. Agradecimentos especiais a Rigmor Båtsvik da Bodleian Library, Universidade de Oxford.

Várias pessoas gentis leram o livro em diversos estágios. Sou particularmente grata a minha mãe, meu irmão Jack, a S. Gautham e Tahmima Anam por suas anotações e observações. Daniel Wilson, Naomi Goulder, Sharifa Rhodes-Pitts, Jenny Bangham, Syed Mazhar Zaidi, Farjad Nabi e Patrick French também comentaram sobre capítulos individuais. Durante o processo de publicação, fiquei muito grata a Rowan Yapp, Howard Davies, Thomas Abraham e Sophie Hoult por sua ajuda. Ao longo do caminho, as casas de amigos proporcionaram espaço para escrever: obrigada especialmente a Charlotte Brodie em Edimburgo, Debjani Sengupta e Ritwik Saha em Déli, e John, Louise e Rose Dargue em Dufton.

Desde a época em que morei em Déli e durante minhas viagens ao longo do rio Indo, este livro foi influenciado de diferentes maneiras pelas conversas, noções ou escritos de certas pessoas: acima de tudo, Shuddhabrata Sengupta, Kai Friese, Usman Qazi (pelo que tenho de agradecer a Rustom Vania, outrora vizinha e colega em Déli), Declan Walsh, anfitrião entusiasmado, e o exato e enciclopédico Irfan Khan. Nada teria sido possível sem Tristram Stuart, o primeiro editor deste livro e meu verdadeiro amor.

Finalmente, embora várias pessoas que conheço tenham nascido durante a escrita deste livro, também perdi alguns amigos. O sr. Bazmi, filho do autor Sheedi Mussafir, morreu de um tumor cerebral em 22 de abril de 2007. Nausheen Jaffery, que conheço desde que éramos adolescentes quando ela me levou ao memorial de Gandhi e à Jama Masjid, morreu em 2004, aos 32 anos.

Meu pai morreu muitos anos antes que este livro fosse até mesmo sonhado, e a ele eu o dedico.

CADERNO DE IMAGENS

O leito seco do rio Indo.

Os sidis descendentes do escravo africano liberto Bilal,
em Hiderabade, Paquistão.

Gulabi, uma visitante da casa Bilali, Badin, Paquistão.

Adoradores no santuário de Sachal Sarmast, no norte do Sinde, Paquistão.

Moanas, povo barqueiro do Indo, chegando ao santuário
de Khwaja Khizr, perto de Sucur, Sinde, Paquistão.

Uderolal ou Zindapir, montado em um peixe *palla*.
Pintura do templo de Zindapir, Sucur, Sinde, Paquistão. Artista desconhecido.

Siques banhando-se no Templo Dourado, Amritsar, Punjabe, Índia.

A fotografia de Sami ul-Huq, que está pendurada em sua *hujra*, perto do madraçal que ele dirige em Akora Khattak, Província da Fronteira Noroeste, Paquistão.

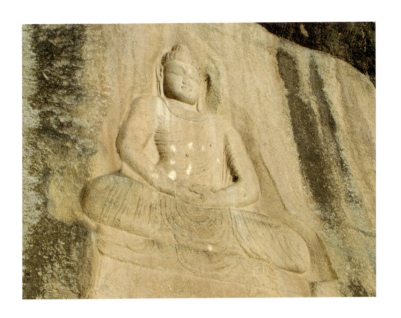

Um Buda Maitreya do século XVII no vale do Suat, Paquistão, antes de ser danificado por extremistas.

Meu anfitrião em Kala Daka, as Montanhas Negras, norte do Paquistão.

Mansur e Feruza, pastores gurjaras em Pirsar,
o «Aornos» da Grécia antiga, norte do Paquistão.

Meninas kalash, Bumboret, Chitral, Paquistão.

Cemitério de caixões de madeira na aldeia kalash
de Bumboret, Chitral, Paquistão.

Um círculo de pedra, provavelmente uma antiga sepultura,
perto de Yasin, vale do Guilguite, Paquistão.

Entalhe pré-histórico de arqueiros nas colinas próximas de Gakuch, vale do Guilguite, Paquistão.

Ceramistas em uma aldeia próxima à cidade de tijolos de 5 mil anos, Harapa, Punjabe, Paquistão.

Menires em Burzahom, Serinagar, Caxemira, Índia.

Meninas da aldeia Bomoi, perto de Sopore, Caxemira, Índia.

Gravura rupestre do Paleolítico superior recentemente descoberta acima da aldeia Bomoi.

Drokpa em seu acampamento a dois dias de caminhada
da fonte do Indo, Tibete.

Gravura rupestre de uma «mortalha» próxima ao rio Indo, perto da aldeia de Dha, Ladaque, Índia.

Dados Internacionais de Catalogação na Publicação (CIP)
(Câmara Brasileira do Livro, SP, Brasil)
Albinia, Alice
Impérios do Indo : a crônica de um rio
/ Alice Albinia ; tradução Lucas Sant'Anna.
-- Belo Horizonte, MG : Editora Âyiné, 2022.
Título original: Empires of the Indus
ISBN 978-65-5998-050-5
1. Civilização do Indo 2. Relatos de viagens
3. Rio Indo - História 4. Vale do Rio Indo - História
I. Título.
22-112913   CDD-954.91
Índices para catálogo sistemático:
1. Rio Indo : Cultura e religião : História 954.91
Eliete Marques da Silva - Bibliotecária - CRB-8/9380

DAS ANDERE

1   Kurt Wolff *Memórias de um editor*
2   Tomas Tranströmer *Mares do Leste*
3   Alberto Manguel *Com Borges*
4   Jerzy Ficowski *A leitura das cinzas*
5   Paul Valéry *Lições de poética*
6   Joseph Czapski *Proust contra a degradação*
7   Joseph Brodsky *A musa em exílio*
8   Abbas Kiarostami *Nuvens de algodão*
9   Zbigniew Herbert *Um bárbaro no jardim*
10   Wisława Szymborska *Riminhas para crianças grandes*
11   Teresa Cremisi *A Triunfante*
12   Ocean Vuong *Céu noturno crivado de balas*
13   Multatuli *Max Havelaar*
14   Etty Hillesum *Uma vida interrompida*
15   W. L. Tochman *Hoje vamos desenhar a morte*
16   Morten R. Strøksnes *O Livro do Mar*
17   Joseph Brodsky *Poemas de Natal*
18   Anna Bikont e Joanna Szczęsna *Quinquilharias e recordações*
19   Roberto Calasso *A marca do editor*
20   Didier Eribon *Retorno a Reims*
21   Goliarda Sapienza *Ancestral*
22   Rossana Campo *Onde você vai encontrar um outro pai como o meu*
23   Ilaria Gaspari *Lições de felicidade*
24   Elisa Shua Dusapin *Inverno em Sokcho*
25   Erika Fatland *Sovietistão*
26   Danilo Kiš *Homo Poeticus*
27   Yasmina Reza *O deus da carnificina*
28   Davide Enia *Notas para um naufrágio*
29   David Foster Wallace *Um antídoto contra a solidão*
30   Ginevra Lamberti *Por que começo do fim*
31   Géraldine Schwarz *Os amnésicos*
32   Massimo Recalcati *O complexo de Telêmaco*
33   Wisława Szymborska *Correio literário*
34   Francesca Mannocchi *Cada um carregue sua culpa*
35   Emanuele Trevi *Duas vidas*
36   Kim Thúy *Ru*
37   Max Lobe *A Trindade Bantu*
38   W. H. Auden *Aulas sobre Shakespeare*
39   Aixa de la Cruz *Mudar de ideia*
40   Natalia Ginzburg *Não me pergunte jamais*
41   Jonas Hassen Khemiri *A cláusula do pai*
42   Edna St. Vincent Millay *Poemas, solilóquios e sonetos*
43   Czesław Miłosz *Mente cativa*
45   **Alice Albinia *Impérios do Indo***
46   Simona Vinci *O medo do medo*

Composto em Lyon Text e GT Walsheim
Belo Horizonte, 2022